U0165345

千華50　築夢踏實

千華公職資訊網

⨍ 千華粉絲團

棒學校線上課程

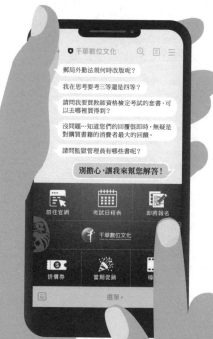

千華數位文化

郵局外勤法規何時改版呢？

我在思考要考三等還是四等？

請問我要買教師資格檢定考試的套書，可以去哪裡買得到？

沒問題…知道您們的回覆很即時，無疑是對購買書籍的消費者最大的回饋。

請問監獄管理員有哪些書呢？

別擔心，讓我來幫您解答！

前往官網　考試日程表　即將報名

千華數位文化

折價券　當期促銷　棒

選單▼

真人客服．最佳學習小幫手

・ 真人線上諮詢服務

・ 提供您專業即時的一對一問答

・ 報考疑問、考情資訊、產品、
　優惠、職涯諮詢

盡在 千華LINE@

LINE 加入好友
千華為您線上服務

千華數位文化
Chien Hua Learning Resources Network

公務人員
「高等考試三級」應試類科及科目表

高普考專業輔考小組◎整理

★普通科目

1.國文◎（作文80%、測驗20%）
2.法學知識與英文※（中華民國憲法30%、法學緒論30%、英文40%）

★專業科目

類科	科目		
一般行政	一、行政法◎　　二、行政學◎　　三、政治學 四、公共政策		
一般民政	一、行政法◎　　二、行政學◎　　三、政治學 四、地方政府與政治		
社會行政	一、行政法◎　　二、社會福利服務　　三、社會學 四、社會政策與社會立法　五、社會研究法　六、社會工作		
人事行政	一、行政法◎　　二、行政學◎　　三、現行考銓制度 四、公共人力資源管理		
勞工行政	一、行政法◎　　二、勞資關係　　三、就業安全制度 四、勞工行政與勞工立法		
戶　　政	一、行政法◎ 二、國籍與戶政法規（包括國籍法、戶籍法、姓名條例及涉外民事法律適用法） 三、民法總則、親屬與繼承編 四、人口政策與人口統計		
教育行政	一、行政法◎　　二、教育行政學　　三、教育心理學 四、教育哲學　　五、比較教育　　六、教育測驗與統計		
財稅行政	一、財政學◎　　二、會計學◎　　三、稅務法規◎ 四、民法◎		
金融保險	一、會計學◎　　二、經濟學◎　　三、貨幣銀行學 四、保險學　　五、財務管理與投資學		
統　　計	一、統計學　　二、經濟學◎　　三、資料處理 四、抽樣方法與迴歸分析		
會　　計	一、財政學◎　　二、會計審計法規◎　　三、中級會計學◎ 四、政府會計◎		

法　制	一、民法◎　　二、立法程序與技術　　三、行政法◎ 四、刑法　　五、民事訴訟法與刑事訴訟法
法律廉政	一、行政法◎　　二、行政學◎ 三、公務員法（包括任用、服務、保障、考績、懲戒、交代、行政中立、利益衝突 　　迴避與財產申報） 四、刑法與刑事訴訟法
財經廉政	一、行政法◎　　二、經濟學與財政學概論◎ 三、公務員法（包括任用、服務、保障、考績、懲戒、交代、行政中立、利益衝突 　　迴避與財產申報） 四、心理學
交通行政	一、運輸規劃學　　二、運輸學　　　　　　　三、運輸經濟學 四、交通政策與交通行政
土木工程	一、材料力學　　二、土壤力學　　　　　　　三、測量學 四、結構學　　　五、鋼筋混凝土學與設計 六、營建管理與工程材料
水利工程	一、流體力學　　二、水文學　　　　　　　　三、渠道水力學 四、水利工程　　五、土壤力學
水土保持 工程	一、坡地保育規劃與設計（包括沖蝕原理） 二、集水區經營與水文學 三、水土保持工程（包括植生工法） 四、坡地穩定與崩塌地治理工程
文化行政	一、文化行政與文化法規　　　　　　　　　　二、本國文學概論 三、藝術概論 四、文化人類學
機械工程	一、熱力學　　　二、流體力學與工程力學　　三、機械設計 四、機械製造學

註：應試科目後加註◎者採申論式與測驗式之混合式試題(占分比重各占50%)，應試
　　科目後加註※者採測驗式試題，其餘採申論式試題。

各項考試資訊，以考選部正式公告為準。

千華數位文化股份有限公司
新北市中和區中山路三段136巷10弄17號
TEL: 02-22289070　FAX: 02-22289076

公務人員
「普通考試」應試類科及科目表

高普考專業輔考小組◎整理

完整考試資訊

http://goo.gl/7X4ebR

✪普通科目

1. 國文◎（作文80%、測驗20%）
2. 法學知識與英文※（中華民國憲法30%、法學緒論30%、英文40%）

✪專業科目

一般行政	一、行政法概要※　　二、行政學概要※ 三、政治學概要◎
一般民政	一、行政法概要※　　二、行政學概要※ 三、地方自治概要◎
教育行政	一、行政法概要※　　二、教育概要 三、教育行政學概要
社會行政	一、行政法概要※　　二、社會工作概要◎ 三、社會政策與社會立法概要◎
人事行政	一、行政法概要※　　二、行政學概要※ 三、公共人力資源管理
戶　　政	一、行政法概要※ 二、國籍與戶政法規概要◎（包括國籍法、戶籍法、姓名條例及涉外民事法律適用法） 三、民法總則、親屬與繼承編概要
財稅行政	一、財政學概要◎　　二、稅務法規概要◎ 三、民法概要◎
會　　計	一、會計學概要◎　　二、會計法規概要◎ 三、政府會計概要◎
交通行政	一、運輸經濟學概要　　二、運輸學概要 三、交通政策與行政概要
土木工程	一、材料力學概要　　二、測量學概要 三、土木施工學概要 四、結構學概要與鋼筋混凝土學概要

水利工程	一、水文學概要　　　　　　　　二、流體力學概要 三、水利工程概要	
水土保持 工程	一、水土保持（包括植生工法）概要 二、集水區經營與水文學概要 三、坡地保育（包括沖蝕原理）概要	
文化行政	一、本國文學概要　　　　　　　　二、文化行政概要 三、藝術概要	
機械工程	一、機械力學概要　　　　　　　　二、機械設計概要 三、機械製造學概要	
法律廉政	一、行政法概要※ 二、公務員法概要（包括任用、服務、保障、考績、懲戒、交代、行政中立、利益衝突迴避與財產申報） 三、刑法與刑事訴訟法概要	
財經廉政	一、行政法概要※ 二、公務員法概要（包括任用、服務、保障、考績、懲戒、交代、行政中立、利益衝突迴避與財產申報） 三、財政學與經濟學概要	

註：應試科目後加註◎者採申論式與測驗式之混合式試題(占分比重各占50%)，應
　　試科目後加註※者採測驗式試題，其餘採申論式試題。

各項考試資訊，以考選部正式公告為準。

千華數位文化股份有限公司
新北市中和區中山路三段136巷10弄17號
TEL: 02-22289070　FAX: 02-22289076

目 次

高分準備要訣

行政學是一門很龐雜的學科，它是一種綜合性的學科，融合了管理學、政治學、心理學、經濟學和部分的自然科學。行政學也是一門應用性的學科，它很多的知識是源自於實務。

許多考生面臨行政學這門考科會有一個共通的問題是，這麼龐雜、訊息量這麼多、又缺乏統一性的學門體系架構，行政學該怎麼念？如果真的要細讀、精讀，行政學會花掉你很多的時間，佔據到其他科目的備考時間；如果只是略讀，又該怎麼讀才不會見樹不見林？

我的經驗是，行政學這麼科目不應該佔據你太多的時間，至少，不應該是你把主要時間花在這一門科目裡，因為行政學是一門可以快速上手，取得高分的科目。它沒有很深的理論，也不需要計算，比較多的是記憶與背誦，但這些記憶與背誦又有很多是可以推演出來的。我當時的備考策略是，先選擇一本參考書分章節閱讀，然後分章節做題目，將考點一一的擊破，一輪過後，以考古題為主，參考書為輔，透過作題目，把自己的破口補起來，並做成筆記。我當時一個星期讀兩次的行政學，一次兩至三小時，行政學一直是我最放心的科目，從成績結果來看，也是我達到最高分數的一科。

這本題庫書就是以考點的精神編排而成的，經過綜合整理歷年的考古題，得出一些基本不變的原理原則，一些不斷重複的考點，而這些就是考生務必掌握、不能失分的地方。而且解題方式也跳脫傳統的知識累積型的解題方式，運用更多的「解題技巧」式的思維方式，幫助你在臨場上即使遇到陌生的題目，也能迎刃而解。

本書整理106～109年各種國家考試、國營事業考試的行政學科目選擇題與申論題，經過挑選並依照概念架構整理編排，以下就最近命題趨勢，說明本書各章重點如下：

1. **第一章〈行政學基礎與理論〉**：以公共行政的界說、行政學的發展、行政學的典範最為重要。本章約佔5%～10%左右的試題。

2. **第二章〈行政組織與組織變革〉**：以組織意義、目標管理、層級化、分部化、專案組織、我國行政組織體系最為重要。本章試題約佔10%左右。另外，像是費堯、傅麗德等人的學說也十分重要，大約佔5%～10%左右的試題。

3. **第三章〈人事行政與財務行政〉**：以組織意義、目標管理、層級化、分部化、專案組織、我國行政組織體系最為重要。本章試題約佔10%左右。

4. **第四章〈行政環境〉**：以帕森思、雷格斯最為重要。本章重要性近年大幅降低，有時只考1或2題。

5. **第五章〈行政管理〉**：以複雜的管理系統為主。本章試題約佔10%左右。

6. **第六章〈公共政策〉**：包含問題的形成與規劃評估。本章試題約佔5%左右。

準備國家考試是一件分秒必爭的事情，把資源放在刀口上是每一位考生都想著做的事，這一本行政學題庫就是為了幫助您花最少的力氣與時間，得到最滿意的分數，讓行政學不再是令你頭疼的科目，至少，不在行政學上失分！

祝福你，開卷有益，金榜題名！

第一章　行政學基礎與理論

第一節　行政學基本概念

考點 1 行政

(　) **1** 各級政府之間應分工合作形成上下一體的運作網絡，這主要是在彰顯下列何種**行政功能**的特質？
(A)強制性　　　　　　　　(B)行動性
(C)完整性　　　　　　　　(D)基礎性。　　　【106身特三等】

(　) **2** 行政工作的處理，必須憑藉人員作**隨機應變、因事制宜**的運用，係指**行政功能**的何種特質？
(A)行動性　　　　　　　　(B)相對性
(C)差異性　　　　　　　　(D)藝術性。　　　【106地特四等】

(　) **3** 關於**專業理性與政治回應**兩者間關係的敘述，下列何者最為正確？
(A)專業理性至上
(B)政治回應優先
(C)政治回應包含專業理性的考量
(D)專業理性與政治回應需兼顧平衡。　　　【106原特三等】

(　) **4** 關於**行政與行政法**之間的關係，下列何者**錯誤**？
(A)「依法行政」是法治國行政之指導原則
(B)「行政」為「行政法」之工具
(C)行政法課予政府與行政人員法律責任
(D)行政法是行使行政權的界限。　　　【107地特五等】

( ) **5** 有關行政與**行政法**間的關係，下列敘述何者**錯誤**？
(A)以我國而言，行政學與行政法間的跨領域交流仍待加強
(B)依法行政的指導原則為法治國思想
(C)行政法課予公務人員民事責任、刑事責任與行政責任
(D)「法律保留原則」又稱為「消極的依法行政」，意指行政行為有不牴觸法律的義務。 【106地特五等】

解答與解析

1 C。 本題關鍵字在於**上下一體**，對應於選項的完整性。行政功能的特質有六：(1)基礎性：指無此功能不成政府。(2)強制性：政府為公權力執行者。(3)服務性：行政服務性。(4)完整性：行政上下一體。(5)行動性：解決問題徹底執行事務。(6)藝術性：結和技術與知識懂得隨機應變、因事制宜的運用，使行政有效。

2 D。 本題關鍵字在於**隨機應變因地制宜**，換言之不死板僵化，對應於選項藝術性，藝術講求活靈活現，因此視為答案。餘選項參考上題解析。

3 D。 這種考題是送分題，**專業理性**與**政治回應性**都是行政的特質之一，問哪一個重要，這種問二選一的問題通常標準答案都是兩個都重要不能偏廢，考生只要把題目和選項順順的看完，答案就呼之欲出。從答案觀之選項(D)為正解。

4 B。 正確來説，應該是行政法為行政的工具。因為是依「法」行「政」，第一個字「依」和第三個字「行」是動詞，第二個字「法」和第四個字「政」是名詞，意思是依據法律規章來執行政事。因此，依據題旨選錯誤的敘述，答案為(B)。

5 D。 依法行政原則又分為積極的依法行政與消極的依法行政。積極的依法行政原則又稱為法律保留原則，意旨任何行政作為必須有**法律依據**才可行為；消極的依法行政原則又稱法律優位原則，意旨行政行為以**不牴觸法律**規章為原則。依據題旨選錯誤的敘述，答案為(D)。

考點2 公共利益

（　）**1** 下列何者係屬**傅德瑞克森**（H. G. Frederickson）所界定之「**公共**」的意涵？
(A)多元主義觀點下的公共為負責的公民
(B)公共選擇理論觀點下的公共為利益團體
(C)代議政治觀點下的公共為選民
(D)公民意識觀點下的公共為消費者。　　　　　【106身特四等】

（　）**2** 依學者**顧賽爾**（C. Goodsell）之**公共利益功能**說法，導引多數人眼光超越近期利益，朝向經常遭受**忽視**的**族群利益**，進而實踐較高層次之公平、正義等崇高美德，係指下列何項功能？
(A)凝聚功能　　　　　　　(B)合法功能
(C)代表功能　　　　　　　(D)授權功能。　　　【107台水評價】

（　）**3** 下列何者**不是**學者**裴利**（J. L. Perry）對於**公共服務動機**（Public Service Motivation，PSM）所建構的四大面向之一？
(A)物質報酬的誘因　　　　(B)對公共政策制訂的興趣
(C)同情心　　　　　　　　(D)自我犧牲。　　【107原特四等】

（　）**4** 在實務上，一項公共政策究竟能否實現公共利益總是難以判斷。學者**全鍾燮**（Jong S. Jun）建議**公共利益**可以用**八種判準**加以衡量，下列那一組不在他所提出的判準之列？
(A)政黨衡平、全球視野
(B)輿論民意、充分開放
(C)民主程序、專業知識
(D)公民權利、倫理和道德標準。　　　　　　【106地特三等】

解答與解析

1 C。 傅德瑞克森（H. G. Frederickson）認為公共利益指涉對象包含以下五種：
(1) 多元主義觀點的公共係指利益團體。
(2) 公共選擇理論觀點的公共係指理性選擇者。
(3) 代議政治觀點的公共係指代議士的選民。
(4) 提供服務觀點的公共係指第一線行政人員所服務的個人及團體。
(5) 公民資格觀點的公共係指具公民意識之公民。
傅德瑞克森對公共的定義是一個考點，請考生熟記上面重點。

2 C。 行政學者顧賽爾（C. T. Goodsell）認為公共利益有四種功能：凝聚功能、合法功能、授權功能、代表功能。凝聚強調目標一致、合法強調不違背法令、授權強調權力的彈性使用、代表強調族群利益的平衡分配。本題題目關鍵字在「忽視族群利益」，是以選項(C)為正解。

3 A。 學者裴利(J. L. Perry)對於公共服務動機所建構的四大面向為：
(1) 對公共政策制訂的興趣。
(2) 對公共利益的承諾。
(3) 同情心。
(4) 自我犧牲。
本題問否定敘述，因此選項(A)為正解。

4 A。 學者全鍾燮（Jong S. Jun）所提之實踐公共利益的標準有八：公民權利、倫理與道德的標準、民主程序、專業知識、非預期的後果分析、普遍利益、尊重輿論、充分開放。本題問否定敘述。

考點3 〉公共行政

(　) **1** 美國行政學者**傅德瑞克森（H. G. Frederickson）**認為未來世代利益的保障，在**公共行政**的精神中應被視為一種**義務**，下列何者**不是**這義務的內涵？　(A)我們不能做出任何危害下一代生存的事　(B)對於我們的子孫應作出持久供應的承諾，以作為世代正義的基礎 (C)我們應當致力於縮減危害現今人類之事　(D)我們不能作出任何危害下一代作為人應擁有尊嚴之基本權利。　　　【108普考四等】

(　) **2** 常常會去思考：「我們是否**解決**了原先設定的公共**問題**」，這是重視**公共行政**的那個**價值**？
(A)效率　　　　　　　　　(B)效能
(C)公平　　　　　　　　　(D)廉潔。　　　【108退除四等】

(　) **3** **瓦爾多（D. Waldo）**認為**公共行政**面臨著「**認同危機**」，主要是因為下列何種現象？
(A)不像一門獨立學科
(B)公民素質普遍低落
(C)官樣文章充斥行政體系
(D)行政倫理價值缺乏共識。　　　【108國安五等】

(　) **4** 關於**公共行政**的**意義**，下列何者**錯誤**？
(A)是一種管理專業和科學，而非藝術
(B)是一種管理、政治與法律在公部門中的了解
(C)是一種職業類別，同時也是行動中的理想主義
(D)是一種學術領域與專業活動。　　　【107原特五等】

(　) **5** 關於**公共行政**的主要**運作原則**，下列何者正確？　(A)公共利益的界定若涉外部性問題，應交市場解決　(B)憲政體制的分權、制衡設計，主要希望限制市場運作機制　(C)「以腳投票」即是市場概念對行政運作上所做出的回應　(D)行政機關作為主權受託者，不宜具社會代表性，以彰公平。　　　【106原特五等】

解答與解析

1 B。 傅德瑞克森（H. G. Frederickson）認為對世代子孫的義務有四：
(1) 我們不能做出任何危害下一代生存的事。
(2) 我們不能作出任何危害下一代作為人應擁有尊嚴之基本權利。
(3) 我們應當致力於縮減危害現今人類之事。
(4) 對於我們的子孫應作出道德的承諾，以作為世代正義的基礎。

2 B。 本題關鍵字在「**解決了問題**」，效能意指有效的解決問題，效率是指以最節省的時間達成目標，但是否真正解決問題在所不問。

3 A。 學者瓦爾多1975年曾指出公共行政面臨「**認同危機**」（Identity Crisis），失去其學科的核心領域，不像一門獨立學科。

4 A。 學者羅聖朋從政治、管理、法律三個面向說明公共行政。
(1) 從政治面向來說：公共行政事指政府的作為、涉及直接和間接地**向民眾提供服務**、是公共政策制訂循環的一個階段、是在執行共利益，是以集體力量達成個人無法所為之事。
(2) 從管理面向來說：公共行政是種專業、是官樣文章、是種藝術，而非科學。
(3) 從法律面向來說：公共行政是**法律**的運作、是種管制、是國王的恩典、是盜竊行為。
我國學者林鍾沂，從職業面向說明公共行政：
(4) 從職業面向來說；公共行政是種職業類別、是文稿競賽、是行動中的理想主義、是種學術領域、是種專業活動。（資料來源：行政學，2005，林鍾沂著，頁3-18）

5 C。 公共行政就是為提供公共財而生，公共財即具有外部利益的物質或服務。憲政體制的分權制衡設計目的在於限制政府權力擴張侵害人力權利。
用腳投票是指在民主國家人民具有**居住與遷徙自由**，可以由選擇生活品質較佳、公共建設較完善的區域居住。因此，透過選票來表達對各級政府行政作為的認同與否。
行政機關是主權受託者，應具社會代表性才能彰顯公平。

考點 4 ＞ 羅聖朋（羅森部倫）公共行政三途徑

（　）**1** 按**羅森部倫**（D. H. Rosenbloom）觀點，**公共行政**主要涉及那些**面向與途徑**？　(A)政治、經濟、社會　(B)政治、經濟、管理　(C)政治、法律、管理　(D)經濟、管理、法律。　【106地特三等】

（　）**2** **羅聖朋**（D. Rosenbloom）從**法律途徑**論述公共組織的特性，下列何者**不在**其中？
(A)為避免獨立管制委員會濫權，必須容許政治因素持續干擾與介入
(B)公共組織履行裁決功能時，應享有獨立地位
(C)行政機關履行準司法功能時，組織設計大多採取委員會形態
(D)公共組織嚴格禁止決策者對某一團體單獨或片面的接觸。
【106初考】

（　）**3** 在研究行政組織時，若將分析焦點放在**代表性與回應性**的追求，此屬於下列何者**途徑**？
(A)法律途徑　　　　　　　　(B)文化途徑
(C)經濟途徑　　　　　　　　(D)政治途徑。　　【108退除四等】

（　）**4** **效率與成本**來解釋行政學的內涵，係源於下列何種論點？
(A)管理的觀點：注重提升政府部門生產力
(B)政治的觀點：強調政黨運作與政策利益的平衡
(C)政策的觀點：政策規劃應採漸進決策模式
(D)公共性觀點：政府與企業均應強調顧客導向。【107身特五等】

（　）**5** 下列何者**非**以**管理**的觀點來思考行政的意義？　(A)行政應該引介企業管理的知識和技術　(B)科學管理是政府值得採行的管理技術　(C)行政的重點在於如何適當地安排和設計組織　(D)行政是一種不可忽視人文素養的科學。　　　　　【106身特四等】

解答與解析

1 C。 學者羅森部倫（又譯「羅聖朋」）從**政治、管理、法律**三個面向說明公共行政。

2 A。 本題題目雖然在考羅聖朋的法律途徑公共組織特徵，其實從選項上可以直接答題。所謂獨立委員制、或獨立機關，會有「獨立」之意，即表示**獨立於外在干預而不受干擾**，包括政治、預算經費、人事、層級節制等，以求公平公正。因此，依據題旨選項(A)為正解。

3 D。 本題關鍵字在**代表性與回應性**，這是所謂**「政治性」或「政治途徑」**的關鍵特徵，請務必謹記在心。

4 A。 本題關鍵字在效率與成本，這是所謂「管理性」或「管理途徑」的關鍵特徵，請務必謹記在心。

5 D。 管理的特徵在於科學、知識、技術、設計與安排，與人文素養的關係較遠，因此本題答案為(D)。

考點5　公私部門差異

(　) **1** 下列何者**不屬於公共行政**的**獨特性**之一？　(A)被隔絕於市場競爭的影響之外　(B)深受法律規章與程序的限制　(C)深受政治因素的影響　(D)較具強迫性。　　　　　　　　　　　　【107台水評價】

(　) **2** **行政組織**與**企業組織**的管理有其相似之處，也有不同之處；兩者在下列那一方面**沒有**顯著的**差異**？
(A)經費的來源　　　　　　　(B)目的與動機
(C)管理的方法　　　　　　　(D)公眾監督的程度。【108原特四等】

(　) **3** 私部門管理者以追求利潤來展現其工作能力，而公共行政人員則關切公共福祉，此敘述反映**公私部門**的下列何種**差異**？
(A)組織結構　　　　　　　　(B)管理方法
(C)基本目的　　　　　　　　(D)領導風格。　　【108身特三等】

( ) **4** 造成公共行政與企業管理二者本質差異的原因,在於前者所具備的公共性,下列那一項**最不是**公共行政之**公共性**所呈現出來的**主要特徵**?

(A)政策目標的多元複雜性

(B)服務區域的廣闊性

(C)監督力量的來源眾多性

(D)績效評估的高度困難性。 【106身特三等】

( ) **5** 相對於企業管理,下列關於**公共行政的特質**之敘述,何者**錯誤**?

(A)陽光法案的內涵在於說明公共組織受到高度的公共監督

(B)許多政府活動具有強迫、獨占與不可避免之本質

(C)公共組織目標模糊,所以服務人民的市場區隔相對清楚

(D)公共組織的行動常受法規限制,較缺少彈性。 【106初考】

( ) **6** 在民主政治中,不論**層級節制**的治理或**市場**的治理,都有何種**共通的缺點**?

(A)缺乏公共性的公民參與

(B)不夠重視依法而治

(C)忽略政府的透明性

(D)缺乏對效率的重視。 【107台水評價】

> **解答與解析**

1 A。 公共行政所提供的公共財是「**較不**」受市場競爭影響,但不表示被隔絕於市場影響之外。例如台鐵提供的火車運輸服務,雖然並不因個人汽車自有率提升、國內航空線開發、高鐵運行等外在競爭而被消滅,但台鐵在營運收入上多少還是有受到影響而有盈虧上的起伏。

2 C。 公私部門組織**相同之處**在於**管理的方法**上是一樣的。所以公共行政會引進一些企業管理的管理知識,譬如績效管理、知識管理、組織管理等的技術來幫助公共組織。

3 C。 公私部門的差異在於組織目標不同，**私部門**目標在**營利**，**公部門**目標在為**人民謀福利**提供公共財。

4 B。 公共性的主要特徵：政策目標多元、服務區隔模糊、受到高度監督、績效評估困難。

5 C。 本題問敘述錯誤的選項，選項(C)應改為服務區隔模糊。

6 A。 政府治理有偏向層級節制的治理，有偏向市場治理的模式。層級節制的治理是指偏向**傳統官僚組織**運作模式，市場的治理是指偏向授權、鬆綁法規的治理模式。運用刪去法，選項(B)依法而治是公部門的本質不會是缺點。選項(C)政府的透明性，可能是層級節制的缺點，市場治理講求價格透明，沒有量價的合意，交易無法形成，因此透明性不會是缺點。選項(D)政府重視的不是效率，而是**效能**（**是否真能解決公共問題**，而非一味的節約成本營利），因此不會是政府的缺點。選項(A)在代議民主的制度下，公民參與的政府決策機會減少，因此是公共治理，不論是偏向層級節制的治理或偏向市場治理的模式的缺點沒錯。

考點 6　行政學及其研究方法

（　　）**1** 在美國，**行政學**是從下列那一個學科領域**分立出來**？
(A)管理學　　　　　　　(B)法律學
(C)政治學　　　　　　　(D)社會學。　　　【107地特三等】

（　　）**2** 從**行政學發展歷程**的 4 種角度來看，下列何者為**正確**的**出現**順序？1管理觀點 2政治觀點 3公共性觀點 4公共政策觀點
(A)1234　　　　　　　　(B)2134
(C)2143　　　　　　　　(D)1243。　　　【108台電新進僱員】

（　　）**3** 以「**理解**」為基礎的研究方法，意義是發生在與他人分享的價值、規範、期望所織成的網絡之中。這種研究方法係屬下列何者？
(A)生態理論的研究　　　(B)批判理論的研究
(C)實證理論的研究　　　(D)詮釋理論的研究。【106身特五等】

( ) **4** 強調因**國情之不同**而進行的行政研究,在**方法學**上係屬何種取向的研究?
    (A)動態的研究   (B)生態的研究
    (C)比較的研究   (D)生理的研究。   【106地特五等】

解答與解析

1 C。 行政學最初是從政治學領域分立出來。題目會說「在美國」的原因是因為,行政學這門學科是從美國發展出來的,其實即便是拿掉「在美國」這三個字,也不影響本題答案,請不要被影響。

2 C。 行政學發展歷程:政治觀點(因為行政學最初是從政治學分立出來的)→管理觀點(廿世紀初美國工業發達,管理學蓬勃發展,行政學受到管理影響)→公共政策觀點(1970年學者紛從公共政策觀點看公共行政)→公共性觀點(學者哈蒙)。

3 D。 (A)生態理論研究方法:從一個大於研究對象所身處的環境中研究環境對其的影響,通常會進行不同生態體的比較。(B)批判理論的研究:從批判的角度進行研究,通常是對結構性的問題進行檢討。(C)實證理論的研究:講求科學方法,研究對象是可量化可經驗的。詮釋理論的研究:強調理解知識的過程。因此,「**理解**」是詮釋理論的關鍵字,請留意。

4 B。 在行政學中,如果看到「不同國情比較」的研究,通常是屬於生態研究的範疇,最具代表性的兩位學者:(這是一組有關行政學生態理論研究的關鍵字組,請留意,往後題目可用)
    (1)高斯(J. M. Gaus):生態觀點研究政府行政現象。
    (2)雷格斯(F. W. Riggs):行政生態理論的集大成者。

考點7 行政學典範與發展

( ) **1** 關於**典範(Paradigm)**的主要意義,下列何者**錯誤**?
    (A)是一種信念或信念系統
    (B)為一群人所共同持有,具有共識單位的高度性

(C)是一種獨特信念,超越時效性

(D)是一種世界觀,乃分析複雜世界的一種方式。　　　　【108初考】

(　) **2** **亨利(N. Henry)**使用**五個典範發展**過程分析**行政理論**之建構,
下列何者**正確**?

(A)典範 I:政治與行政分立時期,行政研究強調價值涉入或價值
承諾

(B)典範 II:行政原理時期重視差異性的比較研究,以期建立原
理原則

(C)典範 IV:公共行政學即管理學的論述,缺乏對「公共性」的
探討

(D)典範 V:公共行政學即公共行政學時期,超越實質理性而強
調技術理性。　　　　　　　　　　　　　【107地特五等】

(　) **3** 行政學研究的發展在不同時期受到不同學科的影響,下列選項
中,何者正確排序了公共行政研究 在**「傳統理論」、「修正理
論」及「整合理論」**時期所借重的**核心學科領域**?

(A)管理學理論、行為科學理論、系統理論

(B)系統理論、管理學理論、行為科學理論

(C)行為科學理論、管理學理論、系統理論

(D)管理學理論、系統理論、行為科學理論。　　　【108原特三等】

(　) **4** 行政學就其發展演進的過程,有關學派之敘述,下列何者**有
誤**?　　(A)科學管理學派泰勒(Taylor)提出動作時間研究　　(B)
官僚型模學派韋伯(Weber)提出理想型組織　　(C)人性本善學
派帕深思(Parsons)提出開放系統　　(D)生態理論學派雷格斯
(Riggs)提出稜柱型社會。　　　　　　　　【108台電新進僱員】

(　) **5** 關於公共行政學說**各時期**主要理念中的組織/協調機制之敘述,
下列何者**正確**?　　(A)古典公共行政為政府/代表性　　(B)新公共
行政為市場/價格　　(C)新公共管理為層級節制/權威　　(D)新公
共服務為社群/信任。　　　　　　　　　　【107原特四等】

（　）**6** 關於行政學理論**發展**的敘述，下列何者較為**正確**？　(A)以費堯（H. Fayol）等為代表的行政管理學派為1930至1960年代　(B)巴納德（C. Barnard）所在的修正理論時期為1970年代迄今　(C)黑堡宣言為1887 年至1930年代傳統行政理論時期　(D)雷格斯（F. Riggs）的行政生態學為1960年代迄今的整合時期。　　　　　　　　　【107原特四等】

（　）**7** 根據行政學者**哈蒙**（Michiael M. Harmon）的**行動理論**（Action Theory），一個理想的**公共行政人員**應該以下列那一項人性論為基礎？
(A)主動—原子論的自我
(B)被動—原子論的自我
(C)主動—社會的自我
(D)被動—社會的自我。　　　　　　　　　　　　　　　【106身特三等】

（　）**8** 下列有關**哈蒙**（M. Harmon）所提出之**「行動理論」**（action theory）之敘述，何者**錯誤**?
(A)係將現象學應用在公共行政的相關論述之一
(B)交互主觀的認識論是構成行動典範基本假定的主要成分
(C)個人能夠理解並分享他人的經驗，行動取向的行政才可能實現
(D)主張行政的研究應採價值與事實二分法。　　　　　【106身特四等】

解答與解析

1 C。 典範（Paradigm）的主要意義：
(1) 典範就是一種**信念**或**信念系統**。
(2) 典範就是**世界觀**（world view），乃分析複雜世界的一種方式。
(3) 典範是一種**觀察的方式**（a way of seeing）。
(4) 為一群人所共同持有，具有**共識**單位的高度性。
典範的重要特徵在於它不是恆久性的真理，它頂多只是在一個時間內大多數學者公認的、暫時性的最大公約數共識理論或學術價值觀，如果新的典範出現，舊的典範就會被遺棄，形成「典範轉移」。

2 C。 亨利行政學理論五個典範發展：

(1) 典範I：政治與行政分立時期（1900～1926）：著重政府之官僚體系與組織研究。強調可以價值中立。

(2) 典範II：行政原則時期（1927～1937）：主張行政原理具有放諸四海皆準之普遍性。

(3) 典範III：行政學即政治學時期（1950～1970）：著重一般理論和規範課題的探討，無法對公共管理者提供務實的導引。

(4) 典範IV：行政學即管理學時期（1956～1970）：著重「組織理論與管理」研究，缺乏公共性的探討。

(5) 典範五行政學即行政學時期（1970～迄今）：建立公共行政獨立性。

（參考資料：行政學，2005，林鍾沂著，頁34-46，三民書局出版）

3 A。 行政學理論可分為四個時期，各個時期的重要學說與代表學者分述如下：

(1) 傳統理論時期（1887~1930）：以科學管理為立論核心。

　　a. **政治行政二分**理論：威爾遜。

　　b. **管理技術**理論：**泰勒**科學管理。

　　c. **行政管理**理論：**費堯、古克立**。

　　d. **動態管理**理論：**傅麗德**。

　　e. **官僚**組織理論：**韋伯**。

(2) 修正理論時期（1930~1960）：以行為科學、人際互動為研究核心。

　　a. **霍桑**實驗理論：**梅堯**。　　　　b. **動態平衡**理論：**巴納德**。

　　c. **理性**決策論：**賽蒙**。　　　　　d. **需要層次**理論：**馬斯洛**。

　　e. **激勵保健**理論：**赫茲伯格**。

(3) 整合理論時期（1960以後）：以系統論為研究核心。

　　a. 環境系統理論。

　　b. 社會系統理論：帕深思。

　　c. 生態系統理論：高斯、雷格斯。

　　d. 權變理論。

(4) 當代近期理論（1970以後）：擺盪於大政府與小政府之間。

　　a. 新公共行政。　　　　　　　b. 黑堡宣言。

　　c. 新公共管理。　　　　　　　d. 新公共服務。

以上這四個時期的核心理論與各個學說及學者，如能熟記於心，許多考題將能迎刃而解。

4 C。 人性本善是修正理論時期所偏好的，而帕深思的開放系統理論是屬於整合時期理論的學說。關於人性善惡的論述，傳統理論時期認為人是需要被管理的，因此隱含著對人的不信任，有「人性本惡」的意涵。修正理論時期則認為如果給人適當的激勵與尊重，人是可以表現更好的，因此有「人性本善」的意涵。至於整合理論時期，研究焦點並不放在人，而是更宏觀的系統、環境、國家。

5 D。 正確內容應為：
(A)古典公共行政：層級節制／權威。(A)錯誤。
(B)新公共行政：政府／代表性。(B)錯誤。
(C)新公共管理：市場／價格。(C)錯誤。
(D)新公共服務：社群／信任。(D)正確。

6 D。 參見第3題解析。本題正確排列應為：
(A)以費堯（H. Fayol）等為代表的行政管理學派為1887~1930年代。(A)錯誤。
(B)巴納德（C. Barnard）所在的修正理論時期為1930~1960年代。(B)錯誤。
(C)黑堡宣言為1970以後當代近期理論。(C)錯誤。
(D)雷格斯（F. Riggs）的行政生態學為1960年代迄今的整合時期。(D)正確。

7 C。 哈蒙（M. M. Harmon）1981年提出公共行政的行動理論（action theory for public administration）認為公共行政人員，應該主動站在對方的立場去設想，而不是用自己既有的價值觀去揣摩。
其基本概念為：
(1) 人類自我本質是**主動的、社會的**。
(2) 應該以人與人之間面對面的遭遇情境作為研究的分析單元。
(3) 需特別注意人們在建構事物意義時的**交互主觀性**。
(4) 在實務上應**重視道德與倫理**的考量，以發揚人文主義的關懷。

8 D。 參見第7題解析。價值與事實二分法是講究行為科學的主張，哈蒙行動理論講究相互理解與交互主觀性，且應**重視道德與倫理**的考量，因此不可能是價值中立的。

第二節　行政學理論與學說

考點 1　傳統理論時期

(　　) 1 有關**傳統理論時期**（1930年代以前）行政學之敘述，下列何者**錯誤**？
(A)機關組織為開放系統
(B)強調機械的效率觀念
(C)人性是好逸惡勞的
(D)行政學可做為一門獨立的學科。　　　　　　　　　【108地特四等】

(　　) 2 下列那一個學派**非屬行政學傳統時期**（1930年代之前）的組織理論？　(A)人群關係學派　(B)科學管理學派　(C)行政管理學派
(D)官僚模型學派。　　　　　　　　　　　　　　　　【108普考四等】

(　　) 3 下列何者是行政學**傳統理論時期**為人詬病之主要**缺失**？
(A)過度重視個體，而忽視組織整體
(B)僅著重組織的靜態面，而忽視組織動態面
(C)將組織視為一種開放系統，使組織喪失自主性
(D)只重視社會性報酬的激勵效果，而對人性的看法有所偏差。
　　　　　　　　　　　　　　　　　　　　　　　　【107台電新進僱員】

(　　) 4 行政學的**傳統理論**確實有顯著貢獻，但是也顯示若干重大**缺失**，
下列何者**錯誤**？
(A)過份強調機械的效率觀點
(B)憑個人知識所立下的原理原則經不起考驗
(C)對人類行為做了不切實際的假設
(D)忽視組織的靜態面。　　　　　　　　　　　　　　【106台水】

解答與解析

1 A。 傳統理論時期（1887~1930）：以科學管理為立論核心。重要學說如下：

(1) 政治行政二分理論：威爾遜。

(2) 管理技術理論：泰勒科學管理。

(3) 行政管理理論：費堯、古克立。

(4) 動態管理理論：傅麗德。

(5) 官僚組織理論：韋伯。

傳統時期以「管理、控制」員工、效率為研究核心，隱含著對人性的不信任，屬人性本惡論。開放系統論是整合理論時期的學說。

2 A。 行政學理論可分為四個時期，各個時期的重要學說與代表學者分述如下：

(1) 傳統理論時期（1887~1930）：以科學管理為立論核心。

    a. 政治行政二分理論：威爾遜。

    b. 管理技術理論：泰勒科學管理。

    c. 行政管理理論：費堯、古克立。

    d. 動態管理理論：傅麗德。

    e. 官僚組織理論：韋伯。

(2) 修正理論時期（1930~1960）：以行為科學、人際互動為研究核心。

    a. 霍桑實驗理論：梅堯。

    b. 動態平衡理論：巴納德。

    c. 理性決策論：賽蒙。

    d. 需要層次理論：馬斯洛。

    e. 激勵保健理論：赫茲伯格。

(3) 整合理論時期（1960以後）：以系統論為研究核心。

    a. 環境系統理論。

    b. 社會系統理論：帕深思。

    c. 生態系統理論：高斯、雷格斯。

    d. 權變理論。

(4) 當代近期理論（1970以後）：擺盪於大政府與小政府之間。

　　a. 新公共行政。

　　b. 黑堡宣言。

　　c.新公共管理。

　　d.新公共服務。

3 B。　傳統理論時期的缺失包括：

(1) 過分強調機械效率抹煞人性尊嚴。

(2) 過分注重組織靜態面而忽視組織動態面。

(3) 將機關組織視為封閉系統。

(4) 對人類行為做不切實際的假設。

(5) 憑個人的知識經驗及有限觀察所立下的原理原則，經不起考驗。

（資料來源：行政學（上），2006，吳定等編著，國立空中大學出版）

4 D。　參考第3題。

考點2　威爾遜政治行政二分理論

一、選擇題

（　　）**1** 晚近行政學者認為，**政治與行政不二分**理由之一為：任何行政**問題的處理**須將相關因素加以**蒐集、分析**，才能求得真相與因果關係。此理由屬於下列何者？

　　(A)目的與手段的合一　　　(B)民意的考量

　　(C)科學精神與方法的考慮　(D)課責的考量。　　【108地特四等】

（　　）**2** 很多國內外學者都認為**威爾遜**（W. Wilson）「公共行政研究（A Study of Public Administration）」一文，創造了行政學發展的第一個典範，下列何者是這個典範的精髓？

　　(A)政治與行政二分　　　　(B)行政就是政治

　　(C)民主與行政調和　　　　(D)社會控制行政。　【108原特四等】

（　　）**3** 下列何者提出**政治行政二分**的觀念？
(A)瓦爾多（D. Waldo）
(B)登哈特（R. Denhardt）
(C)古德諾（F. Goodnow）
(D)葛蘭畢耶斯基（R. Golembiewski）。　　　【107原特四等】

（　　）**4** 有關**政治與行政分合**的爭議，下列敘述何者**正確**？
(A)從新公共行政的觀點，政治與行政不可分
(B)古德諾（F. Goodnow）認為政治、行政應二分，且政治優於行政
(C)魏勞畢（W. F. Willoughby）主張政治、行政不可分
(D)因為分贓制度的成功，致使行政學者認為政治與行政應該明確二分。　　　【108國安五等】

> **解答與解析**

1 C。本題關鍵字在於**問題的處理分析、蒐集**，屬於研究方法範疇，是以選項(C)為正解。

2 A。美國學者威爾遜（Woodrow Wilson）於1887年發表〈行政的研究〉（The Study of Administration）一文，提倡行政與政治二分，行政學除漸成為重要學門，威爾遜被稱作「**行政學之父**」。在行政學考科中，威爾遜的出現通常是搭配著「**行政與政治二分**」的觀念來出題，請務必熟記。另一位「行政與政治二分」的代表學者是古德諾，其表示「政治是國家意志的表示，行政是指國家意志的執行。絕大多數的行政和政治無關，應免除行政的政治控制。」

3 C。古德諾曾表示「政治是國家意志的表示，行政是指國家意志的執行。絕大多數的行政和政治無關，應免除行政的政治控制。」(A)瓦爾多的考點關鍵字為新公共行政、行政國。(B)登哈特（R. Denhardt）（或稱丹哈特）考點關鍵字是新公共服務。(D)葛蘭畢耶斯基（R. Golembiewski）考點關鍵字是組織發展理論。

4 A。支持**行政政治**分立（行政獨立於政治）者，會主張政治是國家意識的表現，行政是國家意志的執行、行憲（行政）比制憲（政

治）困難，所以行政優於政治。且主張廢除分贓制（政治）改由
功績制（行政），代表人物為**威爾遜**、**古德諾**。支持行政政治不
分者，有主張行政擴大治政治層面（如瓦爾多新公共行政）。有
的認為行政就是行政部門，而行政部門是三權分立（行政立法司
法）的一環，而三權分立是政治制度設計，因此行政只是政治的
一部份（如魏勞畢（W. F. Willoughby）「行政就是政府行政部
門所管轄的事務。」）因此本題選項(A)為正解。

二、申論題

行政學奠基學者威爾遜（Woodrow Wilson）對行政學說及政府運作，有
何主張？另就今日治理系絡而言，其論述有何不足之處？【108 高考三級】

答　(一) 威爾遜之行政學說
　　　1. 緣起：威爾遜於 1887 年所發表之〈行政的研究〉一文被後世
　　　　　學者認為是現代公共行政研究的濫觴，其最主要的論點是提
　　　　　出「政治與行政分立」的主張。
　　　2. 學說內容
　　　　(1) 政府是由政治與政府兩個不同的過程所構成。
　　　　(2) 行政可以成為獨立於政治以外的一門學科。
　　　　(3) 行政的科學研究可以找出類似於物理學的普遍原則，因此
　　　　　　行政科學應像其他科學一項價值中立，而行政人員也應該
　　　　　　政治中立。
　　　　(4) 應用行政原則可以增進政府管理的效率與經濟。
　　(二) 今日治理之內涵當代
　　　公共治理理念的發展為：
　　　1. 從強調行政效率到重視行政回應：從傳統理論時期如行政管
　　　　理、科學管理學派講求行政效率到 1980 年代新公共行政學
　　　　派、黑堡宣言注重對公民的回應。
　　　2. 從視民眾為顧客到視民眾為公民：從 1970 年代新公共管理將
　　　　民眾視為顧客，到 2000 年新公共服務將民眾視為公民。

3. 從信仰價值中立到信仰價值辯證：從修正理論時期講求科學研究方法價值中立，到 1980 年代新公共行政、黑堡宣言及 1990 年代新公共服務都要求行政人員要有價值判斷，善用職權與裁量維持社會公平正義。

4. 從重視集權和控制到重視分權和參與。

考點 3 　泰勒管理技術學說

(　　) **1** 下列何者為後世尊稱為「**科學管理之父**」？　(A)賽蒙（H. Simon）　(B)泰勒（F. Taylor）　(C)古立克（L. Gulick）　(D)費堯（H. Fayol）。　　　　　　　　　　　　【107原特四等】

(　　) **2** 下列何者為泰勒（F. Taylor）所提「**科學管理原則**」的**核心**前提？　(A)無效率主要是工人本身的問題　(B)工作人員並沒有不盡力工作的問題　(C)員工績效與薪資制度有直接關連　(D)管理的責任是針對特定人員制定的。　　　　　　　　　　　　【108身特五等】

(　　) **3** 下列有關**科學管理**（scientific management）理論的描述，何者**最正確**？　(A)開創者為威爾遜（W. Wilson）　(B)主張經驗法則是科學管理的一切基礎　(C)主張論件計酬　(D)開創者為韋伯（M. Weber）。　　　　　　　　　　　　　　　　　　【107身特三等】

解答與解析

1 B。有關**科學管理**理論的關鍵字為：**泰勒**（科學管理之父）、科學管理替代經驗法則、**論件計酬**、**時間控制**。選項(B)為正解。

2 C。本題問核心前提，選項(C)是論件計酬的表達，為正解。參考第1題解析。

3 C。科學管理開創者為泰勒、透過科學管理替代經驗法則，主張論件計酬。韋伯的考題關鍵字是官僚組織、權威類型。

考點 4 ＞ 古立克行政原則

(　) 1 **古立克**（L. Gulick）提出「**POSDCORB**」行政管理七項功能，其中的「D」係指下列何者？　(A)分權（Decentralizing）(B)發展（Developing）　(C)指揮（Directing）　(D)決策（Deciding）。　　　　　　　　　　　　　　【108原特五等】

(　) 2 **古立克**（L. Gulick）提出的「**POSDCORB**」七項管理功能，係屬行政學那個**時期的理論**之一？
(A)新公共管理時期　　　　(B)傳統時期
(C)修正時期　　　　　　　(D)系統時期。　　　【106身特五等】

解答與解析 ＞

　　1 **C**。**古立克**（L. Gulick）提出「**POSDCORB**」行政管理七項功能：計劃（plan）、組織（organization）、用人（staff）、指揮（director）、協調（coordination）、報告（report）、預算（budget）。

　　2 **B**。傳統時期講求原則的建立、管理規則，因此本題屬於傳統時期。

考點 5 ＞ 行政管理

(　) 1 下列那位學者屬於**行政管理學派**（administrative management）的**代表性人物**？
(A)傅麗德（M. P. Follett）
(B)泰勒（F. Taylor）
(C)湯普森（J. D. Thompsons）
(D)馬師婁（A. H. Maslow）。　　　　　　　【106普考四等】

( ) **2** 從**傳統管理學派**學者如泰勒（F. W. Taylor）、費堯（H. Fayol）、古立克（L. H. Gulick）的觀點來研究公共行政，下列何者應**最**受政府所重視？
(A)員工激勵 　　　　(B)最佳效率
(C)民眾滿意度 　　　(D)施政課責度。　【109一般警察三等】

> **解答與解析**

1 #。行政管理學派的代表人物是古立克、費堯，這題出的不好，選項裡都沒有適合的答案可供選擇，故考選部公告送分。

2 B。傳統管理學派最注重的就是效率，有一種隱含地將員工當機器人的意思。因此選項(B)為正解。

考點 6 費堯行政管理學說

( ) **1** 組織中從上至下應有一套非常明確、**沒有中斷**的**權力層級與溝通管道**，是費堯（H. Fayol）所提出的那一項管理原則？
(A)科層體制 　　　　(B)權責相當
(C)層級鏈鎖 　　　　(D)權力集中。　　【108原特四等】

( ) **2** 下列那位學者提出管理具有**規劃、組織、領導、協調、控制**五大功能？ (A)泰勒（F. Taylor） (B)費堯（H. Fayol） (C)古立克（L. Gulick） (D)巴納德（C. Barnard）。　【108原特五等】

( ) **3** 費堯（H. Fayol）的**行政管理學說**係屬下列那一學派？
(A)古典學派 　　　　(B)行為學派
(C)整合學派 　　　　(D)系統學派。　　【106地特五等】

( ) **4** **泰勒**（F. W. Taylor）與**費堯**（H. Fayol）的主張皆對傳統理論時期行政學有重要的影響，下列何者**正確**？ (A)兩者皆強調責任與分工 (B)兩者皆聚焦於基層工作的改進 (C)兩者皆強調非正式組織的影響 (D)兩者皆主張權變原則的運用。　【108地特三等】

( ) **5** 下列何者最符合**費堯**（H. Fayol）對行政學的主要觀點：
(A)研究組織中的動態團體管理，主張主管與部屬應以職能合作為基礎
(B)研究基層工作的改善之道，提出管理原則
(C)研究組織決策行為，提出有限理性觀念
(D)研究組織中上層的工作，提出管理原則。 【108初考】

解答與解析

1 C。費堯提出14點管理原則：
(1) 權責相符：有權者負責。　(2) 專業分工。
(3) 層級鎖鏈：組織中從上至下應有一套非常明確、沒有中斷的權力層級與溝通管道。
(4) 指揮統一：一個部屬只有一個主管。
(5) 目標統一：個人與組織目標一致。
(6) 集權化。　　　　　　　(7) 獎酬公平。
(8) 團隊精神。　　　　　　(9) 組織至上。
(10) 自動自發。　　　　　(11) 行事有序。
(12) 公平公正。　　　　　(13) 紀律嚴明。
(14) 職位安定。

2 B。費堯提出管理的五項功能：計畫（plan）、組織（organize）、指揮（command）、協調（coordinate）、管制（control）。

3 A。費堯屬於傳統理論時期、古典學派。

4 A。泰勒與費堯皆是傳統理論時期的代表人物，兩人皆強調責任與分工，不同之處在於泰勒聚焦在基層員工工作的改進，費堯則聚焦於中上層員工工作的改進。非正式組織是修正理論時期的重點，權變原則是整合理論時期的學說。

5 D。選項(A)是傅麗德的學說。選項(B)是泰勒的學說。選項(C)是賽蒙的學說。

考點 7 傅麗德動態管理

( ) **1** 關於**傅麗德**（M. P. Follett）**動態管理**學說的主張，下列何者**錯誤**？
(A)對權威的接受為無異區間論
(B)解決衝突的方法應透過整合而非妥協
(C)團體的額外價值論
(D)協調要秉持直接交涉原則。 【107原特四等】

( ) **2** **比較而言**，下列那位學者**最早**有系統且深入地研究組織中有關**人的問題**？
(A)馬師婁（A. Maslow）
(B)傅麗德（M. Follett）
(C)麥克葛瑞格（D. McGregor）
(D)何茲柏格（F. Herzberg）。 【108初考】

( ) **3** 下列那位學者提出管理的「**額外價值論**」**學說**？
(A)泰勒（F. Taylor）
(B)費堯（H. Fayol）
(C)傅麗德（M. Follett）
(D)韋伯（M. Weber）。 【106初考】

解答與解析

1 A。 **傅麗德**的學說主要如下：
(1) **團體額外價值**論：團體具有一種「額外價值（plus value）」的生命，認為團體是人類行動的基礎。
(2) 團體**衝突**為必然，團體衝突應透過調和解決。
(3) **協調**的原則：直接交涉原則、早期原則、互惠原則、以及連續原則，主張協調工作應以雙方利益優先。
(4) **權威情勢**法則（law of situation）：命令和權威要去除人的因素（depersonalize），純粹根據情勢的需要運用權威，下屬才肯接受命令。認為組織的最後權威是掌握在屬員手中。

註：無異區間論是巴納德所提出的接受理論，認為要讓部屬接受命令，必須命令落在「無異區間」，符合四個條件：A.部署瞭解該命令的內容。B.該命令符合組織的目標。C.該命令不違背部屬個人利益。D.部屬有能力執行該命令。

2 B。請注意題意，意指從選項中選出最早研究有關組織中人的問題的學者，選項(A)(C)(D)都是修正理論時期的代表學者，算是同時期人物。而傅麗德屬於傳統理論時期，較修正理論時期為早。雖然她處在傳統理論時期這個較不強調人性的時期，但她有別於同時期的學者（僅研究組織中員工的工作方法），傅麗德進一步探究人的衝突解決、協調、權威接受等，算是對人性進行探索研究因，此為正解。

3 C。傅麗德提出團體額外價值論，認為團體具有一種「額外價值（plus value）」的生命，認為團體是人類行動的基礎。

考點 8　韋伯官僚（科層）制度學説

( ) **1** 關於**韋伯**（Max Weber）「**理想型官僚制度**」的敘述,下列何者**錯誤**？
(A)此一理想型建立是在「合法權威」的基礎上
(B)人員間的關係強調對事不對人
(C)重視非正式組織的影響力
(D)重視專業分工及技術訓練。　　　　　　　　【107身特三等】

( ) **2** 關於**韋伯**（Max Weber）對**官僚組織**之敘述,下列何者**錯誤**？
(A)依賴層級節制（hierarchy）達到協調目的
(B)組織管理以成文規範為準據
(C)法理是組織權威的基礎
(D)長官命令要落入無異議區域,部屬才會接受。　【107高考三級】

( ) **3** 下列何者屬於**韋伯**（M. Weber）**官僚制度**的**正功能**？
(A)溝通耗時　　　　　　　　(B)專業化
(C)手段目的化　　　　　　　(D)重視年資。　　【107普考四等】

（　　）**4** 下列何者**非屬韋伯**（M. Weber）所稱「**理想型**」科層組織的特徵？
(A)專業分工　　　　　　　　(B)層級節制
(C)依法辦事　　　　　　　　(D)行政中立。　　　　【106普考四等】

（　　）**5** 下列對於**科層官僚體制**（Bureaucracy）發展的敘述，何者**錯誤**？
(A)科層官僚體制之發展受軍隊組織編制影響甚深
(B)代表學者為韋伯（M. Weber）
(C)是人類高度理性化與理智化的產物
(D)強調人性與人情。　　　　　　　　　　　【106地特四等】

（　　）**6** 下列何者**不是韋伯**（M. Weber）**官僚模式**的主要概念？
(A)依法辦事　　　　　　　　(B)專業分工
(C)功績管理　　　　　　　　(D)對人不對事。　【106國安五等】

解答與解析

1 C。 韋伯的官僚體制算是行政學與政治學的ABC，其內涵請務必了
然於心。韋伯官僚體制（Bureaucracy）又稱科層體制或理想型
官僚制度，**韋伯**提出權威的三個來源，分別為傳統、魅力、合法
性，而**官僚**組織是**合法性權威**的具體代表。其特徵包含如下：
(1) **專業分工**：重視專業分工及技術訓練。
(2) **層級節制**（hierarchy）：所有崗位的組織遵循等級制度原
則，每個職員都受到高一級的職員的控制和監督，重視正式
組織的影響力。
(3) **依法辦事**：一切行政行為皆須有法規依據。
(4) **功績管理**：人員晉升拔擢以功績為考量，對事不對人。

2 D。 選項(D)是巴納德所提出的接受理論，參考解析考點6的第1題。

3 B。 官僚制度的正功能（優點）就是制度化、專業化、效率高，負功
能（缺點）是目標錯置、溝通耗時、太重視年資反而壓抑有能力
的年輕人。

4 D。 科層組織的特徵：專業分工、層級節制、依法行政、功績管理。
行政中立與此無關。

5 D。 本題問錯誤選項，科層制度最不重視的就是人情，科層制度的特徵之一是對事不對人，依法行政，不講人情的。

6 D。 本題是問錯誤選項，參見第1題與第4題。

考點 9 　修正理論時期

(　) **1** 關於公共行政**修正理論時期**的管理原則，下列何者**錯誤**？
(A)運用激勵原則提高員工績效
(B)人格尊嚴應加以維護
(C)人類個別差異應予考慮
(D)採取權變法則設計工作執掌。　　　　　　　　【108初考】

(　) **2** 行政學的發展從研究**「應然」轉變**為研究**「實然」**，主要是受到哪種學術研究的影響？
(A)管理科學
(B)行為科學
(C)系統科學
(D)行政原則。　　　　　　　　【108台電-身心障礙人員】

(　) **3** 有關**行為科學**的**缺失**之敘述，下列何者**錯誤**？
(A)知道許多事實卻無法加以貫通
(B)根本否定組織與法令規章的重要性
(C)過度重視外在環境對組織人員的影響
(D)避免價值判斷而違背社會科學研究宗旨。　　【106原特四等】

(　) **4** 下列哪位學者**不是**研究**組織行為學**的代表人物？
(A)高斯（J. M. Gaus）
(B)賽蒙（H. A. Simon）
(C)巴納德（C. I. Barnard）
(D)何茲柏格（F. Herzberg）。　　　　【108台電-身心障礙人員】

解答與解析

1 D。(1) 修正理論時期（1930~1960）：以行為科學、人際互動為研究核心。代表性學者與學說如下：
     a. 霍桑實驗理論：梅堯。
     b. 動態平衡理論：巴納德。
     c. 理性決策論：賽蒙。
     d. 需要層次理論：馬斯洛。
     e. 激勵保健理論：赫茲伯格。

(2) 整合理論時期（1960以後）：以系統論為研究核心。代表性學者與學說如下：
     a. 環境系統理論。
     b. 社會系統理論：帕深思。
     c. 生態系統理論：高斯、雷格斯。
     d. 權變理論。

修正理論時期的關鍵字包括：行為科學、激勵、人格尊嚴、個別差異考慮等，權變理論是整合理論時期的學說，因此選項(D)為正解。

2 B。所謂「應然面」是指對規範道德、規則、靜態面的研究，「實然面」是指對實際行為、可經驗到的、可驗證的研究。行政學研究的實然面通常對應到行為科學的研究。

3 C。行為科學的缺失在於強調價值中立卻違背社會科學追求真善的目的、蒐集許多事實但沒有貫通的理論、強調動態行為忽略靜態組織規章的重要性、絕少涉及外在環境對人員的影響。本題問不是缺失的選項，選項(C)為正解。

4 A。高斯是整合理論時期的代表人物。其餘三個選項皆是修正理論時期（行為科學）的代表人物。

考點 10　賽蒙行政科學論

( )　**1**　諾貝爾經濟學獎得主**賽蒙**（H. A. Simon）將行為科學與行政學理論進行結合，下列何者**不是**他應用行為科學討論行政學的觀點？

(A)傳統行政學的研究不夠科學，提出的「行政原則」不過是「行政諺語」而已

(B)行政學研究應該區分「事實」與「價值」，並藉此來區分政策與行政

(C)行政學和其他社會科學的研究不同，是以價值為導向的實證性研究

(D)行政學如要建立科學原則，就必須先發展概念工具（conceptual tools）。　　　　　　　　　　　　　　【107地特四等】

( )　**2**　下列對於諾貝爾經濟學獎得主**賽蒙**（H. Simon）之敘述，何者**正確**？

(A)撰寫〈行政的研究〉一文

(B)將人文科學的方法與觀點帶入行政學研究

(C)提出有限理性的觀點

(D)強調組織成員是「經濟人」。　　　　　　　【106地特四等】

解答與解析

1 C。賽蒙是修正理論時期的代表人物，修正理論時期以行為科學為主流，行為科學的觀念就是就立科學原則、價值中立、區分事實與價值。因此選項(C)應改為以「事實」為導向的實證性研究。

2 C。有限理性理論是賽蒙所提出的，相對於過去學者假設人是完全理性的而假定組織成員是「經濟人」，也就是說人完全知道事情的利弊得失經過成本分析計算後而行為，能最符合自身利益。賽蒙則認為人最多只有限理性（limited rational），人無法全知全能，僅能就自身所知道的知識作出判斷與行為，因此假定組織的成員是「行政人」。選項(A)是威爾遜撰寫的。選項(B)是霍桑實驗。

考點 11 霍桑實驗

( ) **1** **霍桑實驗**（Hawthorne Experiment）的研究結果顯示，管理者**促進**員工整體工作**績效**的最佳方法為何？
(A)良好工作環境　　　　　(B)提升薪水
(C)給予關懷　　　　　　　(D)加強員工競爭。　【108原特四等】

( ) **2** **霍桑實驗**的提出對於近代組織與管理理論進步的重要性，下列何者**錯誤**？
(A)強調對人格的尊重
(B)重視參與和情緒的發洩
(C)認同非正式團體的約束力
(D)認為金錢的滿足是提升個人生產力的關鍵。　【107身特四等】

( ) **3** 下列何者開啟了公共行政學中「**人群關係**」（Human Relations）學派？
(A)霍桑實驗（Hawthorne Experiment）
(B)系統研究（Systems Research）
(C)時間動作研究（Time-Motion Study）
(D)生態研究（Ecological Study）。　【108原特五等】

( ) **4** 關於**霍桑實驗**（Hawthorne Experiments）的描述，下列何者正確？
(A)學者費堯（H. Fayol）等人所進行
(B)強調正式組織中關鍵主管職能與組織成效的關係
(C)起始於一項工廠照明對產量影響的研究計畫
(D)啟發以科學管理概念為基礎的後續研究。　【107原特五等】

( ) **5** **胡桑**（Hawthrone）**實驗**學派之研究有3點重要發現，不包括下列何者？　(A)人格的尊重　(B)參與及情緒的發洩　(C)非正式組織　(D)層級節制體系。　【106台電新進僱員】

解答與解析

1 C。 霍桑實驗發現有四：(1)**人格尊重**是**增進生產力**的主要原因。(2)參與及情緒發洩可提高工作士氣。(3)**小團體**（非正式組織）對成員產生**約束力**。(4)**提高士氣**及維持社會平衡（social equilibrium）能**增進生產量**。因此給於員工關懷能增進其生產力。

2 D。 參見第1題解析。本題問否定選項，選項(D)為正解。

3 A。 本題是行政學的ABC，請務必掌握。參見第1題解析，霍桑實驗發現了員工的情感或情緒等人性因素會影響其生產力，這種關心「人性」的研究形成了「人群學派」，有別於以往傳統理論時期將員工當作機器人只講求效率的研究假設有別，因而開啟了新的研究典範。

4 C。 霍桑實驗（Hawthorne Experiments）是由美國國家科學院所屬之國家研究委員會於霍桑工廠做實驗，研究工廠照明對工人產量的影響，而後哈佛大學教授梅堯加入研究設計，證明社會及心理的因素是決定工人生產量及滿足感的重要原因，開創了人群關係（human relations）學派。

5 D。 參見第1題解析。胡桑（又稱霍桑）研究的四個發現：(1)人格尊嚴。(2)參與及情緒發洩。(3)非正式組織。(4)提供士氣維持社會平衡能增加產量。

考點 12 人群學派

( )　**1** 根據人群關係學派學者**羅次力斯柏格**（F. Roethlisberger）的見解，「士氣」乃是個人與組織間的何種關係？
(A)功能平衡關係
(B)經濟平衡關係
(C)靜態平衡關係
(D)動態平衡關係。　　　　　　　　　　　　　　【107身特四等】

（　　）**2** 下列何者屬於**人群關係**學派的重要學者？
(A)麥克葛瑞格（D. McGregor）
(B)古立克（L. Gulick）
(C)韋柏（M. Weber）
(D)泰勒（F. Taylor）。　　　　　　　　　　【106原特五等】

解答與解析

1 D。 學者**羅次力斯柏格**（F. Roethlisberger）和梅堯、海德等人進行了霍桑研究，發現社會及心理因素決定工人的生產力，開創了「人群學派」。霍桑實驗的研究結果發現：(1)人格尊重視提升生產力的重要因素。(2)參與及情緒發現可提高工作士氣。(3)非正式組織對成員有拘束力。(4)提高士氣及維持社會平衡能提升生產量。其中，**羅次力斯柏格提出**士氣及維持社會平衡的觀念，士氣是個人與組織間動態平衡關係，當組織產生社會平衡狀態且維持時，即使遭遇困難工人仍然能繼續合作進行。

2 A。 人群學派是修正理論時期重要的學派之一，選項(B)(C)(D)都是傳統理論時期的代表人物，因此不會是答案。麥克葛瑞格（D. McGregor）提出人性本善的Y理論是人群學派的重要學者。

考點 13 > 巴納德動態平衡理論

（　　）**1** **巴納德**（C. Barnard）的**動態平衡論**中，下列何者是其對**權威**的看法？
(A)魅力的權威觀點　　　　　(B)權威的情勢法則
(C)權威的接受論　　　　　　(D)合理合法的權威。【106原特五等】

（　　）**2** **巴納德**（C. Barnard）的**「權威接受論」**認為，受命者對權威的接受程度繫於四個條件，下列敘述何者錯誤？
(A)受命者對命令內容確已了解
(B)命令內容合於社會習慣
(C)命令內容不違背受命者利益
(D)受命者有能力執行命令。　　　　　　　　【108身特五等】

(　) **3** 下列敘述，何者是**巴納德**（C. I. Barnard）所提「**權威的接受論**」關於權威之看法？

(A)權威是上級對下級所發出的命

(B)權威不在發令者，應視受命者接受或同意程度大小而定

(C)權威是至高無上的絕對被服從

(D)權威運用是根據情勢的需要。　　　　【106台電新進僱員】

解答與解析

1 C。巴納德提出**動態平衡理論**，亦即**權威接受論**。認為所謂權威就是部屬能接受的命令才稱作權威。認為要讓部屬接受命令，必須命令落在「**無異區間**」，符合四個條件：(1)部署**瞭解**該命令的內容。(2)該命令**符合**組織的目標。(3)該命令**不違背**部屬個人利益。(4)部屬有**能力**執行該命令。

2 B。參見第1題解析。

3 B。參見第1題解析。

考點 14　賽蒙理性決策理論

(　) **1** **賽蒙**（H. Simon）認為**決策活動**包括三項工作，下列那一項**不在**其中？

(A)諮商活動　　　　　　(B)情報活動

(C)設計活動　　　　　　(D)抉擇活動。　　【108身特五等】

(　) **2** 學者**賽蒙**（H. A. Simon）認為**決策**制定包括哪3種活動？

(A)問題分析、抉擇活動、方案執行

(B)問題分析、目標設定、設計活動

(C)情報活動、目標設定、方案執行

(D)情報活動、設計活動、抉擇活動。　　【108台電-身心障礙人員】

(　　) **3** 有關**賽蒙**（H. A. Simon）之敘述，下列何者**有誤**？
　　　　(A)決策理論學派代表
　　　　(B)認為行政行為是組織中決策制定的整個過程
　　　　(C)著有行政行為一書
　　　　(D)認為組織中決策活動包括情報、溝通、抉擇。

【106台電新進僱員】

(　　) **4** 下列何者提出**有限理性**的觀點？
　　　　(A)尤偉克（L. Y. Urwick）
　　　　(B)賽蒙（H. Simon）
　　　　(C)雷格斯（F. W. Riggs）
　　　　(D)巴納德（C. Barnard）。

【107原特四等】

解答與解析

1 A。 賽蒙認為決策活動包括三項活動：**情報**、**設計**、**決策**。這是很常出又簡單的考點，請務必掌握。

2 D。 參見第1題解析。

3 D。 參見第1題解析。

4 B。 **有限理性理論是賽蒙所提出的**，相對於過去學者假設人是完全理性的而假定組織成員是「經濟人」，也就是說人完全知道事情的利弊得失經過成本分析計算後而行為，能最符合自身利益。賽蒙則認為人最多只有有限理性（limited rational），人無法全知全能，僅能就自身所知道的知識作出判斷與行為，因此假定組織的成員是「行政人」。

考點 15 > 麥克葛瑞格 Y 理論

(　　) 1 若某一組織的主管希望以**Y理論**概念來帶領部屬，下列那一項做法**最不會**是這位主管可能採取的方式？
(A)定期實施職務輪調
(B)讓員工在執行之外也得以參與業務的規劃
(C)授予員工在工作上的自主權和決定權
(D)提醒員工詳實記錄每日工作內容。 【108原特三等】

(　　) 2 **麥克葛瑞格（D. McGregor）**所著「企業的人性面」一書中，提出對人性的**基本假定**為何？
(A)A理論與B理論
(B)X理論與Y理論
(C)理性人與經濟人
(D)理性人與自我實現人。 【107身特四等】

解答與解析 >

1 D。 麥克葛瑞格（D. McGregor）1960年出版《企業的人性面》（The human side of enterprise）提出對人性兩種不同的基本假設：(1)**X理論：人性本惡**，厭惡工作，好逸惡勞，故領導者需用懲罰脅迫才能驅使使員工達成目標。(2)**Y理論：人性本善**，喜歡工作，故領導者運用獎勵溝通及能激發員工潛能，使產能達標。麥克葛瑞格認為兩種對人性不同的基本假設，會導致管理者不同的管理方式。因此**Y理論的主管會用激勵、參與、授權**等方式管理員工，而不會採取管控、緊迫盯人的方式管理。

2 B。 參見第1題解析。

考點 16 ＞ 激勵理論

(　) **1** 下列何者屬於激勵理論的「**過程理論學派**」？①公平理論②期望理論③ERG理論④增強理論

(A)①② 　　　　　　　　(B)②③

(C)①②③ 　　　　　　　(D)①②④。　　　　【107高考三級】

(　) **2** 下列何者**不是**當代的激勵理論類型？

(A)內容理論 　　　　　　(B)過程理論

(C)成果理論 　　　　　　(D)增強理論。　　【106原特四等】

解答與解析 ＞

1 # 。激勵理論的學説分支如下：

<table>
<tr>
<td rowspan="5">激
勵
理
論</td>
<td rowspan="4">認知途徑</td>
<td rowspan="3">內容理論（探究激發成員行為的因素）</td>
<td>(1)馬斯洛（A. H. Maslow）的需求層次理論</td>
</tr>
<tr>
<td>(2)赫茲伯格（F. Herzberg）的激勵保健理論</td>
</tr>
<tr>
<td>(3)阿特福（C. P. Alderfer）的ERG理論</td>
</tr>
<tr>
<td>過程理論（探究成員如何選擇特定的行為模式來完成工作目標）</td>
<td>(1)弗洛姆（V. H. Vroom）的期望理論
(2)亞當斯（J. S. Adams）的公平理論</td>
</tr>
<tr>
<td>行為改變途徑</td>
<td>--</td>
<td>(3)史金納的增強理論</td>
</tr>
</table>

依據題旨過程理論學派的學説有公平理論、期望理論、增強理論。選項(A)為正解。本題考選部更正答案選(A)或選(D)均給分。

2 C。參見第1題解析。

考點 17 〉過程理論

(　　) **1** 下列何者**不屬於**激勵理論的**過程學派**之一？
(A)需求層次理論　　　　　　(B)期望理論
(C)公平理論　　　　　　　　(D)增強理論。　　　　【106高考三級】

(　　) **2** **公平理論**（Equity Theory）係屬何種激勵理論？
(A)內容理論（Content Theory）
(B)過程理論（Process Theory）
(C)增強理論（Reinforcement Theory）
(D)目標設定理論（Goal-setting Theory）。　　　　【107初考】

解答與解析

1 A。　參見考點16第1題解析。過程學派學説包括**公平理論**、**期望理論**、**增強理論**。

2 B。　參見考點16第1題解析。

考點 18 〉史金納增強理論

(　　) **1** 當某甲完成一項工作任務後，其主管不但稱讚有加，並允諾年終考績將給予甲等的評價，因此某甲更努力工作了。此一管理作為係屬**增強理論**（Reinforcement Theory）中的何種激勵類型？
(A)迴避學習（avoidance learning）
(B)正增強（positive reinforcement）
(C)工具期望（instrumental expectation）
(D)消弱（extinction）。　　　　　　　　　　【106身特四等】

(　　) **2** 學者**史金納**（B. F. Skinner）所提有關激勵的**增強理論**，認為個體行為是由什麼所控制？　(A)成就感　(B)增強物　(C)期望值
(D)吸引力。　　　　　　　　　　【108台電-身心障礙人員】

（　）**3** 下列何者**不屬於增強理論**（Reinforcement Theory）所認為個人行
為的強化或改變之**類型**？
(A)消弱（Extinction）
(B)模仿（Imitation）
(C)迴避學習（Avoidance Learning）
(D)懲罰（Punishment）。　　　　　　　　　　【106國安五等】

（　）**4** 下列何者為**增強理論**所探討的**重點**？
(A)以員工的需要、目標、壓力為激勵基礎
(B)員工被激勵之後的行為可以長期維持
(C)員工可以選擇某種行為模式以達成工作目標
(D)相信人具有「主動性」而無需行為的控制。　【109身特三等】

解答與解析

1 B。 增強理論認為有四種基本類型可以強化或改變個人行為：**正增
強**（positive reinforcement）、懲罰（Punishment）、迴避學習
（Avoidance Learning）、消滅（Extinction）。正增強就是**表現
好給鼓勵**；懲罰就是表現不好給處罰；迴避學習就是學習避開會
帶來痛苦的刺激；消滅就是指以前被鼓勵的行為現在減少鼓勵讓
這個行為慢慢消失。

2 B。 史金納增強理論認為個人行為受到**增強物**控制。

3 B。 增強理論認為有四種基本類型可以強化或改變個人行為：**正增強**
（positive reinforcement）、**懲罰**（Punishment）、**迴避學習**
（Avoidance Learning）、（消滅Extinction）。

4 B。 增強理論認為人的行為是受到刺激反應所形成的，而受到激勵行
為可長期維持。

考點 19 弗洛姆（佛洛姆）期望理論

( ) 1 一個人的行為反應是一種意識的選擇，而此種**意識選擇**係基於對**不同行為策略**予以**比較評價**的結果。此係屬下列何種激勵理論？
(A)公平理論　　　　　　　(B)內容理論
(C)期望理論　　　　　　　(D)增強理論。　　【106身特四等】

( ) 2 近年來，許多組織開始運用「**績效給薪制（pay-for-performance system）**」給予員工報酬，希望以此來激勵員工；而此種制度設計，最能呼應下列那一個激勵理論的觀點？
(A)需求層級理論　　　　　(B)ERG理論
(C)激勵保健理論　　　　　(D)期望理論。　【109一般警察三等】

解答與解析

1 C。 弗洛姆期望理論認為對組織成員是否有激勵作用在於：(1)成員有無完成任務的可能性。(2)成員對完成任務後所得報酬的**認知**。激勵＝期望值×期望。激勵：激勵工具（intrumentality），是對於成員完成某些目標所給予的實際報酬或可期的報酬。期望值（valence）是個人所期望特定結果的價值觀。期望（expenctancy）是個人對其努力會導致績效的認知機率。因此，本題的關鍵字在意識選擇和比較評價，激勵的有效性在於成員的認知、評價。

2 D。 績效給薪制度就是以薪資作為激勵工具，績效作為期望值，想要多獲得薪資（激勵）的人，就多付出。

考點 20 亞當斯公平理論

( ) 1 當人們感覺所得**報酬**與其**努力**間存在**差距**，將會減少其努力與付出，當差距愈大，人們更會設法弭平此一差距感覺；此一論點係屬下列何種激勵理論？
(A)公平理論 　　　　　(B)期望理論
(C)增強理論 　　　　　(D)需求理論。　　　　　【108原特五等】

( ) 2 下列何人提出**激勵**的「**公平**理論」？
(A)馬師婁（A. Maslow）
(B)佛洛姆（V. Vroom）
(C)亞當斯（J. Adams）
(D)史金納（B. Skinner）。　　　　　【106原特五等】

解答與解析

1 A。亞當斯公平理論認為，人們如果感覺所得報酬的數量與其努力間有差距，將會設法減少差距。其做法為：(1)要求增加結果：例如要求加薪。(2)設法減少投入：例如減少工作時間或工作品質。(3)改與較差的參考人作比較。(4)設法改變參考人的投入結果：例如要求主管增加參考人的工作量或減少參考人的薪資。(5)離開現場：例如辭職。

2 C。參考第1題解析。

考點 21 內容理論

( ) 1 行政激勵研究的重點在於探討**何種因素可以引發特定行為**，係屬下列何種激勵理論？
(A)內容理論 　　　　　(B)過程理論
(C)增強理論 　　　　　(D)渾沌理論。　　　　　【106普考四等】

( ) **2** 下列何者**不屬於**激勵理論的「**內容學派**」範疇？
(A)需要層級理論 　　　　(B)二因子理論
(C)公平理論 　　　　　　(D)ERG理論。 　　【106原特五等】

> **解答與解析**

1 A。 內容理論即在研究何種因素可以引發特定行為。參見考點16第1
題解析。

2 C。 參見考點16第1題解析。

考點 22　何茲柏格激勵保健理論

( ) **1** 根據**何茲柏格**（F. Herzberg）的激勵保健理論（Motivation-
Hygiene Theory），「**保健**因素」所指為何？
(A)人際關係 　　　　　　(B)升遷發展
(C)成就感 　　　　　　　(D)上司賞識。 　　【107身特四等】

( ) **2** 下列何者屬於何茲柏格（F. Herzberg）「激勵－保健理論」所指
之**激勵**因素？
(A)報酬待遇 　　　　　　(B)人際關係
(C)上司監督 　　　　　　(D)工作內涵。 　　【106身特四等】

( ) **3** 何茲柏格（F. Herzberg）提出激勵保健（二因）理論，下列何者
屬於**激勵**因素？
(A)報酬待遇 　　　　　　(B)成就
(C)賞識 　　　　　　　　(D)責任。 　　　【106台電新進僱員】

解答與解析

1 A。　何茲柏格（F. Herzberg）提出激勵保健（二因）理論：

保健因素 （hygiene factors）	能夠防止 工作者在 工作中產 生不滿的 因素	1.機關組織的政策與管理。 2.上司的監督。 3.報酬待遇。 4.人際關係。 5.工作環境與條件。
激勵因素 （motivators）	能帶來滿 足的因素	1.成就（achievement）。 2.賞識（recognition）。 3.工作內涵（work itself）。 4.責任（responsibility）。 5.升遷與發展（advancement）。

2 D。　參見第1題解析。

3 A。　參見第1題解析。

考點 23 〉阿特福 ERG 理論

（　　）**1** 下列何者**不屬於**阿特福（C. Alderfer）所提「ERG理論」之需要層級?
(A)關係　　　　　　　　(B)公平
(C)生存　　　　　　　　(D)成長。　　　　　　　　【108國安五等】

（　　）**2** 下列有關**阿特福**（C. Alderfer）的「ERG理論」與**馬師婁**（A. Maslow）的「需要層級理論」的描述，何者**最正確**?
(A)皆強調挫折-退縮（Frustration-Regression）的狀況
(B)皆屬於激勵理論中的內容理論（Content Theory）
(C)皆認為一個人在某段時間可以具有一個以上的需求
(D)皆以滿足-前進途徑（Satisfaction-progression Approach）為
基礎。　　　　　　　　　　　　　　　　　【106地特五等】

(　　) **3** 下列那一個理論認為，當人們在一項較高層次需求未獲滿足或感到挫折時，會退而求其次，追求次一層級需要的滿足？
(A)需要層級理論　　　　　(B)ERG理論
(C)激勵保健理論　　　　　(D)公平理論。　　　【107身特三等】

解答與解析

1 B。 阿特福（C. Alderfer）「ERG理論」指人的三個核心需要為**生存**需要（Existence）、**關係**需要（Relatedness）、**成長**需要（Growth）。

2 B。 **阿特福**ERG理論與**馬師婁**需求層次理論比較如下表：

理論比較	阿特福ERG理論	馬師婁需求層級理論
需求內容	人有三個核心需要即生存、關係、成長。	人有五個核心需要層次即生理、安全、歸屬、尊重、自我實現。
相異處	認為一個人在某段時間可以具有一個以上的需求	以滿足-前進途徑（Satisfaction-progression Approach）為基礎：一個層級的需求被滿足後才會進入下一個需求層次。
	強調挫折-退縮（Frustration-Regression）的狀況：一個人如果一直在滿足成長的需求上受挫，他的關係需求可能會重新變成一種激勵因素。	--
相同處	皆屬於激勵理論中的內容理論（Content Theory）	

3 B。 阿特福ERG理論與馬斯洛需求層次理論不同之處之一在於，阿特福強調挫折-退縮的狀況。參見第2題解析。

考點 24 馬斯洛（馬師婁）需求理論

( ) **1** 下列何者為**馬斯洛**（Maslow）所提出的**第六種需求**？
(A)自我實現的需求　　　(B)靈性的需求
(C)自我表現的需求　　　(D)幸福需求。　　　【108普考四等】

( ) **2** 將下列事項依**馬斯洛**（Maslow）的**需求層次理論**（hierarchy of needs），由最低到高層級排列：①好相處的同事　②適當的薪水　③當選模範員工　④免費健康檢查
(A)①②③④　　　　　(B)②①④③
(C)②④①③　　　　　(D)②①③④。　　【108普考四等】

( ) **3** **馬斯婁**（A. Maslow）主張五種需要中，**最基本**的需要係指下列何者？
(A)社會需要　　　　　(B)安全需要
(C)生理需要　　　　　(D)成就需要。　　　【106初考】

相關考點　麥克里蘭

( ) **4** 根據**麥克里蘭**（D. McClelland）的**社會動機理論**，在組織中喜歡**與他人互動**、促進團體**合作**、**化解**衝突的人，通常對何種需求較高？
(A)安全需求　　　　　(B)歸屬需求
(C)成就需求　　　　　(D)權力需求。　　　【106身特四等】

解答與解析

1 B。 馬斯洛的需求層次理論提出人類的五種需求層次，由最低至最高分別為：生理的需求、安全的需求、愛與歸屬的需求、尊嚴的需求、自我實現的需求。他晚年在其著作《Z理論》提出第六種需求為：靈性的需求。

2 C。 ①好相處的同事：愛與歸屬需求。②適當的薪水：生理需求。③當選模範員工：尊嚴需求。④免費健檢：安全需求。參考第1題解析。

3 C。 參考第1題解析。生理→安全→愛與歸屬→尊嚴→自我實現。

4 B。 本題關鍵字在與他人互動、合作、化解衝突，表達出一個人喜歡與團體融入的感覺，追求歸屬感。選項(B)為正解。**麥克里蘭**（D. McClelland）的**社會動機**理論提出人有三種需求動機：**權力、成就、歸屬**。

考點 25 整合理論時期

( ) **1** 下列何者主要是針對行政學**「行為研究途徑」**所提出的**批評**？
(A)過分著重組織的靜態面，而忽視組織的動態面
(B)過分強調機械的效率觀念，以致抹煞了人性的尊嚴
(C)僅以組織內部人員為主，絕少涉及外在環境對人員的影響
(D)主張生存是組織首要目標，隱含偏袒管理者的意識型態。

【107高考三級】

( ) **2** **整合理論**時期的行政學學說，主要以下列何種分析為立論基礎？
(A)行為分析　　　　　　(B)系統分析
(C)制度分析　　　　　　(D)歷史分析。　　【108原特五等】

( ) **3** 行政學**整合理論**時期所強調的觀點，下列何者**不在**其中？
(A)強調系統概念　　　　(B)應用生態觀點
(C)注重法令制度　　　　(D)運用權變理論。　【106身特五等】

( ) **4** 行政學的「整合理論」又稱「系統理論」，關於**系統理論**的敘述下列何者**有誤**？　(A)認為負面回饋不利行政組織發展　(B)重視行政組織與外界環境的關係　(C)以生物有機體比喻行政組織　(D)主張行政組織的成敗與生態息息相關。　【108台電-身心障礙人員】

解答與解析

1 C。 選項(A)(B)是對傳統理論時期的批評。選項(D)是對系統理論的批評。

2 B。 整合理論時期的立論基礎是**系統分析**。**修正理論**時期的立論基礎是**行為**科學。**傳統**理論時期則是**制度**、**歷史分析**。

3 C。 整合理論時期（1960以後）：以系統論為研究核心。代表性學者與學說如下：
(1) 環境系統理論。
(2) 社會系統理論：帕深思。
(3) 生態系統理論：高斯、雷格斯。
(4) 權變理論。
選項(C)是傳統理論時期的觀點。

4 A。 系統理論的重點包括：開放系統、內部有次級系統、強調反饋是對系統的修正與維持、與外在環境（生態）維持動態平衡、將生物有機體比喻作組織。因此，選項
(A)為正解。

考點 26 〉系統理論

( ) **1** 根據系統理論，政府和環境互動，將產生**源源不絕的能量，不致有耗盡**的時刻，這是系統的何種特質？
(A)反熵作用（Negative Entropy）
(B)彼得原理（Peter's Principle）
(C)莫非定律（Murphy's Law）
(D)白京生定律（Parkinson's Law）。　　　　【108地特五等】

( ) **2** 根據系統理論觀點，一個**有機的組織**或體系會呈現幾個主要特性，下列何者**不屬之**？
(A)動態均衡（Homeostasis）
(B)開放的體系（An open system）

(C)固定式的參與（Fixed participating）

(D)必要的多樣性（Requisite variety）。　　　　　【106初考】

┌─────────────┐
│ 解答與解析 ▷
└─────────────┘

1 A。 反熵作用就是能源不絕，生生不息之意。選項(B)(C)(D)皆為組
　　　　織病象。

2 C。 系統理論觀點的有機組織特性包括：開放體系（選項(A)）、動
　　　　態均衡（選項(B)）、反能趨疲、必要的多樣性（選項(D)）、殊
　　　　途同歸性、系統的演化。

考點 27 〉帕深思（帕森思、帕深斯）社會系統

（　　）**1** 下列何者**不是**學者**帕深思**（T. Parsons）所提出**社會系統**的基本
　　　　功能？
　　　　(A)適應　　　　　　　　　(B)達成目標
　　　　(C)分工　　　　　　　　　(D)模式維持。　　【107原特四等】

（　　）**2** 帕深思（T. Parsons）認為任何社會系統均須履行四個基本功能，
　　　　下列何者主要在達成「**整合**」的功能？
　　　　(A)法院　　　　　　　　　(B)學校
　　　　(C)企業組織　　　　　　　(D)政府組織。　　【106普考四等】

（　　）**3** 下列何者係社會系統理論所認為的處於**半開放半封閉的環境**？
　　　　(A)策略次級系統　　　　　(B)管理次級系統
　　　　(C)運作次級系統　　　　　(D)技術次級系統。【106地特四等】

（　　）**4** 帕深斯（T. Parsons）的社會系統理論中，下列何種階層屬於組織
　　　　系統中的**前鋒地位**？
　　　　(A)策略階層　　　　　　　(B)管理階層
　　　　(C)技術階層　　　　　　　(D)系統階層。　　【108身特五等】

（　　）**5** 帕深思（T. Parsons）認為，任何組織都是具有四種功能的社會系統。各國政府**因社會環境的變化**，成立**虛擬的彈性化政府組織**，這是那一種社會系統功能的展現？
(A)適應　　　　　　　　　(B)達成目標
(C)模式維持　　　　　　　(D)整合。　　　　　【107初考】

解答與解析

1 C。 **帕深思**社會系統的**四項基本功能**：(1)**環境適應**（adaptation）：具有彈性能適應環境變化，如民間企業、(2)**目標達成**（goal-attainment）：動員系統資源達成目標，如政府組織、(3)**模式維護**（pattern maintenance）：讓成員接受既有系統模式，例如文化、藝術、學校及教會。(4)**系統整合**（integration）：維持系統個部份協調、凝固與團結。如法院、政黨、利益團體等社群機制。

2 A。 參見第1題解析。

3 B。 **帕深思**認為**社會系統**中又可以分為許多**小**的**次級系統**（subsystems）由外而內為：
(1) **策略次級系統**：決策人員，處於組織前瞻地位，和外在客觀環境發生直接的關係。
(2) **管理次級系統**：又稱協調階層（coordinating level），協調組織內各單位業務的活動以及資源的配置與運用，使組織成為完整的工作體，以及維持組織與外在環境的接觸，其對內協調為封閉狀態，而對外接觸則屬於開放狀態，故為半封閉半開放狀態。
(3) **技術次級系統**：又稱操作階層（operating level）按照預定的計劃以及工作的程序，達成組織目標，和外在環境不發生任何關係。

4 A。 參見第3題解析。

5 A。 本題關鍵字在彈性化組織及因應社會變化，這是社會系統「適應」的展現。參見第1題解析。

考點 28 雷格斯生態理論

( ) **1** **雷格斯**（F. W. Riggs）依國家發展的進程，提出三種比較行政模式，下列何者是**高度開發國家**的發展模式？
(A)繞射模式（diffracted model）
(B)多元模式（polycentric model）
(C)鎔合模式（fused model）
(D)稜柱模式（prismatic model）。 【106高考三級】

( ) **2** **「生態理論」**大多從生態觀點來研究政府的行政現象，下列那一位**學者**屬於此一學派之代表人物？ (A)賽門（H. Simon） (B)傅麗德（M. P. Follett） (C)雷格斯（F. W. Riggs） (D)巴納德（C. I. Barnard）。 【106警（退）三等】

( ) **3** 有關**雷格斯**（F. W. Riggs）提出的行政生態理論，下列何者**有誤**？
(A)稜柱型社會係指功能半分化的已開發國家 (B)鎔合型社會係指功能普及化未經分工的農業社會 (C)繞射型社會係指功能高度分工的工業社會 (D)稜柱型社會同時存有傳統與現代組織的現象。 【107台電新進僱員】

解答與解析

1 A。 雷格斯提出「鎔合-稜柱-繞射」模型，以解釋一個國家政治與社會變遷的過程：鎔合模式（fused model）為功能普及化未經分工低度開發國家。稜柱模式（prismatic model）為功能半分化發展中國家。繞射模式（diffracted model）為功能高度分工已（高度）開發國家。

2 C。 整合理論時期（1960以後）：以系統論為研究核心。代表性學者與學說如下：
(1) 環境系統理論。
(2) 社會系統理論：帕深思。
(3) 生態系統理論：高斯、雷格斯。
(4) 權變理論。

3 A。 參見第1題解析。

考點 29 權變理論

一、選擇題

(　) **1** **權變理論**是行政學整合時期最主要的理論，下列何者**非屬**權變理論的論點？　(A)管理者應該將組織視為一個從封閉到開放的連續體　(B)世上並沒有一套絕對的組織原則，任何原則只有在某種情況下才有其效果　(C)兼顧效率與效果的組織目標是不可能的，必須視手段、資源、以及能力看狀況擇一為之　(D)隨著組織的生態環境不同，所採用的方法也應該不同。　【108退除四等】

(　) **2** 「組織所處**環境有變**時，所採用的管理**方法**也應**不同**」，這句話係何種理論**最為強調**的觀點？
(A)政治多元理論　　　　　　(B)行政生態理論
(C)權變理論　　　　　　　　(D)系統理論。　　　　【108身特五等】

(　) **3** 有關整合理論時期「**權變理論**」的論點，下列敘述何者**為非**？
(A)否認兩極論
(B)彈性的運用
(C)效率與時效並重
(D)殊途同歸性。　　　　　　　　　【108台電-身心障礙人員】

> ### 解答與解析

1 C。　**權變**的核心理念就是**沒有固定的方法、手段、原則**，只要能達到目的、效果就是好的方法。正所謂「**黑貓白貓只要抓得到老鼠就是好貓**」。所以權變理論是相當是環境變化而對應的理論。

2 C。　參見第1題解析。

3 C。　本題問否定觀念。可使用刪去法，權變講求彈性、不固執、條條道路通羅馬，所以選項(A)(B)(D)都是權變函蓋的概念。選項(C)強調時效，表示必須固守於時間性，有期限上的限制可能阻礙權變的應用。因此是為正解。

二、申論題

何謂組織「權變理論」？其理論基礎為何？試詳析之。【106身特三等】

答　(一) 權變理論之內涵

1. 權變理論認為組織所處的環境不一樣，所採用的方法亦應不同，對企業組織適用的理論，對行政組織卻不一定行得通。

2. 組織應經充分研究後選擇最適合對他本身情況的各種方法，不應拘泥於單一原則。

(二) 權變理論之理論基礎

1. 緣起：勞倫斯和洛區（Paul R. Lawrence & Jay W. Lorsch）在 1967 年成名合著《組織與環境：分化與整合之管理》（organization and Environment：managing differentiation and integration）所提出。

2. 核心概念：即「不管黑貓白貓，能抓到老鼠的就是好貓」，因此，並不存在一個唯一單一的最佳法則。

3. 殊途同歸性（equifinality）：係整合理論時期權變理論（contingency theory）提出的概念，該派學者否定傳統理論時期學者所認為有「唯一最佳方法」存在。

考點 30　公共選擇

(　) **1** 下列何者**不是公共選擇理論**主張的內容？　(A)行政人員都是理性自利的行動者　(B)行動者都追求效用的極大化　(C)公共財較適合由管轄權集中的功能性機關提供　(D)消除政府壟斷並促進競爭的發生。　【107身特三等】

(　) **2** 下列何者運用**市場理論**，以解釋政治人物、官僚與民眾追求自我利益極大化的行為？　(A)社會企業學派　(B)市場行動學派　(C)國家市場學派　(D)公共選擇學派。　【106警（退）三等】

(　) **3** 下列對於**公共選擇理論**的敘述，何者**最正確**？
　　　　(A)為新公共管理的理論基礎
　　　　(B)開啟人群關係學派的研究
　　　　(C)為科學管理的核心價值
　　　　(D)提出官僚行政的主張。　　　　　　　　　　　【106地特五等】

解答與解析

1 C。 公共選擇是借用經濟學的觀念應用在行政學。在經濟學裡對人性的假設是理性自利、人能依照自己身處的環境作除成本效力判斷而作出最符合自己利益的決定。因此公共選擇理論是以個人行為之微觀角度對行政或政治行為作研究，將市場機制對比為政治環境，將消費者對比為選民。絕對是反對其他外力，如政府、公權力的介入市場（政治環境）。

2 D。 參見第1題解析。

3 A。 新公共管理是相對於（舊）公共管理（泰勒等人的行政管理、管理技術學派等）。新公共管理的理念是藉由企業精神的引進，希望政府以最少成本，獲致最大效益，與新公共管理相通的學說理念包括：公共選擇理論、新右派、企業型政府、新治理、後官僚主義。

考點 31 〉新公共行政

(　) **1** 關於**新公共行政**之敘述，下列何者**錯誤**？　(A)關注於規範理論、道德價值　(B)主張建構顧客導向、回應性強的組織型態　(C)主張行政研究應價值中立，建構可應用性理論　(D)主張以決策、角色、群體為研究對象，發展中程理論。　　　　【107高考三級】

( ) **2** **新公共行政**學者認為要發展新的組織形式以因應動盪不安的環境，根據學者**柯哈特**（L. Kirkhart）的論點，下列何者**不是**此種組織型態的特徵？
(A)專案團隊是基本的工作單位
(B)多元的權威結構
(C)組織講究終身職而非短暫僱用
(D)以電腦來保持文獻紀錄。 【107原特四等】

( ) **3** **新公共行政**理論對行政人員角色的看法，**不包括**下列何者？
(A)社會公平的促進者 (B)代表性官僚
(C)非單一性的行政人 (D)人民的公僕。 【106退除四等】

( ) **4** **新公共行政學派**是在傳統關切的效率價值之外，再加上一些不同的價值，下列何者最受新公共行政學派的重視？
(A)自由 (B)多元化
(C)個人主義 (D)社會公正。 【106地特三等】

( ) **5** 下列何者**不是新公共行政學派**的論點？
(A)主張入世相關的公共行政
(B)主張邏輯實證論
(C)主張發展以服務對象為重心的組織
(D)主張公共行政的研究應從事價值判斷。 【108國安五等】

( ) **6** 行政機關要成為**多元族群**尤其**弱勢者權益**的**代表**，係屬下列那一個行政理論的基本主張？
(A)古典公共行政 (B)開放系統
(C)公共選擇 (D)新公共行政。 【108身特五等】

( ) **7** 行政人員為催生**某政策議題**，並**鼓勵民眾參與**，這是**新公共行政主張行政人員**應具備的何種角色？
(A)社會公平促進者 (B)機關變遷催生者
(C)倡議性角色 (D)代表性角色。 【107原特五等】

（　）**8** 新公共行政理論中主張「**協和模式**」（Consociated Model），其組織特徵為何？
(A)專業組織　　　　　　　(B)一元化的權威結構
(C)層級節制的組織　　　　(D)金字塔組織。　【107地特五等】

（　）**9** 「**新公共行政**」**有別於**「**傳統行政**」，主要係強調下列何項特質？
(A)解決技術問題
(B)探求行政知識
(C)強調價值中立
(D)研究與實務相結合。　　　　　　　【107台電新進僱員】

（　）**10** 關於**積極平權措施**（affirmative action），下列敘述何者**錯誤**？
(A)為促進社會包容性、多元性之措施
(B)為促進符合資格條件之弱勢族群人員平等就業之措施
(C)為促進勞工休假權落實之措施
(D)為促進教育機會平等之措施。　　　　【109身特四等】

（　）**11** 下列何者最符合**平權措施**（Affirmative Action）之意涵？
(A)為促進社會包容性、多元性之措施
(B)為促進失業人士再就業之措施
(C)為促進勞工福利權落實之措施
(D)為保障資格條件欠佳人員就業之措施。　【109身特三等】

（　）**12** **新公共行政**和**黑堡宣言**均特別重視行政人員的何種角色？
(A)行政中立的官員
(B)公法契約的管理者
(C)憲政秩序的捍衛者
(D)績效至上的官員。　　　　　　　　【107台電新進僱員】

（　）**13** 有關**代表性官僚**（representative bureaucracy）的相關敘述，下列何者**最錯誤**？
(A)是「新公共行政時期」的觀點
(B)代表性官僚隱含著對社會公平的追求

(C)行政人員改由選舉產生

(D)意指公共行政也開始注意民主化的重要性。　【108原特三等】

(　)14 關於**代表性官僚**（representative bureaucracy）之敘述，下列何者**錯誤**？

(A)消極的人口代表性指公部門人力應反映服務與代表的人口

(B)積極的人口代表性指根據政策偏好而考量族群或性別特徵

(C)由馬克斯韋伯（Max Weber）所倡議

(D)藉由保障少數與弱勢以實現民主政治核心價值。

【107原特四等】

(　)15 **行政機關的人力**組成符合該**社會人口**組合特性的制度，稱之為：

(A)積極平權體制（affirmative action system）

(B)代表性科層體制（representative bureaucracy）

(C)策略性人力系統（strategic manpower system）

(D)開放性政府體制（open government system）。　【108身特四等】

> **解答與解析**

1 C。 新公共行政論點包括：

(1) 主張入世相關的公共行政：將理論與實務結合，解決當代社會問題。

(2) 主張後邏輯實證論：反對價值中立觀。

(3) 主張適應環境的動盪不安情況：行政理論與實務應面對實際問題，鼓勵民間與政府互動解決問題。

(4) 主張建構新的組織型態：傳統科層體制已服當代需求，政府組織型態應嘗試改變。

(5) 主張發展以服務對象為重心的組織：行政人員應比以前表現出更好的服務對象忠誠感。

因此新公共行證是反對價值中立的，選項(C)為正解。

2 C。 學者柯哈特題出協合式組織，其論點包括：專案團隊（組織）是基本的工作單位（選項(A)）、多元的權威結構（選項(B)）、在特定時間下解決特定問題、以不同次級計畫處理相同基本問題、

社會關係以獨立自主與相互依賴為特徵、顧客需求在組織中表達、組織講求短暫僱用而非終身職（選項(D)）、以電腦來保持文獻紀錄、專業角色避免額外的社會階層。

3 D。 學者巴頓（Barton）認為新公共行政理論的行政人員角色應有五種：促進社會公平、催生機關變遷、代表性官僚、倡議性行政人、非單一性行政人。是以，依據題旨選項(D)為正解。

4 D。 新公共行政是偏向左派的學說，強調社會公平正義。選項(A)(B)(C)皆是偏右派的古典自由主義思想。

5 B。 參見第1題解析。選項(B)應改為主張「後」邏輯實證論。

6 D。 本題關鍵字在多元族群弱勢權益代表，講求社會公平正義是新公共行政最核心的觀念。不要忘記新公共行政形成的背景1960年代美國社會問題頻出，包括加入越戰、黑人民權、貧窮問題等使得社會出現對政府失去信心的氛圍，在這種環境下美國雪城大學教授瓦爾多提出重視實務問題解決以及社會公平正義、弱勢代表性等觀點之新公共行政理論。

7 C。 學者巴頓（Barton）認為新公共行政理論的行政人員角色應有五種：促進社會公平、催生機關變遷、代表性官僚、倡議性行政人、非單一性行政人。本題關鍵字在政策議題、鼓勵民眾參與，即是倡議性角色。

8 A。 參見第2題解析。

9 D。 本題重點問新公共行政與傳統行政的的差異，傳統行政即傳統理論時期（管理技術、行政管理學說等），還是回到新公共行政的幾個重要本質：解決社會問題、講求公平正義、理論與實務結合。參見第1題解析。

10 C。 積極平權措施（affirmative action）的目的是幫助社會弱勢族群取得公平機會與地位，以促進社會多元性與包容性。本題問錯誤選項選項(C)勞工休假權是一種工作權利，與弱勢族群無涉。

11. A。 參考上題解析。選項(B)(C)(D)都不完全是社會弱勢族群，弱勢族群包括低收入戶、身心障礙、受暴婦女、兒少、少數民族等族群。

12 C。 新公共行政與黑堡宣言在理念上是可以相通的，都是傾向左派

的思想，主張社會公平正義、行政人員要有價值規範觀念、濟弱扶傾的大政府理念。而選項(A)的行政中立、(B)的管理者、(D)的績效至上都是傾向右派的公共管理思想。因此本題選項(C)為正解。

13 C。 代表性官僚是左派思想實現社會公平正義的具體做法。代表性官僚就是説行政人員的組成結構必須合社會人口組成結構的比例，社會上有少數民族，官僚組成就要有少數民族的代表、社會上有身心障礙者，官僚組織就要有身心障礙者的代表，諸如此類。因此，官僚的產生不能是選舉產生，因為選舉產生無法保障人口代表性，所以必須透過一些保障制度使官僚組織具有一定代表性。因此本題答案為(C)。

14 C。 代表性官僚是新公共行政理論下產生的觀念，參見第13題解析。本題問錯誤的選項。馬克斯韋伯（Max Weber）提出的是官僚體制，只的是層級節制、依法行政、對是不對人的組織結構，與代表性官僚無關。還有一個解法可以確定選項(C)為錯誤，那就是從行政學發展時期的時序排列來看，韋伯提出的官僚體制是屬於傳統理論時期（約19世紀初），傳統理論時期的核心觀念是效率，不會去關懷「人性」、「弱勢」、「公平正義」的問題，而這些問題到了近代（1960、1970年代）成為主流，因此觀念發展的時序有助於我們解題。

15 B。 參見第13題解析。

考點 32　黑堡宣言

(　　) **1** 依照**黑堡宣言**所強調之行政人員是**主權受託者**的看法，下列何者**不是**行政人員追求的主要價值？
(A)憲政秩序　　　　　　(B)創新與彈性
(C)專業良知　　　　　　(D)公共利益。　　　【107原特三等】

（　）**2** 下列關於**黑堡宣言**（Blacksburg Manifesto）的主要宣示何者**錯誤**？　(A)公共行政人員應是被動服從公眾要求的公共利益受託者　(B)公共行政組織是達成公共利益的知識寶庫　(C)公共行政應可成為憲政秩序下的正當參與者　(D)公共行政能夠涵蓋不同的利益以促進公共利益的實現。　【106普考四等】

（　）**3** **黑堡宣言**的作者們認為，當時公共行政被評為績效不彰的根源來自於政治系統治理結構上的困境，此一**困境**指的是什麼？　(A)常任文官之政策評估能力不足　(B)立法部門賦予官僚體系太多的行政裁量權　(C)行政體系過於龐大，首長難以有效的統馭領導　(D)常任文官被不當的定位為公共政策的忠誠執行者。　【106警（退）三等】

（　）**4** 下列何者**非屬黑堡宣言**（Blacksburg Manifesto）中，對於公共行政人員的期待？
(A)運用裁量權捍衛民主價值
(B)達成廣泛公共利益為目的
(C)服從與貫徹上級所指示的行政目標
(D)推動人民與政府之間的公共對話。　【106原特四等】

（　）**5** 關於**黑堡宣言**的重要主張，下列何者**最錯誤**？　(A)強調憲政主義　(B)強調公共利益的重要性，其約制了各種利益衝突的解決原則　(C)方法論上從實證主義與行為主義界定公共利益　(D)常任文官的代表性不亞於民選首長，其角色具有專業的權威。　【108原特五等】

（　）**6** 「**黑堡宣言**」（Blacksburg Manifesto）強調以何種主義取向來詮釋**公共行政人員**的角色內涵？
(A)辯證主義　　　　　　　(B)專業主義
(C)新管理主義　　　　　　(D)新保守主義。　【107初考】

（　）**7** 「公共行政處於政治系絡之中，其特質兼含**政治及專業**」，比較而言，此一敘述係下列何者最為強調的主張？
(A)新公共管理　　　　　　(B)黑堡宣言
(C)公共選擇學派　　　　　(D)結構功能學派。　【107原特五等】

( ) **8** 下列關於**黑堡宣言**（Blacksburg Manifesto）的敘述，何者**最正確**？
　　(A)透過批判新公共行政的主張，重建官僚體系在治理過程中的正當性
　　(B)擔憂採用後實證主義而弱化公共行政的學科基礎
　　(C)鼓吹「斥責官僚（bashing bureaucracy）」，建立落實民主行政的機制
　　(D)帶動行政論述回歸憲政體制，恢復公共行政在治理過程中的關鍵地位。　　【106初考】

( ) **9** 下列何者**不是黑堡宣言**對公務人員角色的期待？　(A)可執行守門員角色以確保政府重要資訊不外洩　(B)可發揮公民社會與社群政治的催生者和推動者角色　(C)可做為行政智慧與經驗的儲存者角色以防組織記憶流失　(D)可擔任教育者角色以提供民眾有關公共決策的利弊得失資訊。　　【106初考】

> **解答與解析**

1 B。 黑堡宣言的四項主張為：
　　(1) 行政人員應為具有**主動自我意識的公共利益受託者**（trustees of public interest）。
　　(2) 行政組織是具有**專業能力**提供特定社會功能，以達成公共利益的制度性寶庫。
　　(3) 公共行政應為**憲政秩序**政府治理過程的**正當參與者**。
　　(4) 公共行政的威權實繫於能夠**涵蓋不同的利益**，藉以促進公共利益的實現。
　　我們可以從上述四點中，抽取出黑堡宣言的關鍵字為：主動、公共利益、專業能力、憲政秩序。因此本題問否定選項，選項(B)創新與彈性比較是偏向右派的新公共管理、企業型政府的理念。

2 A。 參見第1題解析。

3 D。 黑堡宣言認為公共行政績效不彰的原因在於政治治理結構的困境，這個困境就是行政、立法、司法三權分立中，將行政人員（事務官）定位在行政之下且僅有被動聽命於事的功能，黑堡宣

言主張應改提升事務官的地位與其他三權平行，在憲政治理上有
更主動積極的參與地位。因此選項(D)為正解。

4 C。 本題問黑堡宣言的負面選項。參見第1題與第3題解析。黑堡宣言
有一個很關鍵的觀念是，很強調行政人員（事務官）的主動積極
性、憲政賦權地位，而不是唯命是從的人員，服從上級在黑堡宣
言的觀念是不被鼓勵的。

5 C。 黑堡宣言反對行為科學的價值中立，更不可能在方法論上運用實
證主義與行為科學分析。

6 B。 黑堡宣言認為行政人員的地位應提升，而其提升的關鍵因素在於
專業能力。

7 B。 參見第1題與第6題解析。

8 D。 黑堡宣言與新公共行政是可以相通的。黑堡宣言反對實證主
義，新公共行政採用後實證主義，黑堡宣言與新公共行政相
通，間接説明黑堡宣言並不反對後實證主義。黑堡宣言對官僚
（行政人員、事務官）是很尊重且重視的，不可能產生對官僚
斥責的想法。黑堡宣言強調憲政體制，並主張將行政人員在憲
政結構中的地位提升。

9 A。 黑堡宣言認為行政人員應該是主動積極具有相當專業與權力的，
最不鼓勵行政人員唯命是從，因此選項(A)「守門者」絕對不是
黑堡宣言對行政人員的期待。

考點 33 新公共管理

（　）**1** 下列何者**不是新公共管理**的主要觀點？
(A)政府的角色是導航而非親自操槳
(B)將競爭的概念帶入公部門
(C)彈性雇用與報酬
(D)理性法律型權威是政府運作的基礎。　　　【108地特四等】

（　　）**2** **交易成本理論**是新公共管理的理論基礎之一，下列何者不是交易成本理論的內涵？
(A)人類的理性都是有限的
(B)人類互動充滿了不確定性
(C)人類有機會主義的傾向
(D)人類會主動承擔工作責任。　　　　　　　　　　【108地特四等】

（　　）**3** 就**法規密度**高低與**公私部門間距離**的遠近而言，**新公共管理**屬於下列何者？
(A)法規密度高、公私部門間距離遠
(B)法規密度高、公私部門間距離近
(C)法規密度低、公私部門間距離遠
(D)法規密度低、公私部門間距離近。　　　　　　【108地特四等】

（　　）**4** 下列何者**不屬於新公共管理**觀點下的政府再造策略？
(A)市場導向
(B)結果導向
(C)重視創新
(D)重視標準作業程序。　　　　　　　　　　　　【108原特四等】

（　　）**5** 下列何者主張政府職能規模應予縮減成為**「小而美」的政府**？
(A)黑堡宣言　　　　　　　　(B)新公共行政
(C)新公共管理　　　　　　　(D)新公共服務。　　【107外特四等】

（　　）**6** 下列何者**不是新公共管理**運動的基本訴求與改革重點？
(A)流程再造　　　　　　　　(B)充分授能
(C)企業精神　　　　　　　　(D)政治中立。　　　【107地特四等】

（　　）**7** 下列關於**新公共管理**學派追求變遷的論點，何者**錯誤**？
(A)鮮少質疑官僚運作之道
(B)力求創新和企業家行動
(C)著重顧客授能
(D)將官僚服務轉化為個別授能。　　　　　　　　【107原特四等】

( ) **8** 依據**傅德瑞克森**（H. Frederickson）的觀點，下列敘述那一項符合**新公共管理**的特性？
(A)強化科層體制　　　　(B)著重基層管理
(C)重視常態結構　　　　(D)強調個別授能。　【106普考四等】

( ) **9** 基於**新公共管理**理論所主張的行政革新策略，下列何者**不屬**之？
(A)落實中央集權　　　　(B)推動民營化
(C)簡化行政流程　　　　(D)重視市場機制。　　【109初考】

( )**10** 下列何者**不屬**於「**新公共管理**」的重要主張？
(A)政府領航而非親自操槳
(B)重視市場機制和租稅誘因
(C)讓國家空洞化（hollowing-out state）
(D)批判官僚制度。　　　　　　　　　　【109身特三等】

解答與解析

1 D。 新公共管理認為將企業經營的理念帶入行政部門的管理，因此講求小而美政府，政府管得越少越好，並將競爭帶入公部門，公部門人力盡量採用彈性雇用與報酬，使傳統的層級節制行政組織進量彈性化。理性法律型權威是傳統的行政組織模式，絕對不是新公共管理的觀點。

2 D。 新公共管理將經濟學對人性假設的觀點帶入行政學，交易成本理輪的內涵即包括：交易中由於人性因素（理性自利、投機）與環境不確定因素使得雙方交易會產生一些成本，而為降低交易成本企業組織因運而生。因此依據選項(D)為正解。

3 D。 新公共管理屬右派理論，支持市場機制，法規密度低、公私部門距離近，故選(D)。

4 D。 新公共管理屬右派理論，重視結果、績效、市場、創新。一言以蔽之，目標達成，手段（作業程序）不重要。

5 C。 大有為政府：新公共行政、黑堡宣言、新公共服務。小而美政府：新公共管理、新右派。

6 D。新公共管理論點：組織精簡、授權、管得少、創新（企業精神）、鼓勵公私部門合作，這點與政治中立難免有所相違。

7 A。新公共管理對傳統行政體系的運作有180度的不同，新公共管理的關鍵字包括創新、授權授能、講求服務，因此對傳統官僚的運作會有諸多質疑。

8 D。本題還是在考新公共管理的觀念，新公共管理的關鍵字包括：創新（企業家精神）、彈性（組織）、授權授能、市場機制（減少管制），科層組織、基層管理是與新公共管理相對的觀念，因此本題選項(D)為正解。

9 A。新公共管理強調授權，最不可能重是中央集權。

10 C。**新公共管理**強調**小而美**政府，政府不需要親自操槳，只要維持**市場**的**公平性**，讓市場機制自行運作發揮功能。新公共管理強調彈性組織，與傳統科層體知官僚組織相對。但選項(C)讓國家空洞化太過極端，小而美的政府並非將所以公共事務外包，而是保留重要性、管制性、威權性的功能由政府行使。

考點 34 ＞ 後官僚組織型模

（　）**1** 相對於官僚主義，下列何者<u>最</u>為<u>後官僚主義</u>的特色？
(A)追求專業利益
(B)強調規則與程序的遵行
(C)強調成本與效率
(D)以公民價值為導向。　　　　　　　　　　【108退除四等】

（　）**2** 行政學者**海克契**（C. Heckscher）曾提出「**後官僚組織型模**」（the post-bureaucratic model）的理念型，下列敘述何者<u>最正確</u>？　(A)後官僚組織共識的達成係經由對權威、規則或傳統的默認　(B)後官僚組織著重組織實際上所要達成的使命，而非一般性的價值陳述　(C)後官僚組織強調以規則而非原則作為實現使命的行動指標　(D)後官僚組織系統在內外界線上更趨於保守和封閉。　　　　　　　　　　　　　　　　　　　【106地特四等】

解答與解析

1 D。新公共管理中有所謂「後官僚主義典範」的價值觀，其特色包括重視品質與價值、強調顧客導向、以公民價值為導向，故選(D)。

2 B。<u>海克契</u>（C. Heckscher）曾提出「**後官僚組織型模**」（the post-bureaucratic model）的理念型其觀念如下：(1)共識的達成係由制度性對話溝通產生。(2)著重組織實際上所要達成的使命而非一般性的價值陳述。(3)強調使命感與認同使個人與組織的目標一致。(4)系統內外界線彈性開放，以跨功能、跨層級方式進行。

考點 35　新公共服務

一、選擇題

( ) **1** 關於**丹哈特夫婦**（R. B. Denhardt and J. V. Denhardt）對於「新公共服務」的說明，下列何者**正確**？
(A)接受公共服務的對象是選民
(B)公共利益乃共享價值與對話的結果
(C)為達成績效目標，官僚應該有寬廣的裁量空間
(D)政府應該扮演操槳者的角色。　　　　　　　【108普考四等】

( ) **2** 「**新公共服務**」是以下列何者作為主要的**協調機制**？
(A)組織層級　　　　　　(B)市場價格
(C)網絡互動　　　　　　(D)政治權威。　　【108高考三級】

( ) **3** 下列何者為美國**新公共服務**的基本理論觀點之一？
(A)強調憲政價值
(B)新威權主義
(C)新福特主義
(D)強調消費者選擇權。　　　　　　　　　　【108身特三等】

（　　）**4** 根據**新公共服務**（New Public Service， NPS）觀點，公共行政主要的**回應對象**為何？
(A)顧客　　　　　　　　　　(B)雇主
(C)網民　　　　　　　　　　(D)公民。　　　　　　　【107普考四等】

（　　）**5** 關於登哈特夫婦（J. Denhardt & R. Denhardt）所倡導**新公共服務**（New Public Service）內涵的敘述，下列何者**錯誤**？(A)重視公民權益　(B)掌控社會新的發展方向　(C)思考具有戰略性　(D)服務於公民而非顧客。　　　　　　　　　　【107原特四等】

（　　）**6** 「**新公共服務**」理論係以下列何者來描述接受政府**服務的對象**？
(A)代理人　　　　　　　　　(B)選民
(C)公民　　　　　　　　　　(D)顧客。　　　　　　　【106地特三等】

（　　）**7** **新公共服務**主張何種途徑以強化行政人員的**課責**機制？
(A)層級節制　　　　　　　　(B)多元面向
(C)市場導向　　　　　　　　(D)代表性官僚。　　　　【107原特五等】

　解答與解析

1 B。丹哈特夫婦提出的新公共服務內涵如下：(1)公共行政是服務，政府應服務而非操槳。(2)公共利益是目標，而非副產品。(3)戰略性的思考，民主式的行動。(4)服務於公民，而非顧客。(5)理解課責並非容易。(6)重視人，而不只是於生產效率。(7)重視公民權與公民資格更勝企業家精神。從以上七點可以看出新公共服務的內涵與新公共管理是相對的。因此選項(A)選民應改為公民、選項(C)看重的不應該是績效目標而是人，選項(D)政府應服務而不是操槳。

2 C。新公共服務是丹哈特夫婦2003年之著作，背景環境是當下公私部門互動頻繁社會，因此選項(A)(D)傳統的層級節制組織模式以及新公共服務所反對的新公共管理觀念（市場價格）不會是其協調機制。利用刪去法選項(C)為正解。

3 A。 新公共服務與新公共行政、黑堡宣言有相通性，因此選項(A)為首選。

4 D。 注意新公共服務對服務對象的用語是「公民」。如果新公共管理理論用語是「消費者」、「顧客」；公共選擇學派用語是「選民」。

5 B。 參見第1題解析。

6 C。 參見第4題解析。

7 B。 新公共服務的課責機制是多元面向的，同時關注法律、社群價值、專業與公共利益。

各公共行政時期比較如下表：

	傳統公共行政/管理	新公共行政	新公共管理	新公共服務
組織/協調機制	層級節制/權威	政府/代表性官僚	專案組織/市場、價格	社群網絡/信任
公共利益的觀念	政治高層決定	對弱勢族群的關懷	個人利益的滿足即公共利益的滿足	公民對話成就共同價值
行政人員服務對象	委託者及選民	人民	顧客、消費者	公民
行政人員課責機制	層級節制	代表性	市場導向	多面向
政府角色	操槳者	代表者	導航者	服務者

二、申論題

請申論公共服務動機的內涵並舉例說明之。【109 一般警察三等】

答 (一) 公共服務動機之內涵

1. 公共服務動機（public service motivation， PSM）源於 1970 年代美國社會對公共服務倫理的討論，主張公務人員具有自利以外之利他性或親社會性的動機，而此一動機對其工作態度、行為及公共組織皆有重大影響。

2. 學者裴利（James Perry）將公共服務動機定義為「是一種個人傾向或動機，主要在回應一些嚴重或特別的公共制度及組織管理的問題」，強調這種個人行動的誘因，只有公共事務才能滿足。

3. 相較於與其相似的「利他主義」與「親社會動機」而言，公共服務動機專指個人透過政府或其他公共部門，實現為民眾提供「公共服務」的願望。

(二) 公共服務動機四大面向

1. 對公共政策制訂的興趣。
2. 對公共利益的承諾。
3. 同情心。
4. 自我犧牲。

（參考：行政學，黃朝盟、黃東益、郭昱瑩合著，2018，東華書局，pp.262-263）

考點 36 ＞ 民主行政

一、選擇題

(　　) 1 依據 Jong S. Jun 的說法，有關「民主行政」（democratic administration）的特色，下列何者錯誤？
(A)專業唯一性　　　　　　(B)公共利益的表達
(C)代表性　　　　　　　　(D)開放參與性。　　【106身特四等】

（　）**2** 描述**民主的行政**之理念，就組織內部管理而言，下列何者**錯誤**？
(A)分層負責　　　　　　(B)參與管理
(C)民主領導　　　　　　(D)集中統合。　　【106退除四等】

（　）**3** 下列何者**並非**「**民主行政**」所須具備的特色？
(A)公務員要承擔表達公共利益的責任
(B)行政機關的人力組成應具備代表性
(C)公共行政必須超越派閥黨團的利益
(D)須嚴防民主參與對專業主義的傷害。　　【106外特四等】

（　）**4** 下列關於**民主行政**的特色，何者**錯誤**？
(A)鼓勵與政策相關的群體與階層積極參與其中，以增加民眾之認同與順服
(B)公共行政在專業上擁有資訊優勢時，更應開誠布公，保持開放性
(C)公共行政不應被功績哲學的觀念所限，應重視官僚體制的代表性
(D)行政問題益趨複雜，應嚴防民主原則對專業主義的傷害。
　　【108原特五等】

（　）**5** 下列何者**非**為公共選擇途徑之「**民主行政**」的主張？
(A)重疊的職權
(B)權威的多元中心
(C)權威的割裂
(D)政府結構的普遍相似性。　　【107身特五等】

解答與解析

1 A。 學者全鍾燮（Jong S. Jun）指出民主行政應有下列六項特點：
(1)公共利益的表達（選項(B)）。
(2)代表性（選項(C)）。
(3)開放性（選項(D)）。
(4)超越派閥黨團。
(5)嚴防專業主義對民主原則的傷害。
(6)參與（選項(D)）。

2 D。參見第1題解析。分層負責即嚴防專業主義的擴張。選項(D)為正解。

3 D。選項(D)應改為專業主義對民主原則的傷害。

4 D。參見第1題解析。選項(A)說明參與。選項(B)說明開放性。選項(C)說明代表性。選項(D)應改為專業主義對民主原則的傷害。

5 D。民主行政強調的是權立分立,避免行政權擴大侵害人權,因此分權是其核心概念。本題問非其特性,選項(D)為正解。

二、申論題

一、官僚組織與民主行政有那些本質上的差異?如何調節這兩者的差異?請以實例說明。【106升薦升資三等】

答　(一) 官僚組織與民主行政之差異

　　1. 官僚組織之內涵

　　　韋伯(M. Weber)提出官僚型模型(Bureaucratic model),其特徵為:

　　　(1) 專業分工:事務依不同處理流程或專業程度分隔成不同性質之工作,並將單一性質之工作交由個人處理。

　　　(2) 層級節制:所有崗位的組織遵循等級制度原則,每個職員都受到高一級的職員的控制和監督。

　　　(3) 依法辦事:一切行政行為皆須有法規依據。

　　　(4) 功績管理:人員晉升拔擢以功績為考量,對事不對人,惟可能會助長繁文縟節。

　　2. 民主行政之內涵:

　　　全鍾燮(Jong S. Jun)指出民主行政應有下列六項特點:

　　　(1) 公共利益的表達。

　　　(2) 代表性:行政機關的人力組成結構應該具備社會母群體人口的組成特色。

　　　(3) 開放性。

(4) 超越派閥黨團。

(5) 嚴防專業主義對民主原則的傷害。

(6) 參與：讓政策相關的多元利害關係人參與其中。

3. 兩者之差異

(1) 行政目的：官僚組織之行政目的在於效率；民主行政的行政目的在於效能。

(2) 利益代表性：官僚組織不講求組織利益代表性；民主行政講求組織利益代表性。

(3) 專業主義：官僚組織講求行政官僚的專業主義；民主行政反而要嚴防專業主義對民主原則的傷害。

(4) 參與程度：官僚組織不重視民眾對政策決策的參與程度；民主行政講求參與，讓政策相關的多元利害關係人參與其中。

(二) 調節兩者差異之方法

1. 官僚體制應講求效能大於講求效率。

2. 官僚組織應重視組織組成的利益代表性，例如建立女性、弱勢族群的名額保障制度。

3. 官僚組織講求專業主義的同時，也要注意所謂專業是否侵害到人權、人民權利。

4. 官僚組織應開放決策參與程度，例如透過電子投票制度讓簡單的政策可讓人民直接決定。

二、近年民眾參與公共事務已經成為常態，民意甚至可能直接影響政策規劃與執行。請從「民主行政」（democratic administration）觀點，分析此現象對今日我國公共行政的可能影響，以及各級政府可以採行的因應策略。【108 原特三等】

答 (一) 民主行政之內涵全鍾燮（Jong S. Jun）指出民主行政應有下列六項特點：

1. 公共利益的表達。

2. 代表性：行政機關的人力組成結構應該具備社會母群體人口的組成特色。

3.開放性。

4.超越派閥黨團。

5.嚴防專業主義對民主原則的傷害。

6.參與：讓政策相關的多元利害關係人參與其中。

(二) 對今日我國公共行政的可能影響及因應策略

1.重視不同族群或弱勢群體的利益，並增加其表達管道，例如增設原住民電視台、客語電視台、舉辦客語認證制度。

2.行政機關人力組成設置弱勢族群名額保障制度。

3.增加政府資訊開放程度，例如要求各級政府於官方網站公開民間團體補助款項資料。

4.於各種類委員會制組織將公民代表納入，防止專業主義侵害人權。

5.增加公民對政策的決策權，例如透過電子投票制度讓簡單的政策可讓人民直接決定。

第三節　行政權擴張與限制

考點 1 ＞政府

(　　) **1** 學者**古德諾**（F. Goodnow）認為，所有**政府**系統都有兩種**基本的功能**，所指為何？
(A)政治與市場
(B)政治與經濟
(C)政治與行政
(D)市場與行政。　　【107身特四等】

(　　) **2** 政府的施政作為「**言而有信，令出必行，深獲人民的信賴**」係指一個有為有效的政府具備下列何種特性？
(A)回應性（responsiveness）
(B)即時性（timeliness）
(C)可靠性（reliability）
(D)務實性（realism）。　　　　　　　　【106高考三級】

( ) **3** （複選）學者**羅斯**（R. Rose）認為**政府**不是單一屬性概念，而是多元概念的抽象組合，係由**法律、稅賦**以及下列哪三個基本要素所**組成**？
(A)公務員　　　　　　(B)主權
(C)組織　　　　　　　(D)計畫。　　　　【107台水評價】

> **解答與解析**

1 C。 古德諾著有政治與行政一書，主張政治與行政二分，認為「政治是國家意志的表現、行政是國家意志的執行」，被視為美國公共行政之父。因此，依據題旨選項(C)為正解。

2 C。 本題關鍵字在信、信賴，表示政府的可靠性，是以選項(C)為正解。

3 ACD。
學者羅斯認為政府素有五：法律、稅賦、組織、計畫、公務員。

考點2 行政權擴張及行政國

( ) **1** 下列何者被用來形容政府**職能擴張**的潮流下，**行政部門**具有舉足輕重的地位？
(A)大政府　　　　　　(B)強政府
(C)行政國　　　　　　(D)福利國。　　　　【107普考四等】

( ) **2** 就政府的職責任務而言，下列何者屬於**「有限政府」**時代的職能？
(A)保護自然環境
(B)促進經濟穩定均衡成長
(C)照顧無依民眾
(D)確保民生資源供給無虞。　　　　【106國安五等】

( ) **3** 最早使用「**行政國**」一詞來描述現代國家行政權力日益增長的**學者**為何？

(A)瓦爾多（D. Waldo）

(B)羅聖朋（D. H. Rosenbloom）

(C)威爾遜（W. Wilson）

(D)賽門（H. Simon）。 【107警（退）三等】

( ) **4** 形容**政府組織**與管理的重要性發展到**無與倫比**的境界，通常會使用下列那一個概念？

(A)公共治理 (B)行政國

(C)公共性 (D)警察國。 【107地特五等】

( ) **5** 下列何者**非屬賽蒙**（H. Simon）認為**行政機關趨於集權化的原因**？

(A)費用的龐大

(B)法律效力的信仰

(C)對於特定工作的注意

(D)機關地域分布過廣。 【107身特四等】

解答與解析

1 C。 本題關鍵字在職能擴張，且特別標註是行政部門，此即學者瓦爾多所提出的行政國觀念。你可能會在選項(A)與選項(C)之間游移，大政府與行政國雖然是相似的觀念，都強調政府的執權的擴張，但必須釐清兩者所強調的重點不同。大政府強調的是政府對人民無微不至的照顧，特別是福利政策的給予以及對弱勢族群生存空間的關照，這裡的政府沒有說特別指是行政部門，所以也包括立法部門、司法部們。在某種程度上雖然沒有特別褒義，但是絕對沒有貶義。但行政國是帶有貶義的，而且是瓦爾多特別提出來的專有名詞，專指行政部門藉由政府職能擴張的潮流（也就是大政府的思想）將自己的人力、預算等資源有順勢擴張，形成相較於立法部門與司法部門較有強勢主導地位的局面。

2 D。有限政府的思想是政府僅提供最基本的生活與生存必須資源，其
餘的都是人民或民間部門自己的事情。因此，經濟發展、弱勢族
群、自然生態等等都需依照市場機制，優勝劣敗自然淘汰。

3 A。參見第1題解析。

4 B。參見第1題解析。

5 D。賽蒙認為行政機關集權化原因為：(1)費用的龐大。(2)法律效力
的信仰。(3)對於特定工作的注意。(4)上級單位的權力要求。(5)
整齊劃一的要求。因此，選項(D)為正解。

考點 3 行政限制

(　) **1** 有關美國**限制行政權**的傳統，下列敘述何者**錯誤**？
(A)倡導大有為的政府
(B)人民參與度愈高的政府愈好
(C)強調行政職權的限縮
(D)僵局的存在是必要的。　　　　　　　　　　【108高考三級】

(　) **2** 強調「行政官員避免在法律的運用及行政的**管制**時，導致**不公正
或程序的不適當**，**侵蝕**了公民對政府的**信任**」，最符合下列何
種原則？
(A)公共利益的考量
(B)在手段上的限制
(C)深思熟慮的抉擇
(D)公正正直的行為。　　　　　　　　　　　　【106身特四等】

解答與解析

1 A。三權分立（行政立法司法）的傳統來自於美國，其目的就是限制
政府權力擴張侵害人民權利。而透過制度的設計即權力分割，使
任何一方的權力來源都不至於太過龐大以至於傷害到人民，而且

得由另一方的權力得以牽制與平衡，這樣的設計當然會導致出鼓勵人民參政、政府僵局（例如國會杯葛行政部門）的情形發生。

2 B。 參見第1題解析。

考點 4 〉行政責任

( ) **1** 羅森（B. Rosen）認為至少有四項一般性要求，可作為**行政責任**的負責內容，下列何者**錯誤**？
(A)適當裁量
(B)不浪費不延緩地執行職務
(C)因應環境研擬政策變遷
(D)增強政府對民眾管理的信心。　　　　　　　【107外特四等】

( ) **2** 梁瑞克（Barbara Romzek）和杜尼克（Melvin J. Dubnick）所提出的課責分類型態中，**控制來源**若是源自於**內部**，且其控制**程度高**，係屬於下列何種課責類型？
(A)官僚的　　　　　　　　(B)法律的
(C)專業的　　　　　　　　(D)政治的。　　　　【107身特四等】

( ) **3** 依據**史塔寧（G. Starling）**的主張，下列何者非屬**行政責任之內涵**？
(A)積極　　　　　　　　　(B)回應
(C)彈性　　　　　　　　　(D)正當程序。　　　【106身特四等】

( ) **4** 根據**梁瑞克（Babara S. Romzek）**的觀點，**直屬長官**的工作監督與**定期績效審核**乃是屬於下列何種課責關係？
(A)層級節制課責關係　　　(B)法律課責關係
(C)專業課責關係　　　　　(D)政治課責關係。　【106原特五等】

( ) **5** 下列何者**不是哈蒙（M. M. Harmon）**認為實踐**行政倫理**的責任途徑？
(A)政治責任　　　　　　　(B)專業責任
(C)個人責任　　　　　　　(D)社會責任。　　　【106地特五等】

(　) **6** 哈蒙（M. M. Harmon）認為**行政責任**的實踐，有賴於**三種**責任的綜合，下列何者**不包括**？
(A)政治責任　　　　　　　(B)法律責任
(C)專業責任　　　　　　　(D)個人責任。　【109一般警察三等】

(　) **7** 依據**憲法**規定，**公務員**違法侵害人民自由時，除依法律受懲戒外，應負**責任不包括**下列何者？
(A)民事責任　　　　　　　(B)刑事責任
(C)懲戒責任　　　　　　　(D)政治責任。　【106高考三級】

(　) **8** 梁瑞克（Barbara Romzek）和英格拉漢（Patricia W. Ingraham）指出四種課責型態，認為官員的**回應性**既要對**特定顧客**也要對**上級長官負責**，此為何種課責型態？
(A)行政的　　　　　　　　(B)法律的
(C)專業的　　　　　　　　(D)政治的。　【106地特四等】

解答與解析

1 D。 羅森認為行政責任內容包括：(1)不浪費不延緩地執行職務（選項(B)）。(2)適當裁量（選項(A)）。(3)因應環境研擬政策變遷（選項(C)）。(4)增強民眾對政府管理的信心。選項(D)錯誤。

2 A。 梁瑞克（Barbara Romzek）和英格拉漢（Patricia W. Ingraham）將課責可分為四種類型：
(1) 官僚行政（bureacratic）：控制來源自於內部，控制程度高。
(2) 法律的（legal）：控制來源自於外部，控制程度低。
(3) 專業（professional）：控制來源自於內部，控制程度低。
(4) 政治（political）：控制來源自於外部，控制程度高。

3 A。 史塔寧（G. Starling）認為行政責任涵義包含六項：
(1) 回應（Responsiveness）（選項(B)）。
(2) 彈性（Flexibility）（選項(C)）。
(3) 勝任能力（Competence）。
(4) 正當程序（Due process）（選項(D)）。

(5) 課責（Accountability）。

(6) 廉潔（Honesty）。

4 A。本題關鍵字在直屬長官的監督，只有層級節制的官僚關係才有這種課責。參考第2題解析。

5 D。哈蒙認為實踐行政倫理的責任途徑有三：個人責任、專業責任、政治責任。此題為頻出考點，請務必留意。這題的解法很容易，重點在行政倫理，意即以限縮了責任的範圍在行政方面的責任，一個行政人員所作的行政行為包括事務官與政務官，會涉及到的責任即個人責任、專業責任以及政治責任（特別是政務官），而社會責任、或法律責任等是更大範圍的責任也就在所不論了。

6 B。見第5題解析。

7 D。本題關鍵字在憲法規定，雖然公務員包括政務官與事務官，而政務官應負政治責任。但在憲法規定裡面，並沒有規定到政治責任的部份，政治責任不如說是一種政治倫理比較貼切，它不是一種硬性規定。

8 A。本題關鍵字是「回應性」輔以「特定顧客」作確認，在政治學或行政學裡面，有關「回應性」或「代表性」等關鍵字的出現都是對應到「政治性」這個概念裡面，因為政治的本質就是為民服務，回應人民需求。

考點5 吉伯特行政責任確保途徑

（　）**1** 當政府發生重大缺失時，由首長依法聘請產官學界代表組成**「調查委員會」**，並責成專人主持督導，對事件進行調查，並提出建議做為改進依據的作法，屬於**吉伯特**（C. E. Gilbert）「行政責任分析架構（The Framework of Administrative Responsibility）」中的何種途徑？
(A)內部正式確保途徑
(B)內部非正式確保途徑
(C)外部正式確保途徑
(D)外部非正式確保途徑。　　　　　　　　　【108地特三等】

（　）**2** 依據學者**吉伯特**（C. Gilbert）所提出的行政責任確保途徑分析架
構，我國現行**人事、主計、政風的雙重隸屬監督機制**，可被歸
類成那種途徑？
(A)內部正式確保途徑
(B)內部非正式確保途徑
(C)外部正式確保途徑
(D)外部非正式確保途徑。　　　　　　　　　　【106身特四等】

（　）**3** 依據相關規定，下列何者不屬於**政風機構**的職權？
(A)績效審計　　　　　　　　(B)廉政宣導
(C)公務機密維護　　　　　　(D)機關安全維護。　【107普考四等】

（　）**4** 在**行政責任確保途徑**中，下列何者是**人民主權**的課責手段？
(A)議會控制　　　　　　　　(B)司法控制
(C)行政監察員　　　　　　　(D)選舉。　　　　　【106地特四等】

（　）**5** **媒體**報導評論褒貶政府運作，屬於下列何種**行政責任確保途徑**？
(A)外部非正式途徑　　　　　(B)外部正式途徑
(C)內部非正式途徑　　　　　(D)內部正式途徑。　【108原特五等】

【解答與解析】

1 A。　學者**吉伯特**（Charles Gilbert）提出**行政責任**的確保途徑：
(1) **內部正式**確保途徑：包括行政控制、上級監督、調查委員
會、人事、主計、政風之雙重隸屬監督體制。
(2) **內部非正式**確保途徑：包括代表性科層體制、專業倫理、弊
端揭發。
(3) **外部正式**確保途徑：包括議會控制、司法控制、行政監察
員、選舉。
(4) **外部非正式**確保途徑：包括公民參與、傳播媒體、資訊自由。

2 A。　參見第1題解析。

3 A。 依據政風機構人員設置管理條例第4條規定，政風機構掌理事項
　　　如下：
　　　(1) 廉政之宣導及社會參與。
　　　(2) 廉政法令、預防措施之擬訂、推動及執行。
　　　(3) 廉政興革建議之擬訂、協調及推動。
　　　(4) 公職人員財產申報、利益衝突迴避及廉政倫理相關業務。
　　　(5) 機關有關之貪瀆與不法事項之處理。
　　　(6) 對於具有貪瀆風險業務之清查。
　　　(7) 機關公務機密維護之處理及協調。
　　　(8) 機關安全維護之處理及協調。
　　　(9) 其他有關政風事項。
　　　績效審計目前為審計單位之職權。

4 D。 本題關鍵字在人民主權，人民最直接課責的手段就是選舉，透過
　　　選舉可以對政府、民意代表究責。

5 A。 本題考的是媒體監督的角色屬於吉伯特行政責任確保途徑的種
　　　類，參見第1題解析。

考點 6　公務員服務法－旋轉門

(　　) **1** 下列何者為公務員服務法中，對於「旋轉門（revolving door）條
　　　款」之正確敘述？
　　　(A)公務員有絕對保守政府機關機密之義務，對於機密事件無論
　　　　是否主管事務，均不得洩漏，退職後亦同
　　　(B)公務員執行職務時，遇有涉及本身或其家族之利害事件，應
　　　　行迴避
　　　(C)公務員於其離職後3年內，不得擔任與其離職前5年內之職務直接
　　　　相關之營利事業董事、監察人、經理、執行業務之股東或顧問
　　　(D)公務員除法令所規定外，不得兼任他項公職或業務。
　　　　　　　　　　　　　　　　　　　　　　　　　　【107身特四等】

( )**2** 公務員於其**離職後**至少幾年內，**不得擔任**其**離職前五年內**與職務直接相關之營利事業董事、監察人、經理、執行業務之股東或顧問？
(A)三年　　　　　　　(B)二年
(C)一年　　　　　　　(D)五年。　　　【108台電新進僱員】

> **解答與解析**

1 C。 依據公務員服務法第14-1條規定，公務員於其離職後三年內，不得擔任與其離職前五年內之職務直接相關之營利事業董事、監察人、經理、執行業務之股東或顧問。本法規即為所謂「旋轉門（revolving door）條款」，是頻出考點，請務必熟記。

2 A。 參見第1題。

考點 7　陽光法案

( )**1** 英國「內閣大臣法典」規定，內閣大臣在職期間可考慮將其投資交付信託，但任何投資變化，也就是任何有關信託管理的信息，將**不知會**該內閣大臣，此信託方式稱為：
(A)盲目信託　　　　　(B)管理信託
(C)公益信託　　　　　(D)多樣化信託。　【107原特五等】

( )**2** 下列何機關負責**受理政黨收受政治獻金**的**申報**作業？
(A)司法院　　　　　　(B)監察院
(C)內政部　　　　　　(D)財政部。　　　【109身特四等】

> **解答與解析**

1 A。 盲目信託即託付人將財產交給信託機關，而託付人對於其資產內容與運作方式全然不知。

2 B。 依據政治獻金法第4條規定，受理政治獻金申報之機關為監察院。

考點 8　利益衝突迴避法

(　) **1** 各機關長官對於配偶及幾**親等以內血親、姻親**，**不得**在本機關**任用**？
(A)六親等　　　　　　　　(B)五親等
(C)四親等　　　　　　　　(D)三親等。　　　　　　【106原特五等】

(　) **2** 「**瓜田**不納履，**李下**不整冠」之於**公職人員**，意指：
(A)保持行政中立　　　　　(B)防範利益衝突
(C)注意儀容穿著　　　　　(D)事前做好規劃。　【107地特四等】

解答與解析

1 D。　公務人員任用法第26條規定，各機關長官對於配偶及三親等以
內血親、姻親，不得在本機關任用，或任用為直接隸屬機關之長
官。對於本機關各級主管長官之配偶及三親等以內血親、姻親，
在其主管單位中應迴避任用。

2 B。　本題意旨在避免任用近親、避免利益衝突之意。

考點 9　政府資訊公開

(　) **1** 我國設置的「政府資料開放平台」，資料分類主要是**根據民眾的
服務需求**作成，此最符合下列何種概念？
(A)策略導向　　　　　　　(B)顧客導向
(C)競爭導向　　　　　　　(D)專業導向。　　　　【107普考四等】

(　) **2** 依據「行政院及所屬各級機關**政府資料**開放作業原則」之規定，政府
機關若欲開放於其職權內取得之資料，應將資料列示於何處？
(A)監察院陽光法案主題網
(B)公共政策網路參與平臺（JOIN平臺）
(C)政府資料開放平臺
(D)數位經濟法規諮詢平臺（vTaiwan）。　　　【108高考三級】

解答與解析

1 B。 本題關鍵在回應民眾需求，是一種將民眾視為顧客，政府提供服務給顧客的觀念。是顧客導向的概念。

2 C。 政府資料公開應列示於政府資料開放平臺。

考點 10 ＞ 公職人員財產申報法

（　　）**1** 某國立大學**校長**A君，依「公職人員**財產申報法**」應向何機關（單位）申報財產？
　　　　(A)教育部政風處　　　　　　(B)法務部廉政署
　　　　(C)監察院　　　　　　　　　(D)該校人事室。　　　【108原特四等】

（　　）**2** 下列何種**非屬**公職人員財產申報法的適用對象？
　　　　(A)地方法院法官　　　　　　(B)勞工保險局人事室專員
　　　　(C)立法委員　　　　　　　　(D)政務人員。　　　　【107地特四等】

解答與解析

1 C。 依據公職人員財產申報法第4條規定，受理財產申報之機關（構）如下：一、第二條第一項第一款至第四款、第八款、第九款所定人員、第五款職務列簡任第十二職等或相當簡任第十二職等以上各級政府機關首長、公營事業總、分支機構之首長、副首長及代表政府或公股出任私法人之董事及監察人、第六款公立專科以上學校校長及附屬機構首長、第七款軍事單位少將編階以上之各級主官、第十款本俸六級以上之法官、檢察官之申報機關為監察院……
同法第2條，列公職人員，應依本法申報財產：
一、　總統、副總統。
二、　行政、立法、司法、考試、監察各院院長、副院長。
三、　政務人員。
四、　有給職之總統府資政、國策顧問及戰略顧問。

五、各級政府機關之首長、副首長及職務列簡任第十職等以上之幕僚長、主管；公營事業總、分支機構之首長、副首長及相當簡任第十職等以上之主管；代表政府或公股出任私法人之董事及監察人。

六、各級公立學校之校長、副校長；其設有附屬機構者，該機構之首長、副首長。

七、軍事單位上校編階以上之各級主官、副主官及主管。

八、依公職人員選舉罷免法選舉產生之鄉（鎮、市）級以上政府機關首長。

九、各級民意機關民意代表。

十、法官、檢察官、行政執行官、軍法官。

十一、政風及軍事監察主管人員。

十二、司法警察、稅務、關務、地政、會計、審計、建築管理、工商登記、都市計畫、金融監督暨管理、公產管理、金融授信、商品檢驗、商標、專利、公路監理、環保稽查、採購業務等之主管人員；其範圍由法務部會商各該中央主管機關定之；其屬國防及軍事單位之人員，由國防部定之。

十三、其他職務性質特殊，經主管府、院核定有申報財產必要之人員。

2 B。參見第1題解析。

考點 11 〉公務員廉政倫理規範

（　）**1** 下列何者的立法目的與精神和**廉能政府**的建立**最不相關**？
(A)遊說法
(B)政治獻金法
(C)個人資料保護法
(D)政府資訊公開法。　　　　　　　　　　　　【108身特四等】

(　) **2** 依據公務員廉政倫理規範之規定，下列何者得**允許**公務員和職務**有利害關係者**產生**財物受贈**行為？

(A)屬於朋友間財務需求孔急所為之借貸行為

(B)長官之獎勵、救助或慰問

(C)因個人情誼酬酢往來的社交關係

(D)受贈之財物市價在新臺幣一千元以下。　　　　【106國安五等】

(　) **3** 貪腐是行政運作常見的弊端，有關**貪腐概**念的界定，下列何者**錯誤**？

(A)組織或成員使用不合理或不合法的手段，以圖組織或社會目標的實現

(B)從事直接或間接的權錢交易，藉以謀取自己或關係人的利益

(C)廣義言之，一個人或組織悖離了公共角色的正式職責與相關規範

(D)貪腐可區分為個人貪腐和系統貪腐。　　　　【108高考三級】

> **解答與解析**

1 C。 本題關鍵字在廉能政府，題旨在問最不相關者。廉能的觀念在政治人物金錢流向與政府資訊的公開透明。而個人資料保護法的用意在保護人民個人的資料避免外洩遭有心人士濫用，是一種**人權**的保護。因此，依據題旨選項(C)為正解。

2 B。 依據公務員廉政倫理規範第4點，公務員不得要求、期約或收受與其職務有利害關係者餽贈財物。但有下列情形之一，且係偶發而無影響特定權利義務之虞時，得受贈之：

(一) 屬公務禮儀。

(二) 長官之獎勵、救助或慰問。

(三) 受贈之財物市價在新臺幣五百元以下；或對本機關（構）內多數人為餽贈，其市價總額在新臺幣一千元以下。

(四) 因訂婚、結婚、生育、喬遷、就職、陞遷異動、退休、辭職、離職及本人、配偶或直系親屬之傷病、死亡受贈之財物，其市價不超過正常社交禮俗標準。

3 A。 貪腐的核心概念是貪圖自己的利益。

考點 12　弊端揭發

(　　) **1** 有關**弊端揭發**（whistle-blowing）的概念與實務的描述，下列何者**錯誤**？　(A)屬於「官僚的異議（bureaucratic opposition）」的一種形式　(B)弊端揭發被視為合適，且為行政人員極高道德的表現　(C)有賴於行政人員個人批判反省意識（critical reflexive consciousness）的培養　(D)在美國，民眾或公務人員對不當行政作為皆可以匿名的方式向國會預算局（Congressional Budgeting Office）投訴。　　　　　　　　　　　　【108高考三級】

(　　) **2** 弊端揭發（whistle blowing）係為一種**確保行政責任**的方式，此種方式屬於下列何種確保途徑？
(A)內部正式途徑
(B)外部正式途徑
(C)內部非正式途徑
(D)外部非正式途徑。　　　　　　　　　　　　　　　　【106原特三等】

(　　) **3** **全鍾燮**（J. S. Jun）指出，若要促進公務人員的倫理責任，須積極鼓勵公務人員培養**批判反省**意識，下列何者乃為此一觀點的具體表現？
(A)宣揚專業主義的思想
(B)反對權威的情勢法則
(C)鼓吹團隊合作的精神
(D)敢於揭發弊端的勇氣。　　　　　　　　　　　　　　【108原特五等】

解答與解析

1 D。　弊端揭發是透過非公開的方式，將組織道德不正當的手段投訴有權機關。而官僚的異議是以較公開或正式的方式針對組織中管理上的不當向組織當局反應。

2 C。 學者**吉伯特**（Charles Gilbert）提出**行政責任**的確保途徑：

(1)**內部正式**確保途徑：包括行政控制、上級監督、調查委員會、人事、主計、政風之雙重隸屬監督體制。

(2)**內部非正式**確保途徑：包括代表性科層體制、專業倫理、弊端揭發。

(3)**外部正式**確保途徑：包括議會控制、司法控制、行政監察員、選舉。

(4)**外部非正式確保**途徑：包括公民參與、傳播媒體、資訊自由。

3 D。 本題關鍵字在批判反省，即對當前被視為理所當然卻道德不當的事情勇於揭發。

考點 13　國際透明組織

（　） **國際透明組織**每年都會公布一項國際評比排名，旨在促進各國廉潔透明，稱之為：

(A)世界競爭力（World Competitiveness）

(B)世界自由度（Freedom in the World）

(C)清廉印象指數（Corruption Perception Index）

(D)開放社會排名（Open Society Ranking）。　　【107普考四等】

解答與解析

C。 國際透明組織是一個關注世界各國政府清廉、貪腐程度的國際性非營利組織。

考點 14　行政中立

（　） **1** 下列何者**非屬**公務人員行政中立法的準用對象？

(A)各級學校軍訓教官

(B)公立學校依法聘用人員

(C)行政法人有給專任人員

(D)公立學術研究機構研究人員。 【108身特四等】

( ) **2** 乙君為地方行政機關之**公務人員**，擬參選縣議員，請問乙君自候
選人**名單公告之日**起至**投票日止**，應採取下列何種作為？

(A)申請休職 　　　　　　(B)請公假

(C)請事假或休假 　　　　(D)申請留職停薪。 【107高考三級】

( ) **3** 依據我國公務人員行政中立法第9條規定，公務人員不得為支持或
反對特定之政黨、其他政治團體或公職候選人，從事相關政治
活動或行為。下列何者**非本法所禁止**的行為？

(A)在大眾傳播媒體具銜或具名廣告

(B)在辦公場所穿戴特定政黨之服飾

(C)公開為公職候選人站台

(D)到政治人物臉書按讚。 【107身特四等】

( ) **4** 長官要求公務人員利用行政資源印製支持特定公職候選人的文書
時，該**公務人員**得**檢具事證**向下列何者提出報告？

(A)銓敘部

(B)公務人員保障暨培訓委員會

(C)行政院人事行政總處

(D)該長官的上級長官。 【108普考四等】

( ) **5** 下列何者非屬**傑恩（R. B. Jain）測量行政中立程度的重要面向**？

(A)公務員介入政治與政黨活動的程度

(B)政治與政黨干預公務員工作的程度

(C)公務員的一般社會形象

(D)獨立的司法體系和運作。 【106身特四等】

( ) **6** 下列何者是公務人員行政中立法之**適用對象**？

(A)政務官 　　　　　　　(B)民選地方行政首長

(C)職業軍人 　　　　　　(D)公立學校職員。 【106 地特四等】

( ) **7** 有關公務人員的行為規範，下列行為何者**符合法律的規範**？
(A)在辦公桌上擺置朋友的競選小旗幟
(B)加入政黨
(C)主持政治團體的集會活動
(D)利用民眾洽談業務時要求投票給特定候選人。 【107普考四等】

( ) **8** 我國公務人員行政中立法最主要的立法目的，是在排除下列何者的
影響，以確保公務人員依法行政，執行公正的客觀專業立場？
(A)媒體 (B)政黨
(C)外國勢力 (D)壓力團體。 【106原特四等】

( ) **9** 下列何者**不是**公務人員行政中立的基本要求？
(A)忠實推行政府政策
(B)不得加入政黨或其他政治團體
(C)不得對任何團體或個人予以差別待遇
(D)不得利用職務上之權力、機會或方法介入黨派紛爭。

【108初考】

( )**10** 下列何者**不是**公務人員行政中立強調依法行政理念所欲實現之目標？
(A)促進政府行政效率和避免浪費
(B)引導社會轉型向政黨輪替常態化邁進
(C)保障政治團體有公平競爭的制度環境
(D)保障人民權益。 【107初考】

( )**11** 我國公務人員行政中立法規定，公務人員之長官不得要求下屬從
事本法禁止之行為，例如要求支持特定政黨候選人，若長官有
違反此項規定者，該**公務人員**依程序可**檢具相關事證**向何者提
出報告以求保障？
(A)中央或地方選舉委員會
(B)公務人員保障暨培訓委員會
(C)公務員懲戒委員會
(D)該長官之上級長官。 【106身特五等】

( )**12** 行政中立的意義,在確保公務人員推動政策與行政活動中,能**避免政治利益的不當操縱與支配**,下列何者**不是**其所要遵循的原則?
(A)依法行政原則　　　　　(B)人民至上原則
(C)溝通協調原則　　　　　(D)專業倫理原則。　【106國安五等】

解答與解析

1 D。 依據公務人員行政中立法第17條規定,下列人員準用本法之規定:
　　一、 公立學校校長及公立學校兼任行政職務之教師。
　　二、 教育人員任用條例公布施行前已進用未納入銓敘之公立學校職員及私立學校改制為公立學校未具任用資格之留用職員。
　　三、 公立社會教育機構專業人員及公立學術研究機構兼任行政職務之研究人員。
　　四、 各級行政機關具軍職身分之人員及各級教育行政主管機關軍訓單位或各級學校之軍訓教官。
　　五、 各機關及公立學校依法聘用、僱用人員。
　　六、 公營事業對經營政策負有主要決策責任之人員。
　　七、 經正式任用為公務人員前,實施學習或訓練人員。
　　八、 行政法人有給專任人員。
　　九、 代表政府或公股出任私法人之董事及監察人。

2 C。 依據公務人員行政中立法第11條,公務人員登記為公職候選人者,自候選人名單公告之日起至投票日止,應依規定請事假或休假。

3 D。 依據公務人員行政中立法第9條,公務人員不得為支持或反對特定之政黨、其他政治團體或公職候選人,從事下列政治活動或行為:
　　一、 動用行政資源編印製、散發、張貼文書、圖畫、其他宣傳品或辦理相關活動。
　　二、 在辦公場所懸掛、張貼、穿戴或標示特定政黨、其他政治團體或公職候選人之旗幟、徽章或服飾。
　　三、 主持集會、發起遊行或領導連署活動。
　　四、 在大眾傳播媒體具銜或具名廣告。但公職候選人之配偶及二親等以內血親、姻親只具名不具銜者,不在此限。
　　五、 對職務相關人員或其職務對象表達指示。

六、 公開為公職候選人站台、助講、遊行或拜票。但公職候選
　　人之配偶及二親等以內血親、姻親，不在此限。
前項第一款所稱行政資源，指行政上可支配運用之公物、公款、
場所、房舍及人力等資源。
第一項第四款及第六款但書之行為，不得涉及與該公務人員職務
上有關之事項。

4 D。 公務人員行政中立法第14條，長官不得要求公務人員從事本法禁
止之行為。
長官違反前項規定者，**公務人員**得**檢具相關事證**向**該長官之上級
長官**提出報告，並由上級長官依法處理；未依法處理者，以失職
論，公務人員並得向**監察院**檢舉。

5 D。 傑恩（R. B. Jain）測量行政中立程度的重要面向包括：公務員介
入政治與政黨活動的程度、政治與政黨干預公務員工作的程度、
公務員的一般社會形象、公務員在決策過程中影響力的程度，以
及政務官與事務官間關係之性質與二者互動的範圍。

6 D。 公務人員行政中立法第2條，本法所稱公務人員，指法定機關依
法任用、派用之有給專任人員及公立學校依法任用之職員。

7 B。 加入政黨是憲法保障人民的參政權，不因公務員身分而異。行政
中立法限制的是從事公務期間或上班時間的政治性行為。參見公
務人員行政中立法第9條。

8 B。 行政中立法的主要目的是排除政黨對公務人員的干預。

9 B。 加入政黨是憲法保障人民的參政權，不因公務員身分而異。行政
中立法限制的是從事公務期間或上班時間的政治性行為。參見公
務人員行政中立法第3條。

10 A。 依法行政是行政人員的重要價值，通常為了依法行政會影響的政
府效率，兩者權衡之下依法行政還是最重要的價值。

11 D。 參見第4題解析。

12 C。 本題關鍵字在避免政治利益的不當操縱與支配，而溝通協調原則
往往犧牲重要的行政原則。因此依據題旨選向(C)為正解。

考點 15 〉行政倫理

一、選擇題

（　）**1** 就機關而言，**行政執行倫理**的原則不包括下列何者？
(A)分配正義　　　　　　　(B)程序正義
(C)一律平等　　　　　　　(D)勇擔責任。　　　【108退除四等】

（　）**2** 下列那一項關於我國**行政倫理**相關法律的敘述**錯誤**？
(A)「公務人員行政中立法」規定了公務人員參與政黨活動的適當行為標準
(B)「公務員懲戒法」規定公務員因案在公務員懲戒委員會審議中者，不得資遣或申請退休
(C)「公務人員保障法」規定部屬如認為長官監督範圍內所發之命令違法，應負報告之義務；該管長官如認其命令並未違法，而以書面下達時，公務人員即應服從
(D)「公務員服務法」不適用於公營事業機關服務人員。
【106高考三級】

（　）**3** 倫理用以匡正行政行為，卻沒有法律的制裁力量；倫理可以是改善社會風氣的治本良方，也可能被譏為不切實際的空談。此項敘述呈現**倫理的何種特性**？
(A)引導性　　　　　　　(B)啟發性
(C)調整性　　　　　　　(D)矛盾性。　　　【106身特四等】

（　）**4** **庫珀**（Terry L. Cooper）在《負責任的行政人員》一書中，建議避免提供任何合乎倫理的正確解答或行動，而是要求行政人員讓每個倫理選項通過**四道篩檢關卡**，下列何者**非屬之**？
(A)法令規章　　　　　　　(B)倫理原則
(C)預先練習辯護　　　　　(D)預先自我評估。【106地特四等】

( ) **5** 美國公共行政學會新倫理法典中，有關「**倡導倫理組織**」之敘述，下列何者**錯誤**？
(A)提升組織在創意、奉獻等能力
(B)確立制度忠誠至上、公益次之
(C)建立程序以促成倫理行為
(D)運用適當的控制和程序以強化組織責任。　　【106原特四等】

( ) **6** **行政倫理**主要是用以解決公務人員在執行任務時所面臨的何種問題？
(A)價值抉擇問題
(B)技術選用問題
(C)顧客滿意問題
(D)命令貫徹問題。　　【107台電新進雇員】

( ) **7** 有關「**髒手（dirty hand）**」概念的敘述，下列何者**錯誤**？　(A)公務人員發生違背行政倫理的行為，卻被合理化為理所當然　(B)公共事務的處理需透過不義之舉才能達成，以致發生違背公共倫理的行為　(C)在「手段使目的合理化」的驅使下，以圖組織或社會目標的實現　(D)該項不合法或不合理的作為，仍被視為可寬恕容許的必要之惡。　　【109一般警察三等】

解答與解析

1 A。分配正義的政務官、政治層次的問題。行政層次最重要的還是程序、依法行政、平等、責任。

2 #。選項(C)為公務員服務法。公務員服務法中所謂的公務員為最廣義的公務員。另，依據公務員法第24條規定，公營事業機關服務人員亦適用之。考選部公告，(C)(D)均給分。

3 D。從本題考題的語句敘述即可判別此為倫理的矛盾性。

4 A。庫珀（Terry L. Cooper）倫理四道篩檢關卡：
(1)倫理法則（Moral Rules）。
(2)預先練習辯護（Rehearsal of Defenses）。
(3)倫理原則（Ethical Principles）。
(4)預先自我評估（Anticipatory Self-Appraisal）。

5 B。本題問錯誤的選項，從選項直觀，政府的組成目的在達成公共服務，否定公益即否定政府的存在。因此選項(B)為正解。

6 A。倫理道德的就是價值選擇。

7 C。髒手是指組織或成員為有效實現組織目標，其處理公共事務的過程中，做出不道德行為（手段）卻被目的合理化。

二、申論題

一、公務人員應重視行政倫理，其內涵為何？行政倫理責任的實踐策略又為何？試說明之。【106 身特三等】

答 (一) 公務人員之行政倫理內涵
　　1. 行政倫理是指人們關於行政過程是非對錯的判斷過程以及判斷的理由。
　　2. 公務人員之行政倫理內涵
　　　(1) 廉正：廉潔自持，主動利益迴避，妥適處理公務及有效運用公務資源與公共財產。
　　　(2) 忠誠：恪遵憲法及法律，效忠國家及人民，保守公務機密。
　　　(3) 專業：與時俱進，積極充實專業職能，本於敬業精神，培養優異的規劃、執行、溝通及協調能力，以提供專業服務品質。
　　　(4) 效能：運用有效方法，簡化行政程序，主動研修相關法令，迅速回應人民需求與提供服務，以提高整體工作效能。
　　　(5) 關懷：發揮團隊合作精神，踐行組織願景，提高行政效率與工作績效，以完成施政目標及提昇國家競爭力。

(二) 行政倫理責任的實踐策略學者吉伯特（Charles Gilbert）於1959年在〈政治期刊〉發表著作〈行政責任分析架構〉，提出行政責任的確保途徑：

1. 內部正式確保途徑：包括行政控制、調查委員會、人事、主計、政風之雙重隸屬監督體制。

2. 內部非正式確保途徑：包括代表性科層體制、專業倫理、弊端揭發。

3. 外部正式確保途徑：包括議會控制、司法控制、行政監察員、選舉。

4. 外部非正式確保途徑：包括公民參與、傳播媒體、資訊自由。

二、如果將市場治理模式運用於行政組織中，往往會被批判為忽略行政倫理的面向，試申其義。【107 警察三等】

答 (一) 市場治理模式之內涵彼得斯（B. G. Peters）在《政府未來的治理模式》提出市場治理模式的公共組織設計，其內涵包括

1. 強化組織的多元競爭。

2. 績效薪給制。

3. 引進市場競爭的誘因結構，創造內部市場化的決策機制。

4. 透過過私部門提供公共服務。

5. 權力的多元轉移。

6. 政府組織轉型為小部門設計。

(二) 被忽略的行政倫理面向

1. 公共組織要有「使命感」（Mission Statement），建立高水準的信任：倫理面向的價值例如公平、正義、平等、忠誠、與人為善、將心比心等倫理上的正直（Ethical Probity）是政府系統的自然要素。

2. 市場模式以個人的自利為分析單位，而非個人與個人之間的倫理考量：此種假定容易成為「搭便車者」，即因長期教育沉浸在人性自利與效用最大化的假定，所產生「自我實現的預言」。

3. 公部門的組織若忽視生產過程或服務過程的倫理面向，其後果是對公共倫理價值的嚴重破壞或侵蝕。

考點 16 行政裁量

( ) 1 下列何者**非屬行政裁量**的**倫理**困境？
(A)價值的衝突　　　　　　(B)管理的衝突
(C)利益的衝突　　　　　　(D)角色的衝突。　　　【106退除四等】

( ) 2 公務人員的行政裁量有時對民眾權益影響甚鉅，下列何者**不適合**做為行政裁量的**倫理**指引？
(A)深思熟慮的抉擇
(B)請示長官的意見
(C)公正正直的行為
(D)程序規則的尊重。　　　　　　　　　　　【108原特五等】

解答與解析

1 B。 本題問非屬行政裁量的倫理困境，可從關鍵字倫理下手，涉及倫理者即沒有一定準答案，是一種價值判斷、利益取捨，因此選項(A)(C)(D)皆屬之，選項(D)無所謂管理的衝突。

2 B。 本題關鍵字在倫理，亦即必須有價值的取捨，而當有關於公部門的價值取捨，法規依據、程序正義、公平公正通常是最優先的依歸。本題採用刪去法先刪去選項(C)、(D)，而本題題旨暗示了影響權力甚鉅，因此對應到裁量必須深思熟慮。本題答案為(B)。

考點 17 行政監督

( ) 1 下列何種措施最能展現公共行政受到**高度公共監督**的特質？
(A)單一窗口　　　　　　(B)復康巴士
(C)民意信箱　　　　　　(D)自然人憑證。　　【107普考四等】

( ) 2 一般通稱的「**金魚缸效應**」，是指政府部門下列何種特性？
(A)公共監督綿密　　　　(B)績效不易衡量
(C)公共目標多元　　　　(D)法令限制甚多。　【107原特五等】

( ) 3 健全的行政**監督循環**主要包括四項主要工作，分別是工作指派、
工作指導、工作控制以及下列何者？
(A)工作分類　　　　　　(B)工作規劃
(C)工作考核　　　　　　(D)工作調整。　　　【106台水】

解答與解析

1 C。高度公共監督通常來自於人民或媒體，故選項(C)為正解。

2 A。「金魚缸效應」比喻公部門的行政運作如同金魚缸裡的金魚透明
可見，可受監督。

3 C。健全的行政監督循環主要為；工作指派、工作指導、工作控制、
工作考核，故選(C)。

第二章　行政組織與組織變革

第一節　組織結構與型態

考點 1　組織意義

(　　) **1** 關於**組織正當性**的敘述，下列何者**錯誤**？
(A)組織要獲得所有人的認同，才能取得正當性
(B)組織正當性的管理有賴於溝通
(C)前瞻性規劃有助維持正當性
(D)順從環境是組織獲得正當性的一種手段。　　　【107高考三級】

(　　) **2** 組織為求**整合**，可經由下列那四個**途徑**來完成？
(A)領導、監督、授權、放任
(B)監督、溝通、協調、領導
(C)獨裁、協調、溝通、授權
(D)獨裁、激勵、放任、授權。　　　【106原特四等】

(　　) **3** 下列何者**不是阿吉利斯**（C. Argyris）所區分的**組織防衛性**？
(A)儀式性會議（Ritualized Meeting）
(B)防衛賽局（Defensive Game）
(C)自欺行為（Self-Sealing）
(D)歸責於外（Enemy Is Out There）。　　　【106國安五等】

(　　) **4** 強調行政組織會隨著**時代環境**的**演變**而**自求適應、自謀調整**，屬於下列何種觀點？
(A)靜態的觀點　　　　　　(B)法律的觀點
(C)心理的觀點　　　　　　(D)生態的觀點。　　【108地特五等】

（　　）**5** 「制度是**生長**起來的，不是製造出來的」，這句話是說明組織的何種意義？
(A)心態的意義　　　　　　(B)互動的意義
(C)生態的意義　　　　　　(D)多元的意義。　　【108原特五等】

解答與解析

1 A。 正當性的取得無須組織所有人的認同，只要是過半數獲多數人認同即可。

2 B。 組織整合的四個途徑：監督、溝通、協調、領導。

3 D。 組織的防衛性是指不面對現實而對現實或困境產生一種防衛心態與行為，造成學習障礙。此表現在：儀式性會議、防衛賽局、自欺行為。

4 D。 本題關鍵字在環境變遷、適應、調整，凡有這些關鍵字者，對應於生態觀點。

5 C。 本題關鍵字在生長，強調動態，對應於生態意義。

考點 2 ＞莫根組織意象

（　　）**1.** 關於組織是一種**生物有機體**的意象之隱喻，下列何者正確？
(A)是一種「全像圖式」的功能扮演
(B)是一種創造出來的社會實體
(C)是一種隨著「利基」發展演化、自我調整的模式
(D)是一種亂中有序的思考模式。　　【107身特五等】

（　　）**2** **莫根**（G. Morgan）在其《組織意象》（The Images of Organization）一書中以**八個隱喻**來敘述組織分析的箇中差異，下列何者是其隱喻之一？
(A)組織是種「機器」的意象
(B)組織是種「身體」的意象

(C)組織是種「協調工具」的意象

(D)組織是種「一成不變」的意象。　　　　　　　【106身特五等】

解答與解析

1 C。 本題關鍵字在生物有機體，所謂有機體就是能夠隨著環境適應而改變，進而生存下來的個體，因此強調自我調節適應，因此選項(C)為正解。

2 A。 參見第1題解析。

考點3 ＞葛羅斯和愛尊尼組織內涵

（　　）**1** 社會學家**葛羅斯（E.Gross）和愛尊尼（A. Etzioni）**認為現代化組織的內涵及特徵，下列何者錯誤？

(A)組織是人類為了達成某些共同目標而自然結合的群體

(B)組織在勞務、權力及溝通上，都經過審慎精心的分工設計

(C)具備一個或一個以上的權力核心，以指揮組織成員的行為

(D)對於不適任的成員，得予以汰換。　　　　　【106地特四等】

（　　）**2** 下列何者主張「組織」是人類為了**達成某些共同的目標**而**刻意創造**的社會單元？

(A)史賓賽（H. Spencer）

(B)巴納德（C. I. Barnard）

(C)葛羅斯和愛尊尼（Gross & A. Etzioni）

(D)彼得‧杜拉克（P. Drucker）。　　　　　　　【107初考】

解答與解析

1 A。 葛羅斯與愛尊尼認為現代化組織是組織是人類為了達成某些共同目標而「刻意」結合的群體。

2 C。 參見第1題解析。

考點 4 〉組織系統理論

( ) **1** 組織的系統理論具有**「界限性」（boundary）特質**，在開放系統下，下列敘述何者**錯誤**？
(A)界限具有過濾作用
(B)可確定組織活動範圍
(C)強調系統的靜態平衡
(D)可協助組織與環境進行溝通聯繫。　　　　　　【106身特三等】

( ) **2** 當代除了政府重視公共價值，近年私人企業也開始重視**企業社會責任**。請問這屬於那種組織次級系統的範疇？
(A)心理-社會次級系統
(B)管理次級系統
(C)開放次級系統
(D)目標與價值次級系統。　　　　　　　　　　　【106原特三等】

( ) **3** 從組織作為一個**回饋系統**（feedback system）的理論來看，下列敘述何者最為正確？
(A)基於開放系統的觀點
(B)目的是使作業程序標準化
(C)回饋動力來自非正式團體
(D)又稱白京生定律（Parkinson's Law）。　　　【106升薦三等】

( ) **4** 就組織系統理論的觀點而言，當組織中的**「熵」（entropy）**增加時，代表組織系統的潛能為何？
(A)平衡　　　　　　　　　(B)減退
(C)上升　　　　　　　　　(D)不變。　　　　　　【107身特五等】

( ) **5** 有關**系統理論**的組織敘述，下列何者**錯誤**？
(A)組織是有機體，會趨向於動態穩定狀態
(B)子系統獨立運作，不會相互干擾
(C)具有適應與維持的機能
(D)組織與外在環境系統保持界限。　　　　　　　【106原特五等】

( ) **6** **卡斯特（F. E.Kast）與羅森威（J. E. Rosenzweig）**認為下列哪一個次級系統貫穿整個組織，其主要作用是整合、協調、設計及控制功能？
(A)管理的次級系統
(B)技術的次級系統
(C)心理和社會的次級系統
(D)結構的次級系統。 【108台電新進僱員】

( ) **7** 從**系統理論**的觀點研究組織，下列敘述何者**錯誤**？
(A)組織是一個開放系統，故必然會有「能趨疲（entropy）」現象
(B)組織是一個回饋系統
(C)組織具有界限性
(D)組織是一個系統交錯重疊的體系。 【108外特四等】

> **解答與解析**

1 C。 組織學者卡斯特（F. E. Kast）、羅森威格（James E. Rossenzweig）認為系統有幾種特性：(1)次級系統。(2)整體觀。(3)開放性。(4)投入轉換產出過程。(5)界限性：次級系統之間有界限，界限具有過濾作用（選項(A)），可確定組織活動範圍（選項(B)），可協助組織與環境進行溝通聯繫（選項(D)）。(6)反熵作用：能源不絕，生生不息。(7)動態平衡。(8)回饋。(9)層級相連。(10)分工合作。(11)多元目標。(12)殊途同歸。

2 D。 組織學者卡斯特（F. E. Kast）、羅森威格（James E. Rossenzweig）認為一個組織應包括五大次級系統：
(1) 結構的次級系統（structural subsystem）：指組織中的人員權責分配、上下關係、平行關係的正式化之說明。
(2) 技術的次級系統（technical subsystem）：技術與知識系統。
(3) 心理社會的次級系統（psychological subsystem）：個人行為與動機、地位與角色的關係、團體動態性以及影響力系統。
(4) 目標及價值的次級系統（goal and values sybsystem）：對社會的價值貢獻。
(5) 管理的次級系統（managerial subsystem）：整合、協調及控制的作用。

3 A。 開放系統強調回饋機制與環境的互動、動態平衡。

4 B。 **「熵」（entropy）在動力學上是指**不能做功的能量總數，也就是當總體的熵增加，其做功能力也下降。運用在組織理論上當**「熵」（entropy）增加表示組織系統的潛能下降。**

5 B。 子系統互相影響維持動態平衡。

6 A。 參見第2題解析。

7 A。 參見第1題解析。開放系統有反熵「能趨疲（entropy）」作用。

考點 5 ＞ 非正式組織

一、選擇題

( ) **1** 有關「**非正式組織**」的特性，下列敘述何者最**錯誤**？ (A)非正式組織的領導，主要不是靠權力，而是影響力 (B)非正式組織其成員常是依民主平等的原則交往，沒有法律限制 (C)非正式組織是人們基於特定目的所精心設計下的產物 (D)非正式組織的數目通常不只一個，因此其成員容易有重疊性。 【108原特三等】

( ) **2** 機關內的「**非正式組織**」具有其**正向的功能**。但下列那一項**不屬之**？
(A)提供人員社會滿足感
(B)協助有效的溝通
(C)協助凝聚共識
(D)促進公共課責。 【108外特四等】

( ) **3** 有關**正式與非正式組織**之敘述，下列何者**錯誤**？ (A)一個組織可能包含多個非正式組織 (B)組織圖中通常只會呈現正式的組織結構 (C)非正式組織結構亦有其功能 (D)人群關係學派主張正式組織比非正式組織重要。 【108身特四等】

(　　) **4** 下列何者**不屬於非正式組織**的**負面功能**？
(A)阻礙訊息傳播網的建立
(B)產生角色衝突
(C)屈從於同儕壓力
(D)抵制組織創新。　　　　　　　　　　　　【107地特四等】

(　　) **5** 某機關內部有一個**非正式組織**，其成員有第一司司長、第一司第
二科科長、第一司第二科專員。此非正式組織最符合下列何種
類型的非正式組織？
(A)水平內部團體　　　　　　(B)水平部際團體
(C)垂直內部團體　　　　　　(D)垂直部際團體。　【106身特四等】

(　　) **6** 下列何者**不屬於非正式組織的優點**？
(A)責任明確　　　　　　　　(B)高度彈性
(C)提供成員社會滿足感　　　(D)有效溝通。　　【108地特五等】

(　　) **7** 下列何者為**研究非正式組織**（informal organization）的先驅？
(A)巴納德（C. Barnard）
(B)韋伯（M. Weber）
(C)泰勒（F. Taylor）
(D)古德諾（F. Goodnow）。　　　　　　　　【108身特五等】

(　　) **8** 「長官維護下屬、下屬維護長官、成員間具有高度依賴性」，係
屬**達爾頓**（M. Dalton）所提出之何種**非正式組織的類型**？
(A)垂直共棲集團　　　　　　(B)垂直寄生集團
(C)水平防守集團　　　　　　(D)水平攻擊集團。　【106原特五等】

(　　) **9** 下列何者**不是非正式組織**的**特性**？
(A)成員的感情移入
(B)透過權力來領導
(C)自然而然形成
(D)感受團體壓力。　　　　　　　　【108台電-身心障礙人員】

解答與解析

1 C。非正式組織是人們基於某種關係自然而然結合成的產物。

2 D。非正式組織，例如公司裡的小團體，其正向功能包括凝聚組織向心力、增加溝通、提供成員社會滿足感與參與感。但對於課責關係並無幫助。

3 D。人群學派由霍桑實驗開創，而霍桑實驗的結論正是推導出非正式組織在正式組織中的重要性。

4 A。非正式組織的負面功能包括：角色衝突、抵制變革、傳布謠言、社會控制使成員屈服於同儕壓力。

5 C。由題旨觀之，非正式組織的成員皆來自第一司，屬於內部團體，且三人具有上下從屬關係，屬於垂直關係。

6. A。非正式組織正向功能包括凝聚組織向心力、增加溝通、提供成員社會滿足感與參與感。但對於課責關係並無幫助。

7 A。巴納德提出動態平衡理論的貢獻滿足平衡論，認為要滿足或激勵組織成員，非物質條件比物質條件更重要。因此首先重視到組織成員對社交滿足感的需求。

8. A。**達爾頓**（M. Dalton）提出四種非正式組織的類型：
(1) 垂直共棲集團：主管、部屬相互維護，成員間具有高度依賴性。
(2) 垂直寄生集團：部屬寄生在主管之下，只享權利而不盡義務。
(3) 水平攻擊集團：由跨部門人員組成，目的在改變組織內現行的不合理狀態。
(4) 水平防守集團：由跨部門人員組成，為維護本身的權力地位而採取抵抗行動。

9 B。非正式組織是考自然而然的關係發展而成，簡單來說就是合得來的一群人聚在一起，並沒有正式的組織規範與權力關係，有的只是團體的情感制約。

二、申論題

一、試述非正式組織（informal organization）的意義、形成原因，及其對機關運作的影響。【108 警特三等】

答 (一) 非正式組織之意義、形成原因
　　1. 緣起：非正式組織是霍桑實驗中的「接線工作室觀察實驗」（Bank Wiring Room Observation Experiment）中所發現，該實驗發現「非正式組織」的存在，對組織成員產生「一致行為」的規範壓力，在這項實驗中獲得「小團體（非正式組織）及其約束力」的結論。
　　2. 霍桑實驗（Hawthorne Experiments）：其原由美國國家科學院所屬之國家研究委員會於霍桑工廠做實驗，研究工廠照明對工人產量的影響，但這項實驗未能產生具有結論性的結果。後來哈佛大學教授梅堯加入研究設計，有了前所未有的發現。
　　(二) 非正式組織對機關運作的影響
　　1. 人格尊重是增進生產力的主要原因。
　　2. 參與及情緒發洩可提高工作士氣。
　　3. 小團體（非正式組織）對成員產生約束力。
　　4. 提高士氣及維持社會平衡（social equilibrium）能增進生產量。

二、請從產生原因、主要目標、組織型態、結構基礎、溝通基礎、權力基礎、控制力量等面向說明非正式組織與正式組織的差異，並說明個人參加非正式組織的原因，以及非正式組織的特性。【109 身特三等】

答 (一) 非正式組織與正式組織的差異
　　1. 溝通方面，正式組織的溝通基礎為職位間的正式關係、非正式組織則倚靠人與人之間的近似性。
　　2. 組織結構方面，正式組織的型態多為垂直的、非正式組織則多為平行的。

3. 權力基礎方面，正式組織的權力基礎來自於合法的權威、非正式組織則來自於專家或認同的權力。

4. 權力控制方面，正式組織的控制來自於法令規章及獎懲、非正式組織則來自於道德與行為規範。

(二) 個人參加非正式組織的原因

1. 滿足友誼：建立社會關係乃是人的通性，生活圈與社交活動使得人們彼此來往。

2. 追求認同：人們基於取得承認與扮演角色，進而產生同屬感而參加非正式組織。

3. 取得保護：個人的力量有限，人們必須藉著團體的力量來維護自身的利益。

(三) 非正式組織的特性

1. 補助正式組織的不足。　　2. 減輕組織領導的負擔。

3. 彌補正式命令的缺憾。　　4. 維持組織內部安定。

5. 提供社會滿足感。　　　　6. 增進有效的溝通。

7. 高度的彈性。

考點 6　組織結構分化

一、選擇題

( )　**1** 根據組織的產品（或服務）、服務地區或服務對象作為**組織部門化分工**的基礎，以滿足特定顧客的需求，例如交通部下設有**高速公路局**，係指下列何種結構？

(A)功能型　　　　　　　　(B)事業型

(C)矩陣型　　　　　　　　(D)網絡型。　　　　【107原特四等】

( )　**2** 下列何者是**行政組織水平擴張**的必要過程？

(A)層級化　　　　　　　　(B)分部化

(C)標準化　　　　　　　　(D)多元化。　　　　【106退除四等】

( ) **3** 將**相同或相似**的活動歸類為一個組織單位，係屬於何種分部化？
(A)程序分部化 (B)顧客分部化
(C)功能分部化 (D)地區分部化。 【106地特四等】

( ) **4** 為求問題能夠**就地解決**，行政組織可採取下列何種分部化的方式？
(A)功能分部化 (B)程序分部化
(C)地區分部化 (D)設備分部化。 【109初考】

( ) **5** 有關組織結構**分部化**，下列敘述何者**有誤**？ (A)分部化是一種機關組織水平擴張的過程 (B)分部化是一種依職位權威的高低，將活動歸到各單位的過程 (C)在分部化組織中，同一階層的各部門都是平行的 (D)分部化的主要目的，在藉分工求取更大的組織利益和工作效率。 【107台電新進僱員】

( ) **6** 下列敘述何者**不符合**組織的**層級結構**（hierarchical structure）的特徵？ (A)權威和責任透過命令鏈流通 (B)組織須遵守指揮統一的原則 (C)層級多寡會影響控制幅度的大小 (D)組織結構易受外在環境影響，有高度不可預測性。 【108普考四等】

( ) **7** 下列何者與組織結構的**垂直分化**概念，**最無相關性**？
(A)層級節制 (B)專業角色
(C)指揮命令 (D)升遷管道。 【108國安五等】

( ) **8** 有關**組織結構「垂直分化」**的敘述，下列何者**錯誤**？
(A)垂直分化是以層級節制體系為代表
(B)強調專業分工
(C)涉及組織活動所具權力的大小
(D)和控制幅度有相關性。 【108初考】

( ) **9** 進行組織結構設計時，如果採取比較**寬廣**的控制幅度，則較容易形成何種類型的組織結構？
(A)高架式的組織結構
(B)扁平式的組織結構
(C)鐘型的組織結構
(D)直立橄欖球型的組織結構。 【107地特五等】

( )**10** 組織的**垂直分化**構成組織的層級節制體系，故會考量一定的標準進行分化，下列何者不是組織進行垂直分化時所考量的**標準**？
(A)組織的專業化程度
(B)個人對組織活動所具權力的大小
(C)對組織活動所具責任的程度
(D)控制的幅度。 【107地特四等】

( )**11** 下列有關組織結構**垂直分化**之敘述，何者**錯誤**？ (A)垂直分化建立了組織的層級節制體系 (B)人員數量不變，組織層級數目愈多，控制幅度愈大 (C)垂直分化與個人決策思考的寬廣度有關，職位愈高寬廣度愈大 (D)在正式組織中，層級節制體系會產生指揮命令系統。 【106普考四等】

( )**12** 「政府機關透過檢討調整**權責劃分**，力求**逐級授權**，以更經濟、有效的工作方法與程序來達成工作目標」，係屬下列何種管理作為？
(A)實施分層負責 (B)進行職務輪調
(C)增加在職訓練 (D)引進工作分享。 【109初考】

> **解答與解析**

1 B。 部門劃分工有依不同屬性來分，依照題旨高速公路局相對於鐵路、一般公路、航線、港口等是屬於事業型的分類。

2 B。 水平擴張就是把業務分出去，而分出去的業務單獨成立一個部門，因此為分部化。

3 C。 將相似的業務活動歸為一類是功能化的分法。程序分部化是指依照作業的先後順序來分化顧客分部化是指依找顧客族群來分部化。地區分部化是指依照地理位置來分部化。

4 C。 本題關鍵字在就地解決，有屬地主義的意味，屬於地區分部化。參見第3題解析。

5 B。 依照職位權威高地分化是層級化的精神。

6 D。層級結構的特色就是高度穩定，具有預測性如同金字塔般，由下至上層層堆疊往上。

7 B。垂直分化的結果就是一個層級節制的組織，本題採用刪去法，層級節制的目的就是便於指揮命令，下級上報，而因為有層層堆疊的結構因此創造出升遷管道。至於是否具有專業角色並非垂質分化的目的。

8 B。垂直分化的關鍵字包括層級節制、控制幅度、指揮命令、權力等，與專業分工的關聯較少。

9 B。控制幅度是指一個主管掌控屬員的數量，控制幅度越大組織越扁平，控制幅度越小組織越高架式。

10 A。垂直分化所考量的標準包括權力、責任、控制幅度等，專業化程度在所不論。參見第8題解析。

11 B。人員數不變，組織層級越多，組織金字塔越高，控制幅度越小。控制幅度指主管掌控屬員的數量。

12 A。本題關鍵字在權責劃分，逐級授權，表示分層負責。

二、申論題

為因應「新南向政策」，各級行政機關或部門可能需要調整組織分工。請從行政組織設計的「水平分化」（horizontal differentiation）與「垂直分化」（vertical differentiation）兩構面，分析可以採行的變革作法，以及需要連帶考量的配套作為。【108 外特四等】

答　(一) 組織設計之水平分化

1. 水平分化亦即分部化，係指一種依工作內容和專業功能之不同，將各式各樣的活動類歸到各單位之中的過程，各單位有明確工作範圍。

2. 分部化一種機關組織水平擴張的過程，目的在有效分工，以求更大組織利益和工作效率。

3. 組織結構水平分化可分為四種：
 (1) 按功能分部化：凡從事相同或相似業務的單位歸在同一組織下。
 (2) 按程序或設備分部化：指依工作程序或設備之不同為基礎或對象而設置部門或單位。
 (3) 按服務顧客分部化：根據服務的顧客或所管轄和處理的事務和物材為基礎來設置部門或單位。
 (4) 按地區分部化：即機關組織按地區或處所等為基礎而設置單位。

(二) 組織設計之垂直分化
 1. 垂直分化又稱層級化，以層級節制為代表，依據組織的垂直面向進行分化，分化標準是個人對組織活動所具權力之大小、對組織活動所具責任的程度，以及所監督或管轄的部屬數目等。
 2. 隨著階層的數量增加，組織的結構愈趨於立體化、層級化。
 3. 組織階層的職位愈高，工作的寬廣度就愈大。層級化係以層級節制體系為內涵，形成一個指揮命令系統，也決定了在位者的權力地位與影響力。

(三) 相關配套作法
 1. 層級化的組織劃分優點在於事權統一，管理者較具有權威性，但過度的層級化缺點在於導致效率低落。
 2. 水平分化的組織設計與層級化相反，降低階層性，可以使工作效率提供，但其點在於可能導致多頭馬車，事權較不易統一。
 3. 因此，兩種組織設計應適當搭配，是組織設計較為完整妥善。

考點 7 控制幅度

( ) **1** 有關**控制幅度（span of control）**之敘述，下列何者**最錯誤**？
 (A)原則上，控制幅度越小，機關層級越多
 (B)相對而言，例行性業務之控制幅度較大
 (C)控制幅度越小，部屬滿意度越高
 (D)主管的能力越強，控制幅度可以越大。 【108原特四等】

( ) **2** 下列何者**不應**為**控制幅度**的**決定要素**？
(A)在監督工作上所花費的時間
(B)工作的反覆性
(C)部門主管的意願
(D)幕僚的襄助。 【107身特四等】

( ) **3** 一個主管可以直接指揮監督的部屬數目，此稱為？
(A)行政授能 (B)決策監督
(C)領導才能 (D)控制幅度。 【107地特五等】

( ) **4** 一般而言，關於**控制幅度**之敘述，下列何者**正確**？
(A)控制幅度越小、組織層級由上而下的溝通成本愈低
(B)控制幅度越大、組織架構中的層級數愈少
(C)監督工作所花費時間愈多、控制幅度愈大
(D)工作反覆程度愈高、控制幅度愈小。 【109初考】

( ) **5** 公共管理者在考量「**控制幅度**」大小的問題時，較**不需**考慮下列那一個條件？
(A)監督工作所花費的時間多寡
(B)監督工作的複雜性與重要性
(C)管理者能力的大小
(D)管理者職位的年資長短。 【109身特四等】

解答與解析

1 C。控制幅度是指主管掌控屬員的數量，控制幅度越小表示部屬受到主管掌控的程度越高，部屬滿意度較低。

2 C。控制幅度的決定因素是指如何決定一個主管應該掌控多少屬員，才不至於權責過多或過少。控制幅度的程度影響到組織效率與成敗，主管意願在所不論。

3 D。參見第1題解析。

4 B。 控制幅度越大、組織架構中的層級數愈多，組織金字塔越高。

5 D。 控制幅度的決定因素是指如何決定一個主管應該掌控多少屬員，才不至於權責過多或過少。控制幅度的程度影響到組織效率與成敗，與主管個人因素較無關係。

考點 8 〉有機式與機械式組織結構

( ) **1** 下列何種情況較適合採取**有機式組織結構**？
(A)環境極難預知，技術進步迅速
(B)所生產之產品具高度標準化之特徵
(C)權力關係可清楚地界定在層級中
(D)以明確法規為依據，建構服務流程。　　　　　【108退除四等】

( ) **2** 關於**有機**的組織結構與**機械**的組織結構特徵之比較，下列敘述何者**正確**？
(A)有機組織的管理人員與生產人員比例低，機械組織的管理人員與生產人員比例高
(B)有機組織的不同單位人員之互動比例高，機械組織的不同單位人員之互動比例低
(C)有機組織的必要活動的明確性高，機械組織的必要活動的明確性低
(D)有機組織的知識權力基礎低，機械組織的知識權力基礎高。　【107原特三等】

( ) **3** 下列有關**行政組織**之敘述，何者**錯誤**？
(A)有機式組織的溝通型態是不拘型式的
(B)機械式組織的結構會明確的安排在層級節制的型態中
(C)有機式組織的權力模式是不斷改變的
(D)機械式組織的成員須致力於發展處理壓力及不穩定的能力。　【106退除四等】

( ) **4** 下列何者是「**機械式組織結構**」的主要特徵？ (A)工作目標明確性高、正式法規程度高、集權化程度高 (B)工作目標明確性高、正式法規程度低、集權化程度高 (C)工作目標明確性低、正式法規程度高、集權化程度低 (D)工作目標明確性低、正式法規程度低、集權化程度低。 【108原特五等】

( ) **5** 在面對環境的挑戰，不斷地**創新**以及允許員工**自我發展**下，最適合採取下列那一種組織形式？
(A)機械式 (B)科學管理式
(C)有機式 (D)官僚體制。 【108原特三等】

> **解答與解析**

1 A。 有機式組織結構的關鍵字是彈性、適應力強、低集權式、低層級節制組織、跨部門專家聚集、低管制等。因此選項(A)為正解。

2 B。 機械式組織結構即傳統層級節制組織，其關鍵字包括集權、管制、生產、固定工作等，有機式組織結構參見第1題解析。

3 D。 處理不穩定環境與壓力的能力是有機組織結構形成的原因，參見第1題解析。

4 A。 參見第2題解析。

5 C。 本題關鍵字在創新、自我發展，這是有機組織的特徵，參見第1題解析。

> **考點 9** 組織結構類型

( ) **1** 有關**組織結構類型**的敘述，下列何者**正確**？
(A)專案型組織又稱為科層組織
(B)成員工作地點分散適合運用虛擬組織
(C)運用網際網路協調工作稱為網絡型組織
(D)最常見類型稱為民意型組織。 【108地特三等】

( ) **2** 下列何種組織結構型態，其核心組織只專注於**本身獨特的長處**，而透**過委外或聯盟**的方式，將產品或服務提供給組織的顧客？
(A)事業型結構 　　　　　(B)網絡型結構
(C)功能型結構 　　　　　(D)矩陣型結構。　　【108高考三級】

( ) **3** 在全像圖的組織結構設計中，下列何者非屬**政治途徑**的主要特徵？
(A)反映社會上不同利益及組織內部異質功能的多元主義
(B)行政官僚具有自主性
(C)加強與國會的聯繫，爭取國會的支持
(D)追求指揮統一、共赴事功的集權主義。　　【106普考四等】

( ) **4** 「**同心圓型**」（concentric circle）的組織結構，主要強調組織的何種特質？
(A)專業分工 　　　　　(B)專家擴增
(C)結構彈性 　　　　　(D)溝通民主。　　【108初考】

( ) **5** 下列何者**不是矩陣式結構**（Matrix Structure）的優點？
(A)專案成員角色明確
(B)專案可彈性運用各部門人才
(C)專案可獲得專業與功能的知識
(D)專案可適應環境變遷。　　【108原特五等】

( ) **6** 未來的組織將逐漸走向**民主化**，下列何項組織型態最具代表性？
(A)鐘型
(B)同心圓型
(C)雙層金字塔型
(D)直立橄欖球型。　　【107台電新進僱員】

( ) **7** 下列何者**不是虛擬團隊**（virtual team）的重要**特質**？
(A)團隊成員依賴資通訊技術進行溝通
(B)可克服地域距離的限制
(C)容許多元文化背景的組織成員
(D)由智慧機器人所組成。　　【108警（退）三等】

( ) **8** 相對於傳統的行政組織而言，有關**網絡或社群組織**的說法，下列何者正確？
(A)成員之間的關係不強調信任
(B)成員之間的關係應是間接的
(C)成員之間的關係是特定的
(D)成員間的關係應是互惠的。 【109身特四等】

( ) **9** 艾桑尼（A. Etzioni）以人員的順從程度作為組織的分類標準，將組織分為強制型、功利型及規範型3種類型，下列何者屬於**規範型**的組織？
(A)青少年管訓中心　　　(B)監獄
(C)學校　　　　　　　　(D)銀行。 【108台電新進僱員】

> **解答與解析**

1 B。 官僚組織又稱為科層組織。虛擬組織及沒有實際總部辦公室作為中心的組織型態，成員工作地點散布各地，透過電子通訊聯繫。專案組織又稱矩陣型組織，是為了特殊目的而組成，成員來自跨部門，具有特殊專長，能適應環境變遷，任務達成後解散，成員回到各自部門。

2 B。 網絡型結構即只專注於本身獨特的長處，而透過委外或聯盟的方式，將產品或服務提供給組織的顧客。

3 D。 本題關鍵字在政治途徑，凡是涉及政治途徑其關鍵字包括，反映社會利益、代表性、與國會支持有關，政治即在表達人民聲音，與集權主義較無相關。

4 D。 同心圓型組織結構具有溝通民主的特質。(A)專業分工是科層組織的特質。(B)專家擴增是直立橄欖球的特質。(C)結構彈性是專案組織的特質。

5 A。 矩陣組織又稱為專案組織，參見第1題解析。

6 B。 本題關鍵字在民主化，對應具有溝通民主特質的組織為同心圓組織。

7 D。 參見第1題解析。虛擬團隊之所以稱為虛擬是因為沒有一個實體的辦公室中心，成員背景多元散布各地，透過電子通訊溝通，成員還是活生生的人類。

8 D。 網絡或社群組織的特質在彈性、信任、直接、關係不特定，彼此互惠。

9 C。 艾桑尼（A. Etzioni）以人員的順從程度作為組織的分類標準，將組織分為3種類型：
   (1) 強制型組織：以強制權力控制部屬，部屬表現疏離。例如監獄、監護性精神病院。
   (2) 功利型組織：以獎勵權力控制部屬，部屬表現計利。例如工商機構。
   (3) 規範型組織：以規範權力（名譽地位）控制部屬，部屬表現承諾。例如學校、教會。
   規範，英文為normal，亦為正常、堪為表率，能夠生產出適應社會的正常人、或堪為表率的人，該組織為學校、教會。

考點 10 〉組織結構類型（首長制、委員制、混合制）

( ) **1** 下列何者為**委員制組織結構**的優點？
   (A)指揮靈敏，有效率
   (B)責任明確，力量集中
   (C)可減少不必要的衝突
   (D)能集思廣益，意見融合。　　　　　　　　【108身特四等】

( ) **2** 下列代表「組織名稱」及「組織型態」之組合，何者**完全正確**？
   (A)國家中山科學研究院／附屬機關
   (B)國家發展委員會檔案管理局／內部單位
   (C)公平交易委員會／獨立機關
   (D)內政部民政司／行政機構。　　　　　　　【107普考四等】

(　　) **3** 行政機關執行「**準司法**」的功能，大多會採取下列何種組織形態？
(A)諮詢小組　　　　　　　(B)委員會
(C)任務編組　　　　　　　(D)雙首長制。　　　【108國安五等】

(　　) **4** 下列有關「**首長制**」概念的敘述，何者**錯誤**？
(A)首長制的優點是決策明快
(B)執行與指導的事務應採首長制
(C)首長制又稱獨任制
(D)首長制的優點可以廣納多元意見。　　　【106身特五等】

(　　) **5** 行政組織有採取首長制或委員制的設計，下列何者是採取**委員制的缺點**？
(A)行動遲緩，易致效率低落
(B)易於操縱把持，獨斷獨行
(C)易於營私舞弊，造成私人勢力
(D)易囿於管見，對問題考慮欠廣博周詳。　　　【109身特三等】

解答與解析

1 D。 委員制組織，相對於首長制組織，即決策是由一群人而形成，優點在能集思廣益，結論周全；缺點在責任分散，效率較低，容易有衝突。

2 C。 目前獨立機關有三：國家通訊委員會、中央選舉委員會、公平交易委員會。選項(A)為行政法人，選項(B)為三級中央機關，選項(D)為內部單位。

3 B。 執行準司法功能宜慎重，委員會組織的編制型態較為適宜。

4 D。 首長制是指由首長一人做決策，優點在於效率、決斷明快，缺點在於獨行獨斷，容易一意孤行。

5 A。 委員會缺點在於責任分散、效率低，優點是集思廣益思考周全。

考點 11 〉布勞及史考特組織類型

( ) **1** 布勞（P. Blau）及史考特（W. Scott）以組織的主要受惠人為標準，將組織分為4種類型，諸如警察機關、行政機關等稱為哪一種組織？
(A)服務組織 　　　　　　 (B)企業組織
(C)公益組織 　　　　　　 (D)互利組織。 　　【106台電新進僱員】

( ) **2** 布勞（P. Blau）與史考特（W. Scott）以組織的主要受惠者為組織分類標準，下列何種組織的主要目的是在「謀求某部分特定社會大眾的利益」？
(A)互利組織 　　　　　　 (B)服務組織
(C)企業組織 　　　　　　 (D)行政組織。 　　【107台電新進僱員】

解答與解析

1 C。 布勞及史考特將組織分為四種：
(1) 互利組織：以一般參與者或成員為主要的受惠對象，如政黨、工會、商會、宗教團體。
(2) 服務組織：以特定的社會大眾為主要的受惠對象，如大學、醫院、社會福利組織。
(3) 企業組織：以所有權者或股東，以及經理人員為主要的受惠對象，如企業公司、銀行、製造公司。
(4) 公益組織：以整個社會民眾為主要的受惠對象，如警察機關、行政機關及軍事機關。

2 B。 參考第1題。

第二節　組織動態與發展

考點 1　行政文化

(　) **1** 「在同一時間、同一地區內，存在許多不調和的現象，如**不同**的制度、不同的行為與觀點」，這是屬於開發中國家行政文化中的何種特質？
(A)異質性（heterogeneity）
(B)重疊性（overlapping）
(C)形式主義（formalism）
(D)貪污腐化（corruption）。　　　　　　　　　【107高考三級】

(　) **2** 有關「**行政文化**」的意涵，下列何者**正確**？
(A)行政文化是靜態的
(B)行政文化都一樣
(C)行政文化都是負面的
(D)行政文化是動態的。　　　　　　　　　　　　【107普考四等】

(　) **3** 下列何者**不是**開發中國家**行政文化的特質**？
(A)家族主義　　　　　　　　(B)專業主義
(C)形式主義　　　　　　　　(D)特權主義。　　【107身特三等】

(　) **4** 下列何者**不是已開發國家**共有的政治特質？
(A)政治職務的分派是依據其所屬的社會關係而來
(B)對於傳統價值的訴求大為減弱
(C)人民對於政治系統的參與相當廣泛
(D)政治權力與正當性之間有高度的相關性。　　【106身特三等】

(　) **5** 已開發國家行政文化之特質，下列何者**錯誤**？
(A)功績主義　　　　　　　　(B)相對主義
(C)冒險主義　　　　　　　　(D)形式主義。　　【106退除四等】

（　　）**6** <u>開發中國家</u>的行政組織由**不同結構**履行相同之功能，這種現象稱為：
(A)形式主義　　　　　　　(B)異質性
(C)排他主義　　　　　　　(D)重疊性。　　　　【108身特五等】

解答與解析

1 A。生態理論學派認為開發中國家行政文化的三大特質：(1)異質性：係指一個社會在同一時間裡，同時顯示不同的制度、不同的行為與觀點。(2)重疊性：係指一個結構並不一定產生其應有的功能，反而會產生部分分離、部分重疊的現象。(3)形式主義：係指理論與實際嚴重脫節，應然與實然之間有極大差距。

2 D。行政文化是正面、動態、不一樣、有正面也有負面的。

3 B。韓國學者白完基研究開發中國家的行政文化特質包括：(1)權威主義。(2)家族主義。(3)因緣主義。(4)形式主義。(5)人情主義。(6)官運主義。(7)通才主義。(8)特權主義。

4 A。已開發國家的政治職務是依據理性的程序或法規而來。

5 D。韓國行政學者白完基認為已開發國家的行政文化特質包括：(1)理性主義。(2)功績主義。(3)相對主義。(4)冒險主義。(5)事實取向主義：事實是最重要的基準。(6)行政中立主義。

6 D。參見第1題解析。

考點2　組織文化

一、選擇題

（　　）**1** 在官僚組織中，將**團隊立場**置於個人主觀意識之上。這種觀點稱為：
(A)政治倫理　　　　　　　(B)團體倫理
(C)組織倫理　　　　　　　(D)官僚倫理。　　　【108國安五等】

（　　）**2** 下列何者並**非組織文化**象徵的要素？
(A)標語　　　　　　　　　(B)故事
(C)組織圖　　　　　　　　(D)處罰員工。　　　　　【106身特四等】

（　　）**3** 下列哪一類型的組織文化，比較強調人員的**參與、授權、團隊合作及友善信任**等價值？
(A)理性型
(B)社會互動型
(C)發展型
(D)共識型。　　　　　　　　　　　　【108台電-身心障礙人員】

（　　）**4** 就組織的文化所隱含的信念而言，**發展的文化**屬於：
(A)系統的取向為外部的，權力的分配屬於分權的
(B)系統的取向為內部的，權力的分配屬於集權的
(C)系統的取向為外部的，權力的分配屬於集權的
(D)系統的取向為內部的，權力的分配屬於分權的。
　　　　　　　　　　　　　　　　　　　　　　　　【107台水評價人員】

（　　）**5** 就對「人員」與對「績效」兩面向的關懷度而言，**整合型的組織文化**屬於：
(A)對人員與對績效的關懷度皆高
(B)對人員的關懷度高，但對績效的關懷度低
(C)對人員的關懷度低，但對績效的關懷度高
(D)對人員與對績效的關懷度皆低。　　　　　【107台水評價人員】

（　　）**6** 關於**組織文化**之敘述，下列何者**錯誤**？
(A)代表組織的特性
(B)有些面向外顯但不易深入瞭解
(C)等同於「組織氣候」概念
(D)透過組織社會化過程學得。　　　　　　　　　　　【109初考】

解答與解析

1 C。 組織倫理即將組織利益置於個人利益之上。

2 D。 組織文化象徵物包括無形的價值觀、精神以及有形的規章等。懲罰員工非象徵要素。

3 D。 本題關鍵字在參與、授權、合作、信任,有共識的組織才能合作與信任,而參與授權是其結果。

4 A。 **奎恩和麥格里斯**將組織文化分為四種類型:
   (1)**層級**的組織文化:環境確認度高(系統取向內部),組織集權。
   (2)**理性**的組織文化:環境確認度高(系統取向內部),組織分權。
   (3)**共識**的組織文化:環境確認度低(系統取向外部),組織分權。
   (4)**發展**的組織文化:環境確認度低(系統取向外部),組織集權。

5 A。 **雪夏和葛利納**將組織文化分為四類
   (1) **關切型**文化:對人員的關懷度高,但對績效的關懷度低。
   (2) **冷漠型**文化:對人員與對績效的關懷度皆低。
   (3) **苛求型**文化:對人員的關懷度低,但對績效的關懷度高。
   (4) **整合型**文化:對人員與對績效的關懷度皆高。

6 C。 組織文化與組織氣候是兩個不同的概念,組織文化是一個組織與成員互動所形成的氛圍。組織氣候則為成員與環境互動所產生的感覺。組織文化較為持續、深入組織,通常代表組織的價值觀與精神。

二、申論題

因應二十一世紀各項新興公共事務，政府機關實在有必要重塑更積極主動的組織文化。請從行政管理角度，分析決策者應關注的變革層面或範圍，以及可以採行的作為。【108 外特四等】

答　(一) 組織變革理論李文（K. Lewin）提出組織變革理論，認為變革的過程由三個階段組成：

1. 解凍（Unfreezing）：轉化組織成員的觀念，減少組織變革的阻力。作法有三：
   (1) 打破墨守成規的現象，使成員感到有變革的需要。
   (2) 顯示理想與現實之間的差距，引起成員的內疚與焦慮。
   (3) 創造心理上的不安全感。

2. 變革（Moving）：透過採取行動以改變組織系統或部門的行為，使其行動或運作狀況由原來的水平轉變為另一個新的水平，發展新的行為、價值與態度。

3. 再結凍（Refreezing）：建立一種新的過程，使新的行為或運作水準能維持下去，不致回復到原來的狀況。

(二) 實際採行的作為為建立積極的組織文化，可採行作為如下：

1. 步驟一：打破過去被動消極觀念，例如讓組織成員了解要能生存下在必須與時俱進，才能不被組織淘汰，在組織成員心理層面創造不安感。

2. 步驟二：提供組織成員幾項新制度、新觀念、新作法使組織成員能更依循，並建立新的行為、價值與態度。

3. 步驟三：持續鼓勵組織成員往新的做法邁進，並適時提供獎勵與表揚。

考點 3 > 組織文化（雪恩）

( ) **1** 「機關每天在茶水間放置**咖啡及甜點**供員工取用」最符合下列何種層次的組織文化？
(A)器物與創造物層次　　　(B)觀念層次
(C)價值層次　　　　　　　(D)基本假定層次。　【108地特四等】

( ) **2** 下列何者是組織文化的**最基本要素**？
(A)組織之價值觀與信念　　(B)組織文化之圖象分享
(C)組織整併　　　　　　　(D)組織變革。　　【107警（退）三等】

( ) **3** 下列何者是組織文化**最顯著**的**表徵**，包括組織中成員**可觀察**的行為、結構、程序、規則等面向？
(A)規範　　　　　　　　　(B)價值
(C)前提　　　　　　　　　(D)器物。　　　　【107外特四等】

( ) **4** 根據**雪恩**（E .H. Schein）對文化的看法，下列敘述何者錯誤？
(A)文化具有器物、價值、基本假定三種層次性
(B)器物層次是文化中最容易看見的層次
(C)價值層次的信念若再透過社會確認的過程，即能形成團體共識
(D)基本假定層次日久會成為外顯的、前意識的前提。

【106高考三級】

( ) **5** 根據**雪恩**（E .H. Schein）的看法，將**組織文化**分為三層次，下列何者最正確？
(A)器物層次（artifacts）
(B)生涯取向層次（career orientation）
(C)高度發展（highly developed）
(D)多元化層次（diversification）。　　【106地特四等】

（　）**6** 依**雪恩**（E. H. Schein）對**文化**的看法，下列敘述何者**有誤**？
(A)文化具有器物、價值、基本假定三種層次性
(B)器物層次是文化中最容易看見的層次
(C)價值層次的信念若再透過社會確認的過程，即能形成團體共識
(D)基本假定層次日久會成為較高的意識層次。

【107台電新進雇用】

（　）**7** **組織文化**的層次**由淺入深**，可分為：
(A)基本假定層、價值層、器物層
(B)價值層、器物層、基本假定層
(C)器物層、價值層、基本假定層
(D)基本假定層、器物層、價值層。　　　　　【107身特四等】

> **解答與解析**

1 A。 雪恩（E. Schein）將組織文化的構成區別為器物與創造物（artifacts）、價值觀念和基本假定三個層次，三者對社會的影響分別是由淺至深的。以器物與創造物（artifacts）所構成的物質文化是以技藝知識為主軸例如科技、藝術。以價值觀念所構成的社會文化是以典章制度為主軸，例如法律、風俗。以基本假定所構成的心智文化是以意識型態為主軸，例如集體潛意識、民族性。基本假定層次日久並不會成為外顯的、前意識的前提。

2 A。 參見第1題解析，價值觀是最基本的要素。

3 D。 本題關鍵字在最顯著表徵、可觀察。

4 D。 參見第1題解析。

5 A。 參見第1題解析。

6 D。 參見第1題解析。

7 C。 參見第1題解析。

考點 4 〉組織文化（奎恩）

(　) **1** 奎恩（Robert E Quinn）和麥格里斯（Michael R. McGrath）認為，組織文化的核心價值為「有清晰的目標」、「促進效率」與「**追求績效極大化**」，此為下列何種組織文化？
(A)理性的文化　　　　　(B)發展的文化
(C)共識的文化　　　　　(D)層級的文化。　　【106普考四等】

(　) **2** 依奎恩與麥克葛雷斯（Quinn and McGrath）對於組織文化的分類，下列何種組織文化特別強調人員的**參與、團隊合作與友善信任的價值**？
(A)理性的組織文化
(B)共識的組織文化
(C)層級的組織文化
(D)發展的組織文化。　　　　　　　　【106外特四等】

(　) **3** **奎恩**（R.（E）Quinn）與**麥克葛雷斯**（M. R. McGrath）對組織文化的分類中提及，由於組織面對環境的**確定性較低**，而**需急迫採取因應對策**，所以一方面組織將透過分權的方式來解決問題，另方面必須培養危機意識，且其權威所在在於個人領導魅力。上述所指乃下列何種組織文化？
(A)理性的組織文化
(B)發展的組織文化
(C)共識的組織文化
(D)層級的組織文化。　　　　　　　　【107原特三等】

解答與解析 〉

1. **A**。奎恩和麥格里斯將組織文化分為四種類型：
(1) 層級的組織文化：環境確認度高（系統取向內部），組織集權。（服從指揮命令）

(2) 理性的組織文化：環境確認度高（系統取向內部），組織分權。（追求效率、績效）

(3) 共識的組織文化：環境確認度低（系統取向外部），組織分權。（迫切因應、培養危機意識）

(4) 發展的組織文化：環境確認度低（系統取向外部），組織集權。（重視參與合作與信任）

2. B。參見第1題解析。

3. B。參見第1題解析。

考點 5 組織文化（雷曼和韋納）

( ) **1** 依雷曼和韋納（Reimann & Wiener）的組織文化分類，組織的價值觀念透過**制度化過程**加以建立的文化，為下列哪一項文化？
(A)企業家型文化
(B)盲從型文化
(C)排他型文化
(D)策略型文化。【107台電新進僱員】

( ) **2** 依雷曼和韋納（B. Reimann & Y. Weiner）的觀點，「一個組織的價值觀念，已經透過**制度化**的過程加以確定，文化型態比較**穩定**，決策做成主要依循經驗例規」，這是下列何種組織文化？
(A)企業家文化
(B)策略型文化
(C)排他型文化
(D)理想型文化。　　【106身特五等】

解答與解析

1 D。雷曼和韋納（Reimann & Wiener）將組織分為四類：
(1) 企業家型文化：部門功能的發揮，與適應環境的問題。
(2) 策略型文化：透過制度化的過程加以確立，文化型態比較穩定。
(3) 盲從的文化：反映少數幾位菁英領導者的價值觀念。
(4) 排他型文化：由少數領導菁英操縱。決策過程獨斷不容異議。

2 B。參考第1題解析。

考點 6 〉組織文化（Z 理論）

( ) **1** 下列何者是**大內**（W. Ouchi）「**Z理論**」組織文化特徵？
(A)長期僱用　　　　　　(B)價值轉變
(C)升遷快速　　　　　　(D)一成不變。　　　　【107身特五等】

( ) **2** 下列何者**非屬大內**（W. Ouchi）所提「**Z理論文化**」之特徵？
(A)個人取向　　　　　　(B)長期雇用
(C)參與的與共識的決策　(D)緩慢的升遷率。【106退除四等】

解答與解析

1 A。大內（William Ouchi）提出Z理論五項特徵：(1)長期雇用。(2)緩慢的升遷。(3)參與的與共識的決策。(4)團體的決定人人負責。(5)全局取向。

2 A。參見第1題解析。

考點 7 〉組織氣候

( ) **1** 在一特定環境中，人們直**接或間接地對**於這個環**境的察覺**，稱為：
(A)組織動態　　　　　　(B)組織文化
(C)組織氣候　　　　　　(D)組織態度。　　　　【106普考四等】

( ) **2** **白萊克（R. R. Blake）和毛頓（J. S. Mouton）**提出那兩個面向來測量組織的氣候？
(A)對人員的關懷和對工作的關懷
(B)目標的一致性和決策層級的高低
(C)員工的個性和組織的狀態
(D)員工的互動程度和組織人員的多寡。　　【106地特四等】

解答與解析

1 C。 本題關鍵字在環境的察覺,是組織氣候的關鍵。

2 A。 布萊克(R. Blake)與毛頓(J. Mouton)二人提出的「管理格道」,依據主管對工作與員工展現的關心程度不同分成五種主要領導型態。

考點 8 組織再造

( ) **1** 組織再造必須具備何種能力,才能跳脫功能部門的分割與侷限,根據實際的需要來重新建構組織之流程?
(A)顧客導向 　　　　(B)系統思考
(C)目標取向 　　　　(D)資訊科技。　　【106外特四等】

( ) **2** 下列對於組織再造(organization re-engineering)的敘述,何者正確?
(A)將現行流程予以重整
(B)以組織規模合理化為中心
(C)以機關首長滿意為導向
(D)聚焦個別員工績效的提升。　　【108國安五等】

( ) **3** 某機關刻正進行「組織再造」的革新工作,卻遭遇內部人員的消極抵制,你應該從下列何種方面進行診斷,以促進組織有效變革?
(A)群眾的民意調查
(B)國際生態學術研討會
(C)非正式組織的影響力
(D)公民論壇。　　【108台電-身心障礙人員】

( ) **4** 行政院組織改造後，過去**行政院研究發展考核委員會**大部分業務都移入：

(A)行政院院本部

(B)國家發展委員會

(C)行政院主計總處

(D)行政院人事行政總處。 【108地特五等】

解答與解析

1 B。 本題關鍵字在跳脫功能部門侷限，必須具備系統思考的能力。

2 A。 組織再造即將組織的制度流程加以重整完善。

3 C。 組織內部人員的消極抵制從非正式組織的影響力下手。

4 B。 國家發展委員會的前身為「行政院經濟建設委員會」與「行政院研究發展考核委員會」。

考點 9 組織發展

( ) **1** 有關**組織發展**（organization development）的特性，下列何者**錯誤**？

(A)是一種僅針對產出加以修正的做法

(B)強調以證據作為基礎

(C)是一種不斷持續的互動過程

(D)以系統性途徑來觀察組織。 【108退除四等】

( ) **2** 下列何者**非屬**組織發展中**發展個人**所運用的策略？

(A)工作豐富化 (B)小團體訓練

(C)團體間的討論 (D)管理格道訓練。 【106普考四等】

(　　) **3** 在組織發展的訓練模式中，「使受訓者**了解自己**以及自己和他人的**相處關係**之訓練」，稱為：

(A)批判性訓練　　　　　　(B)辯證性訓練

(C)認知力訓練　　　　　　(D)敏感性訓練。　　【106原特五等】

解答與解析

1 A。 組織發展是對組織的整體加以修正。

2 C。 (1)發展個人的策略包括：敏感性訓練（學習瞭解自己以及瞭解他人之間的關係與影響）、工作豐富化（給予員工更多自主權及責任）、人際溝通分析（學習自我信任、思考、認定及表達自己感覺）、管理格道（幫助管理人員重視成員間的承諾與互信且達到績效）。

(2) 發展團體的策略：團隊建立法、面對面會議（在一天的會議中建立目標解決問題）。

(3) 發展組織的策略：團體間討論、組織協調會議、培養組織發展人才、調查研究與回饋方法。

3 D。 參見第1題解析。

考點 10 　組織變革

(　　) **1** 下列何者最屬於有效**減低組織變革阻力**的策略？

(A)強化主管命令的權威性

(B)對組織成員提供說明使其了解變革之需要

(C)排除組織成員參與變革計劃內容的擬定

(D)忽視變革對組織成員的不利影響。　　【106身特四等】

(　　) **2** 李文（K. Lewin）認為組織變革由解凍、推動和再結凍三階段組成。下列何種策略可應用在**解凍**階段？　(A)創造心理上的安全感　(B)引起內疚與焦慮　(C)確保新工作方式的穩定性　(D)強化團體成員新的態度與行為。　　【108地特三等】

（　　）**3** 變革管理大師**科特（J. Kotter）**提出八階段**計畫性組織變革**模
　　　　式，指出成功的變革最後必須要：
　　　　(A)將變革深植組織文化
　　　　(B)授權員工參與
　　　　(C)建立領導團隊
　　　　(D)形成強大聯盟。　　　　　　　　　　　　　　　　【108身特三等】

（　　）**4** 以**特洛皮克斯測試法（TROPICS Test）**來因應組織變革，下列那
　　　　一種情況較適合用組織發展式的軟策略？
　　　　(A)變革發生時間是中至長期
　　　　(B)涉及特定具體的對象
　　　　(C)目標明確且可被量化
　　　　(D)控制權掌握在高層管理者手中。　　　　　　　　　【106普考四等】

（　　）**5** 臺灣中油公司希望加速推動民營化，卻一直停留在未能與工會取
　　　　得共識。係屬李文（K. Lewin）所提出的組織變革之何種階段？
　　　　(A)解凍　　　　　　　　　(B)變革
　　　　(C)再解凍　　　　　　　　(D)啟動　　　　　　　　【108身特五等】

（　　）**6** 有關管理學者李文（Kurt Lewin）提出組織變革的3階段包
　　　　括：(1)改變（change）；(2)解凍（unfreezing）；(3)再結凍
　　　　（refreezing）的排序，下列何者正確？
　　　　(A)(1)(2)(3)　　　　　　　(B)(1)(3)(2)
　　　　(C)(2)(1)(3)　　　　　　　(D)(3)(2)(1)。　　【107台電新進僱員】

（　　）**7** 李文（K. Lewin）提出的組織變革三階段模式中，其步驟依序為：
　　　　(A)變革→解凍→再結凍
　　　　(B)解凍→變革→再結凍
　　　　(C)變革→再結凍→解凍
　　　　(D)再結凍→變革→解凍。　　　　　　　　　　　【109一般警察三等】

( ) **8** 為了減少公共組織於革新時所產生的**阻力**，下列何者**不是適當**的處理方式？

(A)與組織成員溝通革新的內容與重要性

(B)周全規劃革新計劃，使變革對組織成員帶來的傷害減到最低

(C)讓組織成員參與革新計劃的擬定

(D)優先裁減基層員工。 【108警（退）三等】

解答與解析

1 B。 將低組織變革阻力的策略包括：對組織成員提供說明使其了解變革之需要、將組織成員納入參與變革計劃內容的擬定、重視變革對組織成員的不利影響、周全規劃降低對成員的傷害、與成員建立良溝通管道等。

2 B。 李文（K. Lewin）認為組織變革由解凍、推動和再結凍三階段組成：

(1) 解凍（Unfreezing）：轉化組織成員的觀念減少組織變革的阻力。作法有三：

a. 打破墨守成規的現象，使成員感到有變革的需要。

b. 顯示理想與現實之間的差距，引起成員的內疚與焦慮。

c. 創造心理上的不安全感。

(2) 變革（Moving）：透過採取行動以改變組織系統或部門的行為或對組織結構及過程加以變革，以發展新的行為、價值與態度。

(3) 再結凍（Refreezing）：建立一種新的機制。

3 A。 **科特（J. Kotter）**提出八階段**計畫性組織變革**模式：(1)建立危機意識。(2)成立領導團隊。(3)提出願景。(4)溝通願景。(5)授權員工參與。(6)創造近程戰果。(7)鞏固戰果並再接再厲。(8)讓新做法深植企業文化之中。

4 A。 特洛皮克斯測試法（TROPICS Test）來因應組織變革：

要素	軟策略	硬策略
時間量尺（time scale）	變革發生時間是中至長期	變革時間短到中期
資源（Resources）	不清楚且變動	界定清楚且固定
目標（objectives）	主觀、模糊	明確且可被量化
認知（perceptions）	產生利益衝突	被受影響者共同持有
利益（interest）	普遍且界定不良	有限且界定良好
控制（control）	管理層外的共同控制	掌握在高層管理者手中
來源（source）	外部	內部

5 A。 參考第2題解析。

6 C。 參考第2題解析。

7 B。 參考第2題解析。

8 D。 裁減員工是最後，非不得已的做法。參考第2題解析。

考點 11 〉組織學習

(　) **1** 根據組織學習理論的先驅<u>阿吉瑞斯（C. Argyris）</u>的見解，當組織嘗試建立新的價值、目標和規範時，其所進行的學習類型為何？ (A)再學習（deutero-learning） (B)單回饋圈學習（single-loop learning） (C)超學習（hyper learning） (D)雙回饋圈學習（double-loop learning）。　　　　　　　【108新進身心障礙人員甄試】

(　) **2** 下列有關**組織學習**的描述，何者**正確**？
(A)組織學習是組織上下成員的協同共識，決策者本身也是學習的媒介
(B)組織學習強調防衛反應，認為組織應被動的適應環境
(C)組織學習認為人有足夠的動機進行自我要求，無須透過制度提供學習誘因
(D)組織學習認為尋求規律與穩定是最重要的價值，故採取漸進改革手段是最佳的策略。　　　　　　　　　　【108國安五等】

(　) **3** 下列何者是**組織學習能力**（Learning Capability）的架構要素？
(A)非線性思考
(B)競爭有限的資源
(C)有能力找出學習障礙
(D)統計與情報蒐集。　　　　　　　　　　　　　【108原特五等】

(　) **4** 組織對於現成的實務與直接經驗**精益求精**，強調員工**高度參與**，此乃屬於何種**組織學習風格**？
(A)獲取能力型（Competency Acquisition）
(B)持續改進型（Continuous Improvement）
(C)實驗型（Experimentation）
(D)標竿學習型（Benchmarking）。　　　　　　　　【106地特五等】

解答與解析

1 D。 雙回饋圈學習（double-loop learning）：是創造性學習，當組織嘗試建立新的價值、目標和規範時，其所進行的學習類型。

2 A。 組織學習認為組織應主動適應環境，而制度也須提供學習誘因。創新是組織學習的重要價值。

3 C。 **組織學習能力**（Learning Capability）的架構要素包括：(1)有能力提出創新的能力。(2)有能力普及創新觀念。(3)有能力找出學習障礙。

4 B。 本題關鍵字在精益求精，即不斷地改善。

考點 12 〉學習型組織

( ) **1** 下列何者**非屬聖吉**（P. M. Senge）所言之**五項修練**構成技術？
(A)系統思考　　　　　　(B)建立共同願景
(C)團隊學習　　　　　　(D)穩健發展。　　　　【107外特四等】

( ) **2** 聖吉（P. Senge）所著「**第五項修練**」（The Fifth Discipline）一書中認為，個人或組織若過於依賴經驗學習，又以**錯誤的問題解決**邏輯來處理事情，係屬下列何種問題？
(A)未能建立共享的願景
(B)未能改善心智模式
(C)未能自我超越
(D)未能系統性思考。　　　　　　　　　　　　【108原特五等】

( ) **3** 有關**學習型組織**的原則，下列敘述何者**錯誤**？
(A)每個人都是學習者
(B)學習能促進變遷
(C)學習是一種消費而非投資
(D)學習是持續的。　　　　　　　　　　　　　【107普考四等】

解答與解析

1 D。 聖吉五項修練：(1)建立共同願景（Building Shared Vision）（選
項(B)）。(2)團隊學習（Team Learning）（選項(C)）。(3)改變
心智模式（Improve Mental Models）：改變舊思維，建立標竿學
習。(4)自我超越（Personal Mastery）：精益求精。(5)系統思考
（System Thinking）：避免見樹不見林（選項(A)）。

2 D。 參見上題解析。過度依賴經驗表示只見「樹」，依賴錯誤的邏輯
解決表示只見「林」，系統性思考幫助人過度偏向建或過度偏向
邏輯思考。

3 C。 學習是一種投資而非消費。

考點 13 團體

（ ） 經由團體間的敵對，成員對團體的認同感提升，進而增加對團體的向
心力。這樣的現象我們稱之為： (A)團體束縛（group-binding）
(B)團體偏移（groupshift） (C)團體盲思（groupthink） (D)團
體偏差（group deviation）。 【108身特五等】

解答與解析

A。 團體束縛是"group-binding"的翻譯，並不帶有貶意，而是強調團
體成員之間藉由革命情感的建立，提升向心力。

考點 14 團體盲思

（ ） 1 學者**詹尼斯**（I. Janis）以下列何者聞名於世？ (A)管理格道 (B)
組織文化 (C)團體盲思(D)民主行政。 【107台水公司評價人員】

( ) **2** 下列那一項決策方法，最主要是為了**防止團體迷思（groupthink）的現象**？

(A)決策樹分析（decision tree analysis）

(B)層級分析法（analytic hierarchy process）

(C)成本效益分析（cost-benefit analysis）

(D)名目團體技術（nominal group technique）。 【109身特三等】

解答與解析

1. C。 團體盲思由詹尼斯（I. Janis）提出，指的是團體在決策過程中，創意的想法或客觀的意見不會有人提出，或是在提出之後遭到其他團體成員的忽視及隔離，進而導致團體作出不合理、甚至是很壞的決定。

2. D。 名目團體技術法係指在決策過程中對群體成員的討論或人際溝通加以限制，但群體成員是獨立思考的。

考點 15 團體決策

( ) **1** 下列那一種團體決策方式，會**指名**讓某位**成員**出來，扮演**挑戰**團體所提出的假定與斷言的角色？

(A)具名團體術（nominal group technique）

(B)德菲法（Delphi method）

(C)魔鬼代言人（devil's advocate）

(D)天使代言人（angel's advocate）。 【108升薦】

( ) **2** 下列何者**不屬於團體決策的技術**？

(A)系統分析法（Systems Analysis）

(B)腦力激盪法（Brainstorming）

(C)具名團體法（Nominal Group Technique）

(D)政策德菲法（Policy Delphi）。 【107普考四等】

( ) **3** 下列何者**並非團體決策的優點**？
(A)增加合法性
(B)增加解決方案的接受性
(C)增加責任歸屬的明確性
(D)獲得更完整的資訊與知識。 【108國安五等】

( ) **4** 下列何者**不屬於**團體決策的方法？
(A)直觀式決策法
(B)腦力激盪法
(C)德爾非法
(D)具名團體法。 【107台水評價人員】

解答與解析

1 C。 魔鬼代言人即會指名讓某位成員出來，扮演挑戰團體所提出的假定與斷言的角色。具名團體術（nominal group technique）指在決策過程中對群體成員的討論或人際溝通加以限制，但群體成員是獨立思考的。德菲法（Delphi method）指訊息收集過程中，通過多位專家的獨立的反覆主觀判斷，獲得相對客觀的訊息、意見和見解。

2 A。 **團體決策的技術包括：**電子會議（Electronic Meeting）、腦力激盪（Brainstorming）、名目群體技術（Nominal Group Technique）、政策德菲法（Policy Delphi）、互動團體（Interacting Groups）。

3 C。 團體決策的優點包括集思廣益、思考周延、增加方案接受性、合法性。缺點在於責任分散。

4 A。 參考第2題解析。

考點 16 ＞團體認同

( ) **1** 根據**賽蒙**（H. Simon）**與馬奇**（J. March）的說法，下列何者**非屬**個人會對團體產生**高度認同**的原因？
(A)團體成員間享有特權的差異程度愈大
(B)團體成員間對目標共享的認知程度愈高
(C)團體成員間的交互活動愈頻繁
(D)團體成員間的競爭程度愈小。　　　　　　【106退除四等】

( ) **2** **賽蒙**（H. A. Simon）和**馬區**（J. March）認為，當團體中個人與個人的交互活動愈**頻繁**時，則個人對團體的**認同**傾向將如何改變？
(A)愈強　　　　　　　(B)愈弱
(C)兩者無關　　　　　(D)強弱各半。　　　【106原特四等】

解答與解析

1. A。賽蒙（H. Simon）**與馬奇**（J. March）個人會對團體產生**高度認同**的原因包括：成員間特權差異小、目標共享程度高、互動頻繁、競爭小。

2. A。 參見第1題。

考點 17 ＞組織病象

( ) **1** 下列何者係形容「員工將組織的變革作法視為**新瓶舊酒**，可以刻意忽視，等待改革鋒頭過去，即可**安然度過**」之組織現象？
(A)不稀罕效應　　　　(B)蝴蝶效應
(C)路徑依賴理論　　　(D)彼得原則。　　　【106初考】

（　　）**2** 下列那一種組織病象在說明「只要員工**刻意忽視**，久而久之，組織的革新計畫最後必將**無疾而終**」的現象？

(A)邁爾斯定律（Miles' Law）

(B)墨菲定律（Murphy's Law）

(C)不稀罕效應（BOHICA）

(D)白京生定律（Parkinson' s Law）。　　　　　【106原特五等】

（　　）**3** 組織常會遇到成員**反革新情結**，對創新變革的提案或計畫抱持忍耐、抵制、**交差了事**的態度，此種現象稱為：

(A)異化（Alienation）

(B)彼得定律（Peter Principle）

(C)不希罕效應（BOHICA）

(D)邁爾斯定律（Miles' Law）。　　　　　【106警（退）三等】

（　　）**4** 政府機關提供的公共產出，多屬服務性質之勞力密集行業，作業技術遠落後於私部門，故**生產力較低**，但公務人力**薪給增加幅度**並不低於私部門，而造成**較高**的政府支出。此一現象稱之為：

(A)包默爾病症（Baumol's diseases）

(B)華格納法則（Wagner's law）

(C)史密斯症狀（Smith symdrome）

(D)凱因斯法則（Keynes law）。　　　　　【106身特三等】

（　　）**5** 下列何者**不適合**用來解決**本位主義**的問題？

(A)安排職位層級較高的人員負責跨部門單位的整合

(B)鼓勵各部門主管採取面對面的開誠布公溝通方式

(C)就個別的專案活動，成立任務小組或專案協調會議

(D)組織高度專業化。　　　　　【106原特四等】

（　　）**6** 下列何種定律提出「採用委員會型態的**組織愈來愈多，效能卻相對低落**」的組織病象？

(A)白京生定律（Parkinson' s Law）

(B)邁爾斯定律（Miles' Law）

(C)彼得原理（Peter Principle）

(D)寡頭制鐵律（Iron Law of Oligarchy）。　【108台電新進僱員】

(　) **7** 下列何者認為「行政首長喜好<u>增加部屬，以形容自己的權勢</u>」？

(A)白京生定律　　　　　　(B)組織發展

(C)權威式領導　　　　　　(D)核心策略。　【106台水評價人員】

(　) **8** 下列何者符合「<u>白京生定律</u>」（Parkinson' s Law）的敘述？

(A)職員素質與機關存在的時間長短成正比

(B)機關開會時間長短與議題重要性成正比

(C)機關行政效率與建築的華麗程度成正比

(D)機關首長權力大小與其用人數量成正比。　【107原特五等】

(　) **9** 「<u>依法行政</u>」是公務人員應該服膺的原則，但若將服從法規視為首要目的，反而<u>犧牲</u>原本的<u>目標</u>，則可能產生下列何種現象？

(A)目標替換（displacement of goals）

(B)對事不對人（impersonality）

(C)有限理性（bounded rationality）

(D)霍桑效應（Hawthorne effect）。　　　【107普考四等】

(　)**10** 下列哪一位學者提出「<u>目標轉換</u>（Displacement of Goals）」的組織病象？

(A)墨頓（R.Merton）

(B)彼得（Peter）

(C)白京生（Parkinson）

(D)邁克斯（R.Michels）。　　　【108台電新進僱員】

(　)**11** 一個人升至某一職位後，如不經進修訓練，便<u>無法勝任現職</u>或<u>更高</u>的職務 ，此現象稱為：

(A)白京生定律　　　　　　(B)彼得原理

(C)邁爾斯定律　　　　　　(D)墨菲原理。　【107原特四等】

( )**12** 根據**彼得原則**（Peter Principle），組織應提供工作人員何種相關
措施，以激勵和強化工作人員的工作知能？
(A)快速升遷 　　　　　　(B)福利與獎金
(C)進修與訓練 　　　　　(D)工作保障。 　　【107警（退）三等】

( )**13** 「機關出現**僵化**、無法隨機應變及因時、因地、因事制宜的病
象」最有可能是由於下列何種原因引起？
(A)法規森嚴 　　　　　　(B)權力集中
(C)規模龐大 　　　　　　(D)缺乏民主。 　　　　【108初考】

( )**14** 下列何項屬於**法規森嚴**所引起的組織病象？
(A)首長獨裁 　　　　　　(B)天高皇帝遠
(C)議而不決，決而不行 　(D)科員政治。 　　【108原特四等】

( )**15** 政府機關經常遭受外部環境的各方關注、批評、反對，甚至抗
爭，其運作應**開放**給**外界知悉**之要求甚囂塵上，行政學將此現
象稱作：
(A)暈輪效應 　　　　　　(B)鄰避效應
(C)金魚缸效應 　　　　　(D)不稀罕效應。【107台水評價人員】

( )**16** **賽蒙**（H. A. Simon）指出，組織因分工結果，形成許多不同的功
能單位，這些單位都有**擴充職權**、**爭取經費**、**人力**的傾向，此
稱為：
(A)建立王國（empire building）
(B)功能主義（functionalism）
(C)部門化（departmentalization）
(D)團體意識（group identification）。 　　【106身特四等】

( )**17** 當團體規模越來越大，可能產生**只享權利不盡義務**的問題，此屬
何種現象？
(A)搭便車（free rider）
(B)邁爾斯定律（Miles' Law）
(C)莫菲定律（Murphy's Law）
(D)寡頭鐵律（Iron Law of Oligarchy）。 　　【107原特四等】

( )**18** 機關組織愈龐大，權力愈容易集中於**少數領導階層**，因而改變領導者與被領導者之間的關係，此一現象稱為：

(A)邁爾斯定律（Miles' Law）

(B)寡頭鐵律（Iron Law of Oligarchy）

(C)墨菲定律（Murphy' s Law）

(D)白京生定律（Parkinson' s Law）。 【106身特三等】

( )**19.** 有關**邁可斯**（R. Michels）之敘述，下列何者**有誤**？

(A)德國政治學家

(B)著有政黨一書

(C)提出寡頭制鐵律

(D)認為領導者權力的增加與機關組織之龐大成反比，與人員權力成正比。 【106台電新進僱員】

( )**20** 德國政治社會學家**密歇耳**（R. Michels）認為，**領導者權力**的增加與組織之龐大成正比，**與成員之權力成反比**。此一見解被稱之為：

(A)白京生定律（Parkinson' s Law）

(B)墨菲定律（Murphy's Law）

(C)寡頭鐵律（Iron Law of Oligarchy）

(D)不希罕效應（BOHICA）。 【106退除四等】

( )**21** 「某甲平時都是準時上班，兢兢業業執行主管交付任務，某天下午心血來潮翹班去辦一件私事，**恰巧就被主管逮到**……」，這應驗了下列那個定律？

(A)白京生定律 (B)邁爾斯定律

(C)寡頭鐵律 (D)墨菲定律。 【108原特三等】

( )**22** 描述組織成員「**換了位置、就換了腦袋**」的說法和下列那一種組織病象的意義相似？

(A)白京生定律（Parkinson's Law）

(B)墨菲定律（Murphy's Law）

(C)寡頭鐵律（Iron Law of Oligarchy）

(D)邁爾斯定律（Miles' Law）。 【108退除四等】

( )**23** 我們常聽到的「**職位決定立場**」（Where you stand depends on where you sit.）這句話，係屬何種定律所描述的組織病象？

(A)白京生定律（Parkinson's Law）

(B)寡頭鐵律（Iron Law of Oligarchy）

(C)墨菲定律（Murphy's Law）

(D)邁爾斯定律（Miles' Law）。 【107初考】

> ## 解答與解析

1 A。 不稀罕效應：員工將組織的變革作法視為新瓶舊酒，可以刻意忽視，等待改革風頭過去，即可安然度過。

2 C。 參見第1題解析。

3 C。 參見第1題解析。

4 A。 包默爾病症（Baumol's diseases）：部門的生產率相對快速增長將導致停滯部門出現相對成本的不斷上升。

5 D。 本位主義即每個部門任為自己所職掌的業務最重要，而不願意妥協或讓步，這是組織分工專業化的弊病。

6 A。 白京生定律（Parkinson's Law）之敘述包括：(1)喜好增加部屬「建立王國」。(2)機關成立年代愈久，其成員素質便會愈低，因為首長好用不如己者。(3)機關開會時間的長短對議題的重要性成反比。(4)機關採用「委員制」的形態組織必然增加，而且委員數目也必定愈來愈多，即無效能可言。(5)機關內部的行政效率日趨低落，但是建築外觀、辦公設備卻是日趨壯麗豪華。(6)機關會把可使用的經費盡量用完。

7 A。 參見第6題解析。

8 D。 參見第6題解析。

9 A。 美國學者墨頓（R. Merton）提出目標替換（displacement of goals）係指員工不把辦好事情當作目標，反而將「法規的嚴格遵守」視為其辦事的目標。

10 A。 參見第9題解析。

11 B。 彼得原理是指一個人升至某一職位後，如不經進修訓練，便無法勝任現職或更高的職務。因此強調進修與訓練的重要性。

12 C。 參見第11題解析。

13 A。 法規森嚴是指機關僵化無法及時應變。

14 D。 法規森嚴引起的組織病象包括：
(1) 循例行事，無主見、缺乏主動精神。
(2) 形式主義。
(3) 官僚作風、科員政治。
(4) 紅包政治玩法弄權。
(5) 目標錯置。
(6) 機關無法隨機應變，及因事制宜的適應。

15 C。 金魚缸效應意指極高透明度的民主管理模式，機關運作如同透明的金魚缸，受到外界高度監督。

16 A。 喜好增加部屬，擴充職權、爭取經費、人力的傾向，即「建立王國」。

17 A。 搭便車（free rider）即只享權利不盡義務。

18 B。 德國政治社會學家密歇耳（R. Michels）提出寡頭鐵律（Iron Law of Oligarchy），指當科層體制發展越龐大時，權力有越向高層、少數人集中的傾向。

19 D。 參見第18題解析。

20 C。 參見第18題解析。

21 D。 墨菲定律指「凡是可能出錯的事必定會出錯」，指的是任何一個事件，只要具有大於零的機率，就可確定它必會發生。

22 D。 邁爾斯定律（Miles' Law）是指「換了位置、就換了腦袋」。立場不同，思維就不同。

23 D。 參見第22題解析。

第三節 我國行政機關體系

考點 1 我國中央行政機關

( ) **1** 有關我國現行**中央行政機關**的敘述,下列何者正確?
(A)行政院共下轄八部二會
(B)海洋委員會隸屬於內政部
(C)蒙藏委員會改制為行政院蒙藏事務局
(D)銓敘部隸屬於考試院。 【108地特五等】

( ) **2** 有關我國**中央銀行**之敘述,下列何者**錯誤**?
(A)中央銀行依法由行政院主計總處指導監督
(B)中央銀行以健全銀行業務為目標之一
(C)中央銀行有促進金融穩定的功能
(D)中央銀行有維護對內及對外幣值穩定的功能。 【107地特四等】

( ) **3** **國家通訊傳播委員會**屬於行政院組織法所稱之何種行政組織?
(A)行政法人
(B)獨立機關
(C)附屬機關
(D)政府捐助之財團法人。 【109身特三等】

( ) **4** 下列那一類組織所涉及**公權力行使**的程度最高?
(A)行政法人
(B)國營事業
(C)政府捐助之財團法人
(D)一般行政機關。 【109身特四等】

（　）**5** 依據**中央行政機關組織基準法**規定，下列何者**不列入機關組織法規定**事項？

(A)機關權限及職掌

(B)機關隸屬關係

(C)內部單位

(D)幕僚長之職稱、官職等。　　　　　　　　　　　【109初考】

解答與解析

1 D。　目前行政院下轄29個機關，已經**不止八部二會**。海洋委員會是中央二級機關與內政部**平行**。

2 A。　依據中央銀行組織法第1條，中央銀行為國家銀行，隸屬**行政院**。

3 B。　國家通訊傳播委員會為獨立機關。我國目前三個**獨立機關**為**國家傳播委員會**、公平交易委員會、中央選舉委員會。

4 D。　涉及公權力行使的程度**由高至低**排列為：**一般行政機關**、行政法人、國營事業、政府捐助之財團法人。

5 C。　依據中央行政機關組織基準法第7條，機關組織法規，其內容應包括下列事項：

一、　機關名稱。

二、　機關設立依據或目的。

三、　**機關隸屬關係**。

四、　**機關權限及職掌**。

五、　機關首長、副首長之職稱、官職等及員額。

六、　機關置政務職務者，其職稱、官職等及員額。

七、　**機關置幕僚長者，其職稱、官職等**。

八、　機關依職掌設有次級機關者，其名稱。

九、　機關有存續期限者，其期限。

十、　屬獨立機關者，其合議之議決範圍、議事程序及決議方法。

考點 2　行政院

(　) **1** 有關我國行政院所屬**公共組織**的類型，下列敘述何者正確？
(A)交通部臺灣鐵路管理局屬於交通部附屬事業機構
(B)內政部警政署是二級行政機關
(C)海洋委員會是行政院任務編組單位
(D)公務員懲戒委員會是獨立機關。　　　　　　　　【108升薦】

(　) **2** 依據行政院組織法之規定，下列何者**不是中央政府的獨立機關**？
(A)中央選舉委員會
(B)公平交易委員會
(C)國家通訊傳播委員會
(D)金融監督管理委員會。　　　　　　　　【107警(退)三等】

(　) **3** 下列何者**不屬於行政院組織改造五法**？
(A)行政院功能業務與組織調整暫行條例
(B)中央行政機關組織基準法
(C)中央政府機關總員額法
(D)政府捐助財團法人法。　　　　　　　　【109初考】

解答與解析

1 A。　內政部警政署是**中央三級機關**。海洋委員會是**正式的行政組織**。公務員懲戒委員會**屬司法院轄下機關**。我國目前三個中央獨立機關為國家傳播委員會、公平交易委員會、中央選舉委員會。

2 D。　我國目前**三個中央獨立機關**為國家傳播委員會、公平交易委員會、中央選舉委員會。

3 D。　行政院組織改造五法為**行政院組織法**、**中央行政機關組織基準法**、**行政院功能業務與組織調整暫行條例**、**中央政府機關總員額法及行政法人法**。

考點 3 〉行政法人

一、選擇題

( ) **1** 行政法人意指國家或地方自治團體外,由中央目的事業主管機關,為執行「特定公共事務」,依法律設立之公法人。其中「特定公共事務」**不包含**:
(A)執行業務具有專業需求者
(B)不適合由政府機關推動,亦不宜交由民間辦理者
(C)所涉及公權力行使程度較高者
(D)需要強化成本效益及經營效能者。 【108退除四等】

( ) **2** 列何者為我國**行政法人化的組織**?
(A)國家文官學院
(B)國家運動訓練中心
(C)榮民製藥廠
(D)財團法人工業技術研究院。 【109一般警察三等】

解答與解析 〉

1 C。 依據行政法人法第2條規定,本法所稱行政法人,指國家及地方自治團體以外,由中央目的事業主管機關,為執行特定公共事務,依法律設立之公法人。

前項特定公共事務須符合下列規定:
一、 具有專業需求或須強化成本效益及經營效能者。
二、 不適合由政府機關推動,亦不宜交由民間辦理者。
三、 所涉公權力行使程度較低者。

行政法人應制定個別組織法律設立之;其目的及業務性質相近,可歸為同一類型者,得制定該類型之通用性法律設立之。

2 B。 選項(A)為行政機關。選項(C)為私人公司。選項(D)為財團法人。選項(B)為行政法人,監督單位為教育部。

二、申論題

請說明行政機關、行政法人和政府捐助之財團法人之組織目的、性質和管理有何差異？【108 地特三等】

答 (一) 行政機關之內涵：依據中央行政機關組織基準法第三條，機關是指依據就法定事務，有決定並表示國家意思於外部，而依組織法律或命令設立，行使公權力之組織。

(二) 行政法人之內涵：依據行政法人法第2條規定，行政法人是指國家及地方自治團體以外，由中央目的事業主管機關，為執行特定公共事務，依法律設立之公法人。

前項特定公共事務須符合下列規定：

1. 具有專業需求或須強化成本效益及經營效能者。

2. 不適合由政府機關推動，亦不宜交由民間辦理者。

3. 所涉公權力行使程度較低者。

(三) 政府捐助之財團法人之內涵：依據財團法人法第2條，財團法人，指以從事公益為目的，由捐助人捐助一定財產，經主管機關許可，並向法院登記之私法人。

(四) 三者之差異

1. 組織目的：行政機關的組織之目的在執行公權力並且講求行政效率；行政法人的組織目的在於有專業化的需求，講求經營成本效益與績效；政府捐助財團法人之組織目的在於受政府委託推動公共服務。

2. 組織性質：行政機關的組織性質為韋伯所稱的傳統官僚組織，行政機關與行政法人公權力來源來自法律授權。政府捐助財團法人不行使公權力。

3. 組織管理：行政機關來自人民稅收；行政法人與政府捐助財團法人經費一半政府補助、營收、捐贈。

考點 4 〉派出機關

(　) 中央總機關為服務各地人民,在各地分設業務機關,此被稱之為:
(A)輔助機關　　　　　　(B)幕僚機關
(C)服務機關　　　　　　(D)派出機關。　　　　　【107初考】

解答與解析

D。派出機關係相對於負責領導與統籌的中樞機關而言,分設於各地方之分支機關。

第四節　行政革新與政府再造

考點 1 〉奧斯本(歐斯朋)與蓋伯樂(蓋伯勒)新政府運動(企業型政府)

(　) **1** 一般而言,**企業型政府**較**不會**使用下列那一種方法**回應財政困境**的挑戰?
(A)使用者付費
(B)提高所得稅
(C)鼓勵民間參與公共建設
(D)刪減管理(cutback management)。　　　　　【108身特三等】

(　) **2** 下列何者**不是奧斯本(D. Osborne)與蓋伯樂(T. Gaebler)**所揭櫫**企業型政府**之原則?
(A)建立以官僚規則驅動的政府
(B)運用市場機制解決公共問題
(C)以公共經費資助產出的成果
(D)思考獲利而非只是支出的政府。　　　　　【107原特四等】

( ) **3** 下列何者是為了使原本<u>僵化</u>的官僚體制恢復活力所提出的<u>改革作法</u>？
(A)企業型政府　　　　　　(B)代表性官僚
(C)功績制度　　　　　　　(D)零基預算制度。 【106地特五等】

( ) **4** <u>歐斯朋（D. Osborne）及蓋伯勒（T. Gaebler）</u>在其所著《新政府運動》一書中提出<u>企業型政府</u>的原則與策略，何者正確？
(A)人力集中的政府
(B)集權管理式的政府
(C)過程導向的政府
(D)前瞻性的政府。 【106原特四等】

解答與解析

1 B。企業型政府即是右派思想，右派思想的關鍵字是減稅、自由市場機制、放任、減少政府支出。因此不太可能增加所得稅，因為增加所得稅即擴大政府支出。

2 A。企業型政府即是右派思想，講求市場機制，官僚規則與市場機制有違。參見第1題解析。

3 A。官僚體制是傳統的政府體制，企業型政府是新政府運動的核心思想，即針對僵化的思維所推行的作法。

4 D。<u>歐斯朋（D. Osborne）及蓋伯勒（T. Gaebler）所提出的企業型政府十原則如下：</u>(1)導航式政府（Catalytic）。(2)社區性政府（Community-owned）。(3)競爭性政府（Competitive）。(4)任務導向政府（Mission-driven）。(5)結果導向型政府（Results-oriented）。(6)顧客導向政府（Customer-driven）。(7)企業導向政府（Enterprising）。(8)前瞻性政府（Anticipatory）（選項(D)）。(9)分權式政府（Decentralized）。(10)市場導向政府（Market-oriented）。

考點 2 行政革新

( ) **1** 凱登（G. E. Caiden）對於行政革新的定義是「刻意地運用權威與
影響力，所引導之行政轉變作為」，但下列何者**不是行政改革**
的主要範疇？
(A)行政風氣的改變
(B)行政效率的強化
(C)行政業務科學化
(D)行政領導的行銷。 【108地特四等】

( ) **2** 透過管理制度的變革，**減少文書作業與繁文縟節**，係屬那一種行
政革新類別？
(A)結構革新 (B)工作革新
(C)技術革新 (D)關係革新。 【108身特五等】

( ) **3** 現代民主政府推動**行政革新**，**無法達成下列那項目的**？
(A)提高民意代表的問政能力
(B)履行推動國家發展的責任
(C)有效履行現代政府的角色
(D)增強行政系統的生存發展。 【107初考】

( ) **4** **行政革新**要成功，除了要強化管理者能力，以及系統化推行步驟
外，還要注意下列何者較為妥適？
(A)發展適當的環境和氣候
(B)一次改善所有舊制缺點
(C)一定要擴大革新範圍
(D)革新均由機關親為不必外求。 【106身特五等】

解答與解析

1 D。 **行政革新**比較是行政組織**內部**的作為改革，而**行銷**則是**對外**的作
為，較無關聯。

2 C。　文書作業改革是**技術層面的改革**。

3 A。　行政革新是行政部門的組織管理與技術改革，而民意代表是立法部門，其問政能力更是個人的努力與能力問題，**兩相無關**。

4 A。　本題從選項的敘述即可進行判斷，選項(B)(C)(D)都是斬釘截鐵式的武斷敘述，這種選項通常不會是答案。

考點3　彼得斯治理模式

（　　）**1** 下列何者係屬**市場模式**之公共治理的特質？
(A)以多元主義為其理論基礎
(B)主張中央集權的授能領導
(C)避免政府組織當中產生競爭機制
(D)運用私人企業提供公共服務。　　　　　　　【107身特四等】

（　　）**2** 彼得斯（G. Peters）所提出的「**市場模式**」治理，下列何者**不是**該模式的管理發展方向？
(A)鼓勵參與決策　　　　　　(B)重視政府干預
(C)彈性獎酬　　　　　　　　(D)靈活預算制度。　【106地特四等】

（　　）**3** **開放性政府**被視為民主國家應展現的行政責任之一，這是屬於彼得斯（B. G. Peters）所提出的何種治理模式？
(A)鬆綁模式　　　　　　　　(B)參與模式
(C)市場模式　　　　　　　　(D)彈性模式。　　　【107初考】

（　　）**4** 「政府**降低法令規章**之束縛，使其擁有更多的自由裁量權」的做法最符合那一種治理模式的內涵？
(A)市場模式（market model）
(B)參與模式（participatory model）
(C)競爭模式（competitive model）。
(D)鬆綁模式（deregulating model）。　　　　【108退除四等】

解答與解析

1 D。學者彼得斯（G. Peters）提出四種新治理模式：(1)市場模式：分權化組織結構，運用企業部門的管理技術將給薪制度改為績效薪給制。(2)參與模式：開放性政府，組織扁平化，運用諮議及協商的決策方式。(3)彈性模式：運用虛擬組織，採工作團隊式管理。(4)鬆綁模式：主張授權組織基層，政府降低法令規章之束縛，使其擁有更多的自由裁量權。

2 B。市場模式講求市場機制，減少政府干預。

3 B。參見第1題解析。

4 D。參見第1題解析。

考點 4　政府再造

（　　）**1** 下列何項**不是**1990年代的**政府再造**（reinventing government）運動所強調的**主張**？
(A)市場機能優於官僚機制
(B)顧客導向的公共服務設計與提供
(C)目標與任務導向的管理方法
(D)大有為的政府。　　　　　　　　　　　　　　　【108升薦】

（　　）**2** 政府再造**太重視民營化**，下列何種結果最可能產生？
(A)立法權集中化趨勢
(B)忽視短期效益，重視長期效益
(C)行政責任的強調
(D)國家空洞化。　　　　　　　　　　　　　　【108外特四等】

（　　）**3** 世界先進國家推動政府再造內容有些不同，但仍可歸納出政府再造之共同特點，下列敘述何者**錯誤**？
(A)契約僱用制已逐漸被永業化文官所取代
(B)廣泛運用市場的自由競爭機制

(C)組織精簡成為撙節施政成本的重要手段

(D)顧客導向的公共服務已成為政府再造的基本理念。

【107高考三級】

( ) **4** 下列何者與**政府再造**連結性最弱？

(A)建立績效型政府

(B)加強行政彈性

(C)精簡組織行政流程

(D)去除永業文官制。 【108警（退）三等】

( ) **5** 下列何者**不是**政府再造所強調的**重點**？

(A)競爭價值

(B)顧客服務

(C)將行政人員轉化為企業家

(D)公共利益大於個體自我利益的集合。 【107台水評價人員】

> **解答與解析**

1 D。政府再造運動是提倡預算減少，績效提升的運動，引進企業管理
方法，屬於右派思想。選項(D)大有為政府與其相違。

2 D。政府再造鼓勵政府組織精簡，鼓勵公共服務民營化、授權、法規
鬆綁。這種概念走極端的話就是整個政府沒有核心業務，都將業
務委託外包了，導致國家空洞化。

3 A。政府再造提倡政府組織精簡，人事上引進契約制聘僱人員減少進
用永業文官，目的在減少人事成本。但並不代表以約聘僱人員取
代永業文官。

4 D。參考第3題解析。

5 D。政府再造運動是右派思想的流行，將企業管理的思維引進政府部
門，因此核心觀念為市場機制、自由競爭、顧客服務，私利成就
公利。

第三章　人事行政與財務行政

第一節　人事行政

考點 1　人事行政

( )　**1**　下列何者**非屬人事行政**主要的範圍？
(A)薪俸、考績、升遷
(B)歲計、會計、統計
(C)退休、撫卹、福利
(D)保障、培訓、褒獎。　　　　　　　　　　　　　　【108原特四等】

( )　**2**　**政府人事管理**主要的目標有四項，下列何者不在其中？
(A)職位分類制的建立
(B)工作能力的提昇
(C)工作生活品質的重視
(D)回應政務首長的政策需求。　　　　　　　　　　　【106初考】

解答與解析

1 B。　**歲計、會計、統計**是**主計**或會計人員的業務職掌。也就是說其他的選項是屬於人事行政主要的範圍。

2 A。　職位分類制的建立已久，早於人事管理之前，並**非**政府人事管理的目標。

考點 2 　人力資源管理

( ) **1** 對從事人力資源管理的人員而言，下列何種技能和「機關**內部的溝通、協商與團隊發展**」最直接相關？
(A)人際關係
(B)決策
(C)財務規劃
(D)專業技術。　【108地特四等】

( ) **2** 某機關如欲招考**打字員或速記員**，應該採取何種考試方法最易達到人才鑑別效果？
(A)口試法
(B)實地考試
(C)測驗式筆試法
(D)論文式筆試法。　【108身特四等】

解答與解析

1 A。本題關鍵字在內部溝通、協調，皆是人際溝通的內容。

2 B。本題關鍵字在打字員與速記員，皆是需要特定技術的專門職缺，需要透過技術測驗的檢測。

考點 3 　西方文官制度

( ) **1** **功績原則**的內涵不包括下列何者？
(A)專業主義
(B)才能導向
(C)政治任用
(D)公開競爭。　【106初考】

( ) **2** 下列何種人事制度，係以**贍徇恩寵**為人員主要的任用基礎？
(A)分贓制度
(B)仕紳制度
(C)菁英制度
(D)寡頭制度。　【107原特五等】

( ) **3** 下列有關**美國官僚制度**特色的敘述，何者**錯誤**？
(A)民主化
(B)專業化
(C)分權化
(D)政黨化。　【106原特三等】

解答與解析

1 C。功績原則是相對於分贓制度的酬庸原則而言，功績原則是指人才的晉用是透過公平公正公開的競爭**考試任用**，並且憑其才能與專業實力獲得升遷。

2 A。贍徇恩寵是指人才的進用是透過**利益交換**，而非公平競爭。

3 D。美國官僚制度的特色為：**民主化、專業化、政治化、分權化**。

考點 4 > 政務官與事務官

一、選擇題

( ) **1** 下列何者最容易造成**政務官與常任文官間的緊張關係**？
(A)常任文官比政務官更需要回應民意
(B)政務官增加政府機關預算，進行組織擴張
(C)常任文官傾向創新，政務官傾向保守
(D)政務官講求彈性，常任文官講求依法行政。　【108地特三等】

( ) **2** 學者彼得斯（B. G. Peters）所提出政務官與事務官互動關係中，「最高階的政務官和事務官形成具相同價值與目標的跨部門團體」係屬下列何種模式？
(A)正式／法律模式　　　(B)村落生活模式
(C)功能模式　　　　　　(D)行政模式。　【107原特四等】

( ) **3** 有關**政務官與事務官**之比較，下列敘述何者**錯誤**？　(A)政務官因特定政治條件而任職及去職，事務官是依法進用的公務員　(B)政務官負責政策決定或政務領導，事務官從事法律與政策的執行　(C)政務官與政治才能相關，事務官須具專業才能　(D)政務官僅負政治責任，事務官則負行政責任和法律責任。　【106初考】

(　　) **4** 下列何種職務**不屬於政務官**？
(A)行政院院長
(B)立法委員
(C)台北市教育局局長
(D)金融監督管理委員會主任委員。　　　　【106台水評價人員】

(　　) **5** 「政務官制定政策後，**事務官遵照上級**的決策付諸執行。」關於
這段論述，下列何者錯誤？
(A)反映了由上而下的政策執行觀點
(B)隱含政治與行政二分的觀點
(C)假設上級對於政策執行過程能進行有效的控制
(D)強調基層官僚的裁量權運用。　　　　　　【109身特三等】

解答與解析

1 D。 **政務官**為政治任命，目標在回應民意，因此**需要創新、彈性，符
合社會需求**。**常任文官**為國家考試進用，目標在**依法行政**，因此
較**固守法規與原則**。

2 B。 彼得斯提出政務官與事務官互動關係五種模式：
(1) 正式（法律）模式：政務官制定政策，文官執行政策**村落生
活模式**：政務官與文官具有相當類似的價值及目標。
(2) 功能模式：相同功能部門政務官與文官的垂直整合取向以及
與外界相關團體的廣泛接觸。
(3) 敵對模式：係指政務官與文官是權力與政策控制的競爭對
手，彼此互不信任。
(4) 行政國模式：行政實權落在文官，政務官僅是名義上的機關
領導者及決策批准者。

3 D。 政務官需負法律責任與政治責任。事務官需負行政責任與法律
責任。

4 B。 政務官是行政體系的官員種類之一，相對於常任文官而言。**立法
委員是民意代表**，屬於行政、立法、司法三權中的立法權，與**行
政體系無涉**。

5 D。 本題關鍵字在事務官「遵照」上級決策執行，就表示了**事務官僅在執行**，而**沒決策權**，所謂**裁量權也很小**。

二、申論題

> 請試述政治人物（議員或政務官）與行政人員（即常任文官）在政策和行政管理領域上，可能處於那些類型的角色責任或分工關係？。【108高考三等】

答 (一) 事務官之內涵

　　1. 事務官為文官公務員系統成員。

　　2. 相對於政治系統中的政務官，我國事務官需經過考試任用，任期終身，事務官在政治上必須保持中立，任期不由選舉和黨派轉換所影響。

　　3. 責任上，僅需擔負行政責任、民刑事責任。相對於文官公務員系統中的事務官。

(二) 政務官之內涵

　　1. 政務官大多是由選舉產生，非常任，或者是受被選舉出的長官指派任命，任期不確定的官員。

　　2. 由於政務官多半是由人民所選出，所以被認為應直接對人民負責，是以除須擔負行政責任、民刑事責任，還須擔負政治責任。

(三) 事務官與政務官之比較

　　1. 在人事任免方面，政務官因特定政治條件而任職及去職，事務官是依法進用的公務員。

　　2. 在任務職責方面，政務官負責政策決定或政務領導，事務官從事法律與政策的執行。

　　3. 在能力需求方面，政務官與政治才能相關，事務官須具專業才能 ；在責任承擔方面，政務官需負行政責任、政治責任、法律責任、集體責任和道德責任等，事務官則負行政責任和法律責任。

考點 5 〉行政人員

一、選擇題

(　　) **1** 以公務員處理公務的層級觀之，**基層文官**屬於系統的那一階層？
(A)策略層　　　　　　　　(B)協調層
(C)技術層　　　　　　　　(D)管理層。　　　　　【107身特四等】

(　　) **2** 下列何者**不是**現代國家文官制度的主要特徵？
(A)依法行政　　　　　　　(B)專業分工
(C)因人設事　　　　　　　(D)層級節制。　　　　【108國安五等】

(　　) **3** **賽門**（H. Simon）提出**行政人**（administrative man）的概念，下列敘述何者**錯誤**？
(A)行政人不會理性自利
(B)行政人的理性程度是受限的
(C)行政人僅能制定令人滿意的政策
(D)行政人會面對心理與組織的決策困難。　　　　【108身特四等】

(　　) **4** 學者**哈蒙**（M. Harmon）的行政類型格道中，**開創性與回應性均屬中等**，是下列何種類型的行政人員？
(A)理性型　　　　　　　　(B)被動型
(C)專技型　　　　　　　　(D)反應型。　　　　　【107原特四等】

(　　) **5** **唐斯**（A. Downs）將「汲汲營營於權力的爭取，所得的增加、尊榮的提高」的官僚行為，稱為下列何種官僚人格？
(A)保守者　　　　　　　　(B)爬升者
(C)政治家　　　　　　　　(D)熱心者。　　　　　【106退除四等】

(　　) **6** 唐斯（A. Downs）建立五種官僚人格類型，下列何者**不在其中**？
(A)冷漠者　　　　　　　　(B)保守者
(C)倡導者　　　　　　　　(D)熱心者。　　　　　【108身特五等】

( ) **7** 基層官僚（street level bureaucrats）是政策執行階段的關鍵環節之一，下列敘述何者**錯誤**？

(A)李普斯基（M. Lipsky）1980年代的著作引發學界對於基層官僚的關注

(B)基層官僚通常擁有某種程度的裁量權，因此可以影響政策執行

(C)政策標的團體與基層官僚的互動是政策執行的基礎

(D)基層官僚都存在於地方政府以直接服務民眾。 【106初考】

( ) **8** 下列有關**李普斯基（M. Lipsky）**對於基層官僚的敘述，何者**錯誤**？

(A)面對民眾與工作，基層官僚總是能夠維持客觀中立

(B)基層官僚可能因應民眾與工作需求而彈性修正其認知與目標

(C)了解基層官僚的專業自主與裁量權，是制訂公共政策時必須注意的環節

(D)基層官僚可能先選擇處理最容易成功的個案，而非最需要被服務的個案。 【106原特五等】

( ) **9** 政府機關**約僱人員**之權利義務依契約規定，該契約屬：

(A)行政契約

(B)私法勞動契約

(C)身分契約

(D)不完全勞動契約。 【108普考四等】

( )**10** 依據學者**賴格羅父子**（F. A. Nigro ＆ L. G. Nigro）看法，下列關於**「價值中立的虛幻」**之說明，何者**錯誤**？

(A)一個人的價值取向是個人之社會與心理經驗的整合結果

(B)公務人員會排除自己的價值觀念，保持職業上的公正

(C)可從公務人員的文化與社會背景了解其行為

(D)機關組織可視為是一個「人格整合系統」。 【106地特五等】

解答與解析

1 C。 **基層文官**屬於**技術層**的層次。政務官屬於策略層的層次。中高階文官屬於管理層的層次。

2 C。 現代文官制度特徵包括：**依法行政、專業分工、公私分明、文書作業、層級節制**等。

3 A。 賽門的行政人概念是指，認為**人是理性自利**的，但其理性是**有限的理性**（limited rational），因此制定出的政策不是最完美的政策，而是僅能令人滿意的政策。

4 D。 哈蒙行政類型格道提出**五種類型**行政人員：
(1) 被動型：低回應性與低開創性。
(2) 專業技術型：低回應性與高開創性的類型。
(3) **反應型：中度反應性、中度開創性的類型**。
(4) 理性型：高回應性、低開創性的類型。
(5) 前瞻型：高回應性、高開創性的類型。

5 B。 唐斯（Anthony Downs）將決策者分為五種類型：
(1) 政治家（Statesman）：為公共利益而奮鬥。
(2) 狂熱者（Zealots）：將自己奉獻於追求自認對國家有利的政策目標。
(3) 倡導者（Advocates）：在組織內是公正無私的仲裁者，但在涉外事務中，十分偏袒自己的組織。
(4) **爬升者（Climbers）：汲汲營營於權力的爭取**，所得的增加、尊榮的提高。
(5) 保守者（Conservers）：不喜變革，只想安穩度日。

6 A。 參見第5題解析。

7 D。 李普斯基（M. Lipsky）提出基層官僚的概念，所謂基層官僚又稱為基層行政人員或第一線行政人員，係指在行政體系中與民眾接觸的第一線行政人員，如警察、消防員、教師、社會工作者等。基層官僚有專業自主與裁量權，面對民眾時往往容易受其影響。而其自身為了職務方便，也可能先選擇處理最容易成功的個案，而非最需要被服務的個案。本題選項(D)錯在基層官僚並非都存在於地方政府，基層官僚的定義在於與民眾做第一線的接觸，許多非地方政府的單位，例如中央政府的派出機關、學校老師等工作人員都與民眾做接觸，因此也屬於基層官僚。

8 A。 參見第7題解析。

9 A。 政府機關約僱人員是政府機關作為勞動需求者，約僱人員作為勞動者而簽訂的契約，因政府具有公權力，故為**行政契約**。

10 B。 賴格羅父子提出**價值中立的虛幻**是指公務員總會將他的那一套價值與人生觀帶到其工作崗位上，進而影響在工作職務所做的判斷。

二、申論題

試說明「基層官僚（street-level bureaucracy）」之定義與困境，並且闡述基層官僚面對困境時，會發展出那些應對行為。【106 地特三等】

答 (一) 基層官僚之內涵

1. 基層官僚（street-level bureaucrats）係學者李普斯基（M. Lipsky）於 1980 年提出之觀念，係指公共事務部門中負責實際處理運用法律法規而進行具體行政行為的基層公務人員，其通常擁有某種程度的裁量權，因此可以影響政策執行，而政策標的團體與基層官僚的互動是政策執行的基礎。

2. 基層官僚未必僅存在於地方政府，如中央政府涉及到與民間團體之政策亦須由中央政府之基層官僚溝通執行。

(二) 基層官僚所面臨之困境

1. 個人內在的衝突

(1) 雙趨衝突（approach-approach conflict）：魚與熊掌不可兼得只能選擇其一。

(2) 雙避衝突（avoidance-avoidance conflict）：例如想要便民又害怕有圖利之嫌。

(3) 趨避衝突（approach-avoidance conflict）：不想承擔過量的業務量也不想沒有績效。

2. 個人間衝突：指兩個人之間的衝突。

3. 團體內衝突：如同處室的衝突。

4. 團體間衝突：如處室間的衝突角色衝突（Role conflict）係指一個人擁有多個地位和角色，這些角色之間存在著衝突，多個角色之間發生矛盾的狀態。

5. 個人在組織中之角色衝突
   (1) 角色內衝突：個人扮演一個角色，違反自己的倫理道德與價值觀。
   (2) 角色間衝突：一個人扮演兩個互相矛盾的角色。
(三) 因應策略
   1. 傾向優先處理固定明確的問題，犧牲複雜無慣例可循的問題。
   2. 採行抹奶油策略：選擇處理較可能成功、但卻不見得是最需要處理的個案來處理。
   3. 修正民眾的需求，使工作方便進行。
   4. 修正自身認知狀態以迎合實務環境需求。
   5. 將民眾劃分為不同類別，藉以提供不同處置方式。

考點 6 〉品位分類制

(　　) **1** 相對於職位分類制，下列何者**不屬於品位分類制**的特色？
(A)結構富於彈性，適應力強
(B)對文官職務的保障性較高
(C)分類的對象不是個別人員
(D)制度之規劃較為簡單。　　　　　　　　　【108外特四等】

(　　) **2** **以人為中心**，就公務人員所具有的**資歷**作為分類標準的人事體制，稱之為：
(A)職位分類制度　　　　　(B)品位分類制度
(C)官職分立制度　　　　　(D)公務分類制度。　【107身特三等】

解答與解析 〉

1 C。 品位制係指對人分類，以員工之品級資格為分類基礎，重視人員之身份與年資。現行公務人員制度將公務人員品位分為簡任、薦任、委任三等。其優點是以人員之品級資歷為分類基礎，**重視人**

員之身分與年資，職務等級幅度較大，**調任靈活**，屬**較寬鬆之人事制度**，易造成同工不同酬現象。

2 B。 參考第1題解析。

考點 7 〉職位分類制

( ) **1** **職位分類人事制度**建構的最基本單元為：
(A)職稱　　　　　　　　(B)職務
(C)職等　　　　　　　　(D)職系。 　　　　　【108退除四等】

( ) **2** 公務人員職位分類結構中，**職系**的區分係依據：
(A)工作性質　　　　　　(B)責任輕重
(C)工作簡繁　　　　　　(D)報酬高低。 　　　　【106地特四等】

( ) **3** **職位**分類制度中，下列何者較符合**韋伯**（M. Weber）理想官僚理論中「**專業分工**」的特徵？
(A)職級　　　　　　　　(B)職門
(C)職組　　　　　　　　(D)職系。 　　　　【107台電新進雇員】

( ) **4** **職組**是指：
(A)責任輕重大致接近的若干職級的集合
(B)責任輕重大致接近的若干職等的集合
(C)工作性質大致接近的若干職系的集合
(D)工作性質大致接近的若干職門的集合。 　　【108地特五等】

( ) **5** 與品位制相較，**職位分類制**具有那一項特色？
(A)因人設事
(B)重視績效薪俸，而非同工同酬
(C)必須配合職位的需求，才能彰顯員工個人的價值
(D)個人升遷較為快速。 　　　　　　　　　　　【109初考】

解答與解析

1 B。 職位制係指對事分類，以**工作職務責任**為分類基礎而分類。

2 A。 職系係包括**工作性質**及所需學識相似之職務。

3 D。 參考第2題解析。

4 C。 職組係包括**工作性質相近**之職系。

5 C。 職位是以**工作性質**而區分，因此必須**配合職位的需求**，才能彰顯員工個人的價值。

考點 8　官職並立制

( ) **1** 關於我國**官職併立制**人事制度，下列敘述何者**錯誤**？
(A)各職等人員僅能在同職組各職系間調任
(B)職務得跨二至三個職等
(C)同官等內依考績取得升任職等資格
(D)工作性質相近之職系劃歸同一職組。　　　【108原特四等】

( ) **2** 下列有關我**國公部門人事體制**類型的說法何者正確？
(A)職位分類制　　　　　(B)品位分類制
(C)職位與品位分類兼具　(D)恩給制。　　　【109身特四等】

解答與解析

1 A。 官職並立制是融合簡薦委制的「官等」和職位分類制的「職等」成為一體，明定公務人員的任用是依照官等及職等任用，同時為使人與事適切配合，而有職系職組的區分及設置。簡任第十二職等以上之現職公務人員，在各職系之職務間得予調任。

2 C。 我國人事體制採官職並立制。

考點 9 人事甄補－內陞制

( ) **1** 凡機關職位空缺或出缺時，由**在職**低級人員**升任**補充之制度為下列何種制度？
(A)贍徇制
(B)外補制
(C)內升制
(D)折衷制。　　　　　【107台電新進僱員】

( ) **2** 相對於內部招聘，下列何者**不屬於**外部招聘的劣勢？
(A)容易引起同事間的過度競爭
(B)容易造成對內部人員升遷預期的打擊
(C)新進人員需要較長時間適應
(D)組織對應聘人員較不易做出客觀評價。　　　　　【109身特四等】

( ) **3** 機關職位出缺後，採取「**外補制**」會有何**缺點**？
(A)不符適才適所原則
(B)不利推動新的改革
(C)不利吸收卓越的人才
(D)不利員工工作情緒和士氣。　　　　　【106原特四等】

解答與解析

1 C。人員補充的方式有兩種，一種是內升（由內部較低職等者升任），一種是外補（由外部人員調任）。前者的優點在於提振士氣，缺點在引起同事間競爭。後者優點在優秀人才加入組織新血，缺點在打擊內部人員升遷士氣，且需要一點時間適應。

2 A。參見第1題解析。

3 D。參見第1題解析。

考點 10 ▶ 人事行政體制－部外制

( ) **1** 下列何者**不屬於**政府人事行政體制**部外制**的主要**優點**？
(A)採用集中式的公開競爭考試，避免徇私舞弊
(B)人事工作毋須往來協調，較能解決機關問題
(C)政治與首長不當干預較少，能客觀公正選才
(D)主管機關能集中資源，對人事政策做全盤規劃。

【108初考】

( ) **2** 有關人事制度「**部外制**」之**缺點**，下列何者正確？
(A)人事組織分散於各部，可滿足各部人才設備
(B)行政、立法機關常不能與人事行政機構密切配合，未能發揮功能
(C)人事機構雖獨立於行政部門外，對實際行政需要仍十分瞭解
(D)原屬於行政機關首長之人事權，仍保持行政責任的完整性。

【107台電新進僱員】

解答與解析

1 B。　我國人事機構之設置可分三種類型：部內制、部外制以及折衷制。

(1) 部外制又稱獨立制，係指行政組織系統外，設立**獨立超然**的人事行政機關，不受政黨及行政首長的干預控制，全權掌理整個政府的人事行政事宜。其優點在於避免考試徇私舞弊，公正選才，關於人事政策專心規劃。缺點是機關之間無法密切配合。

(2) 部內制係指各行政部門均有單獨的人事制度，各自設置人事行政機關。

(3) 折衷制，係指結合部外制及部內制特點，將人事考試權由考試院掌管，將銓敘權由銓敘部掌管。

2 B。　參考第1題解析。

考點 11 〉幕僚與業務

(　) **1** 下列那一個單位不是**輔助單位**？
(A)新北市政府警察局法制室
(B)經濟部統計處
(C)立法院秘書處
(D)客家委員會綜合規劃處。　　　　　　　【108地特四等】

(　) **2** 關於**幕僚部門**的地位與性質，下列何者正確？
(A)是輔助性質而非管轄性質
(B)是業務單位而非輔助單位
(C)是實作部門而非事務部門
(D)是決定性質而非權力性質。　　　　　　【107外特四等】

(　) **3** 機關組織所設立的**公共關係室或發言人**，係屬於何種類型的幕僚？
(A)技術性幕僚　　　　　　(B)監督性幕僚
(C)報導性幕僚　　　　　　(D)輔助性幕僚。　【107身特四等】

(　) **4** 大陸委員會的**政風室**是屬於那一種類型的部門？
(A)業務部門　　　　　　　(B)臨時編組
(C)幕僚部門　　　　　　　(D)專案部門。　　【107原特五等】

(　) **5** 機關組織為求達成既定目標，常將內部活動加以劃分，以求分工專業而共赴事功。其中有些部門專責**直接的執行職能**，稱之為何種部門？
(A)業務部門　　　　　　　(B)幕僚部門
(C)環境部門　　　　　　　(D)協調部門。　　【106初考】

(　) **6** 下列何者屬於政府組織中的**業務單位**？
(A)經濟部水利署水文技術組
(B)新竹縣政府政風處
(C)臺北市政府人事處
(D)行政院法規委員會。　　　　　　　　　【109初考】

解答與解析

1 D。 **幕僚單位又稱為輔助單位**，是**輔助性質非實作部門**，例如人事室、政風室、會計（主計）室、資訊單位、秘書室。業務部門為實作部門。

2 A。 參見第1題解析。

3 C。 本題關鍵字在**公關及發言**，屬於**報導型**幕僚。技術性幕僚如資訊單位。監督型幕僚如政風單位。輔助型幕僚如會計單位。

4 C。 參見第1題解析。

5 A。 本題關鍵字在直接執行職能，為**業務部門**。

6 A。 **排除人事、政風、會計主計、秘書、資訊、法規等單位**，則是業務部門。

第二節　我國人事制度

考點 1　我國公務人員制度

（　　）**1** 有關我國**公務人員制度的敘述**，下列何者**正確**？
(A)第6至第9職等屬委任官
(B)第1至第5職等屬簡任官
(C)第10至第14職等屬薦任官
(D)官等依序由低至高分為委任、薦任、簡任。　　【107普考四等】

（　　）**2** 下列有關我國**公務人員人事制度**的敘述，何者**正確**？
(A)分簡、薦、委三個職等
(B)共劃分十四個職系
(C)人事行政總處為國家最高考試機關
(D)國家考試的年齡最低限制是18歲。　　【106台水評價人員】

(　) **3** 關於我國**現行人事體制特徵**之敘述，下列何者**錯誤**？
(A)人事權與行政權相互隸屬
(B)人事人員管理一條鞭
(C)各行政機關之人事單位具雙重隸屬關係
(D)考試院首長有時需列席立法院備詢。　　　　【106原特四等】

> **解答與解析**

1 D。 **第1至第5職等**屬**委任官**；**第6至第9職等**屬**薦任官**；**第10至第14職**等屬**簡任官**。

2 D。 簡、薦、委是**官等**，公務人員是分**十四個職等**，最高考試機關是**考試院**。

3 A。 人事權與行政權**互不隸屬**。

> ## 考點 2 　公務員核心價值

(　) 政府每年對颱風、天災等所造成的災情，均提供受災民眾**補助**或**救助**，此最符合下列何種文官核心價值？
(A)專業　　　　　　　　(B)忠誠
(C)關懷　　　　　　　　(D)廉正。　　　　【107普考四等】

> **解答與解析**

C。 文官核心價值為**廉正、忠誠、專業、效能、關懷**。提供弱勢或災民資源是關懷的表現。

考點3 考試院

( ) **1** 有關我國**考試院**之敘述，下列何者**錯誤**？
(A)採合議制運作
(B)考試院院長綜理院務，並監督所屬機關
(C)考試委員依據法律獨立行使職權
(D)就考銓業務接受行政院監督。　　　　　【108原特三等】

( ) **2** 考試院行使憲法所賦予之職權，對**各機關執行有關考銓業務並有下列何項之權**？
(A)協商權　　　　　　　　(B)監督權
(C)命令權　　　　　　　　(D)層級節制權。　【108退除四等】

( ) **3** 依中華民國憲法增修條文之規定，考試院對下列那一個事項**具有完整的職權（含法制及執行事項）**？
(A)陞遷　　　　　　　　　(B)級俸
(C)撫卹　　　　　　　　　(D)褒獎。　　　【107外特四等】

( ) **4** 關於**考試院職掌**之敘述，下列何者**錯誤**？
(A)掌理公務人員考試及專門職業及技術人員考試
(B)掌理公務人員銓敘、保障法制及執行事項
(C)掌理公務人員任免、考績法制事項
(D)對行政院人事行政總處有指揮監督之權。　【107高考三級】

( ) **5** 下列何者**不屬於**考試院之職掌？
(A)公務人員考選法制事項
(B)公務人員銓敘、保障、撫卹、退休之執行事項
(C)公務人員訓練進修法制事項
(D)公務人員任免、考績、級俸、升遷、褒獎之執行事項。

【107身特三等】

解答與解析

1 D。 依據行政院人事行政總處組織法第1條，行政院為辦理人事行政之政策規劃、執行及發展業務，特設行政院人事行政總處。**總處有關考銓業務，並受考試院之監督。**

2 B。 依據行政院人事行政總處組織法第1條第2項規定，總處有關考銓業務，並受考試院之監督。是以，**考試院並非對行政院人事行政總處之所有業務皆有監督權**，且僅有監督權**而未有指揮權**。

3 C。 依據憲法第83條規定，考試院為國家最高考試機關，掌理考試、任用、銓敘、考績、級俸、陞遷、保障、褒獎、撫卹、退休、養老等事項。

4 D。 參見第2題解析。

5 D。 依據憲法第83條規定，考試院為國家最高考試機關，掌理考試、**任用**、銓敘、考績、級俸、陞遷、保障、褒獎、撫卹、退休、養老等事項。

行政院人事行政總處組織法第2條規定，總處掌理下列事項：
一、 人事法制之研究建議及行政院所屬機關人事行政之綜合規劃。
二、 行政院所屬機關及地方機關人事機構設置、人事人員管理、訓練、進修與人事資訊系統之研析、規劃及推動。
三、 行政院所屬機關組織結構功能與行政法人制度之研析及推動。
四、 機關員額管理之研析、規劃、監督、評鑑與有關法令之研擬及解釋。
五、 行政院所屬機關及地方機關公務人員考試分發、任免、級俸與陞遷之規劃、執行及國營事業機構負責人、經理人派免之審核。
六、 行政院所屬機關及地方機關公務人員訓練、進修與在職培訓發展之規劃、執行及評鑑。
七、 行政院所屬機關及地方機關公務人員服務、差勤之研究建議與辦公時間之規劃、擬議及考績、考核、考成與獎懲之規劃及執行。

八、 員工給與之規劃及擬議。

九、 行政院所屬機關及地方機關公務人員退休、撫卹之核轉、研究建議與保險、資遣、福利之規劃及執行。

十、 其他有關人事行政之政策規劃、執行及發展業務。

本題關鍵在於考試院與人事行政總處的業務職掌區分，此處要掌握的是，**人事總處主要職掌的是「執行事項」，而考試院是監督角色。**

考點 4 訓練

( ) 1 主管在**職務上**直接對屬員進行**業務指導**，提升屬員知識、技能或能力之活動，稱為：

(A)工作中訓練（on job training）

(B)管理訓練（management training）

(C)職前訓練（orientation training）

(D)籃中訓練（in-basket training）。 【108地特四等】

( ) 2 某甲參加某訓練機構辦理的訓練，**結訓前**填寫了一份訓練滿意度問卷。這項問卷最能了解學員的何種資訊？

(A)對訓練過程的反應狀況

(B)對訓練內容與業務執行的結合狀況

(C)對訓練結果的行為改變狀況

(D)對訓練成果的達成狀況。 【108普考四等】

( ) 3 公務人員考試錄取人員之基礎訓練是由下列那一個權責機關規劃辦理？

(A)考選部　　　　　　　　(B)國家文官學院

(C)公務人力發展學院　　　(D)銓敘部。 【107地特四等】

解答與解析

1 A。 本題關鍵字在業務上，**業務指導，是工作中的訓練**。

2 A。 本題關鍵字在結訓前，**結訓前的問卷調查僅能就訓驗過程的內容進行反應**，尚無法觀察到訓練成果與業務結合的狀況。

3 B。 考選部負責辦理考試、**國家文官學院負責考試錄取人員的訓練**、公務人力發展學院負責公務人員的在職訓練。銓敘部負責銓敘業務。

考點5 公務人員任用

( ) **1** 我國「公務人員任用法」確立了人事體制走向**兩制合一，何謂「兩制」**？
(A)部內制與部外制
(B)部內制與獨立制
(C)分贓制與功績制
(D)品位制與職位分類制。 【106普考四等】

( ) **2** 我國公務人員任用法規定，**人員依「職系」任用**，此最為**符合**韋伯（Max Weber）理想官僚組織下列那項特徵？
(A)功績管理
(B)依法辦事
(C)層級節制
(D)專業分工。 【108國安五等】

( ) **3** 對考試**正額**錄取人員而言，我國**公務人員考試具備下列何種考選性質**？
(A)資格考
(B)任用考
(C)限制考
(D)特別考。 【107普考四等】

(　) **4** 依據現行公務人員考試法的規定，下列何者**不屬於**舉行特種考試的原因？

(A)因應特殊性質機關之需要

(B)因應性別主流化政策之需要

(C)保障身心障礙者之就業權益

(D)保障原住民族之就業權益。 【109初考】

解答與解析

1 D。 我國公務人員任用法採**官職並立制**，即**品位制**與**職位制**並立，分為簡薦委三種官等、以及14個職等。第1~5職等為委任、第6~9職等為薦任、第10~14職等為簡任。

2 D。 職系是指包括工作性質及所需學識相似之職務。我國公務人員制度將職系分為數十種，例如人事行政職系、綜合行政職系、廉政職系等，是一種**專業分工**的功能。

3 B。 考試**錄取後**即可**擔任公務人員並開始工作**，屬於**任用考**。

4 B。 本題關鍵字在**不屬於**，可直接從選項進行刪除法，選項(C)有身心障礙特考、選項(D)有原住民特考，選項(A)有例如調查局特考、國安局特考、移民署特考，選項(B)目前並沒有針對性別的設置的特考，因此選項(B)為正解。

考點6　公務人員考績

(　) 下列那項人事管理措施，最能發揮「**獎優汰劣**」之功能？

(A)訓練進修　　　　　(B)績效考評

(C)職務輪調　　　　　(D)銓敘保障。 【109身特四等】

解答與解析

B。 本題關鍵字在獎優汰劣，**績效考評**就是**評定**一個人的工作表現**並給於評價**，表現好的給好的等地以示鼓勵；表現不好的給較差的等第以示警惕。

考點 7 公務人員協會

( ) 1 我國公務人員**可以組設公務人員協會**，此屬何種現代化人事行政運作之趨勢？
(A)專業化 　　　　　　　(B)法制化
(C)民主化 　　　　　　　(D)倫理化。 　　　　【107外特四等】

( ) 2 依公務人員協會法規定，下列何者**不屬於**公務人員得建議事項？
(A)考試事項 　　　　　　(B)工作簡化
(C)考績決定 　　　　　　(D)保障事項。 　　　　【106原特五等】

解答與解析

1 C。 過去由於國家與公務員為特殊權力關係，公務人員對國家有服從義務，故無法組設工會，如今因時代進步社會**民主化**，公務人員可組設公務人員協會。
依據公務人員協會第6條規定，公務人員協會對於下列事項，得提出建議：
一、 **考試事項**。
二、 公務人員之銓敘、**保障**、撫卹、退休事項。
三、 公務人員任免、考績、級俸、陞遷、褒獎之法制事項。
四、 公務人員人力規劃及人才儲備、訓練進修、待遇調整之規劃及擬議、給假、福利、住宅輔購、保險、退休撫卹基金等權益事項。
五、 有關公務人員法規之制（訂）定、修正及廢止事項。
六、 **工作簡化**事項。

2 C。 參考第1題解析。

考點 8　公務人員保障

(　) **1** 某公務人員因案遭所屬服務機關處以<u>**停職處分**</u>，該名公務人員認為處分顯然不當，以致損害其權利。該名公務人員依法得向下列何機關提出<u>**救濟**</u>？
(A)公務員協會
(B)公務員懲戒委員會
(C)公務員權利保障促進會
(D)公務人員保障暨培訓委員會。　　　　　　　　【108普考四等】

(　) **2** 公務人員對於服務機關所為之管理措施或有關工作條件之處置認為不當，致影響其權益者，得依公務人員保障法提起申訴，<u>**申訴事件的受理機關為何**</u>？
(A)原服務機關
(B)原服務機關之上級機關
(C)公務人員保障暨培訓委員會
(D)公務員懲戒委員會。　　　　　　　　　　　【107外特四等】

(　) **3** 我國公務人員<u>**保障法**</u>之實施，最主要在<u>**展現當代行政組織何種管理精神**</u>？
(A)科學化　　　　　　　　　(B)效率化
(C)權變化　　　　　　　　　(D)民主化。　　　　【106地特五等】

(　) **4** 公務人員保障法所規定之公務人員<u>**權益救濟**</u>，下列何者<u>**錯誤**</u>？
(A)申訴　　　　　　　　　　(B)再申訴
(C)復審　　　　　　　　　　(D)再復審。　　　　【107原特五等】

解答與解析

1 D。 依據公務人員保障法第2條規定，公務人員身分、官職等級、俸給、工作條件、管理措施等有關權益之保障，適用本法之規定。同法第4條規定，公務人員提起之復審、再申訴事件，由**公務人員保障暨培訓委員會審議決定**。

2 A。 依據公務人員保障法第78條規定，申訴之提起，應於管理措施或有關工作條件之處置達到之次日起三十日內，**向服務機關為之**。不服服務機關函復者，得於復函送達之次日起三十日內，向保訓會提起再申訴。

3 D。 依據公務人員保障法第1條，為保障公務人員權益而制定該法，表示公務人員與國家關係**不再是**特殊權力關係而存在絕對服從義務，是**民主化**的展現。

4 D。 依據公務人員保障法第4條規定，公務人員權益之救濟，依本法所定**復審、申訴、再申訴**之程序行之。

考點 9 公務人員俸給

一、選擇題

( ) **1** 有關公務人員**俸給**之規定，下列敘述何者**正確**？
(A)含本、年功俸及津貼
(B)各職等皆分為10個俸級
(C)最高俸點為最低俸點之5倍
(D)擔任主管所獲加給稱為專業加給。 【107普考四等】

( ) **2** 依「公務人員俸給法」相關規定，**對於主管人員及職責繁重人員給予之加給**係屬下列何者？
(A)職務加給　　　　　　(B)地域加給
(C)技術加給　　　　　　(D)專業加給。 【107原特三等】

( ) **3** 下列有關我國公務人員俸給制度之敘述，何者**錯誤**？
(A)俸給項目分為本（年功）俸、加給
(B)加給區分為職務、技術或專業、地域等三類加給
(C)最高與最低俸點相差800俸點
(D)薦任六職等本俸分為五級。 【106地特三等】

( ) **4** 有關我國公務人員**薪給制度**之敘述，下列何者正確？
(A)年功俸屬於因所任職務種類另加之給與
(B)專業加給包含生活上特殊需要而給予之補貼
(C)主管加給屬於技術加給
(D)危險加給屬於職務加給。　　　　　　　　　【108地特三等】

解答與解析

1 C。 依據公務人員俸給法第3條規定，公務人員之俸給，分**本俸（年功俸）及加給**，均**以月計之**。並非各職等皆分為10個俸級。

2 A。 依據公務人員俸給法第5條，加給分下列三種：
一、**職務加給**：對主管人員或職責繁重或工作具有危險性者加給之。
二、**技術或專業加給**：對技術或專業人員加給之。
三、**地域加給**：對服務邊遠或特殊地區與國外者加給之。選項(C)最高點為800，最低俸點為160。

3 C。 參考第2題解析。

4 D。 參考第2題解析。

二、申論題

為了達成俸給公平，並建立誘因引導公務人員追求績效，公務人員俸給制度之設計應符合那些原則？政府部門要落實這些原則時，可能面臨那些障礙？【108身特三等】

答 (一) 公務人員俸給制度之原則
1. 平等性：亦即同工同酬的原則，凡工作相同或等級相同的工作人員，薪給一致，避免不公。
2. 適應性：薪給應與物價指數保持平衡，隨物價上升而調整。
3. 平衡性：指公務員薪給應和社會上其他行業保持平衡，不能相差太遠。

　　4. 效率性：薪給除維持生活外，尚有餘錢從事休閒活動。

　　5. 年資性：給薪隨年資增加而提高，以獎酬資深人員因漸累積之嫻熟工作技術。

(二) 公務人員給薪制度面臨之障礙

　　1. 國家負債問題：公務人員調整薪資係依據全國軍公教員工待遇支給要點及全國軍公教人員年度待遇調整標準作業流程進行調整，行政院依此根據平均每人國民所得、家庭收支狀況、民間企業薪資水準、經濟成長率及消費者物價指數等變動情形以及國家財政負擔等原則，來決定是否調薪。因此如國家累計債務餘額增加，將不利公務人員調薪。

　　2. 調薪制度無立法訂定統一標準：公務人員調薪制度無法規明文規定，無透明化、公正化及公開化的薪資調查報告，建構合理的計算公式，容易演變成政治操作之議題。

考點 10　公務人員退休

(　　) **1** 依據我國公務人員退休法之規定，公務人員之退休**不包括**下列何者？
(A)自願退休　　　　　　(B)屆齡退休
(C)命令退休　　　　　　(D)延後退休。　　　【107外特四等】

(　　) **2** 關於我國現行公務人員退撫基金，下列敘述何者**錯誤**？
(A)採政府與公務人員共同提撥費用之共同儲金制
(B)費用按提撥費率按月由政府撥繳65%，公務人員繳付35%
(C)由政府負最後支付保證責任
(D)採用確定提撥制。　　　　　　　　　　【108原特四等】

解答與解析

1 D。依據公務人員退休法第三條規定，公務人員之退休，分自願退休、屆齡退休及命令退休。

2 D。 我國現行公務人員退撫基金採政府與公務人員共同提撥費用之共同儲金制，費用按提撥費率按月由政府撥繳65%，公務人員繳付35%，由政府負最後支付保證責任。

考點 11 公務人員權利

一、選擇題

( )　公務人員因執行公務可領**出差費**，係屬於下列何種權利？
(A)保障權利　　　　　　　(B)獎勵權利
(C)職務費用償還權利　　　(D)恩給權利。　　　【108原特五等】

解答與解析

C。 依據公務人員保障法第24條規定，公務人員**執行職務墊支之必要費用**，得請求服務機關**償還**之。

二、申論題

> 試申論公務人員的權利類別及其內涵為何？並以相關公務人力法制舉例說明之。【107原特三等】

答　(一) 公務人員權利類別及內涵：公務人員權利主要有參加考績權、身分保障權、經濟生活權、及協會結社權等四大權利。
　　　1. 參加考試權：亦指服公職的權利，是指法律上保障公務人員參加考試的權利。
　　　2. 身分保障權：是指公務人員之身分受到法律上保障，非經處分不得侵害其身分權利。
　　　3. 經濟生活權利：是指依法應給予公務人員相當生活所需的報酬，以維持其生計。
　　　4. 協會結社權：是指公務人員有依法結社之權利。

(二) 參加考試權之法制舉例
　　1. 服公職之權利：憲法第十八條規定人民有服公職之權利，人民依法參加考試，為取得公務人員任用資格或專門職業及技術人員執業資格之必要途徑。
　　2. 公務人員考試法第二條規定，公務人員之考試必需以公開競爭方式行之，其考試成績之計算，不得因身分而有特別規定。
　　3. 依法任用及依法考績權：公務人員任用法第二條規定，公務人員之任用，應本專才、專業、適才、適所之旨，初任與升調並重，為人與事之適切配合。公務人員考績法第二條規定，公務人員之考績，應本綜覈名實、信賞必罰之旨，作準確客觀之考核。
(三) 身分保障權之法制舉例
　　1. 公務人員保障法第九條規定，公務人員之身分及基於身分之請求權非依法律不得剝奪之保障。
　　2. 公務人員保障法第三十條規定，公務人員經銓敘審定之官等職等應予保障，非依法律不得變更。
　　3. 公務人員保障法規定工作條件保障權，包括必要機具設備及良好工作環境之保障、執行職務安全之保障、不受違法工作指派之保障以及上班時間以外執行職務補償之保障。
(四) 經濟生活權之法制舉例：指公務人員俸給法，應給予公務人員相當生活所需的報酬，以維持其生計。
(五) 協會結社權之法制舉例
　　1. 結社權：公務人員協會法規定，公務人員為加強為民服務、提昇工作效率、維護其權益、改善工作條件並促進聯誼合作，得組織公務人員協會。公務人員得依公務人員協會法組織及加入機關公務人員協會。
　　2. 建議權：公務人員協會對於考試、銓敘、任免、考績升遷、等事項，得提出建議。
　　3. 協商權：公務人員協會對於辦公環境改善、行政管理、服勤方式等事項，得提出協商。

考點 12 公務員服務法

( ) **1** 依據公務員服務法,有關公務員**正當行為**之敘述,下列何者正確?
(A)有隸屬關係者,不涉及職務始可贈受財物
(B)職務上所保管的財物若借他人使用,應訂明歸還期限
(C)於所辦事件不得收受任何餽贈
(D)無論是否因職務需要,皆不得支用公款。 【108身特四等】

( ) **2** 依據公務員服務法規定,公務員接奉任命狀後,除程期外,**應於一個月內就職**,但具有正當事由,**經主管高級長官特許者,得延長就職期限以多久為限**?
(A)一星期　　　　　　　(B)二星期
(C)一個月　　　　　　　(D)二個月。 【106警(退)三等】

( ) **3** 下列有關公務員兼職情形,何者**符合**公務員服務法及相關法規許可之條件? (A)下班後可為民眾畫符驅魔解運,並收取佣金補貼香燭紙錢之費用 (B)下班後可以無給職或義工方式擔任旅行社導遊或領隊 (C)國立大學未兼行政職務的教授可兼任上市公司的獨立董事一職 (D)公餘時可加入多層次傳銷事業,並介紹他人參加而獲取酬金。 【107地特五等】

解答與解析

1 C。 公務員服務法第16條,公務員有隸屬關係者,無論涉及職務與否,不得贈受財物。公務員於所辦事件,**不得收受任何餽贈**。

2 C。 依據公務員服務法第8條,公務員接奉任狀後,除程期外,應於一個月內就職。但具有正當事由,**經主管高級長官特許者**,得延長之,其延長期間,以**一個月**為限。

3 C。 **未兼行政職**之國立大學教授**不具公務員身分**,因此不在公務員服務法管轄範圍內。

考點 13　公務員懲處

(　) **1** 行政機關對**簡任**公務人員的**懲戒**，應先移送那個機關依法處理？
(A)公務人員保障暨培訓委員會
(B)監察院
(C)公務員懲戒委員會
(D)高等行政法院。　　　　　　　　　　　　　　【108地特五等】

(　) **2** 公務員受下列何種處分時，**不得再任**為**公務員**？
(A)撤職　　　　　　　　　　(B)休職
(C)免除職務　　　　　　　　(D)資遣。　　　　　　【106升薦三等】

解答與解析

1 B。 　依據公務人員懲戒法第24條，各院、部、會首長，省、直轄市、
縣（市）行政首長或其他相當之主管機關首長，認為所屬公務員
有第2條所定情事者，應由其機關備文敘明事由，**連同證據送請
監察院審查**。但對於所屬薦任第九職等或相當於薦任第九職等以
下之公務員，得逕送懲戒法院審理。

2 C。 　依據公務員懲戒法第11條，**免除職務**，免其現職，並**不得**再任用
為公務員。

考點 14　員工協助方案

(　) **1** 有關**員工協助方案**（Employee Assistance Programs）之敘述，下
列何者最正確？
(A)目的是進行員工急難救助
(B)可協助解決可能影響員工工作效能的個人問題
(C)我國政府部門尚未導入
(D)著重問題解決而非預防。　　　　　　　　　　【108地特四等】

( ) **2** 依據「行政院所屬及地方機關學校員工協助方案」的規定,下列敘述何者最**符合**協助方案設定的目標?
(A)塑造良好的公民參與規範
(B)改善政府與民意機關關係
(C)完備知識管理的互動平台
(D)建立溫馨關懷的工作環境。 【107普考四等】

解答與解析

1 B。 員工協助方案就是協助企業員工,**能夠排除影響效率效能的因素**,例如工作適應、人際、婚姻、家庭照顧、健康、法律等。

2 D。 依據行政院所屬及地方機關學校員工協助方案第1條,為發現及協助公務同仁解決可能影響工作效能之相關問題,使其以健康的身心投入工作,提升其工作士氣及服務效能;並藉由多樣化的協助性措施,**建立溫馨關懷的工作環境**,營造互動良好之組織文化,提升組織競爭力,特訂定本方案。

考點15 性別主流化

( ) **1** **性別主流化**為民主國家人事政策重視的課題,其最主要在反映下列何種價值?
(A)功績原則 　　　　(B)個人權力
(C)社會衡平 　　　　(D)政治回應。 【106地特五等】

( ) **2** 關於性別平等,下列何者**錯誤**? (A)性別工作平等法之中央主管機關為行政院性別平等委員會 (B)各機關性別工作平等委員會女性委員應占全體委員人數二分之一以上 (C)工作性質僅適合特定性別者,雇主在任用時得為合理差別待遇 (D)雇主對受僱者之離職或解僱,不得因性別而為差別待遇。 【108地特四等】

解答與解析

1 C。 **性別主流化**就是希望達成尊重各種性別的發展，不偏向特定性別，也不限制特定性別的發展。是一種**社會衡平**的表現。

2 A。 依據性別工作平等法第4條，本法所稱主管機關：在中央為**勞動部**；在直轄市為**直轄市政府**；在縣（市）為**縣（市）政府**。

第三節　財務行政

考點 1　財務行政

（　　）**1** 下列何者是針對政府財政收支活動的**監督**行為，也是整個財務行政最後的一個階段？
(A)會計制度　　　　　　　(B)審計制度
(C)預算制度　　　　　　　(D)審議制度。　　　【107高考三級】

（　　）**2** 下列那項改革與**財政課責**改革沒有關係？
(A)財政透明　　　　　　　(B)權責會計
(C)財政紀律　　　　　　　(D)公私協力。　　　【106地特三等】

（　　）**3** 下列何者是**對政府財政收支活動的監督行為**，也是整個財務行政最後的一個環節？
(A)預算　　　　　　　　　(B)會計
(C)審計　　　　　　　　　(D)決算。　　　　　【106原特四等】

（　　）**4** 下列何者**不是**政府發行**公債**的主要**目的**？
(A)調節總體經濟
(B)彌補收入不足
(C)調控個體經濟
(D)支付大型資本支出。　　　　　　　　　　　【107地特五等】

( ) **5** 財務行政體系**狹義**的範圍構成，下列何者正確？
(A)稅務、預算、會計、審計
(B)預算、成本、會計、審計
(C)預算、成本、稅務、審計
(D)預算、會計、決算、審計。 【106台電新進僱員】

解答與解析

1 B。 政府財務行政有五個階段：(1)預算制度。(2)公庫（收支）制度。(3)會計制度。(4)決算制度。(5)**審計制度**。

2 D。 本題關鍵字在財政課責，課責是課予責任進行監督。**公私協力與課責無關**。

3 C。 參見第1題解析。

4 C。 政府發行公債的主要目的：調節**總體經濟**、**收入不足時**之財源、做為**一定期間大型資本支出**的財源。

5 D。 財務行政的四大制度：**預算制度、會計制度、決算制度、審計制度**。

考點2 政府收入

( ) **1** 國人申請**護照繳交**的**費用**，係屬政府下列何種收入？
(A)行政規費 (B)入出境關稅
(C)政府營業稅 (D)特許使用稅。 【107初考】

( ) **2** **貨物稅與關稅**屬於下列那一個政府租稅收入的稅基？
(A)所得稅系統 (B)財產稅系統
(C)地方稅系統 (D)消費稅系統。 【107原特四等】

( ) **3** 我國中央政府**不能支用**下列何種稅收來源？
(A)菸酒稅 (B)營業稅
(C)使用牌照稅 (D)期貨交易稅。 【108國安五等】

(　) **4** 一般而言，各國財政收入的**最主要來源**為何？
　　　(A)賦稅收入　　　　　　(B)財產收入
　　　(C)公債收入　　　　　　(D)補助收入。　　　　　【109初考】

解答與解析

1 A。　政府財政收入可分為賦稅收入以及非賦稅收入：
　　(1) 賦稅收入：包括所得稅系統、消費稅系統以及財產稅系統。
　　(2) 非賦稅收入：包括，
　　　　a. 企業收入：例如國營事業收入。
　　　　b. 行政收入：例如規費、特許金、特別賦課、罰款。
　　　　c. 財產收入：政府財產租用所得。
　　　　d. 公債（信用）收入：非實質收入。
　　　　申請護照繳交的費用為行政規費。

2 D。　參見第1題解析，**貨物稅與關稅屬消費稅**系統。

3 C。　我國現行租稅制度依財政收支劃分法的規定，可分為國稅和地方稅兩大類。其中**國稅為中央政府徵收**，包括有八種：關稅、所得稅、遺產及贈與稅、貨物稅、證券交易稅、期貨交易稅、營業稅、特種貨物及勞務稅。**地方稅為地方政府徵收**，共有八種：地價稅、田賦、土地增值稅、房屋稅、契稅、**使用牌照稅**、娛樂稅、印花稅。

4 A。參見第1題解析，**賦稅收入**為國家主要收入。

考點 3 ▷ 地方稅

(　) **1** 下列何者是我國**地方政府**最重要的稅課收入來源？
　　　(A)工程受益費收入
　　　(B)補助及協助收入
　　　(C)土地稅收入
　　　(D)遺產及贈與稅收入。　　　　　【108原特四等】

( ) **2** 下列何者**非屬**我國之地方稅？
(A)印花稅 　　　　　　(B)使用牌照稅
(C)契稅 　　　　　　　(D)貨物稅。　　　　　【108身特四等】

( ) **3** 下列何者為**地方稅**？
(A)娛樂稅 　　　　　　(B)營業稅
(C)貨物稅 　　　　　　(D)遺產稅。　　　　　【106高考三級】

( ) **4** 下列何者是屬於我國**地方政府**可以支用的稅收？
(A)貨物稅 　　　　　　(B)贈與稅
(C)營業稅 　　　　　　(D)娛樂稅。　　　　　【106地特四等】

( ) **5** 下列何者屬於我國的**地方稅**？
(A)娛樂稅 　　　　　　(B)期貨交易稅
(C)營業稅 　　　　　　(D)菸酒稅。　　　　　【109身特四等】

> **解答與解析**

1 C。 我國**地方稅**為地方政府徵收，共有八種：地價稅、田賦、土地增值稅、房屋稅、契稅、使用牌照稅、娛樂稅、印花稅。其中**土地稅**為主要收入來源。

2 D。 參見第1題解析。**關稅、貨物稅為國稅**。

3 A。 參見第1題解析。

4 D。 參見第1題解析。

5 A。 參見第1題解析。從連續三題考題看下來，可以知道，娛樂稅屬於地方稅，為重要考點，請注意。

考點 4 支出

(　　) **1** 下列何者為**資本門**支出？
(A)臨時人員之薪資支出　　(B)債務付息之支出
(C)營建工程之支出　　　　(D)育兒津貼。　　　　【108身特三等】

(　　) **2** 美國某些州允許各機關**保留**部分因創新而撙節的**經費**以**彈性支用**，此一制度稱為？
(A)支出移轉（redirection）
(B)節流分享（gain-sharing）
(C)標竿學習（benchmark learning）
(D)總額控制（spending celling）。　　　　【106高考三級】

解答與解析

1 C。 政府財政收支可分為經常門與資本門。經常門支出係指經常性的費用支出，主要為政府機關的人事費、水電費、以及轉移性支出如老農津貼等。**資本門支出**係指**購置資本類項目之支出**，包括土地、房屋、營建工程、耐用品等。

2 B。 本題關鍵字在保留撙節經費、彈性支用，撙節A項用於B項經費為**節流分享**。

考點 5 預算

(　　) **1** 有關預算法第29條行政院應編製國富統計、綠色國民所得帳及關於稅式支出、移轉性支付之報告。下列何者**錯誤**？
(A)綠色國民所得帳國際通稱「環境與經濟帳」
(B)稅式支出是一種直接的政府支出
(C)移轉性支付係屬政府支出之一種經濟性分類項目
(D)移轉性支付分為對家庭、對人民團體、對企業及對國外之移轉支出。　　　　【108地特三等】

( ) **2** 有關政府預算之相關敘述，下列何者**最錯誤**？
(A)預算執行的內部控制主要係透過審計查核來達成
(B)政府歲出表達下年度的施政優先順序與目標
(C)供給面經濟學主張透過減稅和提供工作誘因來改善經濟衰退
(D)中央對地方資金移轉可以附條件的政策指導來影響地方的施政作為。 【108原特三等】

( ) **3** 我國政府總預算案之審議，**如不能於預算法所規定期限內完成時**，各機關預算之執行，應遵循下列那一項規定？
(A)除緊急支出外，暫停執行所有支出計畫
(B)經常門歲出仍可動支，資本門歲出暫時凍結
(C)資本門歲出仍可動支，經常門歲出暫時凍結
(D)新興資本支出及新增計畫以外之計畫，得依已獲授權之原訂計畫或上年度執行數，覈實動支。 【108退除四等】

( ) **4** 「以金錢數字來表達政府的施政計畫」是下列何者的重要意涵？
(A)預算 (B)法律
(C)審計 (D)基金。 【107身特三等】

( ) **5** 我國現行**政府會計年度**於每年何時開始？
(A)1月1日 (B)5月20日
(C)7月1日 (D)8月1日。 【106原特三等】

( ) **6** 下列我國之**預算文件**，請依照一個預算周期的順序，由**先而後**排列之：
(A)概算、法定預算、預算案、分配預算
(B)分配預算、概算、預算案、法定預算
(C)概算、分配預算、預算案、法定預算
(D)概算、預算案、法定預算、分配預算。 【108警（退）三等】

(　) **7** 根據預算法規定，我國政府各機關重大工程之投資計畫，**超過幾年未動用預算者**，其預算應**重行審查**？
(A)2年　　　　　　　　(B)3年
(C)4年　　　　　　　　(D)5年。　　　　　　【107身特五等】

(　) **8** 依據預算法之規定，下列何者**錯誤**？
(A)未依組織法令設置之機關，不得編列預算
(B)監察院得獨立編列監察概算
(C)立法委員所提法律案大幅增加歲出者，應指明彌補資金之來源
(D)中央政府總預算案經立法院議決後，由總統公布之。
　　　　　　　　　　　　　　　　　　　【109一般警察三等】

(　) **9** 中央政府年度總決算，應由下列那一個機關於行政院提出後**3個月內**完成審核？
(A)主計總處　　　　　　(B)立法院立法局
(C)審計部　　　　　　　(D)財政部。　　　　【106原特五等】

解答與解析

1 B。 **稅式支出**是指**政府**為達成經濟、社會或其他特定政策目標，利用稅額扣抵、稅基減免、成本費用加成減除、免稅項目、稅負遞延、優惠稅率、關稅調降或其他具減稅效果之租稅優惠方式，使特定對象獲得租稅利益之補貼。

2 A。 審計查核是**外部**的控制手段，所謂內部控制是指單位內部自己對不同部門或相同部門做查核。

3 D。 依據預算法第54條規定，總預算案之審議，如不能依第51條期限完成時，各機關預算之執行，依下列規定為之：
一、收入部分暫依上年度標準及實際發生數，覈實收入。
二、支出部分：
　　(一) 新興資本支出及新增計畫，須俟本年度預算完成審議程序後始得動支。但依第八十八條規定辦理或經立法院同意者，不在此限。

(二) 前目以外計畫得依已獲授權之原訂計畫或上年度執行數，覈實動支。

三、 履行其他法定義務收支。

四、 因應前三款收支調度需要之債務舉借，覈實辦理。

4 A。 預算即以金錢數字來表達政府的施政計畫。

5 A。 依據預算法第12條，政府會計年度於**每年1月1日開始**，至同年12月31日終了，以當年之中華民國紀元年次為其年度名稱。

6 D。 依據預算法第2條，各主管機關依其施政計畫初步估計之收支，稱**概算**；預算之未經立法程序者，稱**預算**案；其經立法程序而公布者，稱法定預算；在**法定預算**範圍內，由各機關依法分配實施之計畫，稱**分配預算**。

7 C。 依據預算法第67條，各機關重大工程之投資計畫，超過**四年**未動用預算者，其預算應重行審查。

8 B。 依據預算法第93條，**司法院**得獨立編列司法概算。

9 C。 審計法第34條，中央政府年度總決算，**應由審計部於行政院提出後三個月內完成其審核**，並提出審核報告於立法院。

考點 6 預算功能

( ) **1** 下列何者**非屬政府預算**的主要**功能**？
(A)考核行政績效 　　　(B)提升工作技能
(C)管理財務收支 　　　(D)促進經濟成長。 【109身特四等】

( ) **2** 政府預算應**確保合適的資金流向所需的部門**，這是政府預算的何種功能？
(A)穩定功能 　　　(B)配置功能
(C)政治功能 　　　(D)公平功能。 【107原特五等】

解答與解析

1 B。 **提升工作技能**是個人的事，與預算功能無關。

2 B。 預算的功能包括：**資源配置**、收入規劃、經濟穩定、行政責任、支出控制、資金移轉、經濟發展、行政效率。

考點 7 預算制度

一、選擇題

( ) **1** 下列何項制度設計**非屬我國的預算制度**？
(A)歲出額度制（expenditure quota system）
(B)追加預算制度（supplementary budget）
(C)節流分享（gainsharing）
(D)中程計畫預算制度（mid-term program budgeting system）。
【108身特四等】

( ) **2** 若對犬儒主義者特質的描述是「知道所有東西的價錢，卻不知道價值」。下列何種預算制度是為了**對抗犬儒主義者**而產生？
(A)項目預算制度　　　　　(B)設計計畫預算制度
(C)零基預算制度　　　　　(D)績效預算制度。 【107身特四等】

( ) **3** 下列何者非屬西元1993年**美國國家績效評估**（National Performance Review）所提之目標與結果取向預算制度的原則？
(A)強化課責精神
(B)授能管理者
(C)應摒除政治優先順序
(D)預算資源和任務連結。
【106普考四等】

( ) **4** 下列有關預算制度之敘述，何者**正確**？
(A)傳統預算是一種產出為取向的預算制度
(B)績效預算是一種投入為取向的預算制度

(C)設計計畫預算強調以設計為中心，以分析為手段之預算制度

(D)零基預算以項目控制為中心的預算制度。　　【107地特五等】

(　　) **5** **複式預算**通常是指政府將其財政收支分別編成那兩個預算？

(A)年度預算、中長期預算

(B)年度預算、特別預算

(C)經常預算、資本預算

(D)基金預算、公務預算。　　　　　　　　　　　【109初考】

(　　) **6** 下列有關計畫與績效預算制度（Program and Performance Budgeting System，PPBS）的敘述，何者**錯誤**？

(A)可追溯至美國新政時期

(B)美國國防部首創此預算制度

(C)主張運用成本效益分析技術

(D)能夠顯示需要資金的目的和目標。　　　【107原特四等】

(　　) **7** 關於以績效為基礎的預算（performance-based budget），下列敘述何者**錯誤**？

(A)於1947年胡佛委員會報告中提出，期望將預算科目改變為以政府活動費用為主體的預算項目

(B)設計計畫預算制度開始於1949年蘭德公司（RAND）所進行的一系列國防武器系統分析的研究報告

(C)1973年尼克森總統時期的目標管理是期望能夠將政府機關的目標與預算配置結合

(D)零基預算的要旨之一在於要求各機關於不同的預算水準下獲取最佳化的政策成果。　　　　　　　　　【107原特三等】

(　　) **8** 有關1949年胡佛委員會（Hoover Commission）所提出之績效預算制度（performance budgeting system），下列敘述何者**錯誤**？

(A)將目標設計、計畫擬訂與預算籌編緊密結合

(B)將成本效益觀念引入政府機關

(C)比較各項工作費用的高低與相互關係

(D)各機關同性質工作所需經費相互比較。　　【109身特四等】

（　）**9** 預算決策的過程可分為「由上而下」、「由下而上」及兩者綜合。下列那個預算制度較**強調「由上而下」**的決策過程？　(A)績效預算制度（performance budgeting system）　(B)設計計畫預算制度（planning-programing-budgeting system）　(C)零基預算制度（zero-based budgeting system）　(D)參與式預算制度（participatory budgeting system）。　　　　　　　【109身特三等】

（　）**10** 下列何者能讓**人民**在公共資源的分配上扮演更**直接**的角色，以補代議政治之不足？
(A)參與式預算　　　　　　(B)零基預算
(C)資本門預算　　　　　　(D)目標管理預算。　【108退除四等】

（　）**11** 下列何種議題，**不宜**逕採參與式預算？
(A)公務人員俸給　　　　　(B)社區公園綠道
(C)社區養老照護　　　　　(D)外配弱勢照護。　【109身特三等】

（　）**12** 關於**設計計畫預算制度**之敘述，下列何者**錯誤**？
(A)預算作業與管理功能結合
(B)對於長期計畫提供有效技術
(C)各計畫的成本不易精確估計
(D)側重質化分析技術。　　　　　　　　　【106普考四等】

（　）**13** 下列那一種預算制度特別重視**中長期**之目標**設定、計畫研擬及預算**配置等三位一體的連結？　(A)複式預算　(B)績效預算　(C)零基預算　(D)設計計畫預算。　　　　　　【108警（退）三等】

（　）**14** 與漸進預算（incremental budgeting）相比，**零基預算**的主要優勢為何？
(A)預算編製所需時間較短
(B)決策過程中政治阻力較小
(C)較能回應民眾需求的變化
(D)較符合公開透明的精神。　　　　　　　【107地特四等】

( )**15** 關於**零基預算**制度編製的程序，下列何者**錯誤**？
(A)訂定長期目標
(B)編製決策案
(C)審核各項決策案
(D)排列各項決策案的優先順序。 【106身特四等】

( )**16** 下列何者為零基預算制度的**缺點**？
(A)導致消化預算之惡習
(B)無法提高預算分配的彈性
(C)大幅增加預算編製人員工作負荷
(D)造成政府債務逐年膨脹的現象。 【108地特五等】

解答與解析

1 C。 **節流分享**是就將執行成果後省下來的錢用於其他項目上，屬於**成果預算**。非屬我國預算制度。

2 D。 績效制度就是以看得見的成果為準分配預算，而犬儒主義就是只看得見代價卻不見價值的意思。因此**績效制度**以價值為導向來分配預算可用以**抵抗犬儒主義**。

3 C。 美國國家績效評估提倡的是一種新績效制度，以「績效」決定撥款，完整其行政課責與信任授權。故應**摒除政治優先順序**。

4 C。 **傳統預算制度**是又稱項目預算，量出為入，**注重投入**。**績效制度注重產出**。**零基預算**從零開始，**不預設項目之預算**。

5 C。 複式預算通常是指政府將其財政收支分別編成**經常預算**與**資本預算**。

6 B。 計畫與績效預算制度是1915年**美國杜邦公司**（Dupont Co.）的預算體制，至1942年美國聯邦政府戰時生產局（War Production Bureau）所建立的預算制度。

7 A。 選項(A)應改為期望將預算科目改變為以政府**工作計畫**為主體的預算項目。

8 A。 績效預算制度是以績效為導向。選項(A)的敘述是**設計計畫制度**的描述。

9 B。 由上而下是指有一個**大的觀念去進行預算規劃**。如設計計畫預算制度。

10 A。 本題關鍵字在人民、直接，即是**參與式預算**的特徵。

11 A。 參與式預算是只讓人民決定一些公共設式或服務的預算分配，但**公務人員俸給無關**公共設施或服務，因此不宜交由參與式預算。

12 D。 設計計畫預算**側重質量化並重**。

13 D。 本題關鍵字在中長期、三位一體，是**設計計畫預算制度**的特徵。

14 C。 零基預算的特徵即為不預設特定預算項目，可以**隨時反映民眾需求**。

15 A。 零基預算不預設特定長期的預算項目，固有隨機反應的特性。但也由於須**隨機反應民眾需求而大幅增加編製人員工作負荷**。

16 C。 由於零基預算的特徵是不預設特定預算項目，而且所有工作從「零」做起，因此，零基預算制度可能導致預算人員工作量增加、負擔變重，故選(C)。

二、申論題

一、何謂參與式預算（participatory budgeting）？此種預算機制與傳統地方政府預算過程有何不同之處？【107地特三等】

答　(一) 參與式預算之內涵
1. 參與式預算為直接民主之一種，由市民決定一部分政府預算的支出方式。
2. 透過市民的自主參與，共同討論預算計畫、提出具體方案，並投票來決定預算使用的優先順序，以同享市政決策過程。

3. 參與式預算是一種讓民眾透過公民審議及溝通協調方式，將政府公共資源做有效合理分配的決策程序，允許公民在政府預算決策過程中直接參與並決定公共資源應如何配置。

(二) 傳統預算之內涵

傳統預算制度，又稱項目預算制度，係以量出為入收支平衡為原則，將國家一切財政收支編入單一預算之中，對各項經費的究為經常費用或資本性支出，不加以區別。

(三) 兩者之差異

1. 政治模式不同：參與式預算是直接民主，由人民決定預算的分配，而預算即為政策之一種，依此可以說是由人民決定政策。傳統預算制度是代議政治，仍然由民選民意代表來決定預算分配。

2. 實施範圍不同：參與式預算的應用範圍只能是所有政府預算中的一部分，並非所有政府皆適用。例如有關公務機關的人事費用、經常支出就不移交由參與式預算決定。而傳統預算制度則適用所有政府預算範圍。

3. 公民學習動機不同：參與式預算讓公民能夠一窺政策決政策從制定、執行、完成的過程，促進公民學習。而傳統預算制度則無法讓公民有此機會。

4. 課責方式不同：參與式預算如有違失，公民必須負起責任，因為預算之決定與審核由公民做起。傳統預算制度如有違失，則由政治人物或民意代表負責。

二、請說明零基預算制度（Zero-Base Budgeting System）的起源、概念與運用，並請以中央或地方政府機關預算編列為例，闡述零基預算的優勢及限制。【107身特三等】

答　(一) 零基預算之內涵

1. 緣起：最早由德州儀器公司開始編製，不久，聯邦政府、州政府及地方預算的編製，均依循零基預算的原理，係美國目

前實施壽命最短的預算制度，該制度自 1977 年美國總統卡特
採行，至 1981 年雷根總統即停止採用。

2. 零基預算制度係指管理當局將每年的預算，從零的基準開始，
不圍上年度或以前年度預算數字的高低，重新審視其業務活
動，決定其優先順序，而根據成本效益的分析，就下年度預
算為最適當的安排。

3. 由於以零為基礎的計畫審查並不適用於大範圍的和以前未發
生的新事件；以往預算分析著重於對不同邊際支出水準的遞
增投入和產出。

(二) 零基預算之優點

1. 以零為預算編製的基礎避免傳統預算持續膨脹之弊端。

2. 以決策案的效益評估為基礎，國家資源配置較合理。

3. 具有長程規劃與整體資源合理配置優點，注重基層溝通的民
主精神。

(三)零基預算之限制

1. 預算建制初期會增加主計人員及相關人員作業負擔。

2. 某些難以數量化之政務活動亦難以衡量其效益。

3. 刪除舊計畫或裁減機關之員額人數，易產生人事上阻力與困擾。

考點 8 〉特別預算

( ) **1** 依**預算法**規定，行政院得於年度總預算外，提出**特別預算**；下列
何者並非提出特別預算的法定原因？
(A)重大災變
(B)緊急重大工程
(C)依法律增設新機關
(D)國家經濟重大變故。　　　　　　　　　　　【106外特四等】

(　) **2** 政府為供應經濟建設基金、貨幣整理基金、工業貸款基金以及其
　　　　他經濟上的需要，常設置：
　　　　(A)追加預算　　　　　　　(B)臨時預算
　　　　(C)特別預算　　　　　　　(D)複式預算。　　　【107身特四等】

解答與解析

　1 C。依據特別法第83條，有左列情事之一時，行政院得於年度總預算
　　　　外，提出特別預算：
　　　　一、國防緊急設施或戰爭。
　　　　二、國家經濟重大變故。
　　　　三、重大災變。
　　　　四、不定期或數年一次之重大政事。

　2 C。參見第1題解析。

考點 9　特種基金

(　) **1** 我國特種基金之中，有特定收入來源而供特殊用途之基金，稱之為：
　　　　(A)作業基金　　　　　　　(B)信託基金
　　　　(C)特別收入基金　　　　　(D)營業基金。　　【107警（退）三等】

(　) **2** 依據預算法的規定，下列何者不屬於「特種基金」的範疇？
　　　　(A)營業基金　　　　　　　(B)作業基金
　　　　(C)統籌分配稅款基金　　　(D)特別收入基金。　【106原特三等】

解答與解析

　1 C。依據預算法第4條，稱基金者，謂已定用途而已收入或尚未收入
　　　　之現金或其他財產。基金分左列二類：
　　　　一、普通基金：歲入之供一般用途者，為普通基金。

二、特種基金：歲入之**供特殊用途者**，為**特種基金**，其種類如左：

(一) 供營業循環運用者，為**營業基金**。

(二) 依法定或約定之條件，籌措財源供償還債本之用者，為債務基金。

(三) 為國內外機關、團體或私人之利益，依所定條件管理或處分者，為信託基金。

(四) 凡經付出仍可收回，而非用於營業者，為**作業基金**。

(五) 有特定收入來源而供特殊用途者，為**特別收入基金**。

(六) 處理政府機關重大公共工程建設計畫者，為資本計畫基金。特種基金之管理，得另以法律定之。

2 C。　參見第1題解析。

考點 10 ＞ 基金

(　　) **1** 有關我國**政府基金**之敘述，何者正確？

(A)總預算中僅有普通基金的收支項目

(B)特種基金亦受預算平衡的限制

(C)中央與地方政府都能設立債務基金

(D)特種基金不需送立法單位審議，其課責性常被詬病。

【108退除四等】

(　　) **2** 依據**公益彩券發行條例**之規定，有關我國政府公益彩券之發行及運用，下列敘述何者**錯誤**？

(A)其主管機關為財政部

(B)公益彩券之發行，由主管機關指定銀行辦理之

(C)發行公益彩券銷管費用不得超過售出彩券券面總金額之50%

(D)公益彩券盈餘專供政府補助國民年金、全民健康保險準備及社會福利支出之用。　　　　　　【106警（退）三等】

解答與解析

1 C。依據預算法第4條規定，稱基金者，謂已定用途而已收入或尚未收入之現金或其他財產。基金分左列二類：

一、普通基金：歲入之供一般用途者，為普通基金。

二、特種基金：歲入之供特殊用途者，為特種基金，其種類如左：

　　(一) 供營業循環運用者，為營業基金。

　　(二) 依法定或約定之條件，籌措財源供償還債本之用者，為債務基金。

　　(三) 為國內外機關、團體或私人之利益，依所定條件管理或處分者，為信託基金。

　　(四) 凡經付出仍可收回，而非用於營業者，為作業基金。

　　(五) 有特定收入來源而供特殊用途者，為特別收入基金。

　　(六) 處理政府機關重大公共工程建設計畫者，為資本計畫基金。特種基金之管理，得另以法律定之。

2 C。依據公益彩券發行條例第6條，本法所稱盈餘，指售出彩券券面總金額扣除應發獎金總額及發行彩券銷管費用或為發行彩券而舉辦之活動費用後之餘額。但發行彩券銷管費用**不得超過售出彩券券面總金額百分之十五**。

考點 11 〉決算

( ) **1** 有關我國政府**決算**之敘述，下列何者**錯誤**？
(A)每一會計年度辦理1次
(B)分為：總決算、單位決算、單位決算之分決算、附屬單位決算與附屬單位決算之分決算
(C)年度終了後2個月，為該會計年度之結束期間
(D)決算之編造由審計部為之。　　　　　　【108外特四等】

( ) **2** 中央政府年度**總決算**，應由**審計部**於行政院**提出後幾個月**內完成其審核？
(A)六個月　　　　　　(B)四個月
(C)三個月　　　　　　(D)二個月。　　　【107身特三等】

( ) **3** 我國中央政府年度**總決算**，由何機關負責**審核**？
(A)立法院 (B)司法院
(C)主計總處 (D)審計部。 【106退除四等】

> **解答與解析**

1 D。 決算之編造由行政院**主計總處**為之。(行政院主計總處組織編制)

2 C。 憲法第105條規定，審計長應於行政院提出決算後**三個月**內，依法完成其審核，並提出審核報告於立法院。

3 D。 參見第1題解析。

考點 12 補助

( ) **1** 某直轄市為了建立「無車城市（car-free city）」，必須重新規劃其大眾運輸系統，該市向中央政府申請補助款，**中央允諾針對此計畫給予補助**，若市政府能對該計畫自籌2元，中央政府便補助1元。下列何者能正確描述這樣的補助型態？
(A)一般補助、總額補助
(B)一般補助、配合款補助
(C)計畫型補助、總額補助
(D)計畫型補助、配合款補助。 【108升薦】

( ) **2** 上級政府對下級政府的一種**府際移轉支付**（inter-governmental transfers）係屬何種制度？
(A)財政制度 (B)補助款制度
(C)公共收入制度 (D)分工制度。 【107原特四等】

( ) **3** 補助款係一種府際移轉支付的概念，下列敘述何者錯誤？
(A)鼓勵生產具有外溢效果的公共財
(B)提供最基本水準的服務
(C)促進地方政府間的財政平衡
(D)強化地方稅收壓力以刺激生產。 【106退除四等】

解答與解析

1 D。 本題提議前項「**中央允諾針對此計畫給予補助**」是計畫型補助，**即針對特定計畫給予補助款**；**後項**「若市政府能對該計畫自籌2元，中央政府便補助1元」是配合款補助，即中央政府的補助款撥款的前提是地方政府須要有自籌款項。

2 B。 府際移轉支付就是在中央政府與地方政府之間款項的移轉，而如果是**上對下的關係，就是補助**。

3 D。 補助款是經費上的支持與給予，**與地方政府稅收無關**。

考點 13 > 預備金

(　　) **1** 有關第**二預備金動支**情形，下列何者**錯誤**？
(A)原列計畫費用因增加業務量導致增加經費時
(B)因應政事臨時需要必須增加計畫及經費時
(C)原列計畫費用因事實需要奉准修訂導致原訂經費不敷時
(D)不定期或數年一次之重大政事。　　　　【108外特四等】

(　　) **2** 公務機關單位預算中設定之第一預備金，其數額**不得超過經常支出總額多少**？
(A)百分之十　　　　　　　(B)百分之五
(C)百分之三　　　　　　　(D)百分之一。　　【107地特三等】

解答與解析

1 D。 依據預算法第70條，各機關有左列情形之一，得經行政院核准動支第二預備金及其歸屬科目金額之調整，事後由行政院編具動支數額表，送請立法院審議：
一、原列計畫費用因事實需要奉准修訂致原列經費不敷時。
二、原列計畫費用因增加業務量致增加經費時。
三、因應政事臨時需要必須增加計畫及經費時。

2 D。 依據預算法第22條，第一預備金於公務機關單位預算中設定之，其數額不得超過經常支出**總額百分之一**。

考點 14 審計

( )1 國際最高審計組織（The International Organization of Supreme Audit Institutions， INTOSAI）認為政府審計應包含例行性審計及績效審計，下列何者最**符合**INTOSAI所指之績效審計的核心原則？
(A)財務性　　　　　　(B)合法性
(C)效率性　　　　　　(D)效能性。　　　　【108高考三級】

( )2 下列何者之**目的**在於：查核預算的執行是否有違法情事、財務支持是否經濟、政策或目標是否達成？
(A)財務　　　　　　(B)審計
(C)績效　　　　　　(D)政治。　　　　【107原特四等】

解答與解析

2 D。 績效審計的核心就是效能，審計的標的就是看預算的花費是否達到一定的**效能**而言。

3 B。 **審計**的目的就是看預算是否正常使用，是否達成政策目標而言。

第四章 行政環境

第一節 公眾關係與府際關係

考點1 公眾關係

( ) **1** 政府各機關基於行政中立、維護新聞自由及人民權益，依法**不得**從事下列何種公共關係活動？
(A)置入性行銷 　　　　　(B)刊登廣告
(C)選擇形象代言人 　　　(D)贈送文宣品。 　　　【108退除四等】

( ) **2** 關於公共關係的理念，下列何者**錯誤**？
(A)前提為履行社會責任
(B)基礎為個人或機構有良好表現
(C)手段為有效溝通
(D)目的為文過飾非。 　　　　　　　　　　　【107身特四等】

( ) **3** 關於政府公眾關係的理念，下列何者**錯誤**？
(A)具有積極進取與消極防禦兩方面
(B)應抱持為秘而不宣的態度
(C)是機關首長的基本責任之一
(D)前提是履行社會責任、服務大眾利益。 　　　【107原特四等】

( ) **4.** （複選）政府機關對公共問題所持的態度可概分為四種，除放任、鼓勵問題發生的態度外，**另含**下列哪二種態度？
(A)促使問題發生的態度（Make it happens）
(B)形塑問題發生的態度（Shape it happens）
(C)否認問題發生的態度（Deny it happens）
(D)遏阻問題發生的態度（Nondecision）。 　　【107台水評價人員】

(　) **5** 政府與公民社會的關係，呈現**領主／侍從關係**（patron-client relationship），此種關係主要發生在那種類型的國家？
(A)民主國家
(B)聯邦制國家
(C)君主立憲國家
(D)專制獨裁國家。　【106原特三等】

(　) **6** 下列針對行政機關**爭取社會大眾支持**的策略，何者**錯誤**？
(A)避免塑造各種民間輿論
(B)倡導重要的政策問題
(C)利用第三者的影響力量
(D)進行行銷。　【108國安五等】

(　) **7** 「**有情似無情，有意似無意，淡然處之**」此句話可形容政府推展公共（眾）關係的那一項工作原則？
(A)雙向溝通
(B)誠信為本
(C)公開透明
(D)平時發展。　【108初等五等】

解答與解析

1 A。 依據預算法第61-1條規定，基於行政中立、維護新聞自由及人民權益，政府各機關暨公營事業、政府捐助基金百分之五十以上成立之財團法人及政府轉投資資本百分之五十以上事業，編列預算辦理政策宣導，應明確標示其為廣告且揭示辦理或贊助機關、單位名稱，並**不得以置入性行銷方式進行**。

2 D。 本題從選項來看，**公共關係的理念**絕對不會是文過飾非。

3 B。 公眾關係的理念是積極進取與消極防禦，如果有應該宣導的事項**不應該有秘而不宣的態度**。

4 AD。
政府機關對公共問題所持的態度可概分為四種：放任、鼓勵問題發生、**促使問題發生**、**遏阻問題發生**。

5 D。 領主/侍從關係是指是從對侍從對領主提供忠誠服務，而領主對待從施予恩寵，是發生在封建社會、**專制獨裁**國家體制。

6 A。 選項(A)應改為**盡量讓各種輿論發聲**，如此一來政府機關才能知道民間輿論的顧慮在哪裡，政府部門政策需要補足的地方在哪裡。

7 D。本題題旨強調平淡，即**公共關係不要刻意為之**，平時有在經營，關鍵時刻才能派上用場。

考點 2 〉府際關係

一、選擇題

( ) **1** 我國**中央與地方、地方間關係**之敘述，下列何者**錯誤**？
(A)直轄市政府辦理自治事項違背憲法者，由中央各該主管機關報行政院予以撤銷、變更、廢止或停止其執行
(B)中央與直轄市、縣（市）間，權限遇有爭議時，由行政院院會議決之
(C)鄉（鎮、市）公所辦理自治事項違背憲法者，由縣政府予以撤銷、變更、廢止或停止其執行
(D)縣與鄉（鎮、市）間，自治事項遇有爭議時，由內政部會同中央各該主管機關解決之。 【108地特四等】

( ) **2** 從中央與地方政府**權力劃分**而言，可以將**府際關係**分為三種類型，下列何者非屬之？
(A)單一制　　　　　　　(B)雙元制
(C)邦聯制　　　　　　　(D)聯邦制。 【107普考四等】

( ) **3** 下列何者**不是**府際關係的類型？
(A)單一制　　　　　　　(B)邦聯制
(C)聯邦制　　　　　　　(D)合作制。 【107原特四等】

( ) **4** 美國公共行政學者常以**夾心蛋糕**、**水龍頭**、**柵欄**等比喻來形容何種公共行政制度？
(A)人事管理　　　　　　(B)府際關係
(C)政策執行　　　　　　(D)政策評估。 【106退除四等】

（　）**5** 從美國府際關係的發展階段來看，聯邦政府與州政府**共同劃分**了大部分的政府權限，吾人稱此現象為何種**聯邦主義**？
(A)創設式聯邦主義　　　　　(B)合作式聯邦主義
(C)雙軌式聯邦主義　　　　　(D)新聯邦主義。　　　【106地特四等】

（　）**6** 下列何者為**聯邦制政府**的特徵？
(A)以柔性憲法規範各級政府的權力
(B)有助於治理過程中的區域參與
(C)強調絕對的地方分權
(D)憲政權力分配可經由一般程序變更。　　　【107地特三等】

> **解答與解析**

1 B。 依據地方制度法第77條規定，中央與直轄市、縣（市）間，權限**遇有爭議**時，由**立法院院會議**決之。

2 B。 府際關係依權力劃分分為：**單一制、聯邦制、邦聯制**。單一制是指中央政府集權；聯邦制是指地方政府握有一定實權。邦聯制是指許多國家結合成一個鬆散的國家聯盟組織。

3 D。 參見第2題解析。

4 B。 夾心蛋糕比喻**中央政府與地方政府互動少**，權責平行；水龍頭是比喻**中央集權**的情況下中央補助款停止撥款，**地方政府受到影響**。柵欄是比喻**地方分權**，地方政府可自由運用財務。

5 B。 **雙軌式聯邦主義**是中央與地方政府共同劃分權限；創設式聯邦主義是指中央政府直接向地方政府提供補助款，發生在詹森總統大社會時期；合作式聯邦主義也是中央政府提供補助款給地方政府，發生在羅斯福新政時期。新聯邦主義指尼克森總統任期內的地方分權。

6 C。 聯邦制政府為地方分權，地方政府有各自憲法，**強調區域參與**。

二、申論題

> 一、試由「分權制」申論直轄市所轄「原住民行政區」的運作特色為何？
> 並舉例說明之。【107 外特四等】

答 (一) 分權制之內涵

　　1. 府際關係：可分為單一國家制及聯邦制。

　　2. 單一制政府係指中央政府擁有最高的統治權，而地方政府則必須配合中央政府來行事，因此地方政府必須得到中央政府的授權或許可才能進行治理行為，如法國。

　　3. 聯邦制是由兩個或兩個以上的政治實體（共和國、州、邦）結合而成的一種國家結構形式。是以，邦之存在相於國家，各邦有獨立憲法與權力，強調地方分權並鼓勵與要求治理過程中的區域參與，如美國。

(二) 我國直轄市所轄「原住民行政區」的運作特色

　　1. 直轄市山地原住民區是指縣改制為直轄市後，原本管轄的山地鄉改制成的地方自治團體。

　　2. 修正後的地方制度法，特別將改制為直轄市後，山地鄉改制而成的區定為「直轄市山地原住民區」，且準用同法之鄉、鎮、縣轄市相關規定，使其得以擁有地方自治權限，延續原住民族既有的部落自治傳統文化，達到尊重原住民族文化的美意。山地原住民區長及區民代表為民選。

　　3. 依據現行地方制度法第 83-2 條，直轄市之區由山地鄉改制者，稱直轄市山地原住民區（以下簡稱山地原住民區），為地方自治團體，設區民代表會及區公所，分別為山地原住民區之立法機關及行政機關，依本法辦理自治事項，並執行上級政府委辦事項。山地原住民區之自治，除法律另有規定外，準用本法關於鄉（鎮、市）之規定；其與直轄市之關係，準用本法關於縣與鄉（鎮、市）關係之規定。

二、府際間為解決衝突或促成合作，常運用協議（Negotiating）的機制。該機制包含「準備（preparing）」、「探查（probing）」、「提議（proposing）」等過程，試舉一府際協議案例，說明如何經由此等過程解決府際關係問題。【107地特三等】

答　(一) 府際關係協議機制之內涵

1. 準備（preparing）：係指地方政府本身已經出現獨立難以解決的問題，必須尋求其他縣市政府的合作需要。

2. 探查（probing）：係指地方政府基於自身需要，透過正式或非正式的網絡關係，與其他有關的地方政府交換有無合作的意願。例如台北市與基隆市合作的垃圾焚化案，基隆市開始洽詢鄰近城市中，有適當設備、足夠容納量，而且願意合作的城市。

3. 提議（proposing）：係指地方政府經過探查階段後，確立合作對象，進一步與相關城市提出合作要求，並洽談細節內容。

(二) 府際關係協議機制之案例

1. 準備（preparing）：台北市與新北市合作捷運路網擴建計畫案，由於新北市與台北市為共同生活圈，交通量大且往來頻繁，而在解決方案中「兩市共同合作」乃是一個適當、可行、且最立即的方案。

2. 探查（probing）：台北市與新北市合作捷運路網擴建計畫案，台北市與新北市開始各自規劃捷運路線、土地徵收可行性、交通人口流量等。

3. 提議（proposing）：台北市與新北市合作捷運路網擴建計畫案，新北市經與台北市政府洽談後，提議以哪一條路線做為捷運路網擴建較切適之方案，並經過雙方評估確定計畫。

考點 3　行政權與立法權

(　　) **1** 依<u>立法院組織法</u>之規定，下列何者**正確**？
(A)立法院設院長、副院長各1人，由立法委員互選產生
(B)立法院會議，公開舉行，不得開秘密會議
(C)停開院會期間，遇重大事項發生時，經立法委員二分之一以上之請求，得恢復開會
(D)每屆立法委員選舉當選席次達5席之政黨均得組成黨團。
【108地特三等】

(　　) **2** 我國**行政權和立法權**的常見互動領域中不包括下列何者？
(A)法律制訂　　　　　(B)弊端究責
(C)業務計畫執行　　　(D)預算案之編製。　【108高考三級】

(　　) **3** 民主國家立法機關強調展現「**看守荷包權**」，這是屬於對行政機關責任的何種監督？
(A)管理監督　　　　　(B)司法監督
(C)政治監督　　　　　(D)公民監督。　　　【106初考】

(　　) **4** **公務人員倫理行為**對憲政運作可以承擔一些角色責任，下列何者不在其中？
(A)應該向立法、司法和行政部門同時負責
(B)應規避立法部門的政策合法化議題
(C)可協助首長發揮協調折衝功能以解決憲政運作爭議
(D)善用憲法賦與之法定權力以維護憲政民主程序。
【106初考】

解答與解析

1 A。 (1) 依據立法院組織法第3條規定，立法院設院長、副院長各一人，由立法委員互選產生，(A)正確。
(2) 同法第5條，立法院會議，公開舉行，必要時得開秘密會議。(B)錯誤。

(3) 同法第6條第2項，停開院會期間，遇重大事項發生時，經立法委員四分之一以上之請求，得恢復開會。(C)錯誤。

(4) 同法第33條，每屆立法委員選舉當選席次達三席且席次較多之五個政黨得各組成黨團；席次相同時，以抽籤決定組成之。立法委員依其所屬政黨參加黨團。每一政黨以組成一黨團為限；每一黨團至少須維持三人以上。(D)錯誤。

因此，選項(A)為正解。

2 D。 **預算案之編制是行政權**，非行政權與立法權互動領域。

3 C。 立法機關對行政機關的監督是政治監督，立法部門代表人民，是一種**政治**關係。

4 B。 從選項來看，公務人員**不應**規避任何合法的法規。

考點 4　地方制度法

(　　) **1** 根據現行地方制度法規定，**人口聚居達多少萬人以上**，且在政治、經濟、文化及都會區域發展上，有特殊需要之地區**得設直轄市**？
(A)75萬　　　　　　　　(B)100萬
(C)125萬　　　　　　　(D)150萬。　　　　　　【108原特四等】

(　　) **2** 有關**地方制度法**之規定，下列敘述何者正確？　(A)村置村長一人，由鄉長依法任用　(B)鄉公所置鄉長一人，由縣長依法任用　(C)鎮公所置鎮長一人，由縣長依法任用　(D)直轄市下之區公所，置區長一人，由市長依法任用。　　　　　　【106原特三等】

解答與解析

1 C。 依據地方制度法第4條規定，人口聚居**達125萬人以上**，且在政治、經濟、文化及都會區域發展上，有特殊需要之地區得設直轄市。

2 D。 依據地方制度法第57條規定，村長為**民選**。鄉（鎮、市）公所置鄉（鎮、市）長一人，對外代表該鄉（鎮、市），綜理鄉（鎮、市）政，**由鄉（鎮、市）民依法選舉之。**

考點 5 〉地方政府

( ) **1** 下列何者**不屬於地方政府**管轄的範圍？
(A)廢棄物清運　　　　　　　(B)營業稅徵收
(C)公園綠地管理　　　　　　(D)觀光事業發展。　【108外特四等】

( ) **2** 下列對於**地方政府**的描述，何者錯誤？
(A)地方政府的公權力只能在其管轄領域範圍之內行使
(B)地方政府的公權力大小與其管轄的區域大小成正比
(C)地方政府在外交及國防上皆無職權
(D)地方政府的立法機關擁有制定法規的實權。　【107地特四等】

( ) **3** 我國縣（市）之間發生事權爭議時應該如何解決？
(A)由中央各該主管機關解決之
(B)由行政院解決之
(C)由發生事權爭議的縣（市）自行解決之
(D)由立法院院會議決之。　　　　　　　　　【108國安五等】

解答與解析 〉

1 B。 營業稅為**國稅**。

2 B。 地方政府的公權力**皆一致**，**不因**管轄區域大小而有異。

3 A。 依據地方制度法第77條規定，縣（市）間，事權發生爭議時，由**中央各該主管機關**解決之。

第二節 政黨、利益團體及公民參與

考點1 公民參與

( ) **1** 有關**公民參與**內涵的討論，下列何者**最正確**？
(A)公民參與側重的是政府單方面的權力授予
(B)公民參與在範圍上不應受限
(C)公民參與的程度，應該考慮議題與網絡的影響
(D)公民參與等同於公民決策。 【108原特三等】

( ) **2** 下列何種類型活動的「公民**參與**程度及**授權**程度」**最高**？
(A)公民投票 (B)公民諮詢會議
(C)民意調查 (D)審議論壇。 【108退除四等】

( ) **3** 學者**安斯登**（Sherry Arnstein）提出**公民參與階梯**的概念，依其觀點，下列何種參與形式才**真正符合**公民參與的精神？
(A)諮詢 (B)告知
(C)公民控制 (D)民意調查。 【106升薦三等】

( ) **4** 下列何種公民參與途徑的「**雙向溝通**」效果**最差**？
(A)審議工作坊 (B)民意調查
(C)公民咖啡館 (D)公聽會。 【109身特四等】

解答與解析

1 C。 公民參與側重的是人民對公共政策的討論過程與參與，所謂的參與**也包括在議題上與網絡上的影響力**。但公民參與在議題上應受限制，有些非屬公共服務的議題不應由公民參與討論，例如公務人員的薪資。另外，公民參與也不等於公民決策。

2 A。 從參與度與授權度來看，**公民投票**為最高，因為投票涉及身體力行行動，且投票完後的結果直接影響政策的施行與否，有直接影響力。

3 C。 美國學者安斯登（Sherry Arnstein）1969年提出公民參與階梯
（ladder of citizen participation）理論，按權力分享的程度，
提出八個社會政治參與的層次，包括：(1)**公民控制（citizen
power）**。(2)授權權力（delegated power）。(3)夥伴關係
（partnership）。(4)政策諮商（consultation）。(5)政策告
知（informing）。(6)政策安撫（placation）。(7)政策治療
（therapy）。(8)單方控制（manipulation）。唯有公民控制才真
正符合公民參與的精神。

4 B。 <u>民意調查</u>是一種單向的意見詢問，訪員與受訪員<u>無法以雙向意見</u>
的溝通交流。

考點 2 利益團體

（　）**1** 多元民主社會的政府運作，若有放任利益團體<u>自由競爭</u>的現象，
可能會產生何種令人難以接受的結果？
(A)偏私於強勢團體　　　　(B)偏私於弱勢團體
(C)維護公共利益　　　　　(D)維持政府效能。　【107普考四等】

（　）**2** 下列何者屬於利益團體中的「<u>私益團體</u>」？
(A)消費者保護團體　　　　(B)禁菸團體
(C)防癌團體　　　　　　　(D)工會。　　　　【106原特五等】

（　）**3** 下列對於**利益團體**的描述，何者正確？
(A)其追求的目標未必符合公共利益
(B)人數須超過30人
(C)必須向政府登記立案
(D)所獲利益必須平均分配給所有成員。　　　　【109初考】

解答與解析

1 A。 自由競爭的情況下就會有**弱肉強食**的情形發生。

2 D。 私益團體就是相對於公益團體，**以私人利益為目的**而設置的團體，而**有特定的服務對象**。例如同業公會、**工會**等。

3 A。 利益團體（interest group）係指具有相同利益並向社會或政府提出訴求，以爭取團體及其成員利益、影響公共政策的社會團體。我國學者吳定提出利益團體包含公益與私益兩種：1.公益團體：以促進公共利益為目的、無特定服務對象。如：環境保護團體、禁菸團體。2.私益團體：以促進私人利益為目的、有特定服務對象。如：商業同業公會、工會。

考點 3 非營利組織

一、選擇題

( ) **1** 如由**政府提供資金，非營利組織負責實際的服務輸送**，且具有相當的自主決定權，此種非營利組織與政府的互動模式屬於：(A)雙元模式（dual model） (B)買賣模式（vender model）(C)第三部門主導模式（third-sector dominant model） (D)合作參與模式（collaborative-partnership model）。 【108地特四等】

( ) **2** 非營利組織與政府協力存在多項的隱憂，下列何者**非屬協力關係**主要的**挑戰**？
(A)兩者認知上的差異
(B)雙方各具專業優勢
(C)不對等的權力關係
(D)過度依賴政府的財源。 【108原特四等】

（　）**3** 下列那一種非營利組織與政府的互動模式最容易出現「**權責劃分不清**」的問題？　(A)第三部門主導模式（third-sector-dominant model）　(B)雙元模式（dual model）　(C)協力模式（collaborative model）　(D)政府主導模式（government-dominant model）。　【108普考四等】

（　）**4** 下列何者**非屬**於非營利組織在公共服務上所扮演的**功能與角色**？
(A)發展公共政策
(B)監督政府
(C)提供政府不能提供的服務
(D)支持地方派系。　【108身特四等】

（　）**5** 下列何者屬於**社團法人**型非營利組織？
(A)輔仁大學
(B)中華民國律師公會全國聯合會
(C)佛教慈濟慈善事業基金會
(D)臺灣經濟研究院。　【107高考三級】

（　）**6** 下列何者**不是**「非營利組織」的**主要特徵**？
(A)組織收入依賴政治獻金　(B)服務與行動取向
(C)不分配盈餘　(D)正式組織。　【108地特五等】

（　）**7** 在非營利組織的志工人力資源管理中，「根據志工的個人興趣、專長、適性與能力，配合組織來安排職務」稱為：
(A)安置　(B)導引
(C)訓練　(D)合作。　【108身特五等】

（　）**8** 下列何者**不屬於**非營利組織的特性？
(A)不屬政府體系
(B)享有賦稅優惠
(C)可以分配盈餘
(D)有一套自我治理模式。　【108原特五等】

(　) **9** 針對非營利組織的敘述，下列何項**錯誤**？
(A)收入不能來自銷售與買賣
(B)是一種私法性質的組織
(C)以需求經濟為其導向
(D)和政府是非零和關係。　　　　　　　　　【107原特五等】

(　)**10** 依據比特（B. J. Bitter）等人的分類，下列何者屬於「**互益類**」
（mutual benefit）的非營利組織？
(A)私立基金會　　　　　　(B)宗教團體
(C)消費合作社　　　　　　(D)社會福利機構。　　【106初考】

(　)**11** 非營利組織無法提供**足夠**的**集體性財貨與服務**，是指非營利組織
那一種**志願服務失效**的現象？
(A)慈善的不足　　　　　　(B)慈善的特殊性
(C)慈善的干涉主義　　　　(D)慈善的業餘性。　【106國安五等】

(　)**12** 下列何者**不是**非營利組織對公共行政發展的啟示？
(A)加強公共服務
(B)設計更開放的公共組織
(C)強調經濟學上的效率觀念
(D)提升公務人員志願服務的意願。　　　　　【106原特五等】

(　)**13** **薩拉門**（L. M. Salamon）批評市場失靈與政府失靈不能解釋非營
利組織存在的原因，而提出下列何項理論？
(A)第三者政府理論
(B)新公共管理理論
(C)社會企業理論
(D)新公共服務理論。　　　　　　　　　【107台電新進僱員】

(　)**14** 下列何者符合**第三者政府**（the third party government）的理論內涵？
(A)彌補政府對公共服務提供的不足
(B)鼓勵政府權力積極擴張
(C)公共服務的輸送必須仰賴政府機構
(D)市場失靈是非營利組織存在的前提。　　　　【109身特四等】

解答與解析

1 D。 政府主導模式是指非營利組織針對政府未介入的領域提供服務。雙元模式是指政府與非營利組織互不干涉。第三部門主導模式是指政府將部門政治之執行交由非營利組織辦理。**合作參與模式是指政府提供資金，非營利組織負責實際服務**。

2 B。 本題依題意即可秒答，關鍵字在於挑戰，表示**缺點**的存在，選項(B)**雙方專業優勢是一種優點**。因此為選(B)。

3 C。 **協力模式**是指政府與非營利組織**各出一份力**的互動模式，這種互動模式容易產生**權責不清**的情形。

4 D。 **涉入政治與地方派系絕不是**非營利組織的功能與角色。

5 B。 所為**社團法人**即是以「**人**」為中心所聚集而程的團體組織。相對於**財團法人**是以「**財**」為中心所成立的團體組織。

6 A。 所謂**政治獻金**是政黨或候選人的支持者將一筆錢匯入政黨或候選人指定的政治現金帳戶而言。因此只有**政黨**或**候選人**才有**接受**政治獻金的資格。

7 A。 **安置**即為依據一個人的性格、能力、專長**分配到適合**的工作業務。

8 C。 非營利組織原則上**不分配盈餘**。

9 A。 非營利組織的收入**可以來自**銷售與買賣，但不是以營利為目的。

10 C。 互益類組織是指**成員之間彼此互益**，例如**消費合作社**、互助會等。

11 A。 本題關鍵字在**無法足夠**，對應選項(A)的不足。

12 C。 **非營利組織的目標並不在經濟效率的實現**，經濟效率的時限是企業部門的事，非營利組織的目的在於提供政府部門與企業部門遺漏的服務。

13 A。 **薩拉門**（L. M. Salamon）批評市場失靈與政府失靈不能解釋非營利組織存在的原因，而提出第三政府理論。

14 A。 非營利組織的目標並不在經濟效率的實現，經濟效率的實現是企業部門的事，**非營利組織的目的在於提供政府部門與企業部門遺漏的服務**。

二、申論題

試說明「非政府組織」（Non-Governmental Organization， NGO）
的特性？並舉例說明該類組織具備的功能為何？【107原特三等】

答　(一) 非營利組織之內涵
　　　1. 定義：非營利組織係指其設立目的並非在獲取財務上之利潤，
　　　　其淨盈餘部分配給其他成員及他人，而係依據有獨立、公共、
　　　　民間等性質之組織或團體，且常藉由公開募款，或由公、私
　　　　部門捐贈獲得經費，而且經常免稅的狀態。
　　　2. 非營利組織運作之特徵包括如下：
　　　　(1) 係正式組織。
　　　　(2) 係民間組織。
　　　　(3) 非利益分配性質。
　　　　(4) 志願性組織。
　　　　(5) 公共利益屬性。
　　　　(6) 組織收入依賴募款能力重於營收。
　　(二) 非營利組織之功能
　　　1. 動員資源：非營利組織為了能夠生存和發展，必須動員各種
　　　　社會資源，包括慈善捐贈和志願服務，動員資源在少數非營
　　　　利組織身上會逐漸專業化。
　　　2. 公益服務：包括公益慈善、救災救濟、扶貧濟困、環境保護、
　　　　公共衛生、文化教育、科學研究、科技推廣、社會發展及社
　　　　區建設等許多領域，補充政府公共服務不足。
　　　3. 社會協調：成為公民表達意願、維護權益、協調關係、化解
　　　　矛盾、實現價值最為廣泛和直接的形式。
　　　4. 政策倡導：積極參與政府相關立法和公共政策的制定過程，
　　　　並影響政策結果，表達其利益訴求和政策主張。

考點 4 遊說法

( ) **1** 某位市民發現某市議員對該市長的影響力最大,於是他向該議員進行遊說,希望透過該**議員去影響市長的決定**,此種遊說方式最接近下列何者?
(A)直接遊說　　　　　　(B)半直接遊說
(C)半間接遊說　　　　　(D)草根遊說。 【107初考】

( ) **2** 下列有關「遊說法」的敘述,何者**錯誤**?
(A)立法目的在確保民主政治之參與
(B)主管機關為法務部
(C)總統、副總統屬於被遊說人之一
(D)遊說者為法人或團體時,應指派之代表不得超過十人。
【106警(退)三等】

解答與解析

1 B。 對政策有影響力的是市長,**市民藉由議員向市長遊說**,屬於**半直接遊說**。

2 B。 遊說法主管機關是**內政部**。

考點 5 鐵三角

( ) **1** 有關政策形成過程中**政治鐵三角理論**之敘述,下列何者**錯誤**?
(A)國會議員與利益團體之間的共生關係
(B)利益團體與行政機關之間的共生關係
(C)得力於美國國會議員彼此互惠的特質
(D)抗衡公益團體扮演主導角色。 【108普考四等】

(　) **2** 政治鐵三角理論認為政策是由緊密的三角聯盟來決定，下列何者並非政治鐵三角的成員？
(A)行政官僚　　　　　　(B)國會
(C)政黨　　　　　　　　(D)利益團體。　　　　【106國安五等】

解答與解析

1 D。　政治鐵三角是指國會、行政官僚與利益團體之間的**相互共生互惠**關係。

2 C。　參見第1題解析。

考點6 公民投票

(　) **1** 下列關於公共政策運用**公民投票**的敘述，何者**錯誤**？
(A)可區分為「拘束力」或「諮詢性」的公民投票
(B)可解決多數暴力的弊端
(C)可區分為「強制性」或「任意性」的公民投票
(D)政策資訊的充足與否將影響公民投票的結果。　【106原特四等】

(　) **2** 政府為因應**公民社會**的來臨以及**促進公共參與**，制定下列何項法案？
(A)公務人員行政中立法
(B)政府資訊公開法
(C)公務員服務法
(D)個人資料保護法。　　　　　　　　　　【106退除四等】

解答與解析

1 B。　凡是以相對**多數制**為終局結果的投票制度**皆無法避免多數暴力的弊端**。

2 B。　公民參與**講求資訊公開**，公共議題通過討論達成共識，因此政府資訊公開法最為重要。

考點 7 〉 志願組織

( ) **1** 依據史拉姆（V. Schram）的看法，下列何者**不能說明**人們參與志願組織的原因？

(A)需要滿足理論 　　　　(B)社會化理論

(C)利他主義 　　　　　　(D)組織惰性。 　　　　【107地特五等】

解答與解析

1 D。 史拉姆認為有七種論點說明人們參與志願組織的原因：**利他主義、效用理論、人群資本理論、交換理論、期望理論、需要滿足理論、社會化理論。**

第三節 民營化、跨域治理、全球化

考點 1 〉 BOT

( ) **1** BOT為鼓勵民間參與公共建設的一種政策執行模式，下列**何者為**BOT運作的特徵？

(A)興建資金的主要來源為政府預算

(B)商機為吸引民間投資的誘因之一

(C)推動過程不存在交易成本的問題

(D)政府獨力承擔營運期間的風險與責任。 　　　　【108原特四等】

( ) **2** 關於公共建設採用BOT（Build-Operate-Transfer）模式之敘述，下列何者**錯誤**？

(A)興建完成後由民間負責營運

(B)政府負責籌措全部興建資金

(C)政府授予民間夥伴一定期限之營運特許權

(D)公共建設產權及經營權最終移轉給政府。 　　　　【108身特三等】

(　　) **3** 下列那一項敘述最符合「**民間融資提案（Private Finance Initiative，PFI）**」的內涵？

(A)由民間業者投資興建公共建設，興建完成後，政府向民間業者購買符合約定品質之服務，並給付一定費用

(B)由政府向民間業者借貸以興建公共建設，興建完成後，政府償還本利

(C)由民間業者向政府融資興建公共建設，興建完成後，民間業者償還本利

(D)由民間業者發行社會效益債券，興建公共建設。

【107地特四等】

(　　) **4** 促進民間參與公共建設法提及「民間機構**營運**政府投資興建完成之建設，營運期間屆滿後，**營運權歸還政府**」，此種公私部門的合作關係，理論上是屬於下列那一種公私協力類型？

(A)ROT（Rehabilitate-Operate-Transfer）

(B)OT（Operate-Transfer）

(C)BOO（Build-Own-Operate）

(D)BOT（Build-Operate-Transfer）。　　【108地特五等】

(　　) **5** 由政府委託民間機構，或由民間機構向政府**租賃現有設施**，予以擴建、整建後並為**營運**；營運期間屆滿後，營運權**歸還**政府，此種民間參與公共建設的方式，稱為：

(A)BOT　　　　　　　　(B)ROT

(C)BOO　　　　　　　　(D)BTO。　　【109身特三等】

> **解答與解析**

1 B。 BOT是指建設、經營、轉讓，由民間部門參與基礎建設並投入籌措資金，並經營一段時間後公共建設產權及經營權最終移轉給政府，是一種**吸引民間部門投資政府建設的方式**。

2 B。 參見第1題解析。

3 A。民間融資題案與BOT不同之處在於**BOT廠商得標後，政府收取權利金，不會干涉經營、履約成果，廠商自負盈虧**。PFI則是適用自償性不足公共建設，政府收取商業設施回饋金，對於廠商經營公共設施，政府每年審核廠商成果、履約情形，對不佳情形扣點數，政府年度附款時還會減少款項，祭出懲罰性違約金。

4 B。注意本題僅提及**營運、及歸還**，因此是operate and transfer屬於OT。

5 B。本題提及**租賃（Rent）、營運（operate）以及歸還（Transfer）**。

考點2　公私協力

一、選擇題

( ) **1** **民間融資提案**（private finance initiative，PFI）屬於公私協力治理中的何種模式？
(A)公辦公營　　　　　　　(B)公辦民營
(C)民辦公營　　　　　　　(D)民辦民營。　　　　【108退除四等】

( ) **2** 「由**私人興建**公共設施，之後將該設施讓售或出**借予公部門**」屬於下列那一種合作協力模式？
(A)公辦公營　　　　　　　(B)公辦民營
(C)民辦公營　　　　　　　(D)民辦民營。　　　　【108身特四等】

( ) **3** 針對公私協力的夥伴關係（public private partnership），下列敘述何者**錯誤**？
(A)公部門可以獲得民間夥伴的專業知能
(B)民間夥伴可以影響公共事務的規劃
(C)公部門有管道獲得私人的資本
(D)民間夥伴不能獲得減稅的待遇。　　　　　　【107身特五等】

(　) **4** 下列何者**非屬公私夥伴關係**的特色？
(A)講究短期契約關係
(B)講求平等互惠關係
(C)講求風險與利潤共享
(D)講求資源相互依賴。　　　　　　　　【109身特四等】

(　) **5** 下列何者**非屬**公部門與私部門協力關係的主要內涵？
(A)平等互惠　　　　　　(B)職務輪調
(C)共同參與　　　　　　(D)責任分擔。　　【109身特四等】

(　) **6** 某地方政府提供飢餓學童至便利超商填寫基本資料後，可選擇主
食餐點及飲料一份，超商再將基本資料傳給相關單位啟動後續
關懷系統，此種措施**最符合**下列何種概念？
(A)自願服務　　　　　　(B)公私協力
(C)走動管理　　　　　　(D)金錢幻象。　　【109初考】

┌─────────┐
│ 解答與解析 │
└─────────┘

1 D。 PFI則是適用自償性不足公共建設，政府收取商業設施回饋金，
對於**廠商**經營公共設施，政府每年審核廠商成果、履約情形，對
不佳情形扣點數，政府年度付款時還會減少款項，祭出懲罰性違
約金。因此是**民辦民營**。

2 C。 本題關鍵字在**私人興建（民辦）然後借予公部門（公營）**。

3 D。 公私協力夥伴關係民間夥伴**可獲得減稅待遇**。

4 A。 **公私夥伴關係**的特色是講求長期合作的夥伴關係。

5 B。 公私部門協力彼此之間並無隸屬關係，是**平等互惠**的關係，因此
無職務輪調的問題。

6 B。 本題涉及到**「便利超商」**與**「地方政府」**公私協力關係。

二、申論題

一、原鄉與偏遠地區人口流失問題嚴重，如何促成再生與活化是當前原住民行政的施政重點。但再生與活化不見得是投入更多經費，請在「零經費」的基礎上，說明如何透過公私部門夥伴關係概念進行政策規劃。【106 原特三等】

答 (一) 公私協力夥伴關係之內涵
1. 公私協力夥伴關係係指在公私部門互動過程中，公部門與私部門形成平等互惠、共同參與及責任分擔的關係。
2. 在此關係中，合夥的彼此在決策過程均基於平等的地位，有著相同的決策權，而形成一種相互依存共生共榮的關係。
(二) 相關政策規劃
1. 提升政策利害關係人之參與程度
公私協力的目的是透過政府與民間力量解決公眾問題，而由於公共事務範圍廣大，且民眾為政策利害關係人，因此推動協力關係實必要有民眾參與。
2. 結合民間中介團體協助推動，並賦予準合法性地位政府行政機關並非無所不能，在執行政策過程中必須結合各種具有專業性的民間團體，協助完成任務，因此必須賦予這些民間中介團體適當的合法的地位，使執行程序流暢順利。
3. 公私部門協力運作過程立法規範：公私部門協力必須訂契約，薛荔假釋合作過程中發生爭議，能夠有相關條約有所依循並解決爭端，並避免延宕任務，造成人民公帑之損失。
4. 推廣公私協力之觀念：公私協力關係的建立貴在民眾參與精神，由社會團體中主動積極與政府機關配合，建設國家。而這樣的公私協力觀念必須扎根於民眾的心中，因此，相關的教育工作勢在必行。

二、在我國外交關係中，非常重視政府與非政府組織（NGO）的公私
　　夥伴關係，藉以建立多層次、多方位的民間交流。請說明公私夥
　　伴關係的內涵與策略，並舉外交或國際實例說明之。【106外特四等】

答　(一) 公私協力夥伴關係之內涵
　　　　1. 公私協力夥伴關係係指在公私部門互動過程中，公部門與私
　　　　　 部門形成平等互惠、共同參與及責任分擔的關係。
　　　　2. 在此關係中，合夥的彼此在決策過程均基於平等的地位，有
　　　　　 著相同的決策權，而形成一種相互依存共生共榮的關係。
　　　(二) 相關政策規劃
　　　　1. 提升政策利害關係人之參與程度
　　　　　 公私協力的目的是透過政府與民間力量解決公眾問題，而由
　　　　　 於公共事務範圍廣大，且民眾為政策利害關係人，因此推動
　　　　　 協力關係實必要有民眾參與。
　　　　2. 結合民間中介團體協助推動，並賦予準合法性地位政府行政
　　　　　 機關並非無所不能，在執行政策過程中必須結合各種具有專
　　　　　 業性的民間團體，協助完成任務，因此必須賦予這些民間中
　　　　　 介團體適當的合法的地位，使執行程序流暢順利。
　　　　3. 公私部門協力運作過程立法規範：公私部門協力必須訂契約，
　　　　　 辦理在假釋合作過程中發生爭議，能夠有相關條約有所依循
　　　　　 並解決爭端，並避免延宕任務，造成人民公帑之損失。
　　　　4. 推廣公私協力之觀念：公私協力關係的建立貴在民眾參與精
　　　　　 神，由社會團體中主動積極與政府機關配合，建設國家。而
　　　　　 這樣的公私協力觀念必須扎根於民眾的心中，因此，相關的
　　　　　 教育工作勢在必行。
　　　(三) 以國際紅十字會為說明
　　　　1. 非政府組織：非政府組織（non-governmental organization），
　　　　　 又可稱「非國家間組織」，是指「非官方、非公共、志願性、
　　　　　 私人的組織」，其特徵包含私人的、不分配盈餘、正式立案、
　　　　　 擁有自主性、自願服務以及公益等六項特性。

2. 人道救援乃全球性之議題，其性質必須保持政治中立，而國際組織與主權國家往往帶有政治色彩，在拯救戰爭受害者的立場上往往難以保持中立。非政府組織在此可補補足政府職能之不足。

3. 紅十字會在二次大戰期間，便藉由本身非營利，無政治色彩之非營利組織特質，從事救援工作。至今，每當國際間發生重大災難時，皆能看見紅十字會救援的行動。

考點 3 民營化

( ) **1** 對於公營事業之敘述，下列何者**錯誤**？
(A)公營事業與人民交易，基於商業平等與市場自由之原則，無權力關係存於其間
(B)憲法規定公用事業及其他獨占性之企業，以公營為原則
(C)公營事業的經營成效必然不如私人企業
(D)公營事業的經營易受政治因素干擾。　　　　【108地特四等】

( ) **2** 政府授予**特許權**（franchises）為一種民營化的政策工具，最有可能屬於下列何種財貨與服務提供的型態？
(A)政府安排、政府生產
(B)政府安排、民間生產
(C)民間安排、民間生產
(D)民間安排、政府生產。　　　　【108地特四等】

( ) **3** 臺北市政府將**違規車輛拖吊作業**交由民間業者辦理，最接近下列那一種民營化的類型？
(A)撤資　　　　　　　　(B)解除管制
(C)出售股權　　　　　　(D)簽約外包。　　【107警（退）三等】

(　) **4** 下列何者**不是**我國國營事業民營化下的產物？
(A)台灣高鐵公司　　　　　(B)中華電信公司
(C)台鹽公司　　　　　　　(D)台糖公司。　　　　【108國安五等】

(　) **5** 我國政府透過下列何種方式完成**中華電信公司民營化**的過程？
(A)行政法人化　　　　　　(B)契約委外
(C)撤資出售　　　　　　　(D)租稅補貼。　　　　【108地特五等】

(　) **6** 依照**薩瓦斯**（E. Savas）民營化分類，我國開放民間設置電廠之電
業自由化政策，可以被歸類為那一種類型？
(A)替代（displacement）
(B)委託（delegation）
(C)分散（deconcentration）
(D)分解（decomposition）。　　　　　　　　　【107身特五等】

(　) **7** 民營化是政府再造的途徑之一，下列敘述何者**錯誤**？
(A)主要起源於英國柴契爾首相的公營事業民營化政策
(B)其基本假設是民營企業比公營事業的績效高
(C)私部門也能承擔部分公部門服務輸送的功能
(D)民營化的隱憂是效率不彰。　　　　　　　　【109身特四等】

(　) **8** 下列何者**不合乎**廣義的民營化精神？
(A)管制　　　　　　　　　(B)簽約外包
(C)ROT　　　　　　　　　(D)特許權。　　　　　　【109初考】

> **解答與解析**

　1 C。 公營事業經營成效**未必不如**私人企業。

　2 B。 特許權是一種民營化的政策工具，即**由政府安排並重財貨總量，
由民間負責生產**。

　3 D。 違規車輛拖吊作業交由民間辦理**屬於簽約外包的民營化類型**。

4 A。 台灣高鐵本身並**不是**國營事業,是民間部門與政府部門協力以BOT方式完成的公共基礎建設。

5 C。 我國中華電信民營化方式是透過**撤資出售**的方式。

6 A。 薩瓦斯(E. Savas)民營化分類為三種:**撤資、委託、替代**。我國開放民間設置電廠之電業自由化政策及屬於**替代**。

7 D。 民營化的優點是**效率高**,隱憂是**國家空洞化**。

8 A。 廣義的民營化精神是讓民間部門以自由競爭的精神提供公共服務,**管制是為市場機制**。

考點 4 > 全球化

( ) **1** 在全球化影響下,政府治理模式也發生轉變。理論上,下列何者為全球化下**政府治理模式**的特質?
(A)由管制轉為控制
(B)決策網絡水平化
(C)區域間更為對立及分化
(D)中央政府權限更為強化。 【108退除四等】

( ) **2** 有關全球化的特質以及其對於公共行政的意涵,下列敘述何者**錯誤**?
(A)全球化現象可透過貿易、金融、文化等面向的跨國界流通予以觀察
(B)全球化象徵了國界開放與跨國交流的過程,無關意識型態的對立
(C)各國政府部門對於經濟活動的主導角色在全球化趨勢中面臨挑戰
(D)公共事務領域因全球化趨勢而擴展,尤其是比較行政與國際行政。 【107地特五等】

解答與解析

1 B。 全球化下**政府治理模式**的特質為決策網絡水平化。

2 B。 國界開放與跨國交流的過程難免有摩擦，而**文化差異導致的意識形態對立在所難免**，例如中東伊斯蘭教與西方基督教精神對立。

考點 5 〉行政網絡

（　　）下列有關行政網絡的敘述，何者**錯誤**？
(A)網絡關係愈正式，愈不容易自由選擇進出
(B)網絡各造對於期望與結果間產生認知落差，則網絡關係也將隨之改變
(C)行政機關對於各造共同使命的認知，具有一定的主導優勢
(D)行政網絡互助的範圍擴及管制與仲裁的公權力行為。

【106身特四等】

解答與解析

D。 管制與仲裁是公權力行為的核心，不適合行政網絡互助。

考點 6 〉委外

（　　）**1** 下列何者**不是**「**契約外包**」（contract out）的**優點**？
(A)使政府借用專業技巧
(B)增加人民對政府的依賴
(C)以較快的速度反應新的需求
(D)彈性調整服務方案。

【106身特五等】

（　　）**2** 當代許多政府均運用**外包**（contracting-out）方式，來提供公共服務或完成政策任務，下列何者為外包的主要優點？
(A)增進彈性　　　　　　　(B)提升公務人員專業
(C)減少交易成本　　　　　(D)促進政府廉潔。　【106升薦三等】

(　) **3** 下列何者**不是**政府公共事務採委託外包的理論基礎？
(A)新公共管理　　　　　(B)凱因斯理論
(C)公私協力　　　　　　(D)交易成本。　　　【108地特三等】

(　) **4** 根據**企業型政府**的理念，由**民間業者代為拖吊**違規車輛屬於下列
那一項策略？
(A)去市場化　　　　　　(B)行政法人化
(C)地方化　　　　　　　(D)委外化。　　　【109身特四等】

解答與解析

1 B。 契約外包的優點在於彈性、快速，缺點在於容易行成國家空洞化。

2 A。 參見上第1題解析。

3 B。 委託外包的理論基礎是右派理論，例如新公共管理、公私協力、
交易成本。

4 D。 委託民間業者拖吊違規車輛是一種委外化的策略。

考點 7　治理

一、選擇題

(　) **1** 對於**當代治理轉型**之敘述，何者**錯誤**？　(A)治理已經不被視為
是政府的同義詞　(B)強調層級節制與威權體系　(C)強調信
任的夥伴關係　(D)是一個自我組織的網絡（self-organizing
network）。　　　【107地特四等】

(　) **2** 對於當代治理轉型之敘述，何者**正確**？
(A)強調公民參與與民主行政
(B)重視命令與控制
(C)強調層級節制與威權體系
(D)看重科學管理。　　　【106普考四等】

（　　） **3** 下列何者係屬**公共治理之鬆綁模式**的特質？

(A)主張公共官僚乃是實現公共利益的主要角色

(B)主張公平的價值比效率更為重要

(C)集權可以帶來更高的效率和效能

(D)以嚴密的法規限制公務人員的裁量權。　　　【106退除四等】

解答與解析

1 B。 層級節制與威權體系是應該「被轉型」的對象，而不是目標。

2 A。 所謂治理，而非統治，差別在於強調公民參與、強調人民主權。

3 A。 彼得斯四個公共治理模式中的鬆綁模式，所謂鬆綁並非經濟上的鬆綁，而是政府體制內部組織的鬆綁，認為公共官僚是實現公共利益的主要角色。

二、申論題

「開放政府」（open government）已成為世界各國對於未來政府治理的共同願景。請敘述「開放政府」的重要意涵或特徵為何？並請說明近年來我國政府為了達成開放政府的理想，有何具體作為。【106 警特三等】

答 （一）開放政府之內涵與特徵

　　1.開放政府係指強調政府資訊公開透明，能由公民參與政策形成與決策之過程，相當程度受到科技發展進步之幫助，使人人參與民主治理成為可能。

　　2.開放政府主要概念包括：

　　　(1) 公共信任：民眾對於政府存在信任，並認為自己有影響公共事務的能力。

　　　(2) 透明參與：指政府各項資料或資訊對外揭露，以及外界取得運用可及性（accessibility）程度。民眾或公民社會主動參加政府組織，或是進入政府決策或執行過程中，提出

意見並發揮一定影響力。同時，不論參與方式是消極的接受諮詢，或是民眾主動提出政策建議，政府都應公開各項執行權利所需資訊，並提供相關協助。

(3) 課責政府：指政府主動告知民眾政策內容及施政過程，同時也定期公告施政成果；民眾則根據民主原則監督政府各項運作，以維護本身權益。

(二) 近年來我國政府之開放政府具體作為

1. 法規制定

(1) 民國94年公佈《政府資訊公開法》，民國102年由國家發展委員會（前行政院研究發展考核委員會）發佈《行政院及所屬各級機關政府資料開放作業原則》。

(2) 《政府資訊公開法》規範政府應主動與被動公開政府資料，該法將政府資訊定義為「公部門資訊」（Public Sector Information, 簡稱 PSI）；而《行政院及所屬各級機關政府資料開放作業原則》則是行政命令，指導各機關進行政府資料開放業務與資料使用規範。

2. 建立政府開放資料平臺 Data.gov.tw

(1) 根據《政府資訊公開法》規定，採開放資料的精神，所建立的一個跨部門計畫。

(2) 任何人，包括企業在其使用規範內，可以利用該平臺所提供的開放資料自由運用（包括重製、改作、公開傳輸、產生衍生物等）。

考點 8 ＞ 跨域治理

(　　) 1 下列何項**制度設計**與**跨域治理**沒有直接關係？　(A)高高屏首長暨主管會報　(B)行政院所屬各機關施政績效管理要點　(C)中央與地方原住民族教育事務協調會議　(D)鼓勵公民營機構興建營運垃圾焚化廠作業辦法。　【106高考三級】

（　）**2** 近來所提倡的**跨部門治理**，強調在公共關係的開展應該採取何種做法？
(A)重拾政府權威　　　　　(B)結合民間力量
(C)建立企業關係　　　　　(D)揚棄代議民主。　【106外特四等】

（　）**3** 公共事務逐漸從行政與市場治理讓渡給社會治理，下列何項敘述**不符合**此種跨部門治理的趨勢？
(A)社會治理為一項持續且相互依賴的過程
(B)強調公共價值與參與
(C)尋求集體治理結果的正當性
(D)比較重視政策執行效率。　　　　【106原特四等】

> **解答與解析**

1 B。所謂跨域治理是指一件公共議題因為其涉及廣泛，比須由多個行政主體合作治理方能解決而言之。例如環保問題、水利問題、教育問題等。選項(B)並**不涉及**公共問題因此與跨域治理無涉。

2 B。所謂跨域治理是指一件公共議題因為其涉及廣泛，比須由多個行政主體合作治理方能解決而言之。有時政府部門能力有限，或因法規限制，**部分公共服務交由民間部門辦理較為妥適**。

3 D。交由民間部門辦理公共服務的理由**並非**較為有效率，而是因為**增進公共參與**、或者因政府部門法規限制郊遊民間部門辦理較為妥適等原因。

> **考點 9　奈思比**

（　） 依據未來學學者奈思比（J. Naisbitt）的看法，未來的大趨勢**不包括**下列何者？
(A)從間接代議民主到直接參與民主
(B)政府功能從自助到公共救助
(C)從階層結構到網狀結構
(D)權力從集中到分散。　　　　【108身特五等】

解答與解析

B。 奈思比所提出的大趨勢包括如下：(1)從工業社會到資訊社會。(2)從強制科技到高科技－高感應。(3)從國家經濟到世界經濟。(4)權力從集中到分散。(5)從短期到長期。(6)從北到南的事界重心轉移。(7)從單選到多元的複選。**(8)從間接代議民主到直接參與民主。(9)從公共救助到自助。(10)從階層結構到網狀結構。**

考點 10 社會網絡

一、選擇題

(　　) 下列有關**社會網絡理論**之敘述，何者**正確**？
(A)主張只用人際關係來進行分析
(B)有三個基本要素：行動者、關係、事件
(C)社會網絡分析肇始於十九世紀
(D)研究著重制度規範與文化因素的探討。 【106普考四等】

解答與解析

D。 社會網路理論有兩大分析要素：關係要素和結構要素。關係要素著重行動者之間的社會性黏著關係，通過社會聯結的密度、強度、對稱性、規模等來說明特定的行為和過程。結構要素則著重網路參與者在網路中所處的位置，討論兩個或兩個以上的行動者和第三方之間的關係所折射出來的社會結構，以及這種結構的形成和演進模式。

二、申論題

任何外交危機，其事前並非毫無徵兆，若及早偵測與因應，可望降低危機對國家利益的衝擊。請說明風險管理的策略，並以我國近年來外交事務的實例闡述之。【106 外特四等】

答　(一) 風險管理之內涵與策略

1. 風險管理是指通過對風險的認識、衡量和分析，選擇最有效的方式，主動地、有目的地、有計劃地處理風險，以最小成本爭取獲得最大安全保證的管理方法。

2. 風險策略包含如下：

(1) 風險迴避策略：是指當風險潛在威脅發生可能性太大，主動目標與行動方案，從而迴避風險的一種風險管理策略。

(2) 轉移風險策略：指將風險轉移至其他人或其它組織，其目的是借用合約或協議，在風險事故一旦發生時將損失的一部分轉移到有能力承受或控制風險的個人或組織。

(3) 減輕風險策略：通過緩和或預知等手段來減輕風險，降低風險發生的可能性或減緩風險帶來的不利後果。

(4) 接受風險策略：是指有意識的選擇自己承擔風險後果的策略。

(5) 儲備風險策略：根據風險規律事先制定應急措施和制定計劃，一旦專案實際進展情況與計劃不同，就啟用後備應急措施。

(二) 我國近年來外交事務之實例

以2020年美國總統大選為例，美國民主黨總統候選人拜登與共和黨總統候選人川普的民意支持度相近，我國政府在外交上，不敢貿然明顯表態支持特定陣營，易造成外交上風險事件，因而採取儲備風險策略，事先預擬訂計畫，不論是拜登獲勝或者是川普獲勝都有相對應的外交上相因應的程序可採取並進行。

考點 11 〉開放政府

( ) 1 下列何者是「**開放政府**」思潮下所主張採用的最新策略？
(A)內包（insourcing）
(B)外包（outsourcing）
(C)群眾外包（crowdsourcing）
(D)競爭外包（competitive sourcing）。　　　【108退除四等】

( ) 2 行政院現行規定二級機關應指派至少1人擔任開放**政府聯絡人**，以落實開放政府理念。下列何者最**不符合開放政府**聯絡人機制的內涵？
(A)橫向聯繫　　　　　(B)共同協作
(C)參與　　　　　　　(D)管制。　　　【107普考四等】

解答與解析 〉

1 C。 開放政府的核心觀念就是大眾參與、人民參與。**群眾外包**不是一種契約制度而是指組織或政府透過網路向大眾取得企業所需的創新點子或是解決方案的一種方式。兩者的精神內容相符合。

2 D。 開放政府的核心價值是參與，本題問否定內涵，**管制的精神與開放相悖離**，應選(D)。

第五章　行政管理

第一節　行政領導、行政激勵、行政溝通

考點 1 ▶ 權力基礎

一、選擇題

（　　）**1** 艾尊尼（A. Etzioni）認為，為確保組織成員對上級的順從程度，機關首長應該掌握三種權力，下列何者**錯誤**？
(A)關聯權力
(B)強制權力
(C)獎勵權力
(D)規範權力。　　　　　　　【107初考】

（　　）**2** 台積電董事長張忠謀被公認為成功產業領導者，並廣受國內外人士敬重，請問最主要是由於他具備下列何種**領導權力**？
(A)獎賞權力
(B)強制權力
(C)合法權力
(D)參照權力。　【106台水評價人員】

（　　）**3** 一個人在團體中因**道德高尚、風度不凡，為眾人所敬慕，成為學習的榜樣並接受其影響**。此種領導的權力基礎是：
(A)合法的權力
(B)專家的權力
(C)歸屬的權力
(D)獎勵的權力。　【108普考四等】

（　　）**4** **道德高尚，為眾人所敬慕**，成為行為的模範，因而發生影響力，稱為：
(A)合法的權力
(B)專家的權力
(C)獎勵的權力
(D)歸屬的權力。　【107地特四等】

(　) **5** 「B君在機關中具備超凡的工作**專業知能**，也謙沖自牧，同事對他產生**由衷景仰**」，此一情況係在反映領導的何種權力基礎？
(A)參照權力　　　　　　　(B)關聯權力
(C)合法權力　　　　　　　(D)資訊權力。　　　　【108原特五等】

(　) **6** 組織中「**自然領袖**」的產生係基於下列何項權力基礎？
(A)合法的權力　　　　　　(B)專家的權力
(C)歸屬的權力　　　　　　(D)獎勵的權力。【107台電新進僱員】

(　) **7** 有關領導基礎之敘述，下列何者**正確**？　(A)合法的權力多產生於非正式團體的行為規範　(B)專家的權力多建構在追隨者的敬仰與盲信　(C)強制的權力在使用上應具有優先性且不應設限　(D)歸屬的權力建立在追隨者願意認同有魅力的領導。　　　【109身特三等】

解答與解析

1 A。艾尊尼（A. Etzioni）以機關首長掌握的三種權力使人員順從為標準區分三種組織：
　　(1) 強制型組織：以**強制權力**，亦即鎮壓威脅，來控制部屬，部屬則表現疏離行為。例如監獄、監護性精神病院。
　　(2) 功利型組織：以**獎勵權力**，亦即物質報酬，來控制部屬，部屬則表現計利行為。例如工商機構。
　　(3) 規範型組織：以**規範權力**，亦即名譽地位，來控制部屬，部屬則表現承諾行為。例如學校、教會。

2 D。法蘭區（French）和拉文（Raven）提出社會權力基礎理論，區分出六種社會權力基礎來源：(1)獎賞權力：權力基於給予正面有利結果，或去除負面不利結果所帶來的力量。(2)強制權力：指對違背旨意的人進行懲戒的力量。(3)法定權力：指通過選舉或任命而擔當一定職位所得到的行為力量。(4)參照權力：是由於**成為別人學習參照榜樣所擁有的力量**。(5)專家權力：權力來自於個人所擁有的專長、專門知識和特殊技能。(6)信息權力：因據有某種特別資訊為人所需要的權利。

3 C。 參照第2題解析。

4 D。 參照第2題解析。

5 A。 參照第2題解析。

6 B。 參照第2題解析。

7 D。 參照第2題解析。

二、申論題

領導的影響力能否發揮，有其權力基礎，請說明影響領導的權力有那些？【107 高考三等】

答　(一) 法蘭區（French）和拉文（Raven）社會權力基礎理論

法蘭區（French）和拉文（Raven）提出社會權力基礎理論，區分出六種社會權力基礎來源：

1. 獎賞權力：權力基於給予正面有利結果，或去除負面不利結果所帶來的力量。

2. 強制權力：指對違背旨意的人進行懲戒的力量。

3. 法定權力：指通過選舉或任命而擔當一定職位所得到的行為力量。

4. 參照權力：是由於成為別人學習參照榜樣所擁有的力量。

5. 專家權力：權力來自於個人所擁有的專長、專門知識和特殊技能。

6. 信息權力：因握有某種特別資訊為人所需要的權利。

(二) 韋伯權威理論

德國社會學家韋伯將「權威」（authority）的正當性基礎區分為三種：

1. 魅力的權威（Charismatic authority）：權威的來源來自個人魅力。

2. 傳統的權威（Traditional authority）：權威的來源來自傳統，例如皇室。

3. 法制的權威（Legal authority）：權威的來源來自法制，二十世紀大多數的現代國家，皆以法理型權威的形態實行統治。

考點 2 〉韋伯權威類型

( )　**1** 　**韋伯**（M. Weber）認為**權威的類型**可依歷史的發展分為三個階段，此三項權威的發展順序，下列何者最正確？
(A)領導魅力權威、傳統權威、合法理性權威
(B)傳統權威、合法理性權威、領導魅力權威
(C)傳統權威、領導魅力權威、合法理性權威
(D)領導魅力權威、合法理性權威、傳統權威。　　【107身特四等】

( )　**2** 　根據韋伯（M. Weber）的理論，下列何者**不是**權威的類型？
(A)魅力型（charismatic authority）的權威
(B)傳統的權威
(C)法制的權威
(D)專家的權威。　　　　　　　　　　　　　　【107台水評價人員】

解答與解析

1 C。韋伯權威類型的發展順序為傳統權威、領導魅力權威、合法理性權威。

2 D。參照第1題解析。

考點 3 〉傅麗德權威

（　）**1** 有關**傅麗德（M. P. Follett）**對**權威**的主張，下列敘述何者**錯誤**？
(A)各階層員工在本身職責範圍內皆具有決定的權力
(B)機關裏的真正權力是許多層級大小權力的綜合
(C)機關權力完全掌握在機關首長手中
(D)因為情勢需要所下的命令才能產生權威。　【107警（退）三等】

（　）**2** 依據**傅麗德（M. Follett）**論述有關權威的說法，下列何者**正確**？
(A)因為情勢需要，所以發號施令
(B)權威的運用要考量組織成員貢獻與滿足的平衡
(C)權威的接受在於受命者，而非發令者
(D)權威之有效繫於團體生活會影響成員之額外價值（plus value）。　【107台水評價人員】

解答與解析 〉

1 C。傅麗德（M. Follett）提出「情勢法則（law of situation）」亦即命令和權威一定要去除人的因素（depersonalize），純粹根據情勢的需要運用權威，下屬才肯接受命令。因此，認為**組織的最後權威是掌握在屬員手中**。

2 A。參照第1題解析。

考點 4 〉領導

（　）**1** 相對於「員工導向」，下列何者最為符合**「生產導向」**的領導方式？
(A)注重積極的激勵與獎賞
(B)凡事依照既有的詳盡規定辦理
(C)加強部屬的認同感與歸屬感
(D)相信成員之間具個體差異性存在。　【108地特三等】

(　) **2** 有關**領導的基礎**，下列敘述何者**錯誤**？
(A)強制的權力的使用應有其限度，只有在不得已的情勢下才使用
(B)獎勵的權力可以增加領導者對他人的吸引力，可產生較大的領導作用
(C)合法的權力是一種較為單純的影響力，多產生於非正式團體的行為規範
(D)歸屬的權力是指凡組織中能力、道德高尚，為眾人所景仰者，所產生的影響力。　　　　　　　　　【106身特三等】

(　) **3** 從實務的角度來看，下列何者**不是行政領導**的**特點**？
(A)是行政運作的一部分
(B)應遵守依法行政的原則
(C)要堅守行政中立
(D)是行政革新的追隨者。　　　　　　　　　【106地特四等】

(　) **4** **明茲伯格**（Henry Mintzberg）曾將**高階管理者**的角色區分為三大類，下列何者沒有包括在內？
(A)人際關係角色　　　　　(B)決策角色
(C)服務角色　　　　　　　(D)資訊角色。　　　【106原特四等】

(　) **5** **領導**具有若干**功能**，下列何者最常用來指涉**促進組織與外在環境**的良性互動？
(A)授權　　　　　　　　　(B)公共關係
(C)仲裁　　　　　　　　　(D)激勵。　　　　　【108國安五等】

(　) **6** 關於**領導的研究**可分為四大**時期**，下列何者符合各時期的發展歷程？　(A)特質時期→行為時期→新途徑時期→權變時期　(B)行為時期→權變時期→特質時期→新途徑時期　(C)特質時期→行為時期→權變時期→新途徑時期　(D)行為時期→特質時期→新途徑時期→權變時期。　　　　　　　　　【108身特五等】

( ) **7** 下列何者是以**員工為中心的領導方式**特色？
(A)運用獎懲原則滿足部屬的需要
(B)以工作產量的數額，作為績效管理的基礎
(C)部屬被授予應有的權責
(D)凡事依既有的詳盡規定辦理。 【107身特五等】

( ) **8** 組織若以**功利或物質**報償作為管理部屬的主要手段，則部屬對組織常會表現出何種態度？
(A)道德承諾
(B)疏離屈從
(C)計較利害
(D)漠不關心。 【108台電-身心障礙人員】

> 解答與解析

1 B。 **生產導向**是指強調**工作技術**或**作業層面**的領導。員工導向是指注重人際關係，了解部屬的需求並接受成員間個別差異的領導。

2 C。 法蘭區（French）和拉文（Raven）提出社會權力基礎理論，區分出六種社會權力基礎來源：(1)獎賞（勵）權力：權力基於給予正面有利結果，或去除負面不利結果所帶來的力量。(2)強制權力：指對違背旨意的人進行懲戒的力量。(3)法定權力：指通過選舉或任命而擔當一定職位所得到的行為力量。(4)參照權力：是由於成為別人學習參照榜樣所擁有的力量。(5)專家權力：權力來自於個人所擁有的專長、專門知識和特殊技能。(6)信息權力：因握有某種特別資訊為人所需要的權利。

3 D。 行政領導與行政革新是不同的事情，不可混為一談。本題問行政領導的否定選項，故選(D)為正解。

4 C。 明茲伯格將高階管理者分為三大類：**資訊**角色、**決策**角色、**人際關係**角色。

5 B。 領導的功能包括：授權、指導、協調、激勵、團結、溝通、考核、公共關係、計畫，本題重點在於**促進與外在良性互動**，因此為**公共關係**。

6 C。 領導研究四個時期的順序為**特質時期→行為時期→權變時期→新途徑時期**。

7 C。 員工導向的領導是**部屬被授予應有的權責**。

8 C。 以**功利或物質報償**作為管理部屬的主要手段,會導致部屬對組織常會表現出**利益計較**的心態。

考點5 領導研究方法

( ) **1** 下列那一種領導的研究方法特別重視**組織人員的專門技術**?
(A)交互行為學派　　　　　(B)人格特質研究法
(C)環境決定領導論　　　　(D)功能研究法。　　【107地特五等】

( ) **2** 以探究**領導者**的「**能力、成就、責任**」為重點的領導研究途徑,下列敘述何者正確?
(A)情境研究途徑　　　　　(B)特質研究途徑
(C)權變研究途徑　　　　　(D)權威研究途徑。　　【107普考四等】

解答與解析

1 D。 本題關鍵字在**組織人員的專門技術**,是**屬於功能研究法**,亦即研究組織人員能發揮什麼樣的功能。

2 B。 本題關鍵字在**領導者**,因此屬於**特質研究途徑**。

考點6 領導連續構面理論

( ) 　 根據「以領導者為中心」和「以部屬為中心」所構成的領導連續構面理論,下列何者**不屬於**其中類型之一?
(A)獨裁　　　　　　　　　(B)參與
(C)獎勵　　　　　　　　　(D)放任。　　　　　【108普考四等】

解答與解析

C。 李文、懷特與李皮特提出領導連續構面理論，認為領導者可分三類：**獨裁式**領導、**放任式**領導、**民主式**領導。

考點 7 ＞ **李克特領導型態**

(　) **1** .李克特（R. Likert）將**領導型態**區分為「壓榨權威式」、「仁慈權威式」、「諮商式」、「參與式」等四種，此種區分方式係根據下列何種管理哲學假定？
(A)社會本質假定　　　　　(B)人性本質假定
(C)衝突本質假定　　　　　(D)權威本質假定。　【106地特四等】

解答與解析

1 B。 李克特基於**人性本質的假定**將領導分為四個種類：
(1)剝削式的集權領導。　　(2)仁慈式的集權領導。
(3)諮商式的民主領導。　　(4)參與式的民主領導。

考點 8 ＞ **管理格道**

(　) **1** 在**管理格道**（Managerial Grid）的領導理論中，主管同時對工作與員工展現**最少關心**的管理方式，稱為：
(A)權威服從式管理
(B)團隊式管理
(C)無為式管理
(D)鄉村俱樂部式管理。　　　　　　　　　【108外特四等】

( ) **2** 根據**布萊克（R. Blake）與毛頓（J. Mouton）**的「管理格道」
（Managerial Grid）理論，所謂「9、1」型的領導係指下列何種
管理型態？
(A)權威服從式管理　　　　(B)鄉村俱樂部式管理
(C)無為式管理　　　　　　(D)團隊式管理。　　　【106身特四等】

( ) **3** **布雷克（R. R. Blake）與毛頓（J. S. Mouton）**所提出的「管理
格道（managerial grid）」中，「**權威服從式管理**」強調的重點
為何？
(A)生產投入　　　　　　　(B)績效水準
(C)人際關係　　　　　　　(D)員工士氣。　　　【109身特四等】

> **解答與解析**

1 C。布萊克（R. Blake）與毛頓（J. Mouton）二人提出的「管理格
道」，依據主管對工作與員工展現的關心程度不同分成五種主要
領導型態：
(1) 權威服從式管理：主管對產量顯示最大關心與對員工顯示最
少關心的管理方式。
(2) 鄉村俱樂部式管理：主管對員工顯示最大關心與對產量顯示
最少關心的管理方式。
(3) **無為式管理**：主管同時對產量與對員工顯示**最少關心**的管理
方式。
(4) 組織人式管理：主管同時對產量與對員工顯示中度關心的管
理方式。
(5) 團隊式管理：主管同時將關心產量與關心員工整合到最高水
準的管理方式，也被稱為「理想型的管理方式」

2 A。參見第1題解析。

3 B。參見第1題解析。

考點 9 ▷ 豪斯途徑目標理論

(　　) **1** 根據**豪斯（R. House）的途徑目標理論**，領導行為應以下列何種行為作為思考架構？

(A)工具行為、目標行為、參與行為、成就導向行為

(B)工具行為、支持行為、參與行為、需求導向行為

(C)目標行為、支持行為、團隊行為、成就導向行為

(D)工具行為、支持行為、參與行為、成就導向行為。

【106退除四等】

(　　) **2** 從**途徑目標理論（Path Goal Theory）**來看，對部屬的行動予以計畫、組織與協調，是指下列哪一種領導行為？

(A)支持行為

(B)參與行為

(C)工具行為

(D)溝通行為。　　　　　　　　　　　【108台電-身心障礙人員】

解答與解析

1 D。豪斯（R. House）的途徑目標理論（path goal theory）認為，領導者的功能應包括提高部屬的個人酬勞，協助員工達成目標及提供容易達成酬勞的途徑，也就是要為部屬釐清並減少可能障礙與陷阱，並且增加部屬工作滿足的機會。因此認為**領導行為應以工具行為、支持行為、參與行為、成就導向行為為思考架構**。

2 C。參見第1題解析，**對部屬的行動予以計畫、組織與協調是工具行為**。

考點 10 轉換型領導

( ) **1** 領導者致力於開發**部屬的潛力**，從而展開組織的計畫性變革。請問上列敘述最符合那一種類型的領導模式？
(A)魅力型領導 　　　　　(B)轉換型領導
(C)交易型領導 　　　　　(D)權變型領導。【106身特三等】

( ) **2** 強調透過領導的作用**改變組織價值、觀念與文化**，是下列那一項理論最重要的主張之一？
(A)交易型領導 　　　　　(B)權變型領導
(C)轉換型領導 　　　　　(D)放任型領導。 　【106原特三等】

( ) **3** 以下何種領導模式，較強調透過**領導者與部屬之間的人際互動**，可以促進組織績效的提升？
(A)轉換型領導
(B)參與型領導
(C)民主型領導
(D)企業型領導。 　　　　　　　　【108台電-身心障礙人員】

( ) **4** **轉換型領導的成功運作**最需要下列那一個權力的展現？
(A)參照權力 　　　　　(B)關聯權力
(C)強制權力 　　　　　(D)獎懲權力。 　【108原特四等】

( ) **5** 根據**貝斯**（B. Bass）的見解，轉換型領導（Transformation Leadership）者對部屬的個別關懷表現在下列那些方面？
(A)感情取向、友誼取向、輔導取向
(B)發展取向、親和取向、輔導取向
(C)成就取向、親和取向、權威取向
(D)感情取向、賞罰取向、輔導取向。 　【106退除四等】

( ) **6** 下列那一項**不是**轉換型領導的主要構成要素？
(A)層級職位關係 　　　　　(B)相互影響關係
(C)精神感召 　　　　　(D)動機的啟發。 　【107地特五等】

解答與解析

1 B。 **轉換型領導目的在激發員工潛能**，從而展開組織的計畫性變革，進而改變組織價值、觀念與文化。

2 C。 參見第1題解析。

3 A。 參見第1題解析。

4 A。 **參照權力**是由於成為別人學習**參照榜樣**所擁有的力量。轉換型領導講求**人際間的互相學習**，因此為正解。

5 B。 轉換型領導對員工的個別關懷展現在**發展取向、親和取向、輔導取向**。

6 A。 轉換型領導的核心價值與層級節制**相悖**，依據題旨應選(A)。

考點 11 > 權變領導

( ) **1** 政府施政應「**通權達變**」。這類主張應屬下列那項行政領導？
(A)魅力型領導　　　　　　(B)民主式領導
(C)權變型領導　　　　　　(D)諮商型領導。　　【106外特四等】

( ) **2** 關於**權變領導理論**之敘述，下列何者**錯誤**？
(A)主張公民參與是最佳領導方式
(B)強調領導者必須先審時度勢、因地制宜
(C)領導權變因子包括長官部屬關係、任務結構、職位權力、外在情勢
(D)認為民主式領導不一定是最好的領導方式。　　【108普考四等】

解答與解析

1 C。 本題關鍵字在通權達變，**呼應權變型領導**，是為正解。

2 A。 權變型領導的關鍵字在變通、順應環境、沒有一定的定理，**與公民參與無涉**。

考點 12 〉費德勒權變領導

( ) **1** 依**費德勒（Fiedler）**的**領導理論**，當領導者與部屬關係良好，工作結構化程度高，以及領導者的職位權力強時，領導者採何種領導方式能產生最佳領導績效？
(A)工作導向　　　　　　(B)關係導向
(C)民主導向　　　　　　(D)無為導向。　　　　　【106外特四等】

( ) **2** 依據費德勒（F. Fiedler）的權變領導理論，領導者決定採取何種領導行為，需視三項主要變數而定，下列何者**錯誤**？
(A)任務結構
(B)職位權力
(C)部屬的知覺
(D)領導者與部屬關係。　　　　　　　　　【106警（退）三等】

( ) **3** 下列何者**不屬於費德勒**（F. Fiedler）在其「權變領導理論」中，所提出的三項影響領導效能之變數？
(A)組織結構（Organizational Structure）
(B)職位權力（Position Power）
(C)領導者與部屬關係（Leader-member Relationships）
(D)任務結構（Task Structure）。　　　　　【108原特五等】

解答與解析

1 A。 費德勒將領導型態分成二類：任務（工作）導向及關係導向。
當領導者發現其領導情境屬於有利及不利兩個極端時，亦即**領導者與部屬關係好**、任務結構性高、**職權強**或者領導者與部屬關係差、任務結構性低、職權弱時，最好採取任務（工作）導向的領導型態，才能獲得高度的績效。相反的，如果領導情境處於有利與不利之間，則最好採取關係導向的領導型態，較能獲得高度的績效。

2 C。　參見第1題，領導者決定採取何種領導行為，需視三項主要變數：**任務面向、職位面向、領導者與部屬關係**。

3 A。　參見第1題解析。

考點 13 　巴納德領導

(　　) **1** <u>巴納德</u>（C. I. Barnard）認為長官的命令若要進入部屬的**「無異議地帶」**（zone of indifference），必須有四項條件的配合，下列何者不屬之？

(A)該命令不違背組織的目標

(B)長官具有轉換型領導的能力

(C)不違背部屬個人的利益

(D)部屬有能力完成該命令。　　　　　　　　　【106高考三級】

(　　) **2** 巴納德（C. Barnard）在《主管人員的功能》一書中，特別**強調**下列何種領導的功能？

(A)公共關係的功能　　　　　(B)團隊的功能

(C)平衡計分的功能　　　　　(D)溝通的功能。　　【106退除四等】

解答與解析

1 B。　巴納德認為長官的命令若要進入部屬的**「無異議地帶」**（zone of indifference），必須有四項條件的配合：(1)受命者確已了解命令。(2)命令合於組織的目的。(3)命令不違背受命者的利益。(4)受命者有能力加以執行該命令。四項條件滿足的程度越高，命令越可能被接受，接受上司權威的程度愈高。

2 D。　巴納德（C. Barnard）在《主管人員的功能》一書中，特別強調**溝通的功能**。

考點 14 ＞民主式領導

（　）　下列何者不是**民主式領導**的涵義？
　　　　(A)決策作成由大家參與
　　　　(B)決策由部屬制定
　　　　(C)主管對部屬作原則性指導
　　　　(D)政策決定重視對話機制。　　　　　　　　　【106身特五等】

解答與解析

B。　民主式領導的重點在於過程參與，但真正**決策者還是主管或領導者**。

考點 15 ＞交易型領導

（　）**1**　**交易型領導**要成功運作，受到下列何種權力的影響最大？
　　　　(A)獎勵權力　　　　　　　　(B)關聯權力
　　　　(C)義務權力　　　　　　　　(D)專家權力。　　　【107地特四等】

（　）**2**　有關**交易型領導**之敘述，下列何者最為正確？
　　　　(A)較適用於非正式組織
　　　　(B)主張以教化的方式從事領導
　　　　(C)強調以報酬激發員工的工作動機
　　　　(D)重視魅力權威對於部屬順服的影響力。　　【109一般警察三等】

解答與解析

1 A。　員工的**忠誠是建立在交換互惠的基礎**，換言之，領導者透過**獎**勵來換取員工的服從與忠誠。

2 C。　參見第1題，**交易型**領導顧名思義，就是透過**獎酬的交換**激發員工的工作熱情。

考點 16　行政激勵

(　　) **1** 某甲因所屬組織久未調薪而忿忿不平，直到該組織決定所有員工調薪 5%，始消除心中不滿。對某甲而言，「**調薪**」最符合激勵理論中的何種因子？

(A)激勵因子（motivation factor）

(B)保健因子（hygiene factor）

(C)組織因子（organization factor）

(D)績效因子（performance factor）。　【107普考四等】

(　　) **2** 下列各項激勵方法，何者**不屬於「管理方式」**的改善？

(A)人事法規的修改

(B)參與管理的實施

(C)彈性工作時間制的實施

(D)工作擴大化的推行。　【108身特五等】

(　　) **3** （複選）組織實施下列哪些做法，最有助於產生**工作激勵**的效果？

(A)人工智慧　　　　　　　(B)週休二日

(C)逐級授權　　　　　　　(D)參與管理。　【106台水評價人員】

解答與解析

1 B。何茲伯格（F. Herzberg）提出的**二元因素理論**（Two Factor Theory），又稱**激勵保健因素**（Motivation-Hygiene Theory），其將對於能夠防止工作者在工作中產生不滿的因素稱為「保健因素」（hygiene factors），而對於那些能帶來滿足的因素稱為「激勵因素」（motivators），又稱做「滿意因素」（satisfiers）。

前者包括：

(1) 機關組織的政策與管理。　(2) 上司的監督。

(3) 報酬待遇。　(4) 人際關係。

(5) 工作環境與條件。

後者包括：

(1) 成就（achievement）。　　(2) 賞識（recognition）。

(3) 工作內涵（work itself）。　　(4) 責任（responsibility）。

(5) 升遷與發展（advancement）。

2 A。 人事法規<u>並非</u>管理方式的一部分。

3 CD。

參見第1題解析，<u>激勵因素</u>包括成就、工作內涵、責任等方面的提升。

考點 17 工作設計

( ) **1** 關於**工作豐富化**的敘述，下列何者**錯誤**？

(A)何茲伯格（F. Herzberg）的兩因理論可作為工作豐富化的理論基礎

(B)工作豐富化是對工作擴大化作了大幅度的修正

(C)納入新的及較困難的任務也是一種工作豐富化

(D)工作豐富化是在工作上進行橫的擴展與加載。【107原特三等】

( ) **2** 給予員工更多**自主權及責任**、提供**個人成長與發展**的機會、增加員工垂直性的工作內容，較屬下列何種管理作法？

(A)工作豐富化　　　　　　(B)工作專業化

(C)工作簡單化　　　　　　(D)工作擴大化。　　　【106初考】

解答與解析

1 D。 工作豐富化指在任務組合時增加**垂直方向**的工作內容，讓組織成員能肩負通常由上級主管所擔任的工作，使其擁有更多的自主性與成就感。

2 A。 參見第1題解析。

考點 18 〉溝通

( )　**1** 有關良好的**行政溝通**，下列敘述何者正確？
　　(A)使用書面訊息時應清楚明白簡潔有力
　　(B)溝通僅來自語言性的訊息
　　(C)將訊息從甲傳達給乙，就算完成了溝通過程
　　(D)應盡量使用委婉曲折的用語，以增添官員風采。

【108普考四等】

( )　**2** 下列何種技能可有效**改善行政溝通**？
　　(A)有效的傾聽，主動搜尋對方話中之意義
　　(B)堅持自己的立場
　　(C)支配性溝通，向對方發號命令
　　(D)以臉書、電子信件為最重要的溝通管道。　【107警(退)三等】

( )　**3** 俗云：「把你的腳放入他人的鞋子裡試一試」。請問這句話可以
　　用來作為**改善溝通**的何種技能的**最佳**寫照？
　　(A)鼓勵反饋　　　　　　(B)設身處地為人著想
　　(C)運用精確的語言　　　(D)有效的傾聽。　　【107身特三等】

( )　**4** 下列那一個溝通管道比較可能**涵蓋多元豐富**的訊息？
　　(A)公文　　　　　　　　(B)會議
　　(C)電話　　　　　　　　(D)電郵。　　　　【108地特五等】

( )　**5** 政府透過**拍攝影片**來進行行政令宣導或政策行銷，屬於下列那一種
　　溝通方式？
　　(A)書面溝通　　　　　　(B)視聽溝通
　　(C)內部溝通　　　　　　(D)雙向溝通。　　【109初考】

(　) **6** 以**即時通訊軟體**作為行政溝通工具應有所規範。下列敘述何者**錯誤**？

　　(A)針對軟體安裝與設定，應先進行密碼設定及管理，並就裝置進行相關安全環境設定

　　(B)依據不同公務需求成立各類群組，由群組管理者本於管理權限進行群組加入或退出之審核

　　(C)如涉及機密性、資訊安全、隱私、敏感性事項，因有群組管理，仍可以即時通訊軟體傳輸

　　(D)針對非屬機敏性之公文檔案傳遞，應同時注意符合公文公開作業原則等規定。　　　　　　　　　　【109初考】

> **解答與解析**

1 A。 良好的溝通為**明確清楚的表達**，不論是**口頭**或**書面**皆是如此。

2 A。 **有效的行政溝通是主動積極**，從對方的話中找出意義定進行確認。

3 B。 本題題意即為**設身處地為他人**著想。

4 B。 **會議的召開**不會是一個人兩個人，通常是**多人召開**，且出席的人所代表的是一個單位或部分，因此所涵蓋的訊息內容會較為豐富。

5 B。 影片是**聽覺**與**視覺**的溝通工具。

6 C。 使用即時通訊軟體的缺點在於如有**機密性資料避免上傳**以免涉及公務洩密。

考點 19　正式溝通

(　) **1** 下列何者是**改善組織溝通**最基本的途徑？
　　(A)下行溝通　　　　　　　(B)上行溝通
　　(C)建立溝通標準　　　　　(D)建立階層溝通。　【106地特四等】

(　) **2** 下列那一種溝通系統主要是建立在組織成員的**社會關係**上？
(A)上行溝通 　　　　　　(B)下行溝通
(C)水平溝通 　　　　　　(D)非正式溝通。　　【106地特三等】

(　) **3** 同一組織中第三科的**科長**去找第一科的**科員**進行溝通，係屬於那
一種溝通？
(A)下行溝通（Downward Communication）
(B)上行溝通（Upward Communication）
(C)平行溝通（Horizontal Communication）
(D)斜行溝通（Diagonal Communication）。　　【108原特五等】

(　) **4** 下列哪一項溝通型態係指**不同命令指揮系統**而**地位相當**的人員
間，所進行的溝通？
(A)上行溝通 　　　　　　(B)下行溝通
(C)平行溝通 　　　　　　(D)斜行溝通。　　【106台水評價人員】

>| 解答與解析 |

1 C。改善組織溝通最基本的途徑是**建立溝通標準**。

2 D。本題關鍵字在社會關係，對應選項(D)的**非正式溝通**。

3 D。本題題旨為非直屬上級與下級的溝通，是**斜行溝通**。

4 C。本題關鍵字在地位相當的人員溝通，是**平行溝通**。

考點 20 非正式溝通

(　) **1** 關於組織的**非正式溝通**，下列敘述何者**錯誤**？
(A)僅止於同一部門、單位及階層之內
(B)閒談屬於非正式溝通
(C)為組織成員知覺或動機上的需要
(D)培養組織成員信任。　　【106初考】

(　) **2** 機關組織中人員之間的**閒談耳語**，屬於下列何種溝通的種類？
(A)跨組織溝通
(B)正式溝通
(C)非正式溝通
(D)公私部門間溝通。　　　　　　　　　　　　【109身特四等】

解答與解析

　1 A。非正式溝通其實就是同事間的閒聊，**沒有**部門間隔的問題。

　2 C。本題關鍵字在**閒談耳語**，選(C)非正式溝通為正解。

考點 21　溝通障礙

(　) **1** 「**部屬**習慣對**上司**報喜不報憂」、「**主管**與**部屬**難以坦誠溝
通」，這兩句話最能反映下列何種溝通障礙？
(A)語意障礙　　　　　　　(B)技巧障礙
(C)地理障礙　　　　　　　(D)地位障礙。　　【106國安五等】

(　) **2** 愚民理論認為**部屬**只要**聽命行事**即可，請問這屬於何種溝通？
(A)地理上的障礙
(B)心理上的障礙
(C)語言上的障礙
(D)地位上的障礙。　　　　　　　　　　　【106台水評價人員】

解答與解析

　1 D。本題關鍵字在**上下層級間**的溝通不夠透明清晰，因此為溝通中的
地位障礙。

　2 D。本題關鍵字**上下階層**的溝通障礙，因此為**地位障礙**。

第二節　衝突管理與危機管理

考點 1　危機特色

(　) **1** 「危機就是**轉機**」係屬「危機」的何種特色？
(A)不確定性　　　　　　　　(B)時間有限性
(C)威脅性　　　　　　　　　(D)雙面效果性。　　【106退除四等】

(　) **2** 下列何者**並非**「危機」的特性？
(A)威脅性　　　　　　　　　(B)不確定性
(C)雙面效果性　　　　　　　(D)時間的無限性。　【106外特四等】

> **解答與解析**

　1 D。本題關鍵字在轉機，**轉機為正面評價**，**危機為負面評價**，說明了**雙面**效果性。

　2 D。危機**不具**有時間無限性，危機通常在一段時間內發生，是發生過後結束。

考點 2　危機管理

(　) **1** 在危機管理的**預防階段**中，下列那一種措施**最為正確**？
(A)管理者採取行動找出問題成因
(B)偵測潛在危機的警訊
(C)指派發言人替組織發聲
(D)危機管理團隊成員各就其位。　　　　【108外特四等】

(　) **2** 下列何者**非屬**危機管理四階段論的內容？
(A)復原階段　　　　　　　　(B)舒緩階段
(C)應付階段　　　　　　　　(D)準備階段。　　【107身特四等】

( ) **3** 根據美國聯邦危機管理局的定義，危機管理的規劃工作可以分為四個階段，**依次序**分別為何？ (A)準備階段、紓緩階段、回應階段、復原階段 (B)回應階段、準備階段、紓緩階段、復原階段 (C)回應階段、紓緩階段、準備階段、復原階段 (D)紓緩階段、準備階段、回應階段、復原階段。 【106普考四等】

( ) **4** 根據**密卓夫**（I. Mitroff）的見解，有效的危機管理必須把握五種工作計畫，**不包含**下列何者？
(A)消弭禍患於無形
(B)損害的控制與處理
(C)持續的學習與修正
(D)危機訊息的偵測。 【106原特四等】

( ) **5** 關於**危機管理**（Crisis Management）**的特性**，下列敘述何者正確？
(A)危機只有負面效果
(B)危機具有確定性
(C)危機的形成有其階段性
(D)危機的感受察覺因人而異。 【106台水評價人員】

( ) **6** 有關**危機管理**之敘述，下列何者**錯誤**？
(A)專指危機發生時的因應與處置措施
(B)應整合公私部門的資源與力量
(C)是一個有計畫、連續的管理過程
(D)必須藉由資訊回饋，不斷進行修正與調整。 【109初考】

解答與解析

1 B。 危機尚未發生時為預防階段，此時偵測潛在危機的警訊最為正確。

2 C。 危機管理四階段：紓緩階段、準備階段、回應階段、復原階段。

3 D。 參見第2題解析。

4 A。 **密卓夫**有效的危機管理五種工作計畫：(1)危機訊息的偵測。(2)危機的準備及預防。(3)損害的控制與處理。(4)危機的復原工作。(5)不斷的學習與修正。

5 CD。

危機的特性包括：1.危機的形成具有階段性，2.危機具有不確定性，包括狀態的不確定、影響的不確定、反應的不確定等，3.危機具有時間上的急迫性。

6 A。 危機管理並不專指危機發生時的管理，還包括危機發生前的預防與發生後的處理。

考點 3 ＞紐納美克危機管理機制

( ) **1** 在針對危機發展階段所規劃的應變體制中，下列何者屬於**危機爆發前**的管理活動？
(A)設置危機指揮中心
(B)危機感應系統
(C)危機情境監測系統
(D)展開系統評估與調查工作。 【106外特四等】

( ) **2** 下列何者**不是**危機爆發時的應變機制？
(A)危機指導指揮中心
(B)危機情境監測系統
(C)危機資源管理系統
(D)危機計畫系統。 【107地特五等】

( ) **3** 下列對於危機爆發時「設置危機指揮中心」的敘述，何者**最正確**？
(A)由危機管理專家擔任指揮官以確保救災專業得以貫徹
(B)主要負責跨機關間的溝通與協調而不具決策與指揮的功能
(C)成員應包括機關首長和相關幕僚、危機處理小組與危機管理專家
(D)擬定危機計畫為其主要任務，避免危機突發時無法即時決策的問題。 【106初考】

( ) **4** 根據**紐納美克**（J. Nunamaker）等人的危機管理動態模式，「草擬危機處理劇本」屬於下列何種階段的危機管理活動？
(A)危機尚未偵知時 　　(B)危機爆發時
(C)危機爆發前 　　(D)危機爆發後。　　【107身特四等】

( ) **5** 在危機爆發階段，下列何者是公共管理者所應採取的**優先作為**？
(A)擬定危機計畫
(B)設置危機指揮中心
(C)成立評估調查系統以確認危機的成因
(D)加速復原工作的進行。　　【109身特四等】

( ) **6** 下列何者屬於**危機結束後**應該運作的機制？
(A)對危機情境進行監測
(B)展開系統評估與調查
(C)設立危機指揮中心
(D)啟動危機感應系統。　　【109一般警察三等】

解答與解析

1 B。 紐納美克危機管理機制如下：
(1) 危機爆發前之運作與活動：A.危機感應系統。B.危機計畫系統。C.草擬危機計畫說明書。D.危機訓練系統。
(2) 危機發生時之運作與活動：A.危機管理小組。B.危機情境監測系統。C.危機資源管理系統。
(3) 危機發生後之運作與活動：A.成立評估系統並進行評估。B.加速復原工作的進行。C.從教訓中學習與危機管理地再推動。

2 D。 參見第1題解析。

3 C。 參見第1題解析。

4 C。 參見第1題解析。

5 B。 參見第1題解析。

6 B。 參見第1題解析。

考點 4 ＞災害防救

一、選擇題

（　　）**1** 下列各種災害與其中央災害防救業務主管機關之配對何者**錯誤**？
(A)空難、海難：交通部
(B)風災、火災：內政部
(C)水災、旱災：經濟部
(D)寒害、土石流災害：行政院環境保護署。　　　　【108升薦】

（　　）**2** 根據災害防救法的規定，直轄市、縣（市）災害應變中心的**指揮官**應由何者擔任？
(A)直轄市、縣（市）政府首長
(B)直轄市、縣（市）政府副首長
(C)直轄市、縣（市）政府消防機關首長
(D)直轄市、縣（市）政府民政機關或單位首長。　　　【108初考】

（　　）**3** 有關我國**災害防救體系**之敘述，何者**錯誤**？
(A)總統為中央災害防救會報召集人
(B)鄉鎮市設有災害防救辦公室
(C)中央至地方共分為三層級
(D)主要法令依據為「災害防救法」。　　　　【109身特四等】

（　　）**4** 當代災害治理的過程相當強調**網絡治理與協力的特性**，下列敘述何者**錯誤**？
(A)行為者網絡具多樣性
(B)行為者間講究權威集中以求效率
(C)行為者間重視合作關係與信任
(D)行為者間重視資訊共享。　　　　　　　　　【109初考】

（　　）**5** 下列何者是我國災害防救法的**中央主管機關**？
(A)經濟部　　　　　　　　(B)行政院農業委員會
(C)國家發展委員會　　　　(D)內政部。　　　　　【109初考】

解答與解析

1 D。 依據災害防救法第3條第1項規定，各種災害之預防、應變及復原重建，以下列機關為中央災害防救業務主管機關：

一、 風災、震災（含土壤液化）、火災、爆炸、火山災害：內政部。

二、 水災、旱災、礦災、工業管線災害、公用氣體與油料管線、輸電線路災害：經濟部。

三、 **寒害、土石流**災害、森林火災、動植物疫災：**行政院農業委員會**。

四、 空難、海難、陸上交通事故：交通部。

五、 毒性化學物質災害、懸浮微粒物質災害：行政院環境保護署。

六、 生物病原災害：衛生福利部。

七、 輻射災害：行政院原子能委員會。

八、 其他災害：依法律規定或由中央災害防救會報指定之中央災害防救業務主管機關。

2 A。 依據災害防救法第12條規定，為預防災害或有效推行災害應變措施，當災害發生或有發生之虞時，**直轄市、縣（市）及鄉（鎮、市）災害防救會報召集人**應視災害規模成立災害應變中心，**並擔任指揮官**。

3 A。 依據災害防救法第7條規定，**中央災害防救會**報置召集人、副召集人各一人，分別由**行政院院長**、**副院長兼任**；委員若干人，由行政院院長就政務委員、秘書長、有關機關首長及具有災害防救學識經驗之專家、學者派兼或聘兼之。

4 B。 網絡治理的特性在於**打破層級節制，去掉權威**，因此依據題旨選項(B)為正解。

5 D。 依據災害防救法第4條規定，本法主管機關：在**中央為內政部**；在直轄市為直轄市政府；在縣（市）為縣（市）政府。

二、申論題

天災人禍往往給原鄉及部落帶來重大災害，為建立安全家園，請從風險預防與管理角度，說明如何在原鄉及部落推動防災政策。【106 原特三等】

答 (一) 災害管理及預防之內涵
　　1. 災害係指是一個潛在具有傷害性的自然事件、物理現象或人類活動，將造成生命的損失、財產的損毀以及社會經濟的衰退。
　　2. 依據紐納美克（J. Nunamaker）等人的危機管理動態模式，危機或災害預防有以下幾個階段：
　　　(1) 危機爆發前的管理活動包括：建立危機計畫系統、危機訓練系統、危機感應系統，並草擬危機處理劇本。
　　　(2) 危機爆發時的管理活動包括：設置危機指揮中心，啟動危機情境監測系統及危機資源管理系統應用。
　　　(3) 危機解決後的管理活動包括：展開系統評估與調查工作、加速復原工作，危機管理計畫再推動。
　(二) 原鄉及部落推動防災政策之作為
　　1. 強化中央與地方防災之夥伴關係
　　　大災害發生時，容易造成資訊上的斷點，將使得應變體系無法有效掌握資訊，難以進行有效指揮。中央與地方需要建立彼此依存的信賴，並且建構充分溝通的管道，藉由中央提供的資訊與支援，才能有效解決民眾燃眉之急。
　　2. 建立「預防性疏散避難」之觀念
　　　透過地方政府協助主動民眾於天候與路況皆良好之情形下，進行「預防性疏散避難」作業。相關的配套措施，包含運輸工具、疏散時間與收容場所的管理等，亦需要進一步規劃。

考點 5 個人衝突

( ) **1** 個體遭受挫折後，**不表露自我的情感**，將之壓抑在心裡，久而久之形成情緒上的**冷漠**，學理稱之為何？
(A)折衷反應　　　　　　　(B)情緒挫折
(C)情緒孤立　　　　　　　(D)隱性攻擊。　　【106普考四等】

( ) **2** **基層主管**在上級主管和部屬的不同期望之間左右為難，是屬於下列何種衝突？
(A)目標衝突
(B)角色衝突
(C)雙趨衝突
(D)雙避衝突。　　　　　　　　　　　　【108台電-身心障礙人員】

( ) **3** 個人追求目標的過程若遭受障礙、產生挫折，可能會學習到一種**一成不變**的反應方式來化解個人衝突，此為下列何種反應？
(A)攻擊反應　　　　　　　(B)退讓反應
(C)固著反應　　　　　　　(D)折衷反應。　　【108地特四等】

解答與解析

1 C。 本題關鍵字在**退縮冷漠形成孤立**。

2 B。 基層主管同時是上級的部屬，又是部屬的上級，具有**雙重角色**，具有**角色衝突**。

3 C。 本題關鍵字在**一成不變**，對應到選項(C)固著反應。

考點 6 〉**團體衝突**

一、選擇題

( ) **1** 根據**賽蒙（H. Simon）與馬奇（J. March）**的見解，下列何者不是影響團體衝突的主要因素？
　　(A)個人認知的差異
　　(B)團體內的差異
　　(C)參與決策的需要
　　(D)目標的差異。　　　　　　　　　　　　　　【106地特四等】

( ) **2** 有關組織衝突中的**團體衝突**，史安（E. H. Schein）提出的解決方法下列何者**有誤**？
　　(A)避免造成輸贏的場合
　　(B)避免團體間的溝通
　　(C)強調組織整體效率
　　(D)各團體間員工輪調。　　　　　　　　　　　【107台電新進僱員】

( ) **3** 各單位為了爭取**資源容易產生衝突**，下列何者可以協助避免此類衝突？
　　(A)制訂明確的分配規則
　　(B)強化個人權利意識
　　(C)減少可分配資源總額
　　(D)鼓勵各單位追求預算極大化。　　　　　　　【109一般警察三等】

> **解答與解析**

1 B。 根據賽蒙（H. Simon）與馬奇（J. March）的見解認為團體的衝突主要有三因素：一、**參與決策**的需要。二、**目標的差異**。三、**個人認知的差異**。

2 B。 衝突發生，**最重要的是溝通**。

3 A。 單位之間的資源衝突，可透過**分配規則**的制定來**避免**。

二、申論題

造成行政組織中「團體衝突」的因素為何？有那些解決的途徑？試舉例說明。【106 升薦升資三等】

答 (一) 團體衝突之內涵與因素

　　1. 團體衝突之內涵：團體衝突是指發生在組織中各團體之間的一種衝突行為。

　　2. 團體衝突之因素

　　　根據賽蒙（H. Simon）與馬奇（J. March）的見解認為團體的衝突主要有三因素：

　　　(1) 參與決策的需要：一個組織的次級單位之間為了參與決策的需要而常起衝突。

　　　(2) 目標的差異：組織由於分工制度的結果，各個單位的目標集合成組織的總目標。各下級單位的工作行為自然以其本單位的利益為中心，忽略了組織的總目標與其他單位的目標，使得各單位之間變成一種絕緣狀態，彼此溝通越形困難。

　　　(3) 個人認知的差異：所謂個人認知的差異是指不同的個人對組織決策認知過程所發生的差異，它在一單位中發生作用時，亦會導致單位間的衝突。

(二) 團體衝突解決的途徑

　　1. 說服：試圖改變別人的態度或行為，彼此取得協調。

　　2. 討論：問題界定、找出可行的解決方法、選擇最適合方案和相關執行的抉擇。

　　3. 尋求公正中立的第三者協助

考點 7 ＞ 衝突

（　　）當組織衝突過低的時候，管理者可以運用一些技巧來**刺激組織衝突**，下列何者**並非刺激衝突的有效方法**？
(A)在組織內部建立良好的申訴制度
(B)適當操弄各項溝通的資訊及管道
(C)指定特定的人擔任所謂的「魔鬼辯護者」
(D)創造組織成員或群體間競爭的情境。　　　　　【108升薦】

解答與解析

A。　申訴制度是**被動**的，**必須有人申訴，申訴制度才得以發揮**，因此並非刺激衝突的有效方法。

第三節　行政管理

考點 1 ＞ 管理工具

（　　）**1** .下列何者**不是**常用的**排程模式**（scheduling models）？
(A)甘特圖（Gantt chart）
(B)決策樹（decision tree）
(C)要徑法（critical path method）
(D)計畫評核術（program evaluation and review technique）。
　　　　　　　　　　　　　　　　　　　　　　　【108高考三級】

（　　）**2** 管理者繪圖以便進行任務的規劃與控管，將任務分成許多工作項目放於 縱軸，另以橫軸代表**時間**，再用**長條**的形式代表**每項工作的起止時間**，稱之為：
(A)泰勒圖　　　　　　　　(B)甘特圖
(C)費堯圖　　　　　　　　(D)韋伯圖。　　　　【108身特四等】

(　　) **3** 「**甘特圖**」的設計理念係源自何種基礎？

　　　(A)績效導向的計畫評核學派

　　　(B)後行為主義的超個人心理學派

　　　(C)科學管理的管理技術學派

　　　(D)人群關係的霍桑實驗學派。　　　　　　　【107地特五等】

> **解答與解析**

　1 B。所謂排程模式即涉及任務是向與時間的安排，具有時間性。甘特圖、要徑法、計畫評核術皆是具有時間性質的工具。而決策樹僅是一種想法或觀念的組織與發散整理工具。故選(B)。

　2 B。甘特圖的特徵即為時間與任務事項的安排。其餘選項是虛假選項。

　3 C。甘特圖源自於科學管理的管理技術學派，講求時間與任務的安排，講求效率，而無人性心理因素的考量。

考點2 〉績效指標

(　　) **1** 關注「**服務過程的投入與產出**」的績效指標最合乎下列那個面向的內涵？

　　　(A)效率（efficiency）

　　　(B)效能（effectiveness）

　　　(C)公平（equity）

　　　(D)品質（quality）。　　　　　　　　　　【107警（退）三等】

(　　) **2** 下列何種績效指標關注的重心為「機關組織需要特別照顧的**弱勢團體**是否能夠享受更多的服務」？

　　　(A)效率（efficiency）

　　　(B)公平（equity）

　　　(C)經濟（economy）

　　　(D)效能（effectiveness）。　　　　　　　　【106原特三等】

(　) **3** 一個效標預測者（criterion predictors）在測驗**重複進行**之下，能產生相同結果的程度，稱為：

(A)可信度

(B)識別度

(C)預測效度

(D)效標關聯效度。　　　　　　　　【109一般警察三等】

解答與解析

1 A。　效率的定義即為投入與產出的關係。效能除了投入與產出的關係外，還在意產出是符合目的。

2 B。　本題關鍵字在照顧弱勢團體，凡是有此關鍵字者，皆屬公平、正義、代表性的範疇。

3 A。　信度代表一項測驗重複測試能得到相同的結果。

考點 3 　績效評估

(　) **1** 組織利用顧客、財務、學習與成長、內部流程四項構面，做為**績效評估**的一種管理工具，稱為：

(A)PDCA循環　　　　　　　(B)管理格道

(C)績效矩陣　　　　　　　　(D)平衡計分卡。　　【108身特四等】

(　) **2** 下列何者**最不屬於**建立**良好績效評估**制度必須掌握的要素？

(A)信度（Reliability）

(B)時間（Timing）

(C)民主（Democracy）

(D)效度（Validity）。　　　　　　　　　　　【108初考】

(　) **3** 員工績效考核所能發揮的功能中，下列何者**較不相關**？

(A)健全人事制度　　　　　　(B)促進公民參與

(C)調整俸給待遇　　　　　　(D)強化遷調退免。　【108地特五等】

解答與解析

1 D。 平衡計分卡是以財務、顧客、內部流程、學習與成長四個構面，平衡的評估組織的績效之管理工具。

2 C。 績效評估制度要素需有客觀可量化之標準，民主並非績效評估制度必須掌握之要素。

3 B。 員工績效考核為組織內部制度，而促進公民參與是屬於國家政府與人民之間的互動關係，較無直接關聯。

考點 4 績效管理

( ) **1** 下列何者**不是**有關**公部門績效管理**的**正確陳述**？
(A)公部門績效評估需測量市場的績效指標
(B)公部門績效測量經常同時包含質化與量化指標
(C)公部門績效指標在概念上可從投入、產出及結果三個層面進行分析
(D)公部門績效測量的結果可做為行政課責、獎懲以及組織學習改善的依據。　　　　　　　　　　　　　　　【108地特四等】

( ) **2** 下列何者可用以形容「長官**僅以**學歷和年資來判斷部屬工作績效的以偏概全現象」？
(A)暈輪效應（Halo Effect）
(B)赫奇效應（Hatch Impact）
(C)不希罕效應（BOHICA Effect）
(D)玻璃天花板效應（Glass Ceiling Effect）。　　　【106高考三級】

( ) **3** 下列何者描述了**績效審計**的精神？
(A)審查預算的執行結果是否符合預算的程序規定
(B)審查機關執行預算過程有無貪污舞弊
(C)審查決算報告中的數額是否正確
(D)審查最初設計的目的與政策結果是否達成。　　　【108身特四等】

解答與解析

1 A。 公部門績效管理與市場績效指標較無關聯,因此公部門績效管理制度無須測量市場績效指標。

2 A。 (A)暈輪效應是指主管以對個人的初步印象推斷其往後的表現。(C)不稀罕效應是指員工抗拒組織改革,對於任何改變皆抱持冷處理的態度。(D)玻璃天花板效應是指員工升遷到一定職位就無法再往上的處境。

3 D。 績效審計的目的在與審查計畫或政策的執行結果與目的是否達成。

考點 5 平衡計分卡

( ) **1** 下列何者是**平衡計分卡**用以**衡量組織績效**的構面之一?
(A)學習與創新 (B)目標
(C)環境 (D)整合。 【107原特四等】

( ) **2** 柯普朗(R. S. Kaplan)及諾頓(D. P. Norton)認為,政府部門應用平衡計分卡時,最主要的**不包含**下列何者?
(A)財務構面
(B)顧客構面
(C)內部流程構面
(D)學習與成長構面。 【109身特四等】

解答與解析

1 A。 平衡計分卡是以財務、顧客、內部流程、學習與成長四個構面,平衡地評估組織的績效之管理工具。

2 A。 參見第1題解析。

二、申論題

平衡計分卡（Balanced Score Card，BSC）為績效管理常見工具，請說明其內涵與構面，並舉例說明各構面之關鍵績效指標。【109 一般警察三等】

答　(一) 平衡計分卡之內涵
　　1. 緣起：平衡計分卡係 1990 代初由美國學者羅伯特‧卡普蘭（Robert Kaplan）和戴維‧諾頓（David Norton）所發起之一種績效評價體系，以找出超越傳統以財務量度為主的績效評價模式，使組織的策略能夠轉變為行動而發展出來的一種全新的組織績效管理方法。
　　2. 平衡計分卡方法認為，組織應從四個角度審視自身業績：創新與學習、業務流程、顧客、財務。
　　3. 平衡計分卡以四個構面衡量一個組織的績效，分別為：
　　　(1) 財務構面：組織財務是否健全，收入與支出是否達到最大效益。
　　　(2) 顧客構面：組織所提供知服務產品是否能是顧客滿意、創新與學習構面。
　　　(3) 學習成長構面：組織是否存在有讓員工與組織不斷創新與學習之機制。
　　　(4) 業務流程構面：組織業務流程是否順暢。
　　(二) 各構面之關鍵績效指標
　　1. 財務構面：政府機關預算來源為納稅人，因此財務構面的績效指標如：預算執行率、政府舉債適切度等。
　　2. 顧客構面：政府機關的顧客為民眾，因此顧客構面的績效指標如：民眾滿意度、政策滿意度等。
　　3. 學習成長構面：政府機關內部員工的學習成長績效指標如，員工學習時數、員工學習後工作效能等。
　　4. 內部控制構面：政府組織內部控制的績效指標如，公文處理流程時間、公文案件數量與品質程度比例、為民服務流程公開程度等。

考點 6 ＞目標管理

(　) **1** 下列何者為**行政機關**實施**目標管理**（Management by Objectives）**成敗**的關鍵所在？

(A)目標設定完全運用量化指標

(B)目標設定採由上而下模式

(C)獲得高層主管的支持與投入

(D)採用單一特定的方法進行管理。 【107地特三等】

(　) **2** 下列那位學者**最先**提出**目標管理的概念**？

(A)杜拉克（P. Drucker）

(B)賽蒙（H. Simon）

(C)費堯（H. Fayol）

(D)泰勒（F. Taylor）。 【107地特五等】

(　) **3** 下列何者所述最**不符合標竿學習**（benchmarking）的內容？

(A)是績效管理的一環

(B)是長期、持續的改善過程

(C)政府向民間企業學習利潤導向

(D)學習的目的是提升組織的競爭力。 【108退除四等】

(　) **4** 關於**績效目標**設定之參採原則：「**SMART原則**」，下列敘述何者**錯誤**？

(A)S（Specific）代表目標要具體明確

(B)M（Measurable）代表設定的目標可以測量

(C)R（Reliability）代表評量工具要具可靠性

(D)T（Timely）代表績效資訊的即時性。 【109身特三等】

解答與解析

1 C。 本題關鍵字在行政機關，在行政機關裡面許多政策推行的承辦關鍵在於高層主管的支持與投入。

2 A。 最先提出目標管理的概念之學者為杜拉克。

3 C。 政府的目的在於公益，而企業的目的在於私益，這是這兩個組織最基本的差異，也是這兩個組織存在目的，因此政府如向企業學習利潤導向目的，其失去政府存在的目的。

4 C。 SMART原則是指：specific明確性、Measurabl可測量、Achievable可達到、Relevant相關性、Time-based時限性。本題問錯誤選項，應選(C)。

考點 7 全面品質管理

( ) **1** 下列何者屬於**行政機關**應用**全面品質管理**時可能遭遇的**限制**？①多元參與的要求②官僚體制的文化③依法行政的要求④顧客界定的困難
(A)①② (B)③④
(C)①③ (D)②④。 【108身特五等】

( ) **2** 下列何者屬於推動**全面品質管理**時所應該把握的**原則**？①強調事先預防②持續的努力③重視團隊合作④遴選稱職的領導者
(A)②③④ (B)①②④
(C)①③④ (D)①②③。 【107地特五等】

( ) **3** 下列那種管理理論最重視**集體成就**、**跨部門的合作**以及**培養部屬能力並授權裁量**？
(A)全面品質管理理論 (B)科學管理理論
(C)代表性官僚理論 (D)激勵保健理論。 【106原特五等】

( ) **4** 有關**全面品質管理**（total quality management）的敘述，下列何者**正確**？ (A)強調專業分工 (B)強調個人工作績效考核 (C)強調員工參與決策 (D)強調階層式溝通。 【109身特四等】

解答與解析

1 D。 本題關鍵字在行政機關，行政機關採用民間企業使用的全面品質管理工具，會遭遇到的兩大難題為：官僚體制的文化以及顧客界定的困難。前者是行政機關特有的組織文化，後者是行政機關與私人企業最本質上的差異。

2 D。 全面品質管理的原則包括：顧客導向、事先預防、全面參與、教育訓練、持續改進、事實管理、品質承諾。

3 A。 參見上題解析。本題關鍵字在集體、跨部門、授權，這些要件是科學管理、代表性官僚所沒有涉及到的，而激勵保健理論也只著重在個人的需求層次。

4 C。 全面品質管理中，所謂的全面包含了全體員工的意涵，指全體員工都要對產出的品質擔負責任，因此而賦予員工一定的權力與決策參與能力。

考點 8 行政專業化

(　　)　下列何者可以**促進行政專業化**的發展，並**減少摸索嘗試錯誤的成本**，確保行政作業的品質及效率？
(A)多元化　　　　　(B)權變化
(C)標準化　　　　　(D)層級化。　　　【107身特四等】

解答與解析

C。 標準化的目的即為促進行政專業化的發展，並減少摸索嘗試錯誤的成本，確保行政作業的品質及效率。

考點 9 知識管理

( ) **1** 有關知識形成的過程與層級性，包括智慧、資料、知識、資訊等概念，其由低至高階層級的順序為何？
(A)資料、智慧、知識、資訊
(B)資料、資訊、知識、智慧
(C)資料、資訊、智慧、知識
(D)資訊、資料、知識、智慧。　　　　　　【106地特三等】

( ) **2** 有關**知識經濟**成為公共行政的環境系絡，下列敘述何者**錯誤**？
(A)以知識為基礎的經濟現象已經改變了全球經濟的發展型態
(B)資料、資訊與知識成為生產活動中影響競爭力的關鍵元素
(C)知識經濟現象與農業與服務業沒有關連
(D)個別組織管理知識的能力成為其營運的重要關鍵。
　　　　　　【108國安五等】

( ) **3.** （複選）下列哪些事項和知識管理的內涵**最有直接相關**？
(A)知識分享　　　　　　(B)累進稅率
(C)資訊管理系統　　　　(D)弊端揭發。　【106自來水公司】

解答與解析

1 B。 知識形成的過程與層級性為：資料、資訊、智慧、知識，故選(C)。

2 C。 知識為基礎的經濟現象，與任何產業皆具關連。

3 AC。
知識分享與資訊管理系統與知識管理之內涵較具有直接相關。累進稅率市政府政策層面的決定。弊端揭發是組織內部成員對組織弊端的揭露。

考點 10　文書管理

(　) **1** 依我國公文程式條例，**總統與監察院**之間往復所使用之公文是：
(A)呈　　　　　　　　　(B)函
(C)令　　　　　　　　　(D)咨。　　　　　　【106原特三等】

(　) **2** 一般公文如果被列為**普通件**，其處理時限基準為何？
(A)1日　　　　　　　　(B)3日
(C)6日　　　　　　　　(D)10日。　　　　　【108身特五等】

(　) **3** **一般**公務機密文書應列為下列那一種機密等級？
(A)極機密　　　　　　　(B)機密
(C)密　　　　　　　　　(D)普通機密。　　　【108初考】

(　) **4** 下列對於**機密文書**處理之敘述，何者正確？
(A)機密文書對外發文時應封裝於雙封套內
(B)機密文書在機關內傳遞，不論其機密等級都可在密封後由非
　　承辦人員傳遞
(C)機密文書在機關外傳遞，不論其機密等級都應由承辦人員傳遞
(D)機密文書對外發文時，應於最外層之封套上明確標示機密等
　　級以利辨識。　　　　　　　　　　　　　【107地特五等】

(　) **5** 下列那一部法律的制定，是為了健全政府機關檔案管理，促進檔
案**開放**與運用，發揮檔案功能？
(A)檔案法
(B)政府資訊公開法
(C)政府資訊保存與調閱條例
(D)檔案資料管理法。　　　　　　　　　　　【106國安五等】

解答與解析

1 D。依公文程式條例第2條，總統與立法院、監察院公文往復時用之。

2 C。依文書流程管理作業規範，普通件處理時限為6日。

3 C。一般公務機密文書應列為密。國家機密文書分為機密、極機密、絕對機密。

4 A。依據文書處理手冊：
　(一) 分文（交辦）、陳核（判）、送會、送繕、退稿、歸檔等流程，<u>除「絕對機密」及「極機密」應由承辦人員親自持送外</u>，其餘非由承辦人員傳遞時，應密封交遞。傳送一般公務機密文書應交指定專責人員或承辦人員親自簽收。
　(二) 在機關外傳遞，<u>屬「絕對機密」或「極機密」者，由承辦人員或指定人員傳遞</u>，必要時得派武裝人員或便衣人員護送。屬「機密」者，由承辦人員或指定人員傳遞，或以外交郵袋或雙掛號函件傳遞。屬「密」者，應密封後按一般人工傳遞方式辦理。
　(三) 機密文書對外發文時，<u>應封裝於雙封套內</u>，封套之紙質，須不能透視且不易破裂。內封套左上角加蓋機密等級，並加密封，封口及接縫處須加貼薄棉紙或膠帶並加蓋「密」字戳記；<u>外封套不得標示機密等級或其他足以顯示內容之註記</u>。

5 A。本題關鍵字在<u>開放</u>，健全政府機關檔案是為了政府資訊得以公開，發揮檔案的功能。

考點 11 個人資料保護

(　　) **1** 下列何者屬於公務機關對<u>個人資料</u>做特定目的外之利用時，所須符合的條件？
　(A)為防止他人權益之重大危害
　(B)有助於機關達成績效目標
　(C)為強化機關與民眾媒體之溝通
　(D)需事先了解當事人意見並做解釋。　　　　　　【107身特五等】

解答與解析

1 A。 依據個人資料保護法第5條規定，個人資料之蒐集、處理或利用，應尊重當事人之權益，依誠實及信用方法為之，不得逾越特定目的之必要範圍，並應與蒐集之目的具有正當合理之關聯。

考點 12 生產力

( ) 1 下列何者**不是**提高**行政生產力**的關鍵因素？
(A)獎勵研究發展
(B)職務豐富化
(C)業務外包
(D)面對市場競爭壓力。 【107初考】

( ) 2 關於行政生產力意涵的敘述，下列何者較能被**接受**？
(A)強調提供更多的服務
(B)運用量化的衡量指標
(C)生產力不佳是個人層次問題
(D)公私部門生產力衡量的基本精神是相通的。 【106自來水公司】

解答與解析

1 C。 所謂提高生產力是指提供本身的成果產出能力而言，如係以外包的方式則完全無跳脫所謂本身生產力的界定範圍。

2 D。 行政生產力意涵即指行政上投入與產出的問題，就公私部門而言其精神為相通。

考點 13　效率

(　　) **1** 下列關於**效率**的敘述，何者**錯誤**？
(A)效率必須同時兼顧手段與目的
(B)效率的真義在於當其用、宏其用，不是一味的節約或儉吝
(C)效率的核心意義是指產出與投入的比率關係
(D)效率是指目標達成的程度，做出正確的事情。　　【106初考】

(　　) **2** 強調「**溝通與協調**」安排的組織效率，可稱為下列何項行政效率？
(A)社會效率
(B)機械效率
(C)管理效率
(D)經濟效率。　　　　　　　　【107 5月新進僱用人員甄試】

解答與解析

1 D。 本題問錯誤者，效率並不管目標的正確性與否，只管投入與產出之間的比率關係。

2 A。 本題關鍵字在溝通與協調，是著重在人際與社會制度的效率性，為社會效率。

考點 14　個案管理

(　　) 政府社工師至身心障礙者**家中**進行關懷訪視的相關措施，是屬於何種管理方法？
(A)個案管理　　　　　　(B)全面品質管理
(C)遵循管理　　　　　　(D)目標管理。　　【106自來水公司】

解答與解析

A。 社工師至身心障礙者家中進行個別關懷係屬個案管理。

考點 15 > 策略規劃

( )　有關「策略規劃」的概念，下列何者**錯誤**？
　　(A)策略規劃涉及分析組織所面臨的內、外在環境
　　(B)策略規劃是策略管理的結果
　　(C)策略規劃強調規劃力
　　(D)策略規劃階段首先必須先瞭解組織目前的使命。

【109初考】

解答與解析

B。 策略規劃是策略管理的一部分。

考點 16 > 策略管理

( ) **1** 策略管理工作當中常用的**SWOT分析**，針對「外部環境」作分析檢測的是：
　　(A)機會與威脅　　　　　　(B)劣勢與威脅
　　(C)優勢與機會　　　　　　(D)優勢與劣勢。　　【108外特四等】

( ) **2** 所謂一張好的策略地圖要能夠訴說「策略的故事」，並且清楚說明策略的因果關係。因此，策略地圖多運用在策略管理當中的那一個階段？
　　(A)策略規劃　　　　　　　(B)策略執行
　　(C)策略評估　　　　　　　(D)策略回饋。　　【107原特三等】

( ) **3** （複選）在策略管理過程的分析階段中，有關內環境的分析標的為下列何者？
　　(A)機會　　　　　　　　　(B)威脅
　　(C)優勢　　　　　　　　　(D)弱勢。　　　【107自來水公司】

> **解答與解析**

1 A。 SWOT分析是指優點（strength）與缺點（weakness）之內部分析；以及機會（opportunity）與威脅（threat）之外部分析。

2 A。 策略地圖用途在看清策略的全體藍圖，多運用在策略規劃階段。

3 CD。
SWOT分析是指優點（strength）與缺點（weakness）之內部分析；以及機會（opportunity）與威脅（threat）之外部分析。

考點 17　資訊管理

( )　**1** 我國建置一個「行政院政府計畫管理資訊網」，做為政府各機關進行施政計畫規劃、管制、評核之共通作業平台。下列何者和該平台的建置目的**最沒有相關**？
(A)知識管理　　　　　　(B)績效管理
(C)領導管理　　　　　　(D)專案管理。　　　【108退除四等】

( )　**2** 有關**辦公廳**的布置與安排、自動化、環境與空間管理、案卷管理等，歸類於行政學中何項的範圍與內容？
(A)預算決策
(B)組織理論
(C)公務及資訊管理
(D)公務人力資源管理。　　　　　　　　　【108原特三等】

( )　**3** 下列何者指的是在資料處理時，從眾多資料中找出所需資料及資料之間的模式或關係的過程？
(A)資料取得（data acquiring）
(B)資料探勘（data mining）
(C)資料倉儲（data warehouse）
(D)資料委外（data outsourcing）。　　　【109身特三等】

( ) **4** 某甲居住於**偏鄉**，由於**網路基礎建設不足**，使得個人缺乏科技使用機會。下列何種概念最能解釋某甲的處境？
(A)數位落差 　　　　　(B)工業4.0
(C)資訊超載 　　　　　(D)人工智慧。　　　【109身特四等】

解答與解析

1 C。 管理資訊網是一種行政管理上的作業平台，在於透過資訊設備協助成員做行政事務上的事務管理，屬於知識管理、專案管理以及績效管理，但與領導管理無涉。

2 C。 有關辦公廳舍的布置管理係屬公務及資訊管理。

3 B。 資料探勘（data mining）是指從眾多資料中找出所需資料及資料之間的模式或關係的過程。

4 A。 數位落差通常指在偏鄉，由於網路基礎建設不足，使得個人缺乏科技使用機會。

考點 18　國家發展委員會

( ) **1** 關於國家發展委員會組織之敘述，下列何者**正確**？
(A)為行政院研究發展考核委員會和經濟建設委員會合併後的中央三級機關
(B)組織的設計採取委員制
(C)業務包括我國電子化政府計畫的規劃與執行
(D)負責管理經濟活動之獨占、結合及聯合行為。　【108身特四等】

( ) **2** 為因應知識經濟的時代來臨，下列那個單位可視為我國中央政府組織的**知識執行長**機構？
(A)行政院 　　　　　(B)科技部
(C)行政院人事行政總處 　　(D)國家發展委員會。【107原特三等】

解答與解析

1 C。 國家發展委員會為行政院研究發展考核委員會和經濟建設委員會合併後的中央二級機關，採首長制，業務包括我國電子化政府計畫的規劃與執行，可視為我國中央政府組織的知識執行長機構

2 D。 參見第1題解析。

考點 19　電子化政府

( ) 1 由我國建立電子化政府的歷程觀之，共可分三種層次，若**由低至高**排列，下列那一個順序正確？
(A)電子化管理（e-management）、電子化政府（e-government）、電子化治理（e-governance）
(B)電子化政府、電子化治理、電子化管理
(C)電子化管理、電子化治理、電子化政府
(D)電子化治理、電子化管理、電子化政府。　　【108身特三等】

( ) 2 下列何種概念和「**電子化政府**」**最沒有直接關係**？
(A)數位政府　　　　　　(B)管制政府
(C)透明政府　　　　　　(D)網路政府。　　【107地特四等】

( ) 3 「**大數據**」是近年來相當流行的詞彙，下列何種政策和「大數據」最有關係？
(A)電子化政府　　　　　(B)年金改革
(C)司法改革　　　　　　(D)性別主流化。　【106自來水公司】

( ) 4 下列何者**不屬於電子簽章制度**所表彰的功能？
(A)確保資訊交流可信度
(B)提升民主的落實程度
(C)確保電子交易安全性
(D)促進電子商務的發展。　　　　　　　【109身特四等】

解答與解析

1 A。 我國電子化政府的歷程由低至高排列為電子化管理
（e-management）、電子化政府（e-government）、電子化治理
（e-governance）。

2 B。 電子化政府是指透過數位資訊設備將政府資訊電子化，用更簡便、
透明的方式將政府資訊公開透明，因此與數位化、透明化、網路化
皆有關聯。而管制政府的精神則與電子化政府精神相違背。

3 A。 參見第2題解析。

4 B。 電子簽章制度是指透過數位化的方式使電子資訊的傳遞更具有可
信度，與民主參與無涉。

第六章　公共政策

第一節　公共政策、政策問題形成以及政策規劃

考點 1　公共政策

（　　）**1** 下列那位學者較早提出**政策科學**一詞，主張**重視政策取向的研究**
來解決社會問題？
(A)賽蒙（Herbert Simon）
(B)拉斯威爾（H. D. Lasswell）
(C)羅爾斯（John Rawls）
(D)唐恩（William Dunn）。　　　　　　　　　　　【106地特三等】

（　　）**2** **史東**（Deborah Stone）所著之**《政策弔詭》**旨在反應民主國家主
要公務倫理困境為何？
(A)如何在多元價值間折衝協調
(B)如何強化弱勢族群的利益與代表性
(C)如何增進公共資源使用效率和避免浪費
(D)如何促進公務體系的廉潔操守。　　　　　　　　【107地特五等】

（　　）**3** 有關**公共政策意涵**的描述，下列何者**錯誤**？
(A)必定是民主政府對於公共問題所做的權威性陳述
(B)可以是一種政府不作為
(C)是政府所採取有目的性的行動方案
(D)並非靜態或一成不變。　　　　　　　　　　　　【108原特四等】

(　　) **4** 公共政策運作過程的**首要之務**為何？
(A)預算籌編　　　　　　　　(B)責任釐清
(C)結盟提案　　　　　　　　(D)問題認定。　　　　【107普考四等】

(　　) **5** 根據倡導聯盟架構的主張，**政策次級系統**的行動者擁有三個層次的信念，屬於某一個政策次級系統成員對問題成因擁有的共同想法，稱之為：
(A)品德核心信念　　　　　　(B)倫理核心信念
(C)政策核心信念　　　　　　(D)次級核心信念。　　　【109初考】

解答與解析

1 B。 拉斯威爾著有《Politics：Who Gets What，When，How》一書，是較早提出政策科學一詞，主張重視政策取向的研究來解決社會問題。

2 A。 **史東**（Deborah Stone）所著**《政策弔詭》**旨在反應民主國家主要公務倫理困境為如何在多元價值間折衝協調。

3 A。 **公共政策意涵包括**民主政府對於公共問題所做的權威性分配、可以是一種政府的作為或不作為是政府所採取有目的性的行動方案，並非靜態或一成不變。選項(A)的錯誤在於「必定」。

4 D。 公共政策的首要之務在於**問題認定**。

5 C。 政策次級系統的行動者擁有三個層次的信念：
(1) 深層核心信念：任何政策次級體系的利害人均不能加以動搖。
(2) **政策核心信念**：屬於某一個政策次級系統成員對問題成因擁有的**共同想法**。
(3) 次級核心信念：為政策次級系統的經驗信念和政策意願，對於政策特定目的之決定與達成特定目的之特定工具的選擇具有關連性。

考點 2 〉公共財

( )　有關**公共財**特性之敘述，下列何者**錯誤**？
　　(A)具有非競爭性
　　(B)具有非排他性
　　(C)是集體消費的行為
　　(D)存在資訊不對稱的問題。　　　　　　　　　【108外特四等】

解答與解析

D。 公共財特性是具非競爭性、非排他性、集體消費行為。存在資訊不對稱問題是導致市場失靈的因素之一。

考點 3 〉福利經濟

( )　有關政府介入處理社會問題的原因，下列何者**不屬於福利經濟學派**強調的重點？
　　(A)矯正資訊不對稱的現象
　　(B)實踐社會公平正義的理念
　　(C)處理財貨不具排他性的問題
　　(D)改善市場自然獨占的缺失。　　　　　　　　【108地特三等】

解答與解析

B。 福利經濟學派強調政府解入處理社會問題的原因包括**矯正資訊不對稱的現象、處理財貨不具排他性的問題、市場獨佔性等問題**。而非實踐社會公平正義的理念。

考點 4 〉市場失靈

(　) **1** 下列何者**不是**補救**市場失靈**的政策類型？
(A)誘因政策
(B)保險與救助政策
(C)自我管制政策
(D)非市場供給政策. 【106原特四等】

(　) **2** 下列何者**不屬於市場失靈**的情況？
(A)自然獨占
(B)外部性
(C)公共財
(D)國內市場狹小。 【107台水評價人員】

解答與解析

1 C。 補救**市場失靈**的政策類型包括又因政策、保險與救助政策、非市
場供給政策。自我管制政策是指政府並未設定嚴格的、一致性的
管制規劃和規範，而僅僅設定原則性的規則，由各政府機關和標
的團體自行決定採取何種行動，而政府不加干預的政策類型。

2 D。 市場失靈的原因包括**公共財、外部性、資訊不對稱、自然獨占**。

考點 5 〉正義論

(　) 　根據羅斯（John Rawls）的**正義論**內含的自由（平等）與差異原
則，下列敘述何者**錯誤**？
(A)自由（平等）原則強調「相同對待相同的個體」
(B)差異原則重視「不同對待不同的個體」
(C)自由（平等）原則強調「相同對待不同弱勢的個體」
(D)差異原則也主張「對最弱勢的人給予最大的獲益機會」。

【107身特三等】

解答與解析

C。 羅斯的正義論包括自由原則與平等原則，其中自由原則為每個人都應該有平等的權利，去享有最廣泛的基本自由權；而其所享有的基本自由權與其他每個人所享有的同類自由權相容。平等原則為確保社會中所有人的可選項都具有實質意義，並同時確保分配公正。

考點 6 　代理

(　　) 組織內部經常產生「**代理問題**（agency problem）」，主要肇因為下列何者？
(A)主管和部屬之間的資訊不對稱
(B)主管和部屬之間的資歷不對稱
(C)主管和部屬間的能力不對稱
(D)主管和部屬間的學歷不對稱。　　　　　　　　　【108外特四等】

解答與解析

A。 代理問題起因於管理階層與執行階層的**資訊不對稱**。

考點 7 　民意

(　　) **1** 下列何者**非屬民意直接表達**的方式之一？
(A)請願　　　　　　　　　　(B)遊行
(C)罷工　　　　　　　　　　(D)民意調查。　　　【107身特四等】

(　　) **2** 社會中存在某些<u>平時並不顯露的民意</u>，只在政府採取<u>某種政策後才表現</u>出來，請問這是民意的何種特性？
(A)同質性　　　　　　　　　(B)多變性
(C)潛在性　　　　　　　　　(D)容忍性。　　　　【106地特三等】

(　　) **3** 民眾對公共事務之關心及了解程度，**並非人人相同**，有人熟悉常表意見，有人所知不多亦表意見，另有不表意見者，此係民意的那種特性？
(A)複雜性　　　　　　　　(B)不普及性
(C)潛在性　　　　　　　　(D)不一致性。　　　　【106初考】

(　　) **4** 下列那兩種意識形態比較可能會**支持開徵富人稅**的政策？
(A)自由派（liberal）與自由意志派（libertarian）
(B)自由派（liberal）與社群主義派（communitarian）
(C)保守派（conservative）與社群主義派（communitarian）
(D)保守派（conservative）與自由意志派（libertarian）。
　　　　　　　　　　　　　　　　　　　　　　　　【108普考四等】

解答與解析

1 D。民意調查屬間接民意表達方式。**請願、遊行、罷工**屬於直接性的民意表達方式。

2 C。民意具有多種特性，潛在性即指**平時並不顯露只在特定政策實行時才顯露**。

3 B。民意具有多種特性，不普及性是指，同樣一項公共事務**有些人表態，有些人不表態，或無意見**。

4 B。本題關鍵字在開徵富人稅，支持開徵富人稅者通常為較為左傾的意識形態，包括**自由派**、社會主義、社群主義等。反之，保守派、自由意志派持反對意見。

考點 8 　政府失靈

(　　)　　下列何者是造成**政府失靈**的主要原因之一？　(A)公共財的提供問題　(B)自然獨占所造成的問題　(C)資訊不對稱所造成的問題　(D)機關供給財貨所造成的問題。　　　　　　　　【106外特四等】

解答與解析

D。　政府失靈的主要原因為**政府所提供的財貨造成失靈的問題**。選項
　　　(A)(B)(C)為市場失靈之原因。

考點 9 〉政策工具

(　) **1** 政府機關將**某一標的人口的利益或成本轉移**給另一標的人口享受
　　　或承擔的政策，被稱之為何種政策？
　　　(A)自我管制性政策　　　　　(B)分配性政策
　　　(C)重分配性政策　　　　　　(D)管制性政策。　　　　【108初考】

(　) **2** 重大開發計畫對環境有不良影響之虞者，須先經環境影響評估的
　　　程序。此一程序**最接近**於那一種政策類型？
　　　(A)管制性政策　　　　　　　(B)勸誡性政策
　　　(C)分配性政策　　　　　　　(D)重分配政策。　　　【107地特三等】

(　) **3** 根據羅威（T. J. Lowi）的觀點，下列何者**屬於**分配性政策
　　　（distributive policy）？
　　　(A)環境影響評估政策
　　　(B)給付各類族群津貼政策
　　　(C)綜合所得稅累進稅率政策
　　　(D)特定行業設置管理政策。　　　　　　　　　　【106原特三等】

(　) **4** 下列關於公共政策類型的敘述，何者**正確**？
　　　(A)分配性政策與重分配性政策係屬零和賽局
　　　(B)管制性政策與重分配性政策係屬零和賽局
　　　(C)重分配性政策與自我管制性政策係屬非零和賽局
　　　(D)自我管制性政策係屬零和賽局。　　　　　　　　【107身特五等】

( ) **5** <u>**租稅政策**</u>比較屬於下列那一種政策？
(A)分配性政策
(B)重分配性政策
(C)管制性政策
(D)自我管制性政策。 【106身特五等】

解答與解析

1 C。 政策類型可分為四種：
一、 分配性政策（Distributive policy）政府機關將利益、服務、成本或義務分配給不同的人口來享受或承擔政策，如社會福利政策。
二、 重分配性政策（Redistributive policy），**政府機關將某一團體或人口的利益或成本轉移給另一團體或人口來享受或承擔的政策**，例如所得稅、增值稅等。
三、 管制性政策（Regulatory policy），政府機關設立特殊的原則和規範，來指導政府機關及目標人口從事某些行為，或處理各種不同團體利益的政策，而使一方獲利或失利，例如入境管制、外匯管制等。
四、 自我管制性政策（Self-regulatory policy），係指政府機關對於某一團體或人口的活動僅予以原則性的規範，而由該團體自行決定活動進行方式的政策，例如勞工團體、工會等。

2 A。 重大開發案需先進行評估，是政府機關設立特殊的原則和規範，來指導政府機關及目標人口從事某些行為，屬於**管制性政策**。

3 B。 分配性政策（Distributive policy）**政府機關將利益、服務、成本或義務分配給不同的人口來享受或承擔政策**，如社會福利政策。

4 B。 所謂零和賽局是指有一方輸一方贏的結果，因此**管制性政策**與**重分配性政策**係屬零和賽局。

5 B。 參見第1題解析。

考點 10 〉威爾森政治環境

(　　)　依據政策的成本與利益的集中或分散情形,威爾森(J. Wilson)將政治環境區分為四類,下列敘述何者**錯誤**?
(A)在多數政治型態下,政策成本由全民分擔,利益也是由全民共同分享
(B)在客戶政治型態下,政策成本是由全民負擔,但是利益卻由少數人獲得
(C)在企業政治型態下,政策利益是由全民所共享,但成本係由少數人負擔
(D)在利益團體政治型態下,政策利益集中在少數人,成本卻是由多數人負擔。　　　　　　　　　　　　　　　　【107身特三等】

解答與解析 〉

D。　威爾森(J. Wilson)將政治環境區分為四類:
(1) 利益團體政治型態:少數人買單,少數人享受。例如醫藥分業的醫師與藥師兩派各有支持者。
(2) 企業政治型態:少數人買單,全民享受。例如環保政策,消費者保護,菸害防制法等,對廠商限制與要求更多,容易引發衝突。
(3) 客戶政治型態:全民買單,少數人享受。例如老人年金,殘窮救助,公園等等。
(4) 多數決政治型態:多數人買單,多數人享受。例如國防教育等。

考點 11 〉政策規劃

(　　)　「政策規劃時應考慮方案的持續性,以**長遠**的眼光設計方案內容」,此為**卡普蘭**(A. Kaplan)所主張的那項原則?
(A)人民自主原則　　　　　　(B)持續進行原則
(C)公正無偏原則　　　　　　(D)緊急處理原則。　【106地特四等】

解答與解析

B。　卡普蘭（A. Kaplan）主張政策規劃應遵守七項原則：

(1) 公正無私原則（principle of impartiality）：應以無私無偏之態度，對當事人、利害關係者、社會大眾等，均予以通盤慎重之考慮。

(2) 個人受益原則（principle of individuality）：無論是採行何種方案解決問題，最終之受益者都必須落在一般人身上。

(3) 劣勢者利益最大原則（maximin principle）：應考慮使社會上居於劣勢之弱勢團體及個人，能夠得到最大照顧。

(4) 分配普遍原則（distributive principle）：儘量使受益者擴大，亦即儘量使利益普及於一般人，而非僅限少數人。

(5) 持續進行原則（principle of continuity）：應考慮事務之延續性，對事務及解決問題之方案，從過去、現在及未來之角度研究方案之可行性。

(6) 人民自主原則（principle of autonomy）：應考慮政策問題是否可交由民間處理，如果民間有意願且有能力處理問題，基本上應由他們來處理，這也就是民營化呼聲高漲之理由。

(7) 緊急處理原則（principle of urgency）：應考慮各項公共問題之輕重緩急後，對於較緊急之問題，應即刻加以處理解決。

考點 12　政策網絡

（　）　下列關於**政策網絡特性**的敘述，何者**錯誤**？
(A)行動者之間會形成交互依賴的互動關係
(B)行動者隨時等待與其它行動者進行策略性交易和聯盟
(C)行動者之間的關係通常是短暫的而非持久性的型態
(D)有助於解析政策制訂過程權力運作的機制。　【106地特五等】

解答與解析

C。　政策網絡特性包括行動者之間會形成交互依賴的互動關係，彼此之間的關係是持久性或穩定性。

考點 13　M型社會

( )　經濟仍有成長，但**所得分配惡化**，係屬大前研一（K. Ohmae）所稱之：

(A)M型社會　　　　　　　　(B)U型社會

(C)W型社會　　　　　　　　(D)X型社會。　　　【106原特五等】

解答與解析

A。　M型社會是日本學者大前研一所提出之觀念，其認為在全球化下富者越富，貧者越貧，而中產階級陷落，竟雖然成長，但所得分配惡化之情形。

第二節　政策合法化、政策執行以及政策評估

考點 1　漸進決策

( )　**1** 下列何者並**不屬於漸進決策途徑**遭受**批評**之處？

(A)無法應付快速變動的外環境所帶來的問題

(B)忽視社會創新的需求

(C)沿襲既有的政策未必代表全民利益

(D)決策者不容易找出所有的問題解決方案。　　　【107地特四等】

( )　**2** 林布隆（C. Lindblom）提出「**漸進調適**」決策模式，下列何者**不是**其主要主張？

(A)價值與利益衝突不可能完全被調和

(B)社會互動可彌補科學分析的不足

(C)政策分析應顧慮權力運作的現實

(D)所有方案的成本效益應該被精準估計。　　　【106身特三等】

解答與解析

1 D。本題問非漸進決策途徑的缺點，其缺點包括無法應變環境、忽視社會需求等，優點在於決策者容易找出問題的解局方案。

2 D。**漸進決策途徑為**林布隆（C. E. Lindblom） 提出，其認為決策的過程是社會互動（social interaction）對既有公共政策進行小幅的、個別的、漸進的修正。

考點 2　政策評估

（　　）**1** 主張「**回應性評估**」係屬那一代的政策評估？
(A)第一代　　　　　　　　(B)第二代
(C)第三代　　　　　　　　(D)第四代。　　　　　【107原特四等】

（　　）**2** 有關**政策評估**的種類與意義，下列敘述何者**錯誤**？
(A)規劃評估其實即為政策預評估的一種類型
(B)評估是政策過程評估的一環
(C)政策結果評估包括衡量政策產出是否合乎預期
(D)影響評估屬於政策結果評估的一種。　　　【108身特五等】

解答與解析

1 D。政策評估演進可依時間序列分為四代：
(1) 第一代的評估強調「測量」。
(2) 第二代評估著重「描述」。
(3) 第三代評估注重「判斷」。
(4) 第四代評估主張「回應的－建構性評估」。

2 B。政策評估的過程可分成三種評估：
(1) 預評估：係指對政策方案在規劃階段時進行可行性評估、優缺點評估、優先順序評估、規劃評估。

(2) 過程評估：係指對政策問題認定的過程、政策方案規劃的過程、政策方案合法的過程與政策方案的執行過程進行評估的意思。

(3) 結果評估：係指對於政策方案的執行結果加以評估的意思，亦稱事後評估，又可分為產出評估與影響評估，前者評估政策受惠對象人口數量，後者評估政策所產生的影響，如提高聲譽、安全感等。

考點 4　政策執行

(　) **1** 下列那一類**政策評估**，是針對推動中的計畫進行**期中評估**，以了解計畫內容是否需要調整？
(A)預評估（pre-evaluation）
(B)總合評估（summative evaluation）
(C)影響評估（impact evaluation）
(D)執行評估（implementation evaluation）。　【109身特三等】

(　) **2** 政府推動網路報稅政策，執行結果以有多少民眾**下載並使用**網路報稅軟體來呈現，屬於下列何種政策評估？
(A)規劃評估　　　　　　(B)影響評估
(C)產出評估　　　　　　(D)可評估性評估。　【109初考】

(　) **3** 有關**第一代政策執行**途徑的闡釋，下列敘述何者**錯誤**？
(A)強調政策執行者必須由上而下的層級服從並實現政策目標
(B)有別於政策制定，主張政策執行應該是技術性而非政治性的
(C)對於政策執行階段的非法規因素可以不予考量
(D)政策標的團體的人口比例與特質將影響執行。【108身特五等】

(　) **4** 有關米特與洪恩（D. S. Van Meter & C. E. Van Horn）的政策執行力模式，下列敘述何者**錯誤**？
(A)政策目標與資源影響政策執行機關間的溝通與活動
(B)最終依變項為政策執行績效

(C)政策執行人員不受執行機關特性的影響

(D)社會經濟與政治環境影響政策執行績效。　　【107原特五等】

(　)5　標準作業程序（standard operating procedure，SOP）為政策執行階段中常用的程序，下列相關敘述何者**錯誤**？

(A)SOP可以節省時間與資源

(B)SOP有助於公共服務的穩定性

(C)SOP可以因應政策執行時任何特殊環境或情境的需求

(D)當新政策開始推動時，原有的SOP就可能需要被檢討修正。

【106初考】

解答與解析

1 D。預評估是期前評估、總合評估與影響評估是針對其後評估、執行評估是針對期中評估。

2 C。本題關鍵字在民眾下載並使用作為評估標的，因此是產出評估。

3 C。對於政策執行階段的非法規因素可以亦應予考量。

4 C。米特與洪恩（D. S. Van Meter & C. E. Van Horn）的政策執行力模式認為，政策執行人員會受執行機關特性的影響。

5 C。SOP是標準作業程序，是一種抽象現的規範，可以減少時間成本，有助於提升效率，但並非所有政策執行事項階適用，有些突發狀況或特殊案例即不適用。

考點6　政策決策

(　)1　下列何者為行政決策（decision-making）的**非理性方法**？

(A)直覺判斷　　　　　　(B)邏輯推理

(C)作業研究　　　　　　(D)電腦模擬。　　【107外特四等】

(　　) **2** 下列何者是尋求有**限資源最佳分配的決策技術**？
(A)作業研究　　　　　　　(B)線性規劃
(C)博弈理論　　　　　　　(D)滿意決策。　　　　【107原特三等】

(　　) **3** 下列何者是指組織決策與運作有直接關係的**「任務環境」**？
(A)文化環境　　　　　　　(B)技術因素
(C)法律體制　　　　　　　(D)人口特質。　　　　【106普四等】

(　　) **4** 一般而言，當決策者所面臨的是**結構良好**的公共問題，即較**單純、有前例可循**、少數人即可做決定的問題，最適合採取何種決策途徑？
(A)政治性決策途徑
(B)垃圾桶決策途徑
(C)漸進決策途徑
(D)理性廣博決策途徑。　　　　　　　　【108身特五等】

(　　) **5** 「決策通常並**非理性思考**的後果，而是**嘗試錯誤、在經驗中學習**、且由眾多因素匯集而成的」，此敘述符合下列那個政策方案決策途徑？
(A)垃圾桶途徑　　　　　　(B)滿意途徑
(C)混合掃瞄途徑　　　　　(D)政治性途徑。　　【108原特五等】

(　　) **6** 下列何種決策規則最能使**參與者**充分表達他們的**主動性和社會性自我**？
(A)市場交易　　　　　　　(B)契約
(C)選舉　　　　　　　　　(D)共識。　　　　　【107原特五等】

(　　) **7** 下列關於**「理性途徑」**個人決策之敘述，何者最正確？
(A)是屬於「右半腦的功能」
(B)按部就班來解決所面對的問題
(C)是一種「非線性關係」的思考
(D)根據過去直觀的經驗判斷。　　　　　　【107身特五等】

(　　) **8** 下列何者是**古典經濟學家**所提倡的決策途徑？
(A)滿意決策途徑
(B)理性廣博決策途徑
(C)混合掃描決策途徑
(D)漸進決策途徑。　　　　　　　　　　　　　【107地特五等】

(　　) **9** 下列何者是制定**合理行政決策**的首要步驟？
(A)尋求有關事實
(B)分析事實資料
(C)清晰了解問題
(D)擬定可行方案。　　　　　　　　　　　　　【106地特五等】

(　　)**10** 「大多數的政策方案，基本上是透過經濟、政治、社會上等各方面居於優勢地位者的**互動**所制訂」，符合下列那項政策方案決策途徑的特質？
(A)垃圾桶決策途徑
(B)滿意決策途徑
(C)理性廣博決策途徑
(D)政治性決策途徑。　　　　　　　　　　　　【107身特四等】

(　　)**11** 有關**廣博理性決策**模型的敘述，下列何者**錯誤**？
(A)以追求「唯一最佳」方案為目標
(B)符合若A＞B、B＞C，則A＞C之原則
(C)源於社會建構論
(D)是一個尋找理想情境的觀點。　　　　　　　【108普考四等】

解答與解析

1 A。　所謂非理性方法即沒有一定的思維依據與程序方法而言。

2 B。　本題關鍵字在有限資源最佳分配的決策技術，選項(A)並非決策計術、選項(C)(D)皆並非尋求有限資源最佳分配。

·

3 B。卡斯特和羅森威將環境系統分為兩類：

　　(1) 一般（社會）環境系統：對組織將產生間接影響的環境因素。例如：文化、科學、政治、經濟、社會等。

　　(2) 特殊（任務）環境系統：對組織決策、運作有直接影響力的特定環境因素。例如：技術、供應鏈、顧客、競爭者。

4 D。本題關鍵字在結構良好、單純、有前例可循，此種政策適合用理性廣博決策途徑。

5 A。本題關鍵字在非理性思考的後果，而是嘗試錯誤、在經驗中學習，垃圾桶決策途徑就是這種特徵，簡單說就是把先想到的點子丟在一個桶子裡，嘗試看看，有錯再做修正。

6 D。本題關鍵字在主動性與社會性自我，主動性表示參與者能夠表達自我意見，社會性自我表示個體與個體之間有溝通、形成連結的可能，因此答案為(D)共識。

7 B。理性途徑的關鍵字在於線性、可預測、邏輯（左腦）。

8 B。本題關鍵字在古典經濟學家，所謂古典經濟學就是以理性為假設所發展出來的理論，假設個人皆是理性的，為了自我利益的最大化而做出決定。

9 C。本題關鍵字在首要步驟，了解問題所在是解決問題、下決策的首要步驟。

10 D。本題關鍵字在經濟、政治、社會優勢地位者互動，表達了政治性決策的特徵，簡單說就是，有決策能力的高層決定怎樣就是怎樣。

11 C。本題問錯誤選項，理性決策模型是源自於人是理性的假設。

考點 7　金敦多元流模式

（　）**1** 金敦（J. Kingdon）提出的**多元流架構**（multiple stream framework），下列敘述何者**錯誤**？

　　(A)係參照垃圾桶模型

　　(B)政策企業家扮演重要的角色

(C)包括問題流、政策流、政治流

(D)政策機會窗開啟的關鍵在於政策流的多寡。　【108高考三級】

(　　) **2** 金敦（J. Kingdon）提出政策議程設定過程的多元流模式，**不包括**下列那一種流程？

(A)問題流（problem stream）

(B)社會流（social stream）

(C)政治流（political stream）

(D)政策流（policy stream）。　　　　　　　【108地特五等】

解答與解析

1 D。 金敦（John Kingdon）於1995年以垃圾桶模式為基礎，提出多元流程模式（multiple streams model）作為修正的模式，其認為議程設定過程中呈現出鬆散的觀念組合，而非理性的統合結構。其中議程設定過程包括三種流程：問題流（problem stream）、政策流（policy stream）、政治流（political stream），當這三者會聚在一起時，成為政策櫥窗（policy windows），議題將容易進入政策議程，政策機會窗開啟的關鍵在於政策流的時機。.

2 B。 參見第1題解析。

考點8 政策可行性

(　　) 政策方案可行性研究中，考慮**行政首長、立法機關、意見領袖、利益團體及標的人口**等因素時，最符合下列何種可行性研究內涵？

(A)環境　　　　　　　　(B)法律

(C)行政　　　　　　　　(D)政治。　　　　　【108原特五等】

解答與解析

D。 本題關鍵字在於行政首長、立法機關、意見領袖、利益團體及標的人口等，橫跨行政、立法、民間等之意見因素，屬於政治面向的內涵。

考點 9 　政策方案

(　　) 有關**政策備選方案**（policy alternatives）的研擬與意涵，下列敘述何者**錯誤**？
　　　(A)政策備選方案必須能徹底解決公共問題，以畢其功於一役
　　　(B)政策備選方案由一組作為或不作為所組成
　　　(C)修正後的理論可能成為政策方案的內容
　　　(D)專業領域知識與創意有助於政策方案的設計。【107身特五等】

解答與解析

A。　政策備選方案是指作為決策者用來解決政策問題、達成政策目標的可供利用的手段、措施或辦法。備選方案的形式可以是多種多樣的，依據政策問題性質的不同，備選方案可以表現為政策、策略或各種行動過程。備選方案可能也可能無法解決問題。

考點 10 　政策合法化

(　　) **1** 公共政策運作過程中充滿著**協商及討價還價**，是指下列那個階段：
　　　(A)政策規劃　　　　　　　(B)政策合法化
　　　(C)政策執行　　　　　　　(D)政策評估。　　　　【106普考四等】

(　　) **2** 在政策運作過程中，立場一致或利害**相同的行為者常常結合起來，共同支持或反對某一特殊議案**，係屬何種政策合法化策略？
　　　(A)妥協策略　　　　　　　(B)諮商策略
　　　(C)聯盟策略　　　　　　　(D)欺騙策略。　　　　【106原特五等】

(　　) **3** 在政策運作過程中，對於政策方案各面向具有不同看法或立場者，達成「**雖不滿意但可以接受**」的折衷方案，係屬何種政策策略？
　　　(A)繞道策略　　　　　　　(B)欺騙策略
　　　(C)雄辯策略　　　　　　　(D)妥協策略。　　　　【108原特五等】

解答與解析

1 B。 本題關鍵字在於協商與討價還價，政策合法化的過程因涉及多面向與族群的利益，即是協商與討價還價的體現。

2 C。 美國學者洪恩（Carl E. Van Horn）、包默（Donald C. Baumer）及郭姆里（William T. Gormley）將政策合法化的策略歸納為三大類：

(1) 包容性策略：

　　a. 諮商策略（consultation strategy）：通常對於某些共同負擔責任的事務，各相關部門的行為者在事情變得棘手之前，彼此總是會設法進行諮商，以求得彼此能夠接受的共識，避免陷入僵局，難以善後。

　　b. 建立聯盟策略（coalition building strategy）：在政策運作過程中，立場一致或利害相同的行為者常常結合起來，建立聯盟關係，以支持或反對某一特殊議案。

　　c. 妥協策略（compromise strategy）：對於政策方案各面向具有不同看法或立場者，為使方案順利運作，彼此進行協商、議價、交換取捨後，達成「雖不滿意但可以接受」的折衷方案。

(2) 排除性策略：

　　a. 繞道策略（bypass strategy）：當政策方案在合法化階段面臨重大障礙時，可以採取繞道而行的方式，以避免或延緩一場激烈的爭鬥。

　　b. 保持秘密策略（secrecy strategy）：政策方案主張者在方案本身具敏感性或尚不宜公開時，對政策運作相關者及傳播媒體保持秘密，以增加方案的可行性。

　　c. 欺騙策略（deception strategy）：由政策運作的行為者採取各種欺騙的手段，從說出率直的謊言到隱瞞相關的資訊，以使他人信其所言為真的一種作法。

(3) 說服性策略：

　　a. 雄辯策略（rhetoric strategy）：政策欲成功的為別人或機關所接受，雄辯策略是一項基本的技術，尤其是在訴諸大眾選民支持的情況下更是如此。

b. 政策分析策略（policy analysis strategy）：政策分析策略即運用嚴格的實證研究結果，提供政策分析相關資訊，說服他人或機關接納政策方案，使方案取得合法化的一種策略。

c. 抗議策略（protest strategy）：抗議策略指政策過程參與者利用各種抗議的手段，迫使對手接納其政策主張的一種策略應用。

（參考資料：公共政策，吳定編著，2003，國立空中大學出版。）

3 D。 參見第2題解析。

考點 11 權力依賴理論

（　　）公私部門常在政策過程中形成複雜的互動關係，羅迪斯（Rhodes）就此提出**權力依賴理論**（Theory of Power Dependency），下列何者**不符合**其理論內涵？　(A)每個組織都依賴其他組織提供資源　(B)為了達成自身目標，每個組織都必須相互交換資源　(C)優勢聯盟（dominant coalition）對政策產出有一定程度的裁量權　(D)國家還是能夠在治理過程中保有其獨特、單向的高影響力地位。　　　　　　　　　　【108高考三級】

解答與解析

D。 本題關鍵字在權力依賴理論，其核心觀念在於權利並非單一來源且具至高影響力，而是相互依賴，而是源自於資源交換而來。

考點 12 政策過程應用

（　　）有關**腦力激盪法**（brainstorming）在公共政策過程的應用，下列敘述何者**錯誤**？

(A)將觀念或想法的創造與評估整合於一次性的互動討論中

(B)觀念創造時應儘量蒐集多元意見

(C)觀念評估時應針對所蒐集的多元意見予以排序

(D)仍有可能陷入團體盲思（groupthink）中。　　【106身特五等】

解答與解析

A。 腦力激盪法是指由一個人或一組人進行。參與者圍在一起，隨意將腦中和研討主題有關的見解提出來，然後再將大家的見解重新分類整理。本題問錯誤觀念者，腦力激盪法絕不會示只有一次性的討論，會示需要經過多次的討論與激盪才能產生出合適的結論。

考點 13　審議民主

（　　）　下列有關**審議式民主**模式與執行概況之敘述，何者**正確**？

(A)公民會議自1980年代以來，由美國傑弗遜研究中心（Jefferson Center）逐漸推行至OECD國家

(B)願景工作坊源自北歐公民參與的傳統，針對事先發展的腳本藉由相互激盪形成行動方案

(C)公民陪審團由費希金（J. Fishkin）所發展，主要是要連結平等與審議等難以相容的價值

(D)審議式民調源自於丹麥，用以處理大型政策爭議之判斷。

【107原特四等】

解答與解析

B。 公民會議主要是由丹麥發展出來，逐漸推行至其他國家的民主參與模式。在丹麥，公民會議主要由隸屬於國會的科技委員會（Danish Board of Technology）舉辦。公民陪審團源於「陪審團審查制度」該機制主要由美國傑弗遜研究中心（Jefferson Center）所研發。審議式民調由費希金（J. Fishkin）所發展。

第三節 政策行銷

考點 1 政策順服

( )　有關**政策順服**（policy compliance）的意涵，下列敘述何者**錯誤**？
(A)指標的團體態度與行為配合政策執行的程度
(B)標的團體可能為避免懲罰而配合政策推動
(C)標的團體可能受大眾媒體影響而不配合政策方案
(D)政治社會化（political socialization）不會影響標的團體是否
配合政策方案。　　　　　　　　　　　　　　　　【107初考】

解答與解析

D。　政治社會化是指一個人在生命歷程中形成政治信念的過程。而影響
一個人政治社會化的因素包括家庭、學校、工作場合、宗教背景、個
人種大事件等，而這些因素皆會影響一個人是否配合政策。

考點 2 政策監測

( )1　下列何種政策活動主要在於檢視當下的政策執行情況是否**與原先
設定的核心價值相符**？
(A)政策監測　　　　　　　　(B)政策論證
(C)政策預測　　　　　　　　(D)政策行銷。　　　【108退除四等】

( )2　下列有關「政策監測」功能的敘述，何者**錯誤**？
(A)防衛功能　　　　　　　　(B)審計功能
(C)會計功能　　　　　　　　(D)順服功能。　　　【106地特五等】

解答與解析

1 A。 政策監測是指在執行的過程中，為了解執行狀況和結果，所採行的追蹤及管制。

2 A。 政策監測的功能包括：順服功能、審計功能、會計功能、解釋功能。

考點 3 政策行銷

一、選擇題

(　) **1** 行政院院長親自召開「少子女化對策」記者會，**爭取**民眾對此一政策的**支持**，此作法最符合下列何種政策概念？
(A)政策規劃　　　　　　　(B)政策合法化
(C)政策行銷　　　　　　　(D)政策評估。　　【107普考四等】

(　) **2** 有關政府政策宣導之法令規定，下列敘述何者**錯誤**？
(A)必須嚴格區分廣告與新聞之界線
(B)政府機關採購平面媒體通路時，不得採購新聞報導或專輯
(C)政府機關政策宣傳可以考慮採購新聞節目，以強化行銷效果
(D)政府機關委託製播節目時應明確揭示辦理或贊助機關名稱。
　　【107警（退）三等】

(　) **3** 政策行銷必須重視市場區隔，下列何者不是**市場區隔的參考特性**？
(A)同質性　　　　　　　　(B)異質性
(C)充足性　　　　　　　　(D)不可操作性。　　【107原特五等】

(　) **4** 下列何者**不屬於政策行銷的特徵**？
(A)執行者必定是政府機關
(B)重視滿足民眾需求的過程
(C)目的為強化民眾對政策的接受度
(D)對象為主權在民的民意市場。　　【109身特四等】

解答與解析

1 C。政策行銷係指，政府機關採取有效的行銷策略與方法，促使內部執行人員及外部服務對象，對研議中或已形成之公共政策產生共識與共鳴的動態性過程。因此行政院長以高層級之姿態吸引媒體提升政策的曝光度，是屬於政策行銷。

2 C。依據政府機關政策文宣規劃執行注意事項第2項規定，政策文宣規劃執行注意事項
(一)政府機關應強化新聞聯繫，即時主動回應輿情及媒體相關報導，並掌握社會脈動，妥適規劃重大施政議題，透過記者會或安排專訪、舉辦活動等，讓社會大眾充分瞭解並凝聚共識。
(二)政府機關辦理政策宣導不得以下列置入性行銷方式進行：
　1.政府機關採購平面媒體通路不得採購新聞報導、新聞專輯、首長自我宣傳及相關業配新聞等項目。
　2.政府機關採購電子媒體通路不得採購新聞報導、新聞專輯、新聞出機、跑馬訊息、新聞節目配合等項目。
　3.政府機關政策宣傳採購，不得要求業配新聞報導。
　4.其他含有政治目的之置入性行銷。
(三)政府機關為加強政策宣導得委託辦理行銷活動，採購媒體通路得執行廣告、夾報廣告、贊助或委託製播節目等，但應明確揭示辦理或贊助機關名稱。

3 D。市場區隔參考特性包括：
(1) 可衡量（measurable）。
(2) 可接近（accessible）。
(3) 充足性（substantial）。
(4) 可差異化（differentiable）。
(5) 可執行（actionable）。

4 A。政策行銷的特徵包括：
(1) 政策行銷強調政策內涵。
(2) 政策行銷以民意為導向。
(3) 政策行銷重視認定與滿足民眾需求的過程。
(4) 政策行銷之目的為強化民眾對公共政策的接受度。
(5) 政策行銷的實施部門未必是政府機關。

二、申論題

請申論政策行銷的內涵與策略。【108 升薦升資三等】

答　(一) 政策行銷的內涵

政策行銷的意義是指，政府機關採取有效的行銷策略與方法，促使內部執行人員及外部服務對象，對研議中或已形成之公共政策產生共識與共鳴的動態性過程。政策行銷又可分為內部行銷與外部行銷：

1. 內部行銷：機關首長採取方式讓機關內部人員建立共識。
2. 外部行銷：機關行銷團隊或人員採行方式，爭取民眾支持並配合政策推動。

(二) 政策行銷之策略

1. 擬訂可行的行銷策略與方法。
2. 具有明確可行的具體行銷活動設計。
3. 機關首長全力支持行銷活動。
4. 機關成員全體參與行銷活動。
5. 擁有具備能言善道的行銷人員。

第七章 最新試題及解析

111 年 地特三等

一、申論題

一、何謂組織文化？一般認為，政府部門與民間部門的組織文化有相當大的差異，請至少提出五項差異並說明之。

答 (一) 組織文化：

席恩（Edgar Schein）認為組織文化是由特定的組織團體發明或發展出來的一種行為基本假定，用來適應外在的環境，並解決內部整合的問題。這組假定如果被證明有效，將透過社會化的過程傳授給新進的人員，使他們的思考、認知及感覺有所遵循，不致犯錯。組織文化是指可觀察到的人員行為規律，工作的團體規範、組織信奉的主要價值、指導組織決策的哲學觀念、人際相處的遊戲規則、組織中瀰漫的感覺或氣候。

(二) 政府部門與民間部門的組織文化之差異

1. 目的與動機不同：

(1) 政府部門：各項政策多是以公共利益與公共目標為導向，並非以利潤為唯一考量。

(2) 民間部門：以私人利益與私人目標為導向，而其追求的利潤是眼前的、有形的，以金錢計算的。

2. 組織目標的評估不同：

(1) 政府部門：目的在於謀求公共利益，為全體民眾服務；然而所謂的「公共利益」、「公共目的」或「社會福祉」，其內容和意涵往往過於抽象，而顯得模糊不清。

(2) 民間部門：以「利潤」、「獲利」為考量，可以明確的金錢數字來計算，衡量其績效，論斷其成敗。

3. 受公眾監督之不同
   (1) 政府部門：在民主的社會中，政府施政應遵守公開透明原則，除了接受立法機關之監督外，還需要受到公眾監督。
   (2) 民間部門：雖然部分民間部門開始讓外界瞭解其內部運作狀況，來塑造企業良好的社會形象，但基本上，最多只要向投資的股東報告營運的狀況，而在不違法的範圍內可以毋待公評。
4. 獨占與競爭文化不同。
   (1) 政府部門：政府具有公權力，而且是獨占性的，因此，缺乏經濟市場的競爭與誘因，財政資源依賴政府撥款支應，組織趨向保守，強調穩定與可預測性。
   (2) 民間部門：需面臨市場的激烈競爭，因此強調效率與生產力，組織鼓勵競爭，重視創意與績效。
5. 政治考慮與管理因素不同：
   (1) 政府部門：在民主政治下，政府行政措施必須受到民意代表及輿論的批評與監督，絕不能罔顧民意，為所欲為，所以行政措施的政治考慮甚為重要，民意與輿論的支持是不可缺少的行政要件。
   (2) 民間部門：比較不須考慮政治因素。因為賺錢或賠本都是經營者個人的事情，經營者只知就企業的需要做自求多福之經營，是以管理因素的考慮為重。

二、何謂學習型組織（learning organization）？面對社會問題日益複雜與民眾多樣需求，若您是機關首長，請舉例說明該採取那些作法才能使機關成為學習型組織？

答　(一) 學習型組織
　　　 瓦特金（Watkins）、瑪席克（Marsick）認為，學習型態組織是不斷在學習與轉化的組織，其學習的起始點在個人、工作團隊、整體組織，甚至亦發生在與組織互動的社群中。而學習是持續性、策略性運用的過程，並與工作相結合，學習的結果將

會導致知識、信念、行為的改變，並可強化組織創新與成長的能力。

(二) 推動學習型組織之作法：

1. 組織要成為學習型組織，首先必須具備組織學習的能力，阿吉里斯（C. Argyris）和熊恩（D. A. Schon）將組織學習的類型分成下列三種，三種能力能均具備，才有機會成為學習型組織。

    (1) 單圈學習（Single-Loop Learning）：組織針對既定的組織目標、政策、規範，加以矯正之過程。換言之，單圈學習是組織內部的適應過程，欠缺對運作規範之質疑。故，單圈學習屬於適應性學習。

    (2) 雙圈學習（Double-Loop Learning）：組織針對既定的組織目標、政策、規範進一步探究，並加以調整目標和規範之優先次序與比重，甚至修正目標和規範。換言之，雙圈學習是組織對外部環境的適應，不止於偏差之矯正，並對現行規範之質疑、批判。故，雙圈學習屬於創新性學習。

    (3) 再學習（Deutero Learning）：從過去學習經驗中得到失敗的教訓後，尋找正確的學習方式。此種學習類型目的在於學習運用組織大腦全像圖（holographic）的方法，使組織達到如大腦靈活般的自我組織能力。

2. 組織為了具備上述三種能力，成為學習型組織，依據聖吉（Peter Senge）在《第五項修練》一書的界定，可以透過下列五種方式加以達成：

    (1) 系統思維：系統思考是學習型組織五項修練中最重要的，為其他四項修練的基礎。系統思考就是幫助我們擺脫思考上的障礙。培養以簡馭繁的方法來處理動態複雜的外在事務。

    (2) 自持自勵、自我超越：人有肯定自我，追求成長的動機，基於此假定，組織可以說是自我實現之場所。而學習型組織就是以自持自勵，自我超越為基石而展開。

(3) 改善心智模式：心智模式是根深蒂固的觀念，影響我們如何看待這個世界。改善心智模式是在矯正層級節制體系的管理缺失，透過學習、反思、探索，不斷反省、改進內在的世界圖像。其是屬於心靈的改革或思考型態的解放。

(4) 建立共享遠景：願景是組織學習的動力，願景不是上級指派的，不是被勉強接受的，而是出於共同想法與承諾。

(5) 團隊學習：工作團隊是組織中學習的基本運作單位。團隊學習是指發展出某種願意夥力與共的團體能力，其關鍵在於所屬成員間之對話和討論之能耐。

二、選擇題

( )　**1** 有關行政之敘述，下列何者錯誤？
(A)行政專指行政部門所管轄的事務
(B)行政與政治很難嚴格劃分
(C)從管理的觀點，行政是一種管理技術
(D)從公共政策的觀點，行政與公共政策不可分割。

( )　**2** 政府並非當前公共事務的唯一參與者，取而代之的是跨部門合作之趨勢遞增，下列概念中何者最能呼應這類現象？
(A)公共治理　　　　　(B)管制治理
(C)公司治理　　　　　(D)全球治理。

( )　**3** 我國衛生福利部成立之後，將原屬內政部的社會福利業務移撥至該部的作法，稱為：
(A)組織改造　　　　　(B)流程簡化
(C)人員精簡　　　　　(D)協力治理。

( )　**4** 有關我國訂定的「公民與政治權利國際公約及經濟社會文化權利國際公約施行法」，下列敘述何者錯誤？
(A)各級政府機關應依規定執行兩公約相關事項
(B)具有國內法律的效力

(C)顯示國際公約對公共行政的影響

(D)代表我國正式邁入先進國家。

( ) **5** 面對公共危機時，官僚常見採取避責（blame avoidance）的行為。有關避責行為的內涵與相關策略的敘述，下列何者錯誤？

(A)避責行為係指政治人物或官僚在面臨危機時，運用策略以降低危機對治理正當性的影響

(B)政治人物因連任或升遷的考量，傾向避免做出不受歡迎的決策

(C)民主國家因為重視課責機制才存在避責現象，威權國家則無此現象

(D)強化透明度有助於減少避責行為的發生。

( ) **6** 就美英兩國實施情形觀之，下列何者非屬支持「積極平權措施」（affirmative action）的理由？

(A)促進社會多元性　　　　(B)彌補歷史集體錯誤

(C)矯正制度或文化的偏差　(D)解決反向歧視帶來的後果。

( ) **7** 下列那個解釋符合組織內「穀倉效應」的意思？

(A)政府部門能未雨綢繆，預先編列未來的預算

(B)政府部門之間各自為政，只有垂直的指揮系統，欠缺水平的協調

(C)政府部門的各個系統如同生產線，串接順暢

(D)政府部門追求預算極大化，不斷追求擴大機關預算規模。

( ) **8** 近年來參與式預算在若干地方政府中大行其道，倘若部分公務人員採取消極不配合或抵制態度，認為這項改革計畫終有謝幕之一天，這適合以下列何種組織病象形容之？

(A)不稀罕效應　　　　(B)白京生定律

(C)墨菲定律　　　　　(D)邁爾斯定律。

( ) **9** 有關我國六都行政機關的組織設計，下列敘述何者錯誤？

(A)一級機關內「局、科、股」是組織垂直分化的象徵

(B)一級機關中「局、處、委員會」是組織水平分化的象徵

(C)一級機關的組織規模必然大於二級機關

(D)一級機關的組織位階必然高於二級機關。

( )**10** 有關柯麥隆（K. S.Cameron）及昆恩（R. E.Quinn）對於組織文化之類型分類，下列敘述何者錯誤？

(A)家族型文化強調組織作為家父長制之意象，限制彈性與自主發展

(B)階層型文化強調正式化與結構化，重視穩定與控制

(C)創新型文化強調組織的創新開放，重視彈性與自主發展

(D)市場型文化強調外部焦點與差異性，重視競爭與結果。

( )**11** 有關一般行政機關公務人員任用之敘述，下列何者錯誤？

(A)年終考績影響同官等內職等之晉升

(B)具外國國籍者放棄外國國籍後得再任公務人員

(C)現職委任第五職等公務人員得權理薦任第七職等職務

(D)具外國國籍而被撤銷任用的公務人員要追還已支付之俸給。

( )**12** 關於我國政府部門非典型人力特質之敘述，下列何者錯誤？

(A)屬不預定期限（open-ended）僱用

(B)適用勞動基準法

(C)勞動承攬人力屬之

(D)並未透過國家考試方式任用。

( )**13** 有關租稅制度之設計，下列何者錯誤？

(A)直接稅較間接稅能維持租稅中立原則

(B)累進稅較比例稅容易達成財富重分配之功能

(C)我國個人綜合所得稅採累進稅制

(D)營利事業所得稅為我國地方政府的重要租稅收入。

( )**14** 民國84年度起，中央政府各機關歲出概算額度皆由行政院主計總處事先予以確定，有關此一預算籌編機制的敘述，下列何者錯誤？

(A)此一機制稱為資源總額分配作業制度

(B)以控制政府歲出規模成長為目的

(C)激化各機關與行政院主計總處預算審查的衝突

(D)堪稱是一種由上而下的預算籌編政策。

(　)**15** 政府採購可以競標（competitive bidding）方式進行，有關競標的
敘述，下列何者錯誤？

(A)應公告、公開擬採購的物品需求

(B)對參與競標廠商提出的採購計畫書有一定的要求

(C)政府機關通常會事先決定底價

(D)係透過協商及議價方式來決定得標者。

(　)**16** 將卡普蘭（R. Kaplan）與諾頓（D. Norton）所提的平衡計分卡
（balanced scorecard）概念導入政府的策略管理時，與企業部門
相比，下列那一構面的重要性最可能降低？

(A)財務構面　　　　　　　　(B)顧客構面

(C)內部流程構面　　　　　　(D)學習與成長構面。

(　)**17** 職場中部屬對上司經常出現「報喜不報憂」的情形，是屬於那一
種溝通上的障礙？

(A)地位上的障礙　　　　　　(B)地理上的障礙

(C)語言上的障礙　　　　　　(D)文字上的障礙。

(　)**18** 根據馬斯洛（A. Maslow）的需求層級理論，下列那種方式恐怕無
法激勵機關人員的生理生存需要？

(A)提高員工薪資

(B)改善辦公室硬體與環境

(C)給予員工一個工作願景與目標

(D)提供員工通勤加給。

(　)**19** 下列何者與開放政府的核心價值無直接關連性？

(A)透明治理　　　　　　　　(B)參與協力

(C)公共課責　　　　　　　　(D)經濟公平。

( )**20** 近年來因COVID-19疫情，我國中央疫情指揮中心在2022年推動實聯制與隔離政策引發若干爭議，批評者認為導致許多所謂「黑數」的產生。從公共政策的角度分析，黑數的產生與下列那個環節的關係最為密切？
(A)議程設定　　　　　　(B)政策終結
(C)政策順服　　　　　　(D)政策合法化。

( )**21** 有關公民參與，下列敘述何者錯誤？
(A)參與主體專指公民個人，而非公民組成的團體
(B)公民參與的條件是公民要能掌握充分資訊
(C)社會上應存在健全的參與管道
(D)公民參與的公共事務活動不限於政治層面。

( )**22** 下列何者為我國地方政府自治事項發生權限爭議時提供解決的法源依據？
(A)地方自治通則　　　　(B)地方制度法
(C)地方創生條例　　　　(D)區域發展通則。

( )**23** 有關非營利組織的敘述，下列何者正確？
(A)組織收入多寡與其所提供的公共服務績效之間，並不一定是正相關
(B)利潤由組織內的財源提供者共享
(C)非營利組織的成立門檻為50人
(D)非營利組織必須與政府區隔，不能接受政府財務支持。

( )**24** 有關政府採用民營化的敘述，下列何者較為正確？
(A)易產生社會服務等級化疑慮
(B)通常以行政法人化加以執行
(C)擴大政府的職權及用人幅度
(D)意指政府釋出全部的持股。

( )**25** 有關審議民主的敘述，下列何者正確？
(A)為了讓議題討論結果更具一致性，應選擇同質性較高的參與者
(B)不論採用何種審議形式，都強調參與者對議題的充分討論
(C)審議過程可取代代議制度的決策程序
(D)審議民主可確保理性最佳決策的達成。

解答與解析 〉（答案標示為#者，表官方曾公告更正該題答案。）

1 A。 根據張潤書之行政學，所謂「行政」，乃指公務的推行，舉凡政府機關（以我國而論包括行政、立法、司法、考試與監察等各部門）或公務機構的業務，如何使之更有效地加以推行，此乃是最廣義的行政解釋。

2 A。 公共治理是由開放的公共管理與廣泛的公眾參與二者整合而成的公域之治模式，具有治理主體多元化、治理依據多面化、治理方式多樣化等典型特徵。
就治理主體而言，該模式主張不僅包括國家，還包括其他公權力主體，如行業協會、自治團體等，各種治理主體在公域之治中應各展其長、各得其所。

3 A。 為配合行政院**組織改造**，規劃成立「衛生福利部」，並自98年起召開多次會議討論，將現行衛生署19個內部單位與任務編組、8個所屬機關，以及**內政部社會司**、兒童局、家防會、國監會等單位，合併為8個業務司（綜合規劃司、社會保險司、社會救助及社工司、保護服務司、護理及健康照護司、醫事司、心理健康司、中醫藥司），6個輔助處（統計處、資訊處、秘書處、人事處、政風處、會計處），未來將以精實、效能及彈性之衛生醫療與社會福利服務體系，提供以人為中心之全人照護服務。

4 D。 聯合國於1966年12月16日通過《公民與政治權利國際公約》（International Covenant on Civil and Political Rights，ICCP）及《經濟社會文化權利國際公約》（International Covenant on Economic，Social and Cultural Rights，ICESCR）（以下簡稱《兩公約》），並分別於1976年3月23日、1月3日正式生效。聯合國《兩公約》與《世界人權宣言》共同被稱為「國際人權法

典」（International Bill of Human Rights），成為國際社會最重要、最基礎之人權保障基準。

聯合國《兩公約》自1976年生效以來，受到世界各國積極的回應，迄今已有超過160個以上締約國。我國早在1967年即已簽署《兩公約》，但因1971年退出聯合國後，四十餘年來皆未批准《兩公約》，幾經波折終於在2009年3月31日，立法院三讀通過《兩公約》，並制定《公民與政治權利國際公約及經濟社會文化權利國際公約施行法》（以下簡稱兩公約施行法），總統於2009年4月22日公布兩公約施行法，並於2009年12月10日正式施行。**兩公約施行法第2條明定，《兩公約》「具有國內法律之效力」。自此，《兩公約》正式成為我國國內法的一部分。同法第4條規定，各級政府機關行使其職權，應符合兩公約有關人權保障之規定，避免侵害人權，保護人民不受他人侵害，並應積極促進各項人權之實現。**

《兩公約》簽署後是否能確實使我國朝向與國際人權接軌的目標邁進，讓人權理念與價值得以在日常生活中具體實踐，仍需從多面向加以檢視與評估，包括人權之教育宣導、政府機關與民間之協調合作、國家人權報告審查制度、國家人權機構設立等配套作法均有待加以策進。

5 C。 避責（blame avoidance）又稱為規避究責或規避責任，係指政治人物或官僚在做決策時，因考量個人政治上之連任或爭取更高層級職位，傾向避免做出不受歡迎的決策。而面臨危機時，運用策略以降低危機對治理正當性的影響。

課責是平衡民主（回應）與專業（責任）的重要制度性安排，透明之所以是課責機制主要的元素，在於行政程序控制能夠解決資訊不對稱問題，壓制政府不當作為，進而提振民眾對政府的信任，換言之，透明化是民主課責的重要前提，有助於減少避責行為的發生。

6 D。 「優惠性差別待遇」（又稱為「積極平權措施」，英文名稱為 "affirmative action"）一詞起源於美國，第一次正式出現於1961年美國甘迺迪（John F. Kennedy）總統所簽署的第10925號行政命令中，並於1960年代的美國民權法案中被確立。我國也有採用這個概念，主要指國家積極補償歷史集體錯誤，並賦予歷史及社

會長期處於結構性弱勢的族群（例如原住民、婦女、身心障礙者等）較多權利及優惠的具體措施，消除長久以來對他們的歧視與壓迫，希望能在社會中實現實質平等。

簡單來說，優惠性差別待遇的目的與功能不是單純要求國家與人民停止歧視特定族群，而是包含以立法等各種方式積極改正或補償過去、現在甚至未來的歧視，用以改善特定族群的不利地位，並期望能防止未來再次發生歧視與壓迫。

然而，賦予特定少數族群更多權利的優惠性差別待遇措施，也可能對其他族群造成不公平，產生一種反向歧視的情形，也就是其他族群可能會因此感到不合理或不平等，所以優惠性差別待遇的存廢一直在學理上廣受討論。

7 B。 穀倉效應（The Silo Effect）是指企業內部因「過度分工」而缺少溝通，一個部門、營運單位或業務單位，就像一個個高聳豎立的穀倉，彼此鮮少往來，也不願與其他單位分享資訊。各部門就像一間「小公司」，各自為政、自負盈虧，只專注在自身的營運利益，而非整個企業的利益，最終導致整個組織功能失調、企業走向衰敗。

8 A。 不稀罕效應（BOHICA）是指由於組織既有的組織文化，使得成員產生反革新情節，進而在技術、制度甚至情感層面，抵制革新計畫的推行。也就是指，組織成員對革新計畫或新管理方法的抵抗態度，認為只要時間拖久、措施自然會無疾而終的心態。

9 C。 地方行政機關組織準則第5條第1項第1款：「地方行政機關依下列規定，分層級設機關：

一、直轄市政府所屬機關以分二層級為限，其名稱如下：

(一)**局、處、委員會：一級機關**用之。處限於輔助兼具業務性質之機關用之。

(二)處、大隊、所、中心：二級機關用之。」

地方行政機關組織準則第12條第1項第2項：「直轄市政府**一級單位下設科**、組、室，最多不得超過九個，**科下並得設股**。

直轄市政府所屬一級機關內部單位為科、組、室、中心，其下得設課、股；所屬二級機關內部單位為科、組、室、課，科、室下得設股。但為執行特殊性質業務者，得設廠、場、隊、站。」

10 A。依彈性與自主、內部焦點與整合性兩組構面，可分成四種不同的文化類型：「家族型」、「創新型」、「階層型」與「市場型」文化。

(一)「家族型文化」（The Clan Culture）：同時強調「內部焦點與整合性」以及「彈性與自主」。強調開放、和諧、支持及信任等價值，組織就像大家庭一般，是提供成員共享事物的友善地方。領導者如同良師、輔導者與父母般，關心成員。家族型文化的組織以忠誠、傳統、人際關係作為凝聚力的基礎，組織運作著重在團隊運作，參與和共識，並深信組織的成功是建立在對顧客敏銳和對成員關心之上。

(二)「階層型文化」（The Hierarchy Culture）：同時強調「內部焦點與整合性」以及「穩定與控制」。重視正式及結構化，組織管理是建立在控制和權力基礎之上，一切依據規章、政策和程序進行，領導者的角色是協調者與組織者，效率與穩定為首要。階層型文化的組織致力於建立可信賴的、穩定的、低成本的作業方式。

(三)「創新型文化」（The Adhocracy Culture）：同時強調「外部焦點與差異性」以及「彈性與自主」。強調企業家精神及創造力，具有創新、開放、追求挑戰的特質，並提供一定程度的個人自由與進取空間。領導者扮演創新者、企業家與風險承擔者，鼓勵成員創新並提供所需資源。創新型文化組織追求的是獨特的新產品或服務，其策略著重於企業長期成長與資源獲取。

(四)「市場型文化」（The Market Culture）：同時強調「外部焦點與差異性」以及「穩定與控制」。以成果為導向，追求績效目標的達成與具備競爭力。市場型文化的組織追求市場占有率和市場滲透，強調有競爭力的價格、市場領導地位、和競爭力。組織策略著重於建立長期競爭優勢以及市場地位。

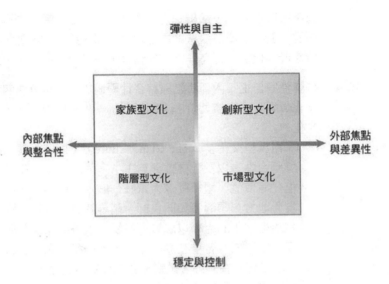

11 C。依據公務人員任用法第9條規定，初任各職務人員，應具有擬任職務所列職等之任用資格；未具擬任職務職等任用資格者，在同官等高二職等範圍內得予權理。權理人員得隨時調任與其所具職等資格相當性質相近之職務。

復依公務人員任用法施行細則第10條，所稱未具擬任職務職等任用資格者，在同官等高二職等範圍內得予權理，指擬任人員所具任用資格未達擬任職務所列最低職等，而具有該職等同一官等中低一或低二職等任用資格者，始得權理。例如委任第一職等或委任第二職等具任用資格者，可權理委任第三至第五職等辦事員職務；薦任第六職等或薦任第七職等具任用資格者，可權理薦任第八職等股長職務。但職務跨列二個官等者，不得權理。例如委任第三職等具任用資格者，不得權理委任第五職等至薦任第七職等人事管理員職務。

惟於公務人員任用法修正施行前（即民國91年1月29日前）經銓敘部銓敘審定准予權理高三職等以上職務人員，得隨時調任與其所具職等資格相當性質相近之職務或繼續任原職至離職為止。

12 A。我國政府部門對於非典型人力之範圍界定，概以預算名目中之「人事費」和「業務費」為區別原則，一般而言，非典型人力之僱用，係以機關之業務費支應。根據學者鄭津津（2010）的分類，這些非典型人力包括**臨時人員、部分工時人員、勞動派遣人**

員等三類。另有學者定義，所謂「非典型人力」是指「部分時間、臨時性或人力派遣工作者」，依此定義**政府機關的非典型人力，包含部分工時人員（例如工讀生、實習生）、臨時人員、派遣人員及承攬人員。**

臨時人員，依據行政院及所屬各機關學校臨時人員進用及運用要點第2點規定，係指「機關非依公務人員法規，以人事費以外經費自行進用之人員。」。承攬人員，依據勞動部訂定之政府機關（構）運用勞務承攬參考原則第2點規定，係指「各機關與承攬人約定，由承攬人為各機關完成一定之工作，各機關俟工作完成，於驗收符合履約項目後，給付報酬予承攬人。」

派遣人員和承攬人員之間最大的差異，在於派遣人員本身就是各政府機關得以指揮監督管理的對象，而勞務承攬人員則以完成履約項目為目的，機關無法對承攬人員的工作方法、流程或時間等細節進行指揮監督管理。不過，**派遣之勞動契約適用勞基法，受到勞基法一定程度保障**，而承攬契約並不適用勞基法，且承攬契約中提供勞務之勞工與承攬業者間也並非必然具備僱傭關係，致實務上承攬人可藉由承攬契約規避派遣契約雇主之責任。

13 D。 租稅之徵收依財政收支劃分法規定，以其稅收歸屬之政府單位區分，可分為國稅及地方稅兩種。

(一)國稅：包括綜合所得稅、遺產稅、菸酒稅、營利事業所得稅、贈與稅、貨物稅、證券交易稅、期貨交易稅、營業稅等11種。

(二)地方稅：包括使用牌照稅、房屋稅、契稅、地價稅、土地增值稅、印花稅、娛樂稅、田賦（停徵）等8種。

14 C。 一百十三年度中央及地方政府預算籌編原則：

一、為妥善運用國家整體資源，加強財務管理，並使中央及地方政府年度預算收支之編製有所準據，特依預算法第三十二條第一項、地方制度法第七十一條第一項及財政收支劃分法第三十五條之一第一項規定訂定本籌編原則。

二、政府預算收支之基本原則如下：

(一)政府預算收支，應本中央、地方統籌規劃及遵守總體經濟均衡之原則，審度總資源供需估測顯示之趨勢，加強開源節流措施，妥善控制歲入歲出差短，並應具體提出中長期平衡預算之目標年度及相關之歲入、歲出結構調整規劃。

(二)政府預算收支應先期作整體性之縝密檢討，妥善規劃整合各項相關業務，以發揮財務效能；各機關須確立施政目標，衡量可用資源訂定具體計畫，並依落實零基預算精神強化預算編製作業精進措施，本零基預算精神檢討及建立資源分配之競爭評比機制，提升整體資源使用效益，落實中程計畫預算作業制度，以健全財政及革新預算編製作業。

(三)審度總資源供需估測結果，財政健全與經濟成長應兼籌並顧。政府各項消費支出應力求節約，本緊縮及節能原則確實檢討，新興重大支出，須同時籌有確切之財源後始可辦理，重要公共工程建設及重大施政計畫，應先行製作選擇方案及替代方案之成本效益分析報告，並開發自償性財源，凡經評估適宜由民間辦理之業務，應優先由民間興辦或促進民間參與。另為落實永續經營之政策，各機關提報重要公共建設應妥善規劃維護管理措施及財源，以利未來營運。

(四)中央及地方政府制（訂）定或修正法律、法規或自治法規，不得增訂固定經費額度或比率保障，或將政府既有收入以成立基金方式限定專款專用，並應先行辦理財務可行性評估，如有減少收入者，應同時籌妥替代財源；其需增加財政負擔者，並應事先籌妥經費或明文規定相對收入來源及各級政府經費分擔比例。

(五)中央及地方政府未償債務餘額預算數及年度舉債額度，不得超過公共債務法及財政紀律法所規定上限，並應依公共債務法第十二條規定編列債務之還本預算。自償性公共債務之舉借，應依公共債務管理委員會審議規則規定辦理，並適時評估以發行自償性公債籌措建設財源。

(六)中央及地方政府於籌編預算時，應考量人口年齡結構變動對教育、國防及社會福利政策之影響，審慎規劃收支額度及中長程財務計畫，以因應高齡化及少子女化對財政之衝擊。

(七)政府預算籌編過程中應融入性別觀點，並關照性別平等重要政策及相關法令，具促進性別平等目標及效果之計畫，優先編列預算辦理。

(八)政府預算籌編過程中應融入淨零排放相關概念，並依淨零轉型之階段目標及關鍵戰略，就具促進淨零排放目標及效果之計畫，優先編列預算辦理。

三、中央及地方政府收入，依下列原則辦理：

(一)政府稅課收入，應以稅法所規定之稅目、稅率及免稅規定為計算之基準，考量預算執行年度之政策變動與推動稅制改革因素及國民稅負能力，並參酌前年度決算與上年度已執行期間之實徵情形，及行政院主計總處或其他預測機構估測之經濟成長趨勢，審慎估計編列。

(二)政府稅課外各項收入，應由各主管機關編送財政機關，由財政機關會同主計機關及各主管機關，衡酌各種增減因素與前年度決算及上年度已執行期間之收入情形，切實檢討編列。

(三)各項規費收入，應依辦理費用或成本變動趨勢、消費者物價指數變動情形及其他影響因素，確實檢討調整編列。各地方政府應積極開闢自治財源，補助收入並應依上級政府核定之金額，核實編列。

(四)中央及地方政府均應加強對公有財產與各類特種基金之經營管理及其他新財源之開闢，積極提升資源運用效益及增加政府收入。

四、中央及地方政府支出，依下列原則辦理：

(一)中央及地方政府總預算案歲出，應衡量歲入負擔能力與特別預算、特種基金預算及民間可用資源，務實籌劃，並適切訂定各主管機關之歲出概算額度，作為編列歲出概算之範圍。

(二)政府支出應以行政院施政方針所列各項重大政策為優先重點。

(三)政府公共投資應配合國家總體建設計畫及施政重點，並兼顧地區均衡發展，以跨直轄市、縣（市）之區域為優先投資目標。公共建設計畫應依公共建設計畫審議、預警及退場機制辦理，強化計畫審議功能，提高執行力，並將計畫退場後資源重新安排，以落實預算執行效益，促進經濟穩定成長。關於各計畫財源之籌措，應秉持建設效益共享精神，本諸受益者付費原則及財務策略多元思維予以規劃，

妥適引進民間資金、人力及創新能力,靈活財源籌措,減
輕政府財務負擔。計畫經費需求應與執行力相配合,如屬
自償性公共建設計畫應依自償性公共建設預算制度實施方
案辦理,並強化財務規劃,核實估算自償率;一般性土地
購置、營建工程及設備購置,除賡續辦理及急需者應核實
計列外,均暫緩編列。

(四)政府辦理公共工程計畫,應瞭解計畫目標與定位,設定妥
適之建造標準,並於預算編列、設計、施工、監造、驗收
各階段,依設定建造標準落實執列。

(五)中央及地方政府辦理各項退休年金及社會保險,應以建構
永續穩定之年金制度為目標,並檢討保險財務收支失衡原
因,謀求改進;其他各項社會福利措施之推動,應本兼顧
政府財政負擔、權利義務對等及社會公平正義等原則,並
考量社會救助給付條件、對象及額度之差異化,審慎規劃
辦理。

(六)中央政府各機關應配合行政院組織改造,完善各項籌備
作業,及就調整移撥業務與經費明確劃分,俾利預算資源
妥適規劃,並可促進跨域合作,擇取共同性較高之公共事
務,進行資源流通共享或共同委託外包,避免資源重複投
入,力求精簡。

(七)中央及地方政府各機關預算員額之規劃,應分別依中央
政府機關總員額法(以下簡稱總員額法)、中央政府機
關員額管理辦法、地方行政機關組織準則及行政院所定
員額管理規定,本撙節用人精神及業務實際需要,依下
列原則,合理配置人力,並適時檢討待遇福利及教育訓
練等人事成本:

1.各機關配置員額,應在上級機關獲配員額總數額度內,考
量業務調移、推行地方化、法人化、民營化或委外化之辦
理情形及改進工作方法,包含落實工作簡化與資訊化等因
素,就施政優先緩急及必要性,中央機關依行政院核定員
額評鑑結論、地方機關依其所辦理之組織及員額評鑑結
論,檢討原配置人力(含超額員額)實際運用情形,合理
核實編列各機關預算員額數,避免編列之預算員額未確實
進用,影響人事費之有效執行。

2. 中央政府各機關有總員額法第八條第二項各款情形之一者，其員額應予裁減或移撥其他機關。

3. 配合組織調整作業，各機關人力配置，除維持當前業務之遂行，亦應考量未來組織定位及業務職掌調整之規劃方向，合理規劃現階段人力配置及運用，以利組織調整作業人力面向無縫銜接。

4. 各機關應賡續推動並落實行政流程簡化，積極檢討授權及業務資訊化，以加強人力運用，提升行政效能。

(八)各機關聘僱人員，應確實基於專業性、技術性、事務性及簡易性業務需要進用；另應核實檢討已進用之聘僱人員所辦理業務是否屬聘僱計畫所定業務。如聘僱計畫所定業務已結束，應即檢討減列。

(九)各機關為應特定業務需要，需以業務費進用臨時人員，應依行政院及所屬各機關學校臨時人員進用及運用要點規定辦理。

(十)為貫徹工友、技工及駕駛員額精簡政策，有效彈性運用人力，各機關應落實下列規定：

1. 各機關工友、技工及駕駛，不論超額與否，均予全面凍結不得新僱；未達員額設置基準之機關，如因業務需要，擬進用工友、技工或駕駛者，得由本機關工友、技工或駕駛彼此間轉化或其他機關移撥。

2. 各機關事務性工作，應依中央各機關學校工友員額管理作業要點規定，積極採取廣泛使用現代化事務機具、業務資訊化、簡化流程、運用志工等人力、全面推行職員自我服務及擴大外包等措施辦理。

3. 各機關應積極採行超額列管出缺後減列預算員額、實施員額調整及轉化移撥、改進事務性工作分配等方式，以有效彈性運用工友、技工及駕駛人力，並得經雙方合意，協助辦理未涉職員核心業務、法律責任及公權力行使之業務；並依前目要點有關優惠退離規定，鼓勵其退離，以減少人事費。

(十一)中央及地方政府車輛配置及車種，應依共同性費用編列基準表及中央政府各機關學校購置及租賃公務車輛作業要點規定辦理增購或汰換。各機關購置各種公務車輛，

優先購置電動車及電動機車等低污染性之車種，於編列
年度增購及汰換車輛預算前，並應確實評估所需車種及
數量。

(十二)各機關租賃公務車輛，優先租用電動車等低污染性之車
種，並應以實用為原則，力避奢華車款，且不得租賃全
時公務車輛。於公務車輛報廢後，應優先以集中調派方
式運用現有公務車輛，支援各項公務所需。

(十三)中央及地方政府具有共同性質之支出項目及社會福利措
施，應依法律規定、行政院核定之一致標準及政事別科
目歸類原則與範圍編列預算；如確有特殊情形者，應報
由上級政府通盤考量或協商決定後，始得實施。直轄市
與各縣（市）預算之編製及執行，由行政院統籌訂定一
致規範或準用中央法規。

(十四)中央政府因應縣（市）改制或與其他直轄市、縣（市）
合併改制為直轄市，涉及功能調整或業務移撥之項目，
相關機關應依核定之移轉期程，合理規劃移撥人力及經
費，並督促改制之直轄市承接辦理，以確保原業務順利
銜接運作。

(十五)中央政府各機關預算項下所編列之對地方政府補助款，
其資源配置應兼顧區域均衡與公平性，並配合中央與地
方事權之調整，依財政收支劃分法與中央對直轄市及縣
（市）政府補助辦法規定，確實檢討辦理。

(十六)配合離島建設業務檢討及改進方案，離島建設基金之運
用範圍，以與離島特殊性有關之項目為限；各中央主管
機關對於地方政府之建設補助不得排除離島地區，且應
優予考量。

(十七)中央及地方政府各機關應積極檢討捐助財團法人、團體
及增撥（補）特種基金之合理性及必要性，以減輕政府
財政負擔。

五、中央及地方政府特種基金預算收支，依下列原則辦理：

(一)營業基金應積極開源節流，本企業化經營原則，設法
提高產銷營運量，增加收入，抑減成本費用，並積極研
究發展及落實責任中心制度，改進產銷及管理技術，提
高產品及服務品質，以提升經營績效，除負有政策性任

務者外，應以追求最佳盈餘為目標；作業基金應本財務自給自足原則，設法提升業務績效，降低生產或服務之單位成本，以達成最佳效益為目標；債務基金、特別收入基金及資本計畫基金應在法律或政府指定之財源範圍內，妥善規劃整體財務資源，並設法提升資源使用效率，以達成基金設立目的。

(二)營業基金應本設立宗旨及其業務範圍，擬定長期努力之願景及為達成該願景之中程策略目標，並與年度業務計畫及預算結合。為促進事業永續發展，營業基金應依其願景滾動檢討中程策略目標，納入環境保護、社會責任及公司治理，並強化與淨零轉型之階段目標及關鍵戰略之連結。

(三)營業基金應衡酌國際間與國內同業之投資報酬率及經營成果比率、過去經營實績、未來市場趨勢與擴充設備能量及提高生產力等因素，妥訂盈餘（或虧損改善）目標。適用員額合理化管理者，並應本績效管理原則，彈性用人，提升經營績效。績效獎金，應依單位績效及員工貢獻程度核給。所列盈餘，應以不低於上年度預算數為原則，並依規定分配繳庫，非有特殊理由，不得申請保留。所請由庫增資及彌補虧損等，除屬特殊必要者外，均不予考慮。作業基金應參照國內、外類似機構訂定產品價格或服務費率，並以不低於其單位成本為原則，其運作結果，如有賸餘時，除負有政策性任務者外，應依規定繳庫。

(四)新設非營業特種基金應依法律或配合重要施政需要，並具備政府既有收入或國庫撥補以外新增適足之財源，且所辦業務未能納入現有基金辦理，始得設立。已設立之基金，應依中央政府非營業特種基金裁撤機制辦法檢討其存續或裁撤事宜，並配合編列有關之預算。

(五)特種基金應配合政府組織改造，合理調整組織，並妥適辦理基金改隸、業務移撥及基金整併、裁撤事宜。財務欠佳或營運發生虧損（短絀）者，應積極研謀改善；達財務預警指標警戒值者，應辦理預警及追蹤檢討作業，並配合檢討結果編列預算。

(六)特種基金應落實計畫預算制度，依核定之計畫核實編列預算，凡績效不彰之計畫及不經濟或無必要之支出，均不得

編列預算。非營業特種基金應設法籌妥長期穩定財源,且
預算編列範圍應與公務預算明確劃分,符合基金設立目的
及基金用途者,始得於基金編列預算。特別收入基金及資
本計畫基金應審慎推估可用資金,並妥作中長程資金運用
規劃,且應在基金中程可用資金範圍內,依據設立目的及
用途,擬具業務計畫,並配合編列預算。

(七)特種基金固定資產建設改良擴充專案計畫、資金轉投資
計畫及其他重大投資計畫應妥作可行性評估,核實成本效
益分析,具淨零排放效果者,並應連同預計達成之關鍵目
標及效益,擬具計畫依規定程序報核,並建立計畫管控及
風險管理機制;其預算之編製,應依核定計畫,衡酌工程
或投資進度、財務狀況及執行能力,據以核實編列年度預
算。重要公共工程建設及重大新興計畫,應先行製作選擇
方案與替代方案之成本效益分析報告,並提供財源籌措及
資金運用之說明。公共建設計畫應依公共建設計畫審議、
預警及退場機制辦理。非營業特種基金自償性公共建設計
畫應依自償性公共建設預算制度實施方案辦理,並強化財
務規劃,核實估算自償率。

(八)特種基金應加強辦理各項債務管理措施,包括閒置資金應
優先償還債務、調整債務結構及積極協調金融機構調降利
率等;為辦理各項業務所舉借之債務,應確具可靠之償還
財源,並運用多元籌資管道,彈性靈活調度資金,降低利
息負擔,倘償債財源有不足以清償債務本息之虞時,應即
研提營運改善及債務清償計畫,確保債務之清償。

(九)特種基金應積極活化閒置、低度利用及不經濟使用之不
動產,以發揮資產效益,並注意資金運用之收益性及安全
性,加強財務管理及現金調度,以活化累存資金,提高資
金運用效能。

(十)特種基金應配合政府政策,妥盡環境保護及污染防治之社
會責任,並與社會大眾溝通協調,避免環保糾紛,以利重
大建設之順利進行。

六、地方各機關因下列情形之一,得請求提出追加歲出預算:
(一)依法律或自治條例增加業務或事業致增加經費時。
(二)依法律或自治條例增設新機關時。

　　　　(三)所辦事業因重大事故或重大政事經費超過法定預算時。

　　　　(四)依有關法律、各機關單位預算執行要點或自治條例應補列
　　　　　追加預算者。

15 D。協商措施，依政府採購法第55條及第56條第1項之規定，限於無
　　　法依最低標或最有利標決標之情形，始得採行，且唯原招標文件
　　　已標示得更改項目之內容，始得納入協商。

　　　政府採購法第55條：「機關辦理以最低標決標之採購，經報上級
　　　機關核准，並於招標公告及招標文件內預告者，得於依前二條規
　　　定無法決標時，採行協商措施。」

　　　政府採購法第56條第1項：「決標依第五十二條第一項第三款規
　　　定辦理者，應依招標文件所規定之評審標準，就廠商投標標的之
　　　技術、品質、功能、商業條款或價格等項目，作序位或計數之綜
　　　合評選，評定最有利標。價格或其與綜合評選項目評分之商數，
　　　得做為單獨評選之項目或決標之標準。未列入之項目，不得做為
　　　評選之參考。評選結果無法依機關首長或評選委員會過半數之決
　　　定，評定最有利標時，得採行協商措施，再作綜合評選，評定最
　　　有利標。評定應附理由。綜合評選不得逾三次。」

16 A。平衡計分卡（The Balanced Scorecard）為柯普朗（Robert
　　　Kaplan）與諾頓（David Norton）由實務上發現並加以整理，構
　　　組發展而成。

　　　(一)平衡計分卡的意涵：平衡計分卡顧名思義，指績效衡量的層
　　　　面不能有所偏廢，傳統的績效衡量聚焦於財務面，特別是基
　　　　於財務報表的數字。而平衡計分卡所衡量的績效，除了財務
　　　　面外，還包括顧客面、內部流程面、以及學習及成長面等四
　　　　個構面，亦即超越傳統的績效衡量層面，同時涵蓋財務與非
　　　　財務的衡量。

　　　(二)平衡計分卡的構面：平衡計分卡的目標（objectives）和量度
　　　　（measures），是從組織的遠景與策略衍生而來的，它透過
　　　　四個構面：財務、顧客、企業內部流程、學習與成長等考核
　　　　一個組織的績效。

　　　　1. 財務面：透過以下的基本問題建構組織的績效指標：「為了
　　　　　財務成功，我們對股東應如何表現？」

　　　　2. 顧客面：透過以下的基本問題建構組織的績效指標：「為了
　　　　　達到願景，我們對顧客應如何表現？」

3. 學習與成長面:透過以下的基本問題建構組織的績效指標:
「為了達成願景,我們如何維持改變和改進的能力?」

4. 企業內部流程面:透過以下的基本問題建構組織的績效指標:「為了滿足顧客,那些流程必須表現卓越?」

在平衡計分卡的設計與運作中,這四個構面彼此支援,相互推動,但財務面仍是相當重要的,因為它必須對股東(股東的概念在政府為選民與議會代表;學校則為教育主管機關)交代,而且沒有一個公司可以長期虧損。可是若要達到財務豐盈,必須伺候好顧客,讓顧客滿意,而為了使顧客滿意,則必須依賴內部流程的支持,包括產品創新、開拓市場、講究效率與品質。而所有上述層面的績效,則又依賴人力資源與基礎設施(含資訊系統)的搭配,因此,學習與成長的重要性不容忽視。

因此,在設計平衡計分卡時,必須考慮這四個構面間的相互依賴、相互支持,以及相互平衡的關係。

(三)如何應用平衡計分卡於公務機關:公共部門或非營利組織都不把財務面的報酬當作是最後的成功依據,反倒是以追求改善社會作為崇高使命,故公共部門在平衡計分卡的應用上會與一般企業有所不同,因為公共部門特別強調組織使命的達成,為了達成組織使命,必須同時注重財務與顧客構面,並加強內部流程面與促進員工的學習、成長,團隊合作能力。

17 A。 溝通的障礙:

(一)語文上

(二)地位上

1. 由上而下的溝通障礙

(1)硬塞理論(The Sell Theory):主管認為只要由上而下下命令,部屬照章行事即可。

(2)嚷叫理論(Decibel Theory):主管認為自己看法一定比部屬強,因此表現出不屑聽取部屬意見之態度。

(3)愚民政策:民可使由之,不可使知之。

2. 由下而上的溝通障礙

(1)駝鳥主義:多說多錯,不說不錯。

(2)表功主義:部屬對上司報喜不報憂。

(3)地位差距。

　　　(三)地理上
　　　　1. 組織過於分散。
　　　　2. 組織層級過多。
　　　　3. 組織規模過於龐大。
　　　(四)心理上。
　　　(五)溝通方法上的障礙。
　　　(六)時間壓力造成之障礙。

18 C。馬師洛（A. H. Maslow）之需要層次理論，認為人類有五種基本
　　　的需要，由低到高依序分別是：
　　　(一)生理的需要：滿足員工基本需求。例如：薪水、食物、水、
　　　　睡眠、免於痛苦的自由。
　　　(二)安全感的需要。對員工工作上之保障，例如：保險政策、永
　　　　業制、退休金。
　　　(三)愛的需要：亦稱為社會的需求，指的是員工在組織中要與同
　　　　仁打成一片的意願，希望能為非正式組織的一員。
　　　(四)尊榮的需要：人們皆有自尊心及榮譽感，希望得到別人之稱
　　　　讚、誇獎、尊敬。因此，在組織中會希望與他人維持良好人
　　　　際關係（Interpersonal elations）。
　　　(五)成就的需要：亦稱為自我實現。指的是個人在組織中的自我
　　　　成就。

19 D。2009年初，美國前總統歐巴馬（Barack Obama）在就職第二天於白
　　　宮簽署了《透明與開放政府備忘錄》（Memorandum on Transparency
　　　and Open Government），強調透過開放資料讓政府「透明」、邀請
　　　公民社會「參與」、並連結公部門與私部門展開「協作」，才能找
　　　回人民與政府之間的信任關係，進一步深化民主。這份白宮備忘
　　　錄不只揭示了開放政府作為政府治理的新模型，更反映公民社會對於
　　　政府透明、開放與參與的強烈需求。從美國佔領華爾街到中東國家
　　　阿拉伯之春，從台灣三一八佔領運動到香港雨傘革命，開放政府已
　　　然成為二十一世紀新一波的民主運動。
　　　開放政府是什麼？2009年的白宮備忘錄揭示了開放政府的行動方
　　　針為透明、參與、協作。2011年，在美國主導下，八國政府（巴
　　　西、印尼、墨西哥、挪威、菲律賓、南非、英國、美國）聯手成
　　　立「開放政府夥伴聯盟」（Open Government Partnership）並簽

　　署《開放政府宣言》，將此概念向全球推廣。因應各國不同的民主進程和政治脈絡，**開放政府夥伴聯盟重新定義開放政府，指出它的四大核心要素為：透明、參與、課責（accountability）、涵容（inclusion）**。不論是2009年的白宮備忘錄或是2011年的《開放政府宣言》，都反映了世界各國對民主現況的反思。開放政府不僅是一個改革的口號，更是一場政治運動。它透過重新定義政府與公民社會的關係，將政府機關、非營利組織、國際社會、與公民個人串連為多邊利害關係人，打破上對下的階序關係，創造橫向連結，以促進開放式的治理。

20 C。 政策順服：就是政策對象願意配合政策而持續或改變特定行為的程度。標的人口對政策的順服程度愈高，政策也就愈容易成功，因此行政機關執行政策時莫不以提高標的人口的順服程度為首要考量。

21 A。 公民參與的意義：公民參與的本質，是試圖由下而上的去影響公共事務的決定。更具體的來說，根據Arnstein的定義，「公民參與即公民力量的展現（citizen participation is citizen power）」。公民參與的實質內涵必須透過權力的重分配才能得以彰顯，也就是讓那些身處在政治和經濟決策之外的群體，能夠透過公民參與的方式引入有意義的社會改革，使得決策圈外的群體也能共享社會的進步與繁榮。

公民參與是一個過程而不是個單一事件。這是由發起單位在一個專案的生命週期當中所有的活動與行動所形成的一個過程，作為是告知一般大眾訊息並從大眾身上也獲得資訊或意見回饋的雙向互動過程。

公民參與可提供利害關係人（針對一個議題有興趣的人或與其有重大利益相關的**個人、利益團體或社區**等）一個可以來影響及參與決定那些會影響他們生活的決定的機會。

一般而言，可區分為**公共參與、政治參與、個人自發參與及公民參與**。各種公民參與的類型，皆有不同的模式。有質性的也有量性的，其中公民選舉權與罷免權，或是民意調查都是屬於可以量化公民參與公共政策模式，而世界公民咖啡館、審議式民主、民眾說明會、專家諮詢會議等則偏向質性的。

22 B。 地方制度法第77條：「中央與直轄市、縣（市）間，權限遇有爭
議時，由立法院院會議決之；縣與鄉（鎮、市）間，自治事項遇
有爭議時，由內政部會同中央各該主管機關解決之。

直轄市間、直轄市與縣（市）間，事權發生爭議時，由行政院解
決之；縣（市）間，事權發生爭議時，由中央各該主管機關解決
之；鄉（鎮、市）間，事權發生爭議時，由縣政府解決之。」

23 A。 非營利組織的特徵：

(一)正式組織：非營利組織必須有某種程度的制度化，臨時組織
和非正式的民眾集合並不被考量為非營利部門，即使這種集
合對民眾的生活是極為重要。非營利組織必須同時得到國家
法律的合法承認：這種法人團體才能為了團體的託付訂定契
約和保管財務。簡言之，非營利組織必須向有關官署辦理登
記並取得成立許可證書者，亦即具有法人資格者。

(二)民間組織：非營利組織必須與政府區隔開，即不是政府組織
一部分，也不由政府官員充任的董事會所管理，但這並不意
味非營利組織不能接受政府的支持，或政府官員不能成為董
事；最主要的關鍵因素在於非營利組織在基本結構上必須是
民間組織。

(三)非利益的分配：非營利組織並非專為組織本身生產利潤，非
營利組織在特定時間內聚集利潤，但是要將其使用在機構的
基本任務上，而不是分配給組織內的財源提供者，這是非營
利組織與其他私人企業最大不同之處。

(四)自己治理：非營利組織能監控他們自己的活動，他們有內部
管理的程序及章程，除受政府相關法令的約束外，不受外在
團體的控制。

(五)志願性團體：非營利組織包括某些程度的志願參與機構活動的
導引或事務的管理，特別是志願人員組成負責領導的董事會。

(六)公共利益屬性：非營利組織為公共目的服務，並提供公共財
（Public Goods）。因此，組織的目標在關心成員本身的非
經濟性興趣，例：助人之樂、成就感之獲得。

(七)組織收入依賴募款能力，而非組織績效：非營利組織的資金
來源較少依賴顧客，主要的資金來源是捐贈；而組織收入係
根據組織募款之能力，並非其服務績效。因此，組織收入之
多寡與其提供公共服務間，並非是一正相關之關係。

(八)服務取向、行動取向：非營利組織多直接提供服務予服務對象。

(九)平式組織，層級節制少：非營利組織本身為一正式組織的架構，但其相較於其他正式組織（政府組織或私人企業組織）而言，其組織層級通常較少。因此，非營利組織多具有高度的彈性（Flexibility）的特性，能迅速做出決策，並能因應環境而做適當改變。

(十)低度手段理性與高度團結一致：非營利組織在組織原理上，存在低度手段理性（Means Rationality）與形式化（Formality）及高程度的團結一致（Solidarity）與直接交易形式。

24 A。有關民營化的限制，包括：

(一)適用性的困境：就政府部門的立場而言，民營化的適用範圍，迄今仍以一般事務的執行活動為主，例如：公車營運、育嬰托兒、海岸清理、公園維護、垃圾清運、交通管制、法律服務，以及水電供給等。這種適用性的困境，主要是因為政府與民間部門，在本質上的差異所造成的結果。

　事實上，許多政府的業務很難民營化，不論是具有主權意涵的業務（如稅賦課徵、對外宣戰，以及強制執法），或是攸關國家安全的職能（如情報局解碼以及核武保管），均不適用民營化。這些業務一旦民營化，政府不但會失去賴以統治的主權優勢，同時也可能損及公共利益。

(二)缺乏政治責任：民營化的另一困境，是政治責任的缺乏。民間組織的營利取向，可能使得民營化的公共服務，在「最高效率、最低成本」的考量下，忽略了社會責任與公共利益。以美國實施垃圾清運的城市為例，不少負責清運垃圾的民間公司，往往基於利潤回收的考量，不願投下大筆資金興建焚化爐或掩埋廠，而代以越界違法傾倒。這種「以鄰為壑」的做法，會引發受害區域的反彈及仿效，形成不必要的社會成本。

(三)不穩定因素的干擾：有些受委託機構，可能由於種種因素，例如：意願不高、熱誠不夠、服務品質不佳等，或毀約、換約等情況發生，因而造成服務中斷、沒有持續性，導致消費者（服務對象）的不便或權益受損。公共服務有社會必需性，應該保證其能不間斷地提供。政府直接僱用的員工，或

許無效率，但他們確保公共服務的安全供給，無虞斷炊。唯以民營化方式提供，無法獲得安全保證。

(四)管理困境：接受契約的民間機構往往有經營不妥，及缺乏適當方案資訊與經費開支控制系統的情形。其次，政府的資助對民間機構而言，是相當重要的財源之一。而這些受委託民間機構之選擇，往往會受到利益團體之「遊說」的影響，忽略了真正的功績取向以致公眾利益受損，並且危害社會政策公平性的原則。

(五)營利機構參與的弊端：公共組織業務移轉至民間機構，會造成所謂社會分化現象，使用者的付費能力決定其所獲得服務品質的關鍵。對於付費能力低或完全無付費能力之低收入者，往往只得到便宜或次級的服務，導致**社會服務等級化**。亦即民間營利機構對於較不具經濟效益的公共事務，則取巧規避，而只注意較有利潤的事項，民營業者關心的，僅是利潤的獲得，故其所提供的公共服務無法滿足社會公平性與社會外部利益，而不易執行的項目，則仍是交由政府部門完成。

此外，民營化的支持者犯了「將實際上公部門管理的經驗，與理想中的私人管理相比較」的錯誤。即使在民營化後，政府也不能全部撒手不管，此間有數個理由：

1. 即使已民營化，公共設施仍是具有政治重要性的事務。公共設施是每個人都要使用的，其價格與供應的狀況，當然就屬於政治事務的範疇。

2. 如果一開始未建立起競爭性的架構，將使得爾後架構建立變得困難重重。

3. 雖然有個特別用以管制產業的官署看似合理，然而有效競爭的缺乏意味著，在企業和管制者間必然有「關於價格的衝突」，以及「管制者遭企業擄獲（capture）的潛藏性」。管制制度已導致持續管制，公司依賴管制環境，而非因競爭獲利之「有秩序競爭永存的制度」。

25 B。 審議民主強調的四個要項包括討論、平等、包容和決定。

(一)討論：審議民主的「審議」二字就意味著討論，所以顧名思義審議民主極為強調行動者之間必須進行討論，故審議會議多半會以參與者的討論作為核心。

(二)平等：審議民主也側重於平等作為互動原則，所以儘管當然理解到行動者在社會脈絡中可能因為學歷、性別、經濟狀況、學歷、對議題的嫻熟度等因素而有權力上的落差，但審議討論的現場刻意透過審議主持與主辦規劃打造出友善的平台，讓參與者能夠平等地參與討論和互動。

(三)包容：審議民主更致力追求整個過程的包容性（inclusiveness）。審議民主的目標就是能夠提供機會讓民眾發聲；其中尤其希望能夠讓過去處於邊緣、弱勢、受到壓迫與忽略的行動者能夠發聲，彰顯整體的包容性。

(四)決定：審議民主也期待整個過程並不只是讓參與者純粹提出看法，而是希望能夠真的讓參與者透過不同的參與模式針對特定公共議題進行討論、交換意見、做出具體決定（以提供外界參考）。

(五)審議民主還強調參與者對於議題的「知情」（informed）討論，也就是參與者的對話溝通是奠基於對議題基礎資訊和多元觀點的掌握之上。而審議民主也認為儘管參與者的背景殊異，但彼此能夠在審議的過程中達到異質對話和深層理解；甚至希望參與者在討論中能夠透過積極的分享與聆聽，以共善和共識為目標，讓參與者整體成為共同體、凝聚認同，彼此轉化。審議民主更認為上述理想能夠透過強調尊重和理性等價值，以及審議過程中對於公開性、公共性和開放性的過程被達成。

111 年　地特四等

(　) **1** 下列何者非屬從政治觀點探討公共行政之論述？
(A)權力分立制衡是行政事務劃分範圍的重要基礎
(B)政治與行政的二分有其難度
(C)行政人員執行政治領導者所決定的政策
(D)行政是將科學方法運用於行政管理之上。

(　) **2** 某公務人員在接受民眾申請案件的過程中，只在乎是否符合法令
規定，未能利用其裁量權合理幫助民眾解決問題。下列何者最
能描述此一現象？
(A)目標錯置　　　　　　　(B)行政中立
(C)行政獨裁　　　　　　　(D)本位主義。

(　) **3** 下列何者是巴納德（C. Barnard）對於權威的看法？
(A)權威取決於職位之高低
(B)命令須落在無異議區（zone of indifference）之外才會被接受
(C)權威取決於受命者能否理解與認同
(D)權威應去除人的因素，根據情勢需要而運用。

(　) **4** 有關網絡治理與新公共管理在概念上之差異，下列敘述何者錯誤？
(A)前者強調多元群體，後者強調原子化的個體
(B)前者強調公共選擇途徑，後者強調運用公共價值途徑
(C)前者強調公民之重要性，後者強調市場及顧客之概念
(D)前者強調持續變化的系絡環境，後者強調競爭的系絡環境。

(　) **5** 湯普森（V. Tompson）曾經批評那一個時期的公共行政理論觀點
有「偷竊人民主權的無恥企圖」，認為行政應該向政治負責，
中立執行人民的意志，而不是成為政治的主人？
(A)新公共管理　　　　　　(B)新公共行政
(C)新公共選擇　　　　　　(D)新公共服務。

( ) **6** 下列何者不是針對新公共管理的批判？

(A)公共管理應是一種典範而非研究途徑

(B)市場的功能被過度膨脹

(C)過度強調顧客導向，在民粹主義的政治生態中，容易導致選票導向

(D)新公共管理所提倡的「小而能」政府，並非放諸四海皆適用的原則。

( ) **7** 企業型政府主張顧客導向之概念，下列何者並非此種概念之體現？

(A)在政府機關網站上進行滿意度調查

(B)在臉書官方網站上即時回應民眾問題

(C)建立民眾服務品質標準

(D)重視行政資源的投入面向，而非服務結果面向。

( ) **8** 有關促進性行政倫理（affirmative administrative ethics）之敘述，下列何者錯誤？

(A)不限於探討組織內部不法行為之探討

(B)希望達成行政人員的正面積極思維

(C)強調對於社會多元價值的追求和反思

(D)應由上級機關負責推動倫理措施。

( ) **9** 下列何者屬於行政機關內部政務人員和公務人員之間的互動機制？

(A)質詢與答詢　　　　　　(B)彈劾與抗辯

(C)監督與報告　　　　　　(D)陳情與裁決。

( )**10** 有關公務人員行政中立法規定事項之敘述，下列何者錯誤？

(A)公務人員依規定請事假參選，長官不得拒絕

(B)公務人員得參加遊行及連署活動

(C)公務人員得在下班時間兼任黨職

(D)公務人員得為其公職候選人配偶公開站台。

( )**11** 依權力分立為依據區分內外，下列何者非屬對行政權課責之內部
正式途徑？
(A)中央政府對地方政府之自治監督
(B)主計單位對經費使用之審核
(C)立法院特別委員會的調查
(D)公務員向法務部廉政署檢舉違法。

( )**12** 從組織設計的角度而言，行政機關在司、處、室等單位上冠以不
同名稱，這主要是建立在以下何者之基礎上？
(A)工作性質　　　　　　　(B)責任輕重
(C)權力大小　　　　　　　(D)預算多寡。

( )**13** 有關「價值」之特質及與行政倫理之關係，下列何者錯誤？
(A)價值具有驅動人類行為之動力
(B)價值乃是構成行政倫理概念體系之核心
(C)價值乃是個人短暫的信念和偏好
(D)社會上長久累積的公共價值體系會影響行政倫理的思考。

( )**14** 有關矩陣式組織之敘述，下列何者錯誤？
(A)成員來自不同部門且往往各有所長
(B)組織型態有利於跨域溝通
(C)成員可能面臨到雙元領導的衝突
(D)較適用於執行小規模或簡單的專案。

( )**15** 根據賽蒙（H. Simon）行政決策理論的假設，決策者實際上如何
進行選擇？
(A)從廣泛多元選項中做出完全理性的判斷
(B)詳細考量各個方案的所有可能情境
(C)選擇某政策方案，因為該方案被視為滿意可行的
(D)建構所有可能方案的效用函數，設定概率分配。

( )**16** 下列何者為高塔式組織結構的主要特徵？
(A)層級主管控制幅度較小　(B)組織員工互動能力較強
(C)採取專業及彈性化分工　(D)不易形成制式僵化行為。

( )**17** 臺灣各主要城市都有1999市民當家熱線服務，這種設計屬於那類
組織協調途徑？
(A)專案管理系統　　　　　(B)府會聯絡人機制
(C)行動規劃系統　　　　　(D)虛擬網絡系統。

( )**18** 下列論述何者不符合馬師婁（A. Maslow）提出的需要層級理論？
(A)較低層次的需求獲得相當滿足後，會轉向較高層次的需求滿足
(B)生理的需求為人類最低、最基本的需要
(C)機關應該保障員工之工作不受剝奪及威脅，屬於滿足員工被
　　尊重的需求
(D)組織舉辦體育競賽以及餐會活動，有助於員工人際關係的需求。

( )**19** 國家人權委員會為下列何者所設置之組織？
(A)監察院　　　　　　　　(B)立法院
(C)司法院　　　　　　　　(D)行政院。

( )**20** 依中央行政機關組織基準法之規定，機關依組織法規將其部分權
限及職掌劃出，以達成其設立目的之組織，稱為：
(A)機構　　　　　　　　　(B)獨立機關
(C)合議制機關　　　　　　(D)單位。

( )**21** 下列何者不是績效待遇制度的主要理論假定？
(A)年資高低影響員工努力工作的程度
(B)員工的工作投入度會影響其績效高低
(C)工作績效會影響報酬的多寡
(D)物質報酬為重要的激勵工具。

( )**22** 「行政機關成員感覺到個人的年終考績結果有失公允」，下列那一理論觀點最無助於直接解釋這類現象的「成因」？
(A)資訊不對稱　　　　　　(B)官僚文化
(C)組織政治　　　　　　　(D)需求層次理論。

( )**23** 甲為財政部選送國內全時進修之公務人員，依公務人員訓練進修法，應遵守下列何項規定？
(A)寒暑假期間，原則上應返回財政部上班
(B)其進修期間為3至5年
(C)應辦理留職停薪
(D)進修結束回原機關服務之期間，應為進修期間之3倍。

( )**24** 職務分析主要目的是要決定不同工作的職責、任務或活動的內容。下列何者為職務分析所促成的主要產物？
(A)考績通知書　　　　　　(B)職務說明書
(C)公務人員俸給表　　　　(D)商調函。

( )**25** 下列何種情形仍得任用為公務人員？
(A)未具或喪失中華民國國籍
(B)褫奪公權尚未復權
(C)曾服公務有貪污行為，經有罪判決確定
(D)於動員戡亂時期，曾犯內亂罪、外患罪，經有罪判決確定者。

( )**26** 我國有些縣市政府在轄區內課徵「營建剩餘土石方特別稅」，其法源依據為何？
(A)地方稅法通則　　　　　(B)財政紀律法
(C)土地稅法　　　　　　　(D)縣市土地處理及經營條例。

( )**27** 下列那一個機關在中央政府總預算籌編過程，負責供給「以前年度財政經濟狀況之會計統計分析資料」給行政院？
(A)財政部　　　　　　　　(B)經濟部
(C)國家發展委員會　　　　(D)行政院主計總處。

( )**28** 美國因應新冠肺炎，總統和國會合作提出相關增加年度預算的
法案，以支應疫苗開發、失業救濟、銀行貸款、醫療補助等之
用，這在美國預算應用上稱為：
(A)經費流用　　　　　　　(B)補充撥款
(C)扣留款項　　　　　　　(D)經費配額。

( )**29** 下列針對預算制度之敘述，何者正確？
(A)零基預算制度下，所有計畫都站在同樣的立足點來競爭有限
　的預算資源
(B)設計計畫預算制度重視機關別和支出目的，並予以分類
(C)計畫與績效預算制度偏重各種資源的投入計算
(D)行政預算制度重視公民參與的程度。

( )**30** 各級政府間可透過財政轉移支付來解決財政不均衡現象，下列何
者不是財政轉移支付的方式？
(A)補助款　　　　　　　　(B)統籌分配款
(C)協助金　　　　　　　　(D)財產收入。

( )**31** 有關平衡計分卡在公務機關的應用情形，下列敘述何者錯誤？
(A)重視員工學習成長　　　(B)強調內部流程改善
(C)偏好財務構面衡量　　　(D)發展績效管理策略地圖。

( )**32** 關於目標管理的特性，下列敘述何者錯誤？
(A)重視員工參與
(B)重視人性的管理方法
(C)是一套整體、有系統的管理過程
(D)強調由組織管理階層為部屬訂定工作目標。

( )**33** 甲擔任專員時喜歡背後批評科長作風保守，然而甲員升任科長後
也如同前任科長一般保守而消極。上述現象最適合用下列何種
觀點來形容？
(A)帕金森定律（Parkinson's Law）

(B)墨菲定律（Murphy's Law）

(C)邁爾斯定律（Miles' Law）

(D)不稀罕效應（BOHICA）。

( )**34** 有關何茲柏格（F. Herzberg）「激勵保健理論」（二因子理論）中，保健因素為下列何者？

(A)薪資　　　　　　　　(B)升遷

(C)長官賞識　　　　　　(D)工作成就感。

( )**35** 為了激勵部屬，主管對其採取「工作擴大化」（job enlargement）措施，這主要表現在下列何種層面？

(A)工作性質本身具有較高的能見度

(B)工作上享有更多自主權與責任

(C)可從事較多不同種類的工作

(D)薪資取決於其工作績效。

( )**36** 就溝通管道而言，下列行政溝通方式何者最具豐富性，同時也可減少溝通障礙？

(A)以面對面的方式溝通　(B)以線上會議的方式溝通

(C)以電話的方式溝通　　(D)以公文的方式溝通。

( )**37** 我國各類型災害的防救業務中央主管機關，下列何者錯誤？

(A)震災：內政部　　　　(B)水災：經濟部

(C)土石流：經濟部　　　(D)風災：內政部。

( )**38** 有關電子治理之敘述，下列何者正確？

(A)電子治理主要是希望能夠運用資訊系統，強化對於私部門的管理，以增進稅收

(B)電子治理對於課責並無助益

(C)政府運用電子治理應考量數位落差的問題

(D)政府將重複性高的業務進行自動化的資訊處理，主要目的是能夠確保民眾的個資不會外流。

( )**39** 對一項公共政策的本質、目的、價值與理念,進行討論、辯護
與批判,所以它需要論證、說服、組織和行動的技巧,才可奏
功。指下列何者?
(A)政策議程　　　　　　　(B)政策倡導
(C)政策合法化　　　　　　(D)政策評估。

( )**40** 政府將利益、服務或成本、義務分配給不同標的人口享受或承擔
的政策,屬於下列那一種政策類型?
(A)管制性政策　　　　　　(B)重分配政策
(C)自我管制性政策　　　　(D)分配性政策。

( )**41** 某一個經濟主體的經濟行為,影響了其他不相干第三者的效益或
成本,是指下列何種現象?
(A)資訊不對稱　　　　　　(B)政府失靈
(C)第三部門失靈　　　　　(D)外部性。

( )**42** 下列四種政策評估的實驗設計中,何種內部效度最高?
(A)具有處理組(treatment group)與比較組(comparison
group)的靜態比較設計
(B)實驗組與控制組成員隨機抽樣的真實驗設計
(C)單一個案研究(one-shot case study)
(D)時間序列(time-series)設計。

( )**43** 有關賽蒙(H. Simon)對於決策者如何做決策的敘述,下列何者
最為正確?
(A)決策者追求最佳的決策
(B)決策者傾向於將新的問題連結到既存的問題上
(C)決策者需要完整的資訊才能進行決策
(D)決策者在資訊處理時高度仰賴情緒智商的捷徑。

( )**44** 甲當選臺北市議員,其就職後得兼任下列何種職務?
(A)國立大學兼任教師　　　(B)私立大學專任教師
(C)悠遊卡公司董事　　　　(D)里長。

( )**45** 直轄市政府所擬訂之組織自治條例，經直轄市議會同意後，應如何處理？
(A)報行政院核定　　　　　(B)報行政院備查
(C)報內政部核定　　　　　(D)報內政部核備。

( )**46** 關於政府捐助之財團法人之敘述，下列何者錯誤？
(A)依民法、特別法或設置條例設置
(B)人員係經由國家考試任用之
(C)業務性質多元
(D)受政府監督的密度高於民間捐助的財團法人。

( )**47** 有關社會企業（social enterprise）之敘述，下列何者錯誤？
(A)尤努斯（Muhammad Yunus）於孟加拉成立的格拉明銀行
（Grameen Bank）為社會企業概念的先驅
(B)社會企業不能是營利事業，一定要以非營利為目標
(C)社會企業強調運用商業模式來解決社會或環境問題，以改善
人類和環境生存條件
(D)社會企業從事的是公益事業，不是為了股東或企業擁有者謀
取最大的利潤。

( )**48** 行政機關將某項業務委託民間廠商辦理，是屬於下列何種行政運
作模式？
(A)政府採購　　　　　　(B)單一窗口
(C)分層負責　　　　　　(D)去任務化。

( )**49** 下列何項不是促進民間參與公共建設法的規定？
(A)公共建設範圍包含政府廳舍
(B)非營利社團法人不得參與公共建設之營運工作
(C)一件促參案可以有多個民間參與方式
(D)有償BTO案也適用促參法。

( )**50** 有關公民參與（civic engagement）之敘述，下列何者錯誤？
(A)依據阿恩斯坦（S. Arnstein）的公民參與理論，授權決策是影響力最低的參與層次
(B)民眾出席環境影響評估說明會屬於公民參與的活動
(C)民眾使用1999市民當家熱線管道屬於公民參與
(D)i-voting是公共政策過程中的網路公民參與。

解答與解析（答案標示為#者，表官方曾公告更正該題答案。）

1 D。 (A)權力分立制衡是行政事務劃分範圍的重要基礎→政治觀點。
(B)政治與行政的二分有其難度→政治觀點。
(C)行政人員執行政治領導者所決定的政策→政治觀點。
(D)行政是將科學方法運用於行政管理之上→管理觀點。

2 A。 「目標錯置」為美國名社會學者墨頓（Robert K. Merton）所提出，其指工作人員將原本用以執行工作（辦事）所需的手段（法規），當成辦事的目標，換言之，人員不將執行工作當作目標，反而將「嚴格遵守法規」視為目標。此即所稱之「目標錯置」（Displacement of Goal）的現象。

3 C。 權威的接受論（Acceptance theory of authority）：
巴納德（C. Barnard）認為權威不在發令者，而是在受命者，即視受命者接受或同意的程度大小而定。這種接受的程度大小又依四個條件而有所不同，亦即完全接受命令必須：
(1)受命者確已瞭解。
(2)合於組織的目標。
(3)不違背受命者的利益。
(4)受命者有能力加以執行。
他說上述四項條件，通常總是存在，況且每個人均有一個「無利害區」或「冷淡地帶」（Zone of Indifference），凡落在此區裏之命令必被接受無疑。

4 B。 目前公共行政研究上討論最多的公共治理模式，當推傳統「官僚制度」、「新公共管理」理論以及稍晚發展之「（政策）網絡」（policy networks）三者。

新公共管理或許是治療傳統行政弊病的一帖猛藥，卻非萬靈丹。許多學者批評，例如**新公共管理理論的基本內涵（經濟理性的基本假設與管理主義）過於強調「顧客」式的回應**，忽略了民主治理應注意的核心議題，如公民精神（citizenship）、積極參與以及民眾與政府機關協力行動（collaboration/partnership）等；新公共管理只是提供一系列相互衝突的處方，缺乏理論的一致性與整合。另外，新公共管理理論導引出全球化政府改造的風潮，也激發學者探討新興國家（例如東歐）與初列已開發國家之林的國家（例如台灣），有關新公共管理是否可與民主化改革齊頭並進的討論。為了導正新公共管理的問題，「**網絡治理**」的模式遂被發展出來。例如新近對於民營化與契約外包的批評與省思，皆指出**公共治理應包括複雜的網絡內涵，需要政府與民間企業或契約對象協調合作，因此其參與者不僅涉及國家、區域與地方各級政府，也包含其他政治-社會各種組織團體，例如眾多特殊利益取向的利益團體、私人企業、非營利組織、以及社區公民團體等。**這些紛雜的非政府組織團體，各有其本身特定的利益，而且在價值與目標上，彼此經常衝突。如何將這些行動者納入決策制訂與執行體系之中，而不致於危害治理的效率，就是網絡治理的精義所在。

換一個角度觀察，有些學者試圖自「網絡」途徑詮釋「治理」的內涵，認為其與目前官僚、市場二種制度機制相比較，網絡能夠提供一個更為貼切、寬廣以及具體顯現現代國家、政府與社會關係的有效分析架構。例如Rhodes明確指出「政策網絡是公共行政研究治理概念的核心」。Kettl認為網絡理論提供現代治理一個嶄新的認識架構：(一)增進瞭解治理的內涵，(二)政府應該如何順利運作的基礎，(三)政府與各種非政府組織團體如何合作有效執行公共政策，以及(四)促進政治權利與代表性民主的連結。而Salamon更將「新治理」（new governance）界定為公共行政的新典範，強調公共行政的焦點必須從官僚轉移到網絡：從公、私部門對立轉移到公私協力，從命令控制轉移到協商與說服，從管理技能轉移為授能。因此，自網絡的途徑而言，在相當程度上，當代民主治理實質上已經轉化成為一種經由公私部門策略性的協力與合作、資源共享與共同協商，擁有自我管理能力的政策網絡架構；政府與其他非政府組織或團體基於信任，經由資源的相互

依賴，不分階層平等對待，共同合作，一起承擔工作與責任，累積「社會資本」，達成協同治理的效果。

進一步深入分析比較政策網絡與新公共管理（市場）二個新興理論，二者在政治哲學上皆植基於民主治理的制度與理論之上，但是其在概念內涵的主要差異在**新公共管理**目的在於提昇公共市場的效率，在分析單位上，**著重在個人（例如轉化型策略領導）與組織有效管理為基礎**，意圖利用經濟理性為核心的「組織經濟」或「制度經濟」理論（包含公共選擇、代理人理論與交易成本理論），倡導市場競爭與服務「顧客」機制，經由政府領航主導以及運用策略性引導（提供誘因）與「管理」技術層面的改進，對於國家與整個社會資源作最有效率的使用與分配。反觀政策網絡重視公民社會積極參與公共政策，並為公部門的互補角色，在分析單位上則不囿限於個人與組織層次，甚且擴展至較為寬廣的社會或國際層面，基本上強調政府與非政府組織團體之間的平等對待關係（例如在北歐社會統合主義國家中，政府與工會代表經由協商，建立政策共識），**經由資源互補和相互依賴，以互信為基礎，在特定政策上建立「協同治理」的共識。簡言之，前者在公共市場系絡下，重視經濟性、市場自然力量、管理主義與由上而下的策略性指導，後者強調在多元「公民」社會中，政府（官僚）明確的角色定位、政治協商、公民參與、網絡社區與平等、互惠、共享。**

5 B。 依據學者巴頓（Rayburn Barton）的研究，「新公共行政」至今未絕的影響力，主要來自於其對行政人員提倡完全不同於傳統行政學或主流行政學的社會改革性角色主張。這些角色計可歸納為五種：

(一)社會公平促進者（social equity advocate）：行政人員不可能亦不應該行政中立，而是要去解決弱勢群體的困苦及所受歧視，並改善其政經福祉，提升所有民眾生活品質。

(二)機關變遷催生者（change agent）：行政人員要做為集權規劃及分權執行的連針人，確保行政過程的公正性，發展機關的社會敏覺心及社會責任感。

(三)代表性行政人（representative bureaucrat）：行政人員要使機關人力組合愈接近於社會母體的人力組合，並代表被排除於政策制定過程的群體。

(四)倡議性行政人（advocacy administrator）：行政人員要遵行
　　服務對象至上第一的原則，為關懷服務對象而批評檢討機
　　關，並鼓勵民眾參與。
(五)非單一性行政人（non-consolidating bureaucrat）：行政人員
　　要同時扮演多重角色；或經常轉換角色，例如：前瞻性政策
　　者、危機管理者、利益協調者、最適領導者等。
　　新公共行政的上述行政人員角色主張，雖然被反對者批評為
　　「偷竊人民主權的無恥企圖」或是「對正當性政治權威的不
　　當挑戰」，但在贊成者眼中卻是革除社會問題的必要工作。
　　新公共行政為行政人員所建構的上述規範性角色，可統整在
　　「政策主導者」（以促進公共利益為職志）角色範疇之內，
　　並得以平衡其似太偏重弱勢群體的觀點；而此政策主導者正
　　是行政人員在「行政國」理論情境下，居於政策主導地位
　　時，較適當的倫理性角色認知。

6 A。 學者Hughes認為新公共管理是一個典範，但是學者張筵儀質疑
　　的是其並沒有說明新公共管理如何替代公共行政而產生典範遞
　　移的現象，Hughes只說明了因為新公共管理的解釋力是大於公
　　共行政本身，Hughes所持理由是舊有行政模型已逐漸失去解釋
　　力。他認為Hughes本身並未說明舊有行政模型已失去解釋力是
　　Hughes個人的看法或是Hughes引用一群學術社群的看法。學者
　　詹中原（民88）認為新公共管理如果是一個典範來替代公共行
　　政，那麼古典的公共行政－亦即「公平與正義」將置於何處？據
　　此，Rosenbloom（1998）則特別將新公共管理列為研究公共行
　　政的研究途徑之一。**由此可見在新公共管理到底獲得多少學科社
　　群的支持以及是否為典範之際都尚未確定之下，新公共管理至多
　　只是一種研究途徑而已，還談不上「典範」。**
　　新公共管理的限制與缺失：（林淑馨教授版本）
　　(一)未注意公共行政的政治本質：未就公平正義探討，行政人員
　　　　缺乏倫理思維。
　　(二)新公共管理無法協助達成社會正義。
　　(三)使社會大眾無法參與決策。
　　(四)公眾利益遭到棄置。
　　(五)限縮行政人員的思考範圍與倫理角色。
　　(六)忽視社群意識的培植。
　　(七)新公共管理產生課責問題。

新公共管理所遭受的批評：

(一)消費主義的限制：新公共管理中所謂的顧客和私部門中所謂的顧客是不完全相同的，因為公部門的顧客還必須進入政治過程，以致於會產生政治參與和代表性的公民等問題，因此，私部門的消費主義是無法完全引進公部門的，必須進行適當的修正－公共服務取向。

(二)執行與士氣的問題：新公共管理背後的公共選擇途徑與新制度經濟理論等都是對於官僚體系與政府機關的負面抨擊，如果在執行改革時，卻將官僚體制視為阻礙效率與效能的絆腳石，將嚴重打擊官僚人員的士氣，改革也勢必難以達成。

(三)政治化所衍生的責任與倫理問題：由於政治與行政的密切互動，將容易產生腐化的現象，進一步來説，新公共管理者將大量的公共服務民營化，而不肖的公共服務者可能就會利用各種機會來圖利私部門，以致於出現綁標、搶標、賄賂等腐化行為，這些都是政治化所衍生的責任與倫理的問題。

(四)新泰勒主義：新公共管理者強調對於政府經費的控制，主張以標的和績效系統作為管理責任分權化的依據，對於績效優良者予以獎勵，績效差者則予以處罰，這些都象徵著科學管理學派的復活，是一種新修正的泰勒主義。話雖如此，仍有學者指出，新公共管理的許多策略與概念都欠缺明確的定義，存在已久的問題能否解決、如何解決，都是一堆問號。

(五)以私人管理為基礎的問題：新公共管理者總是認定私部門的管理優於公部門，因此紛紛引進私部門的管理方法與技術應用在公部門。然而，私部門強調要設定清楚的目標，並且建立明確的績效指標，然而這對具有多元服務目標，且績效難以衡量的公部門來説，是很難辦到的。

(六)管理主義的經濟理論基礎問題：新公共管理奠基於新古典經濟理論，但經濟理論應用於公共管理的政治環境系絡中必然產生窒礙難行之處，亦即並非所有的政府問題都可以透過經濟理性主義來加以解決。

(七)管理主義的意識型態：新公共管理的出現得力於新右派的意識型態，柴契爾與雷根總統都是非常明顯的新右派實驗者，但是既有新右派，必然有新左派，陷入意識型態之爭的管理主義，必然容易成為一時的流行，不久之後將隨著意識型態的沒落而消失。

7 D。(一)顧客滿意經營的意義

顧客滿意經營是組織作業過程、人力資源管理與顧客期望三合一的共同結果,換言之,組織將顧客對於產品或服務的需求與期望納入作業過程,並進行最適切的人力資源管理,將符合顧客期望的產品或服務製造出來,這樣就能造就顧客的滿意度。

(二)顧客滿意經營的策略

從事顧客滿意經營的策略,有下列作法:

1. 積極推動ABCD模式的四S服務

政府部門如何提高市民的滿意度呢?公共政策本身必須能夠充分反應顧客的內心需求,這是最根本的作法;有了好的公共政策,接下來就必須從事以ABCD模式為基礎的四S服務:

(1)售後服務(After Service):電腦的購置經常強調售後服務,俾能在激烈競爭中,爭取一席之地,因此政府在民眾購買公共政策或服務後,仍須做後續的追蹤,以了解其購後是否滿意,並對其做親切的售後服務。例如公立醫院可以在民眾看完病後,寄上賀卡或提示卡,希望未來能夠再來醫院進行檢查。

(2)售前服務(Before Service):民眾在購買某項產品前,可以給予「試用期間」,以加強顧客對於產品的認識;政府機關也可以印製各種手冊,告訴民眾辦理何種證件需要何種身分證明。

(3)顧客諮詢服務(Consultant Service):在產品使用過程中,如有任何問題,隨時可以請求顧客諮詢服務,例如政府機關可以開放申訴專線,隨時接受民眾的陳情。

(4)主動出擊服務(Detective Service):在機關門口設置服務台是一種「被動式」的服務,不會創造顧客來源;必須主動走出去,看看民眾需要的究竟是什麼?主動調查、主動提供服務,這樣就能製造顧客的感動。

2. **建立顧客抱怨迅速處理的靈活機制**

為了創造忠實的顧客,強化顧客對於組織的認同,對於顧客抱怨的迅速處理是非常重要的。

從顧客經營的角度而言，那些原本是組織的客戶，最後因所提抱怨不被處理，而竟然變節為其他組織的客戶，這種顧客稱為「顧客變節」；相反地，如顧客經過抱怨處理程序後，仍然成為組織的忠實客戶，則稱為「顧客駐留」。一個成功的抱怨處理機制，應該是能夠將顧客變節率降到最低，而將顧客駐留率提至最高的方式。因此，建立一個靈活的、迅速的抱怨處理機制，是非常重要的顧客滿意經營策略。

3. 提高「品牌忠誠度」，降低「品牌轉換率」

要經營顧客滿意，首先必須了解相當根本的一個觀點：「品牌忠誠度」與「品牌轉換率」。一個企業要能創造利潤、生存發展，必須要提高顧客對於產品「品牌忠誠度」而且要想辦法降低對方之「品牌轉換率」。因此，一個成功的企業必然是品牌忠誠度。

4. 堅守服務的五大原則：根據研究，提供高服務品質的公司，大都遵循以下顧客滿意經營的五大原則：

(1)**傾聽、了解與反映顧客需求**：美國的國家績效評鑑委員會就非常強調傾聽顧客的抱怨，充分了解顧客的立場，以及隨時反映顧客需要。

(2)明確界定卓越服務的標準：服務品質不是空中樓閣，必須明確加以界定。

(3)**設定標準與績效衡量指標**：如果服務項目沒有訂定服務標準與績效衡量指標，則所有的服務都是沒有意義的。因此，必須要設定服務績效的標竿與績效衡量指標，以作為檢討顧客滿意度的參考標準。

(4)訓練授權員工與顧客在一起：提高員工服務素質的不二法門就是針對員工進行在職訓練，提供並傳授行動導向與應用導向的知識，且在經過實習與觀摩階段後，將訓練課程應用到實際業務上，以作為改進服務流程的依據；當然，亦應賦予員工更多的自主權與自主能力，是提供服務的首要目標，唯有經充分訓練且有自主權的員工，才能針對顧客需求提供高品質與立即的服務水準。

(5)建立獎賞制度：對於提供高品質服務的員工團隊，一定要實施獎勵制度。例如美國郵局為了改進服務績效，特別設計顧客滿意指標（CSI），各組織與個人根據該滿意指標實施獎賞制度，有效地提昇服務品質。

5. 進行作業流程的再造

進行流程再造就是要將行政作業流程中，重複的、不必要的工作階段加以撤除或簡化，甚至以資訊科技加以取代，使民眾即使在家中也可以提出服務的申請，惟在進行流程再造過程中，亦應讓顧客進入，讓其意見能夠反映在作業流程的精簡中，如此設計的流程才能符合顧客的期望水準。

8 D。 促進性行政倫理(affirmative administrative ethics)

邇來受到現代管理思潮的影響，以及1968年、1988年兩次新公共行政(New Public Administration，NPA)研討會的倡導，行政倫理內涵逐漸與社會正義、多元利益、公民參與、政治回應及專業精神等理念相結合，使行政倫理不惟負面不法行為的禁止並應擴及正面思維的提倡，焦點多在對公平、正義、道德、良善、慈悲、公益等多元憲政價值的深思、反省與實踐上。由於這些價值本身並無對錯問題(question)，而只有偏好順序的排列選擇議題(issue)其對倫理的追求是一種積極性的慎思熟慮，是謂「促進性的行政倫理」。

新公共行政論者認為行政人員應扮演的角色，必須跳脫過去那種既定政策的施行者，並以服從組織及上級長官意志為行為準據的單一效率價值觀，相反地，渠等因為代表公眾利益而具有權力，並應為公眾提供兼顧效率及公平的服務。於是社會公正、代表性、回應性等遂成為新公共行政觀念的基礎，而其對行政人員角色的期待為：

1.社會公平的促進者(social equity advocate)

2.機關變遷的催生者(change agent)

3.代表性官僚(representative bureaucrat)

4.倡議性行政人(advocacy administrator)

5.非單一性的行政人(non-consolidating bureaucrat)

新公共行政因此強調行政人員不僅要學習行政上之各種專門技術以符合效率，更重要的是培養倫理自主性，以倫理自覺對其所效命之環境系絡及所服務的對象深切思考反省，民主行政之基本價值已從過去之行政中立，轉變為重視多元的行政倫理價值。

受新公共行政理念的啟發，故吾人以為促進性行政倫理的具體作為，包括積極為民服務、公平公正的行政作為、促進公益的主動性思考及施政，以及揭發弊端(whistle-blowing)等等。今之行政

倫理學者或有以「公務倫理」(publictive ethics)稱之者，即在強調政府機關與民營機構之不同，係在「公共性」(publicness)的考量上，亦即政府提供公共服務時，必須確保多元族群的多元利益同時被審慎考慮，而不會有任何弱勢一方的權益輕易被忽視。在現代民主潮流下，行政人員不惟既定政策的推動執行者，且往往為政策過程中的草案擬訂者，即便對於既定的綱領性政策，推動過程中也必須行使裁量權，故渠等不惟被動的執行者而已，且多擔負實質的決策功能，因此行政人員肩負的倫理責任不惟中立客觀之技術理性耳，且必須評量每一政策選項下之所可能隱而未見的、間接的成本，尤其重要的是，不同的選擇將對不同的群眾所可能造成的立即的、或長遠的影響(Ventriss，2001:266)。

換言之，由於公共服務的提供必須滿足多元族群的不同利益，因此必須是深思熟慮下的行動(action)產物，而非追求效率、利潤至上的直接反射式行為(behavior)此種多元價值的倫理思考，因為有助於行政人員進一步提供具有深度人文思考及人性考量的服務，故又稱之為「積極性的倫理作為」，乃偏向組織激勵管理或人事管理所探討的範圍。

就前述看來，當代作為一個成熟的民主公民社會，所應呈現的是多元的民意，而不僅僅是主流的民意，故行政倫理內涵的發展，亦應從消極性的肅貪防弊，轉而趨向積極性的主動興利。

9 C。(A)質詢與答詢→立法機關民意代表和行政機關政務人員。
(B)彈劾與抗辯→監察院監察委員和於中央及地方公務人員。
(C)監督與報告→行政機關內部政務人員和公務人員。
(D)陳情與裁決→人民和機關公務人員。

10 C。公務人員行政中立法第5條第1項：「公務人員得加入政黨或其他政治團體。但不得兼任政黨或其他政治團體之職務。」

11 C。當前學術界有關行政責任的確保途徑分析方法，大多得助於吉伯（Charles E. Gilbert）於1959年在《政治期刊》所發表的大作〈行政責任分析架構〉，以二個構面：正式/非正式；內部/外部，構築成四種行政責任的確保途徑。
四種確保途徑的主要達成方法，說明如下：
(一)內部正式確保途徑：
　1.行政控制：是確保行政責任的最強制方法，亦即行政機關內部的控制機制。

　　2. 調查委員會。

　　3. 人事、主計、政風之雙重隸屬監督。

　(二)內部非正式確保途徑：

　　1. 代表性科層體制。

　　2. 專業倫理。

　　3. 弊端揭發。

　(三)外部正式確保途徑：

　　1. 議會控制。

　　2. 司法控制。

　　3. 行政監察員。

　　4. 選舉。

　(四)外部非正式確保途徑

　　1. 公民參與。

　　2. 傳播媒體。

　　3. 資訊自由。

12 A 中央行政機關組織基準法第25條：「機關之內部單位層級分為一級、二級，得定名如下：

一、 一級內部單位：

　(一)處：一級機關、相當二級機關之獨立機關及二級機關委員會之業務單位用之。

　(二)司：二級機關部之業務單位用之。

　(三)組：三級機關業務單位用之。

　(四)科：四級機關業務單位用之。

　(五)處、室：各級機關輔助單位用之。

二、 二級內部單位：科。

機關內部單位層級之設立，得因機關性質及業務需求彈性調整，不必逐級設立。但四級機關內部單位之設立，除機關業務繁重、組織規模龐大者，得於科下分股辦事外，以設立一級為限。

機關內部單位因性質特殊者，得另定名稱」

13 C 價值的定義

學者Rokeach認為所謂「**價值**」是指個人或社會偏好的某種行為方式或生存目標的**持久性信念**。而其五項本質如下：

(一)價值觀具有持久性；

(二)價值觀是一種信念，包括描述或存在信念、評價信念、規範
或禁止信念，具有認知、情感、和行為三個成分；

(三)價值觀可視為一種行為模式與生存的最終狀態；

(四)價值觀是一種偏好的觀念；

(五)價值觀是一種個人或社會偏好的觀念，指引個體從事能被其
所屬社會接受的行為。

14 D。矩陣式組織

(一)定義：矩陣式組織是一種將專業分部化與自給自足二項原則
交互運用的混和體制，它兼顧依功能分部化及產品分部化的
優點而將二者結合起來。此種組織形式又稱為「專案組織」
或「欄柵組織」（matrix organization），通常是指若干部門
之間的團隊合作，用以達成某種特定性的工作，亦即為解決
某項特殊問題所採取的團隊或工作小組之途徑。這類組織的
人員是自功能部門借調而來，以完成某項特殊工作或任務，
當任務完成後，工作人員歸還原來部門。

(二)特性：

1. 臨時性之動態組織：一旦完成任務即解散。
2. 開放性團體：人員的增加或減少與流動並無限制，可彈性
調整。
3. 人員互動頻繁：溝通較為迅速，階級觀念淡薄。
4. 為特殊目的成立：將相關的專家組合，為達特定目的與解決
特殊問題。

(三)優點：

1. 每一專案經理完全負責利潤目標之達成。
2. 能夠訓練通才的管理人員。
3. 受過訓練之專業人員能夠發揮所長。
4. 組織具彈性。
5. 可消除各單位間本位主義。

(四)缺點：

1. 組織結構之設備不可能完全由某一專案所占用。
2. 人員變動大，易造成不安全感。
3. 和功能部門協調困難。
4. 功能經理和專案經理之間易造成雙重指揮和權責不確定之現象。
5. 部分成員產生雙重忠貞問題。

15 C。(一)賽蒙（Herbert Simon）認為最佳決策只是理想，不能獲得時則退而求滿意決策。

(二)賽蒙（Herbert Simon）認為人類是行政人而非經濟人（Economic Man），人類並非純理性之動物。因為受到各種因素之限制，如能力、時間、體力、智力、機關組織等各種條件之限制，所以一般人雖然嘗試達到理性之境界，但充其量他只是「意圖理性」而已，事實上無法達到完全理性的境界，因此，賽蒙認為人類的理性是「有限理性」。而所謂有限理性就是程序理性，係指決策者在處理資訊時因為各種限制，不會搜尋新的方案，而是將問題連結到既存的問題，然後用既存的方案加以解決。

16 A。組織結構的型態可分為組織層級數量較多的「高塔式結構」，與組織層級的數量較少、結構形狀較扁平的「扁平式結構」。其中「高塔式結構」為嚴守控制幅度的原則，限制直屬部屬的人數，主管控制幅度較小，導制組織的階層樹因而增加。如此較易產生溝通困難，人情味缺乏，經費增加及導致員工士氣低落的問題。

17 C。組織協調指的就是控制與連結人員及單位之間的相關資訊、資源分配，以及任務安排，以朝向共同的目標發展。組織協調的需要，主要視不同部門之間的相互依賴程度而定。一個組織的行政者可以採用強制性途徑或自發性途徑來連結跨部門間的運作：

(一)強制性的協調途徑

　1. 績效控制系統：事前明訂組織各重要工作的預期成果，以在工作進行後，監測組織相關單位之間的協調整合是否有效。

　2. 行動規劃系統：明訂各單位與相關人員的政策執行細節。例如：1999。

　3. 聯絡人（liaison）：部門派遣到其他單位的代表，負責追蹤、聯繫雙方的相關工作進度，並輔助彼此溝通與協調的進行。除了指派特定的個人之外，政府部門有時也會成立任務小組或跨部門的協調委員會議來執行類似的功能。

(二)自發性的協調途徑

　1. 職務輪調：是1960年代興起的一種工作設計的概念，主要是將組織成員橫向調任至與原職資格要求等級相似的另一項工作，也就是水平式的調整。研究指出，職務輪調可以增加人

員在不同組織層面的工作經驗、幫助組織成員增進對彼此的瞭解、強化各部門間的溝通程度,進而減少管理階層嚴密監控的需要。

2. 跨部門活動:許多非正式的跨部門協調發生在組織成員參與的共同活動中,如大型演講、訓練課程或研討會等。因此,行政主管應留意相關活動可能提供的機會,慎選參加活動的對象,以輔助相關部門的人加入彼此的人際網絡,如此將可提升非正式跨部門協調的頻率與效果。

3. 虛擬網絡:是利用網路資訊科技將跨功能的協調與合作延伸到組織的不同地點,甚至到組織的界線之外。現代的資訊科技發達,使得整個機關,上從首長,下至第一線的承辦人員,都能經常性地隨時交換有關組織的問題、機會、決策、行動等資訊(如Line群組)。此外,有些組織更鼓勵組織成員利用內部的電子資訊網絡在組織中建立各種合作關係,用以支持跨單位、跨專案,以及跨地區的協調合作。

4. 同地辦公(colocation):資訊產業全球化的結果,使得愈來愈多跨區或跨國的團隊形成虛擬的「同地辦公」。而在另一方面,許多研究也指出,實體的「同地辦公」更有利於人際溝通。同地辦公是指,將多個不同性質的專業或服務配置在同一個實體處,其基本的想法就是認為相關人員實體距離的接近,有利於提升合作的目標成果及服務的成效。

5. 一致性的績效評估與獎勵系統:組織若要促進跨單位的自發性協調,關鍵之一是要使相關人員的利益協調一致。傳統組織的部門往往採本位思考,彼此的目標經常相互牴觸,進而使得跨功能的合作障礙重重。領導者的重要任務之一是要持續檢驗部門之間的目標一致性,並制訂出支持跨部門合作的獎勵系統。

18 C。 馬師婁(A. H. Maslow)之需要層次理論

(一)理論內涵:認為人類有五種基本的需要,由低到高依序分別是:

1. 生理的需要:滿足員工基本需求。例如:薪水、食物、水、睡眠、免於痛苦的自由。

2. 安全感的需要：對員工工作上之保障，例如：保險政策、永業制、退休金。

3. 愛的需要：亦稱為社會的需求，指的是員工在組織中要與同仁打成一片的意願，希望能為非正式組織的一員。

4. 尊榮的需要：人們皆有自尊心及榮譽感，希望得到別人之稱讚、誇獎、尊敬。因此，在組織中會希望與他人維持良好人際關係（Interpersonal elations）。

5. 成就的需要：亦稱為自我實現。指的是個人在組織中的自我成就。

(二)需求間的動態關係：

1. 五項基本需求彼此相關，呈現層次關係，意指員工會等到低層次的需求獲得某種程度滿足之後，才開始追求較高層次的需求。此外，生理需求先於心理需求，故應先滿足組織成員的生理需求後再滿足心理需求，才能提高激勵效果。

2. 較低層次需求滿足後（不需百分之百滿足），會轉向高層次需求。

3. 獲得滿足之需求不再是行為表現的激勵因素，意指一個需求滿足後，即喪失激勵作用。

4. 需求架構相當複雜，眾多需求可能同時影響單項行為，亦即各種需求雖有高低層次之分，但這些需求可能同時存在並同時影響單項行為。

19 A。 監察院組織法第3條第2項：「監察院設國家人權委員會，其組織另以法律定之。」

20 A。 中央行政機關組織基準法第3條：「本法用詞定義如下：

一、機關：就法定事務，有決定並表示國家意思於外部，而依組織法律或命令（以下簡稱組織法規）設立，行使公權力之組織。

二、獨立機關：指依據法律獨立行使職權，自主運作，除法律另有規定外，不受其他機關指揮監督之合議制機關。

三、機構：機關依組織法規將其部分權限及職掌劃出，以達成其設立目的之組織。

四、單位：基於組織之業務分工，於機關內部設立之組織。」

21 A。OECD公共管理委員會二○○五年出版之「政府員工績效待遇政策：OECD國家之經驗探討」中對績效待遇定義為：係指薪資的變動部分，每年（或按其他的期間）根據績效發放的報酬，績效待遇的發放，可以個人為基礎，亦可以團隊或團體為基礎。**績效待遇的定義不涵蓋**：1.任何自動加薪的部分，例如升遷或**服務年資加薪（與績效無關者）**；2.變動型態的津貼，本項係附加在特定職務或特定工作條件（例如超時工作津貼、地域加級津貼）。

22 D。資訊不對稱：指參與交易各方所擁有、可影響交易的資訊不同。一般而言，賣家比買家擁有更多關於交易物品的訊息，但相反的情況也可能存在。
官僚文化：是指以統一指揮為基礎，強調支持合作、傳統和隨之對應的政策，特別關註內部和保持環境穩定為特徵的一種文化方式。
組織政治：當組織臨不確定或不一致的抉擇時，去爭取、發展，並使用權力與其他資源以獲得自己所偏好的結果的有關活動。

23 A。公務人員訓練進修法第11條：「各機關學校選送國內全時進修之公務人員，其進修期間為二年以內。但經各主管機關核准延長者，延長期間最長為一年。
前項全時進修之公務人員於寒暑假期間，應返回機關上班。但因進修研究需要，經各主管機關核准者，不在此限。」

24 B。公務人員任用法第3條第7款：「七、職務説明書：係説明每一職務之工作性質及責任之文書。」

25 D。公務人員任用法第28條：「有下列情事之一者，不得任用為公務人員：
一、未具或喪失中華民國國籍。
二、具中華民國國籍兼具外國國籍。但本法或其他法律另有規定者，不在此限。
三、動員戡亂時期終止後，曾犯內亂罪、外患罪，經有罪判決確定或通緝有案尚未結案。
四、曾服公務有貪污行為，經有罪判決確定或通緝有案尚未結案。
五、犯前二款以外之罪，判處有期徒刑以上之刑確定，尚未執行或執行未畢。但受緩刑宣告者，不在此限。

六、曾受免除職務懲戒處分。

七、依法停止任用。

八、褫奪公權尚未復權。

九、經原住民族特種考試及格，而未具或喪失原住民身分。但
　　具有其他考試及格資格者，得以該考試及格資格任用之。

十、依其他法律規定不得任用為公務人員。

十一、受監護或輔助宣告，尚未撤銷。」

26 A。 地方稅法通則第3條第1項：「直轄市政府、縣（市）政府、鄉
（鎮、市）公所得視自治財政需要，依前條規定，開徵特別稅
課、臨時稅課或附加稅課。但對下列事項不得開徵：

一、轄區外之交易。

二、流通至轄區外之天然資源或礦產品等。

三、經營範圍跨越轄區之公用事業。

四、損及國家整體利益或其他地方公共利益之事項。」

27 D。 預算法第28條：「**中央主計機關**、中央經濟建設計畫主管機關、
審計機關、中央財政主管機關及其他有關機關應於籌劃擬編概算
前，依下列所定範圍，將可供決定下年度施政方針之**參考資料送
行政院**：

一、**中央主計機關應供給以前年度財政經濟狀況之會計統計分
　　析資料**，與下年度全國總資源供需之趨勢，及增進公務暨
　　財務效能之建議。

二、中央經濟建設計畫主管機關應供給以前年度重大經濟建設
　　計畫之檢討意見與未來展望。

三、審計機關應供給審核以前年度預算執行之有關資料，及財
　　務上增進效能與減少不經濟支出之建議。

四、中央財政主管機關應供給以前年度收入狀況，財務上增進
　　效能與減少不經濟支出之建議及下年度財政措施，與最大
　　可能之收入額度。

五、其他有關機關應供給與決定施政方針有關之資料。」

28 B。 (一)例行撥款法案（Regular appropriations bills）：又稱為年度撥
款法。提供會計年度所有撥款法案的大部分經費，必須於每
年10月1日完成立法。

(二)延續撥款決議案（Continuing resolutions）：又稱為繼續撥款決議案。假如例行撥款法案未於期限前完成立法，國會通常採納延續撥款決議案以繼續供給經費直至例行撥款法案通過。

(三)追加撥款法案（Supplemental appropriations bills）：又稱為補充撥款法。其是提供額外的撥款，審議時程在例行撥款法案之後。增加對於先前撥款法案中已資助活動的資金，或者當意外發生時提供新的資金。例如：戰爭、自然災害。

29 A。零基預算制度（Zero-Base Budgeting System）：

(一)起源：係由美國企業界於一九六〇年代開始試行，至一九七三年，卡特（Carter）總統於喬治亞州長任內，率先採用零基預算制編製該州政府預算。一九七七年，卡特總統正式下令聯邦政府所有部門與機關，正式採行零基預算。

(二)意涵：在零基預算制度下，預算過程不再只是注意新的或擴張計畫，所有預算要求，無論是正在進行中的或新的計畫，皆須從出發點開始審查（即零基），它們是站在相同的立足點，來競爭有限的預算資源。一些不必要或過時的活動或計畫可能將被停止，而將資金移用於必要的計畫。由於零基預算制度的不受以往年度預算的約束，可重新確立新的支出，將資金移至優先性較高、效益性較大的新需求，使預算分配更具彈性。

30 D。財政轉移支付制度是由於中央和地方財政之間的縱向不平衡和各區域之間的橫向不平衡而產生和發展的，是國家為了實現區域間各項社會經濟事業的協調發展而採取的財政政策。它是最主要的區域補償政策。它在促進區域經濟的協調發展上能夠轉移和調節區域收入，從而直接調整區域間經濟發展的不協調、不平衡狀況。轉移支付是政府把以稅收形式籌集上來的一部分財政資金轉移到社會福利和財政補貼等費用的支付上，以縮小區域經濟發展差距。

31 C。平衡計分卡（The Balanced Scorecard）為柯普朗（Robert Kaplan）與諾頓（David Norton）由實務上發現並加以整理，構組發展而成。

(一)平衡計分卡的意涵：平衡計分卡顧名思義，指績效衡量的層面不能有所偏廢，傳統的績效衡量聚焦於財務面，特別是基

於財務報表的數字。而平衡計分卡所衡量的績效，除了財務面外，還包括顧客面、內部流程面、以及學習及成長面等四個構面，亦即超越傳統的績效衡量層面，同時涵蓋財務與非財務的衡量。

(二)平衡計分卡的構面：平衡計分卡的目標（objectives）和量度（measures），是從組織的遠景與策略衍生而來的，它透過四個構面：財務、顧客、企業內部流程、學習與成長等考核一個組織的績效。

1. 財務面：透過以下的基本問題建構組織的績效指標：「為了財務成功，我們對股東應如何表現？」

2. 顧客面：透過以下的基本問題建構組織的績效指標：「為了達到願景，我們對顧客應如何表現？」

3. 學習與成長面：透過以下的基本問題建構組織的績效指標：「為了達成願景，我們如何維持改變和改進的能力？」

4. 企業內部流程面：透過以下的基本問題建構組織的績效指標：「為了滿足顧客，那些流程必須表現卓越？」

在平衡計分卡的設計與運作中，這四個構面彼此支援，相互推動，但財務面仍是相當重要的，因為它必須對股東（股東的概念在政府為選民與議會代表；學校則為教育主管機關）交代，而且沒有一個公司可以長期虧損。可是若要達到財務豐盈，必須伺候好顧客，讓顧客滿意，而為了使顧客滿意，則必須依賴內部流程的支持，包括產品創新、開拓市場、講究效率與品質。而所有上述層面的績效，則又依賴人力資源與基礎設施（含資訊系統）的搭配，因此，學習與成長的重要性不容忽視。

因此，在設計平衡計分卡時，必須考慮這四個構面間的相互依賴、相互支持，以及相互平衡的關係。

(三)如何應用平衡計分卡於公務機關：公共部門或非營利組織都不把財務面的報酬當作是最後的成功依據，反倒是以追求改善社會作為崇高使命，故公共部門在平衡計分卡的應用上會與一般企業有所不同，因為公共部門特別強調組織使命的達成，為了達成組織使命，必須同時注重財務與顧客構面，並加強內部流程面與促進員工的學習、成長，團隊合作能力。

32 D。歐迪旺（Odiorne）對目標管理的定義是最常被引用的界說之一，其認為「目標管理是一種程序，藉由**組織中上、下層級的管理人員一起來確定的共同目標**，並以對組織成員的期望成果來界定每位成員的主要責任範圍，同時依此來指導各部門的活動，並評估每一位成員的貢獻。」

33 C。邁爾斯定律（Miles' Law）：

由美國官員邁爾斯（R. E. Miles Jr）所提出，認為組織成員對特定議題所持立場，與其頭銜或職位有直接關係。其要點為：

定律一：「職位決定立場」。

定律二：「權責不相當、責總是大於權」：每位管理者的責任總是大於權力，如想增權以求平衡，其結果可能權責兩者都變小。

定律三：「向上爭權、向下攬權」：任何層級管理者都認為他所作的決策遠優於上司和部屬，所以向上爭取最大授權，向下只作最小授權。

定律四：「侍候多名上司非難事」：下級職員面臨二名以上長官意見相左難題而能迅速想出解決方案者，同時侍候服務多名上司既非不恰當，亦非特別困難。

定律五：「愛說話、不耐聽」：因為管理者偏好說話甚於傾聽，所以部屬要讓長官聽到他們不想聽的訊息，的確需要勇氣和固執兩把刷子。

定律六：「夾處上司部屬兩面光」：身處上有主管下有部屬之組織夾層，而能公開坦然地應對，則兩面光不是惡行，而是美德。

定律七：「服務惡化、不滿就多」：服務提供者轉趨官僚龐大、態度冰冷、彈性不足，就算成本減少，不滿意見馬上急速升高滿天飛。

34 A。何茲柏格（F. Herzberg）提出「激勵保健理論」。所謂保健因素是消極的，亦即在維持原有的狀況，所以對進一步改善並無幫助，可是保健因素也最易於導致人的不滿，故也稱「不滿因素」。這些因素的變化可以使人員的工作態度產生短期的改變；例如，如果人們對這些因素不滿，那麼工作態度可能，馬上變壞，效率降低。相反的，人們對這些因素如果感到滿意，那麼就

可維持原有的工作水準，但是卻無助於水準的進一步提昇，故又稱為「維持因素」。保健因素共有五項：

(一)機關組織的政策與管理。　　(二)上司的監督。

(三)報酬待遇。　　　　　　　　(四)人際關係。

(五)工作環境與條件。

35 C。 工作擴大化（Job Enlargement）：工作擴大化是指透過在職訓練的方式，擴大工作人員的專業工作領域，使他能夠擔任多種類型的工作，亦即增加工作人員水平性的活動種類。此舉可增加滿足感，提高工作興趣，並且有利於機關組織實施工作輪調及建立職務代理制度。

36 A。 面對面溝通是最具豐富性，並能減少溝通障礙。

37 C。 災害防救法第3條：「各種災害之預防、應變及復原重建，以下列機關為中央災害防救業務主管機關：

一、風災、震災（含土壤液化）、火災、爆炸、火山災害：內政部。

二、水災、旱災、礦災、工業管線災害、公用氣體與油料管線、輸電線路災害：經濟部。

三、寒害、土石流及大規模崩塌災害、森林火災、動植物疫災：行政院農業委員會。

四、空難、海難、陸上交通事故：交通部。

五、毒性及關注化學物質災害、懸浮微粒物質災害：行政院環境保護署。

六、生物病原災害：衛生福利部。

七、輻射災害：行政院原子能委員會。

八、其他災害：依法律規定或由中央災害防救會報指定之中央災害防救業務主管機關。」

38 C。 電子治理（E-governance）：

(一)定義：又稱之為E治理。其指應用當代資訊科技所施行的治理，目的在提高政府績效，此一治理途徑應用的範圍遍及公共組織內部與外部的各種作為，也見諸於各種層級政府與專業部門。E治理可以涵蓋整個決策過程，包括公共問題的建言、政策決策者進行決策時所需的資訊系統、政策合法化過

程的表意管道或投票系統、政策執行的監測與監督、政策效
果與顧客滿意度的評估。此外，就具體的實務應用層次而
論，E治理的措施極富多樣性，諸如：將政府資訊公佈於網
際網路之上、透過數位電視或是行動電話提供公共服務、利
用網路系統進行選舉、建構網路基礎建設、運用如同晶片卡
之類的身分認證機制確使民眾的隱私受到保障。

(二)困境：隱私與安全、數位落差
指社會上不同性別、種族、經濟、居住環境、階級背景的
人，接近使用數位產品（如電腦或網路）的機會與能力上的
差異。過度浪費與未具效益的問題、高層管理者欠缺資訊科
技的基本知識與發展策略、腳步不一的電子化過程、資訊分
享的問題。

39 B。(一)政策議程：又稱為「機關議程」或「制度議程」，乃是被政
府列為積極考慮予以處理的問題。
(二)政策倡導：對一項公共政策的本質、目的、價值與理念，進
行討論、辯護與批判。
(三)政策合法化：係指政府機關針對公共問題規劃解決方案後，
將方案提經有權核准的機關或個人，加以審議核准，完成法
定程序，以便付諸執行的動態過程。
(四)政策評估：是指對政策行動的價值和政策方面的成敗作一審
慎判斷的過程。

40 D。公共政策的類型：
政策學之學者Lowi & Slisbury提出四種類型
(一)管制性政策：這種政策型態是指權威當局設定一致性的管制
規則或規範，以指導政府機關或標的團體採取某些行動。是
一種屬於「零和賽局」的政策型態。如：訂定工廠廢水排放
標準。
(二)重分配性政策：這種政策型態是指權威當局將某一標的的利
益或義務，轉嫁給另一標的團體享受或承擔的政策，是一種
屬於「零和賽局」的政策型態。
(三)分配性政策：這種政策型態是指權威當局將利益或義務分配
給不同政府機關或標的團體享受或負擔的政策型態。這種政
策型態不具義務或利益排他性，因而此種型態是一種「有福

同享」，「有難同當」的「非零和賽局」政策型態。如：中央政府對各地方政府的補助政策。

(四)自我管制性政策：這種政策型態是指權威當局並未設定嚴格的或一致性的管制規則或規範，而僅設定原則性的遊戲規則，並委由各政府機關或標的團體自行決定採取何種行動，公權威當局不加任何干涉的政策型態，是一種「非零和賽局」的政策型態。

41 D。外部性（externality），指一個人的行為直接影響他人的福祉，卻沒有承擔相應的義務或獲得回報，亦稱外部成本、外部性、界外成本、界外效應或溢出效應。若此現象為正面，稱外部經濟；若為負面，則稱外部不經濟。

42 B。根據肯比爾（Campbell）與史坦利（Stanley）以及蘇克曼（Suchman）所提出之分類標準，其政策評估的實驗設計可分為下列三個類別：

(一)非實驗設計：非實驗設計中自變數與依變數之間的因果推論是沒有根據的，且其對內在效度與外在效度之威脅均無法控制。非實驗設計分為三個主要類型：

〔設計一〕單一個案研究（One - Shot Case Study）；

〔設計二〕測定前後單一實驗組設計（One-Group Pretest-Posttest Design）；

〔設計三〕靜態組比較設計（Static-Group Comparison）。

(二)真實驗設計（true experimental designs）：無論在美國政府政策評估的經驗上，或者學術界研究成果的評價上都被認為是最有效與最強有力的政策評估方法。真實驗設計分為三個主要類型：

〔設計四〕測定前-測定後控制組設計（Pretest-Post test Control Group Design）

〔設計五〕所羅門四組設計（Solomon Four-Group Design）

〔設計六〕測定後單一控制組設計（Posttest–Only Control Group Design）

一般說，〔設計四〕是強有力的評估方法之一，特別對「內在效度」構成影響的各種來源制得非常嚴密，但〔設計四〕也具有比較軟弱的地方，那就是對「外延效度」的處理尚不

能掌握得相當確實，所以有〔設計五〕與〔設計六〕的產生，他們的目的在彌補這種設計上的缺失。

(三)準實驗設計（the quasi-experimental design）：準實驗設計和真實驗設計的不同在於準實驗設計中因倫理、道德等因素的考慮，而未能將受測者→隨機分配於實驗組與控制組中。準實驗設計分為二個主要類型：

〔設計七〕時間序列設計（Time Series Design）；

〔設計八〕控制序列設計（Control Series Design）。

43 B。(一)賽蒙（Herbert Simon）認為最佳決策只是理想，不能獲得時則退而求滿意決策。

(二)賽蒙（Herbert Simon）認為人類是行政人而非經濟人（Economic Man），人類並非純理性之動物。因為受到各種因素之限制，如能力、時間、體力、智力、機關組織等各種條件之限制，所以一般人雖然嘗試達到理性之境界，但充其量他只是「意圖理性」而已，事實上無法達到完全理性的境界，因此，賽蒙認為人類的理性是「有限理性」。而所謂有限理性就是程序理性，係指決策者在處理資訊時因為各種限制，不會搜尋新的方案，而是將問題連結到既存的問題，然後用既存的方案加以解決。

44 A。地方制度法第53條第1項：「直轄市議員、縣（市）議員、鄉（鎮、市）民代表，不得兼任其他公務員、公私立各級學校專任教師或其他民選公職人員，亦不得兼任各該直轄市政府、縣（市）政府、鄉（鎮、市）公所及其所屬機關、事業機構任何職務或名義。但法律、中央法規另有規定者，不在此限。」

45 B。地方制度法第26條第4項自治條例經各該地方立法機關議決後，如規定有罰則時，應分別報經行政院、中央各該主管機關核定後發布；其餘除法律或縣規章另有規定外，直轄市法規發布後，應報中央各該主管機關轉行政院備查；縣（市）規章發布後，應報中央各該主管機關備查；鄉（鎮、市）規約發布後，應報縣政府備查。

46 B。政府捐助之財團法人其人員不需具有公務人員之資格，故不須經由國家考試任用。

47 B。 社會企業（social enterprise），簡稱社企。以營利公司或非營利組織之型態存在，透過可擴張與永續經營的商業模式其盈餘主要用來投資社會企業本身、繼續解決該社會或環境問題的組織，最大程度運用於改善人類和環境生存條件，將企業的社會責任（CSR=Corporate Social Responsibility），轉換或發展成為能夠永續經營的商業行為公司（SE=Social Enterprise）。甚至改變了政府的公共政策，更提升了社會公益組織的財務自主性。

社會企業起源至1970年代中期，當時孟加拉是個貧窮至極、每天皆有許多人因饑餓而死亡的國家。剛從美國回到祖國的穆罕默德‧尤努斯（Muhammad Yunus），在拜訪某個飽受飢荒所苦的鄉村時，發現有42名婦女無力償還美金27元，對一般人來說僅是小額，但是對她們而言卻是天文數字。他讓她們不但還清借款，而且還可以製作一些小東西販賣，此時創造微型信貸。從中發現，小額貸款對貧窮的人幫助很大，不僅提高他們的生存與創業能力，也能降低他們向高利貸借款的負擔，於是他在1976年於孟加拉成立了提供窮人小額貸款的格拉明銀行（Grameen Bank），至今已提供超過美金五十億元的貸款給孟加拉當地人們，微型信貸的創新模式自此在全世界造成極大的影響力，成為社會企業此概念的先驅，更於2006年得到諾貝爾和平獎的的肯定。

48 A。 (一)單一窗口（One-Stop Service）：根據OECD的定義，是指「民眾可以從單一窗口得到多種（multiple）或整合（integrated）的服務」，要達成此一目標，必須引進企業「流程再造」（re-engineering）與「工作簡化」的觀念，重新設計政府的行政作業流程，以及改變公務人員的辦事方法與服務習慣，達到「一處收件，全程服務」。

(二)分層負責，謂機關依其組織法規規定之各級單位，適當劃分處理公務之層次，由首長就本機關職權及單位職掌，將部分公務授權各層主管決定處理，並由被授權者負其決定之責任。

(三)去任務化：即「解除管制」，使政府機關不再負有執行部分業務的任務。

49 B。 促進民間參與公共建設法第4條第1項：「本法所稱民間機構，指依公司法設立之公司或其他經主辦機關核定之私法人，並與主辦機關簽訂參與公共建設之投資契約者。」

由上述可知，僅限制為私法人，因此包含非營利社團法人。

50 A。 根據阿恩斯坦（S. Arnstein）的公民參與理論，授權決策
（Tokenism）實際上是參與層次中的較低層次，並非影響力最低
的參與層次。

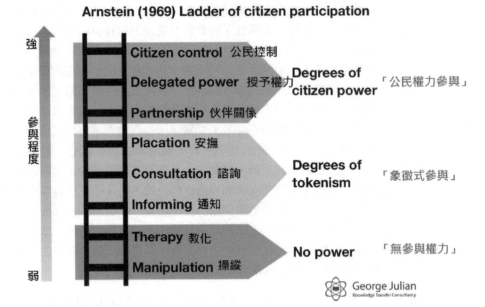

公民參與階梯
Arnstein (1969) Ladder of citizen participation

112 年　高考三級

一、申論題

一、有關行政官僚專業責任的探討，學者的論點迭有變更而不同於傳統
公共行政；請分別敘述新公共行政（New Public Administration）
與黑堡宣言（Blacksburg Manifesto）的觀點為何？

答　(一) 新公共行政對行政人員的觀點

依據學者巴頓（Barton）研究，新公共行政至今未絕的影響力，
主要是來自於其對行政人員提倡完全不同於傳統行政學或主流
行政學的社會改革性角色主張。這些角色可分為五種社會改革
的角色：

1. 機關變遷催生者（change agent）：行政人員要作為集權規劃
及分權執行的連針人，確保行政過程中公正性，發展機關的
社會敏覺心及社會責任感。

2. 代表性行政人（representative bureaucrat）：行政人員要使機
關人力組合愈接近於社會母體的人力組合，並代表被排除於
政府政治制定過程的群體。

3. 倡議性行政人（advocacy administrator）：行政人員要遵行服
務對象至上的原則，為關懷服務對象而批評檢討機關，並鼓
勵民眾參與。

4. 社會公平促進者（social equity advocate）：行政人員不可能
亦不應該行政中立，而是要去解決弱勢群體的困苦及所受歧
視，並改善其政經福祉，提升民眾的生活品質。

5. 非單一性行政人（non-consolidating bureaucrat）：行政人員
同時扮演多重角色，或經常轉換角色，例如：前瞻性政策者、
危機管理者、利益協調者、最適領導者等。

新公共行政的上述行政人員角色主張，雖然被反對者批評為
「偷竊人民主權的無恥企圖」或是「對正當性政治權威的不
當挑戰」，但在贊成者眼中卻是革除社會問題的必要工作。

新公共行政為行政人員所建構的上述規範性角色，可統整在
「政策主導者」（以促進公共利益為職志）角色範疇之內，並
得以平衡其似太偏重弱勢群體的觀點；而此政策主導者正是行
政人員在「行政國」理論情境下，居於政策主導地位時，較適
當的倫理性角色認知。

(二) 黑堡宣言的來源及主張

美國維吉尼亞理工學院暨州立大學公共行政與政策中心的萬斯
來（GaryL. Wamsley）、顧塞爾（Charles T. Goodsell）、羅
爾（John A. Rohr）等人，合力完成一文，該文稱為「黑堡宣
言」（Blacksburg Manifesto）；或與新公共行政「明諾布魯克
觀點」（Minnowbrook Perspective）取得形式上的協調，亦稱
「黑堡觀點」（Blacksburg Perspective），其四項主張：

1. 行政人員應可成為具有自我意識的公共利益受託者。
2. 行政組織基本上是具有專業能力來提供特定社會功能，以達
   成公共利益的制度性寶庫。
3. 公共行政應可成為憲政秩序下政府治理過程的正當參與者。
4. 公共行政的權威實繫於政府治理過程中能夠涵蓋不同的利
   益，藉以促進公共利益的實現。

(三) 新公共行政與黑堡宣言觀點之比較

黑堡宣言進而強調行政價值的重塑與社會變遷的推動，均須經
由「集體懷抱的價值、認知、態度，以及行為」的著手改變，
從行政人員與科層體制之個人與結構兩方面雙管齊下，始克全
功，才能提升行政績效與確保責任的實踐。如果說新公共行政
運動是歸屬於行政理念的個人主義，那麼黑堡宣言就是「奠基
於制度的明諾布魯克觀點」。「新公共行政」與「黑堡宣言」
二者的內涵，都彰顯了行政人員是「主權受託者」的理念角
色：行政人咱必須秉持專業知識的良知，善用職權與裁量，以
高尚的情操擇善固執，追求政府治理體系及過程中的公共利益
最大化，並爭取弱勢族群的公道正義，實踐「倡導型或護國
型」的真義。

二、何謂「PDCA 循環（PDCA Cycle）」（或稱戴明迴圈，Deming Cycle）？又如何將之應用在組織的員工訓練業務上？

答　「PDCA循環」係由戴明（W. E. Deming）所提出，可透過計畫（Plan, P）、執行（Do, D）、檢查（Check, C）、檢討與改進（Action, A）的循環來進行。透過PDCA的循環實施程序，將目標的設定、行動方案的規劃、行動方案的執行、組織績效的監督與個別成果的考核，融合為一個持續不斷的改進過程。

(一) PDCA循環之意義：

　　1. 計劃（Plan, P）：此階段主要工作為設定目標與擬定工作大綱。

　　2. 執行（Do, D）：依據先前制定的規劃，準確的執行各項工作。

　　3. 檢查（Check, C）：執行計畫的結果，瞭解效果為何，找出問題點，檢查達成率。

　　4. 檢討與改進（Action, A）：發現計劃（P）和執行（D）發生落差時，提出改善的辦法，將成功的經驗加以適當推廣、標準化。

(二) PDCA在組織的員工訓練業務之應用

　　1. 計劃階段（P）：確定員工基本的業務範圍、業務職能、工作後所需之專業能力，並開始訂定各項訓練計畫。例如：公務人員之初階訓練計畫。

　　2. 執行階段（D）：依照上述員工訓練計畫，準確的執行各項計畫內容。而主管人員在此一時期是採用「例外管理」（Management by Exception），讓員工在其職責範圍內能有適度裁量權，以自我控制、自我指導。

　　3. 檢查階段（C）：主要工作為檢查執行階段（D）是否達成計劃階段（P）的目標設定，在目標執行的過程中，雖強調員工自我控制，但這並不意味著主管可置身事外，不聞不問。事實上，主管人員應負起查核、監督的工作。

　　4. 檢討與改進（A）：依據檢查階段（C）的檢查結果，進行檢討與改進，並選定下次的目標或主題。

二、選擇題

( ) **1** 公共行政常面臨多元價值衝突，有關公共行政追求之價值內涵，下列敘述何者正確？
(A)「效率」的考量點在於原定政策目標的達成程度
(B)「公平」意即對不同條件的公民提供完全一致的公共服務
(C)「效能」的考量在於如何使用較少資源來達成較多工作產出
(D)「回應」聚焦於如何滿足民意或政策利害關係人的期待。

( ) **2** 新公共服務（New Public Service）重新闡述服務、共享、信任合作、公共利益等理念，並對新公共管理及傳統公共行政有所批判。下列何者不是新公共服務的重要理論基礎？
(A)組織人文主義（organizational humanism）
(B)委託─代理人理論（principal-agent theory）
(C)民主的公民資格理論（theory of democratic citizenship）
(D)社群與公民社會模型（model of community and civil society）。

( ) **3** 在「新公共管理」的觀點下，公務人員被設定的主要回應對象是下列何者？
(A)政務官　　　　　　　(B)專家
(C)顧客　　　　　　　　(D)公民。

( ) **4** 下列何者不屬於1990年代以來西方先進國家推動政府再造的主流趨勢？
(A)契約人力逐步盛行
(B)市場競爭機制的建立
(C)擴充組織規模以滿足民眾需求
(D)追求提升民眾滿意度的公共服務。

( ) **5** 有關湯普森（D. F. Thompson）「行政倫理的可能性」分析，下列敘述何者錯誤？

(A)強調行政人員的獨立道德判斷是行政倫理重要的基礎

(B)組織會有「髒手」現象，驅使行政人員作出不是光明正大的「必要之惡」

(C)「中立倫理」可能會壓抑個人的獨立道德判斷

(D)「結構倫理」會強化個人在組織生活中的道德主動性。

( ) **6** COVID-19疫情爆發後，我國政府於2020年成立跨部會之中央流行疫情指揮中心。該中心屬於下列何種組織型態？

(A)非正式組織　　　　　　(B)任務編組

(C)獨立機關　　　　　　　(D)事業型組織。

( ) **7** 甲是政府機關的主管，他能夠放下身段去服務他人，展現犧牲奉獻的精神，並從部屬、民眾的角度去了解他們的需要，傾聽他們的聲音，甲的行為最接近何種領導理論？

(A)轉換型領導（transformational leadership）

(B)交易型領導（transactional leadership）

(C)僕人式領導（servant leadership）

(D)誠正領導（authentic leadership）。

( ) **8** 有關「弊端揭發」（whistle-blowing）之概念，下列敘述何者錯誤？

(A)弊端揭發者可能會遭受來自組織的報復

(B)弊端揭發係指向組織內部管道反映不法情事

(C)弊端揭發者應確認所揭露之內容為事實

(D)弊端揭發之動機應以公共利益為出發點。

( ) **9** 就地方自治團體的層級而言，下列何者與其他有明顯區別？

(A)屏東市　　　　　　　　(B)嘉義市

(C)彰化市　　　　　　　　(D)臺東市。

( )**10** 下列何者並非「組織發展」的主要目的？

(A)增進組織中人際關係的和諧

(B)調整法規制度使其更具合理性

(C)提高組織成員的工作熱忱和態度

(D)增進組織適應環境的彈性與能力。

(　　)**11** 有關我國公務人員考績制度之敘述，下列何者正確？

(A)另予考績用於平時有重大功過時考核

(B)年終考績列乙等者留原俸級

(C)專案考績一次記二大過者免職

(D)專案考績得與平時考核功過相抵。

(　　)**12** 下列何者是我國一般公務人員擁有的合法權利？

(A)組織公務人員協會　　　(B)參與公務人員罷工

(C)免於民事賠償責任　　　(D)退休後可享受優遇。

(　　)**13** 有關我國中央對直轄市及縣（市）政府的補助款，下列敘述何者錯誤？

(A)一般性補助款屬於地方政府的財政收入

(B)一般性補助款屬於中央政府的歲出

(C)計畫型補助款的補助比例與地方政府財政能力呈現負相關

(D)專案補助款用於補助自有財源比例低於50%的地方政府。

(　　)**14** 根據預算法相關規定，有關政府預算執行之敘述，下列何者錯誤？

(A)總預算內各機關、各政事及計畫或業務科目間之經費，不得互相流用

(B)第一預備金於單位預算中設定之，其數額不得超過資本支出總額1%

(C)依法律增設新機關時，各機關得另提出追加預算，但併入當年度總決算合計

(D)國家經濟遭遇重大變故，行政院得於年度總預算外另提出特別預算。

(　　)**15** 有關租稅之敘述，下列何者正確？

(A)累進稅較比例稅更具所得分配效果

(B)如果租稅改變人們的消費模式，這樣的租稅不具有公平性

(C)稅式支出（tax expenditure）是政府直接支出的其中一個項目

(D)可以將租稅的法律義務轉嫁給他人者，是不具租稅效率的。

(　)**16** 公部門的策略管理常使用SWOT分析以評估機關所處的環境，對於SWOT的敘述，下列何者錯誤？

(A)SW分析是對組織內部的軟體和硬體都進行分析

(B)OT分析是對組織內部的機會與威脅尋找化解方法

(C)SW分析包括工作士氣和資訊管理的檢視

(D)OT分析包括社會經濟環境的分析。

(　)**17** 下列何者通常不被視為官僚體制內的正式溝通方式？

(A)公文往來　　　　　　　(B)機關手冊

(C)固定例行會議　　　　　(D)個別口頭解釋說明。

(　)**18** 有關災害管理四階段次序的敘述，下列何者正確？

(A)減災、整備、應變、復原

(B)應變、復原、減災、整備

(C)整備、應變、復原、減災

(D)應變、減災、整備、復原。

(　)**19** 下列何者不是《聯合國電子化政府調查報告》（United Nation E-Government Survey）中歷年調查的評比指標？

(A)民眾對廉能政府的評價

(B)是否有政府開放資料

(C)資通訊基礎設施的充足程度

(D)是否提供線上平台讓民眾得以參與政策決定。

(　)**20** 有關政策執行的工具，下列敘述何者錯誤？

(A)「使用者付費」是從需求面改變使用者的行為誘因

(B)「解除管制」是讓市場自由化

(C)「道德勸說」強調市場功能的發揮

(D)「過渡期補助」是政府提供民眾生活保障的一環。

( )**21** 民意調查中的鐘形民意（bell-shaped）分布型態，一般又稱
之為：
(A)縱容的共識（permissive consensus）
(B)政治極化（political polarization）
(C)鐘擺效應（pendulum effect）
(D)政策趨同（policy convergence）。

( )**22** 下列何者為我國的地方自治團體，其區長及區民代表均由民選
產生？
(A)臺南市安平區　　　　　(B)高雄市美濃區
(C)新北市烏來區　　　　　(D)臺北市大安區。

( )**23** 有關非營利組織自律的內涵，下列敘述何者錯誤？
(A)自律規範是由專業人員相互約定、自願遵循的守則
(B)係自行訂定之自我要求規範
(C)自律規範可以取代法律
(D)自律是非營利組織專業倫理中重要的環節。

( )**24** 政府採用民營化措施推動公共服務時，最可能出現下列那一項缺點？
(A)資源運用效率低落　　　(B)公共責任難以釐清
(C)政府職能大幅擴張　　　(D)服務品質明顯劣化。

( )**25** 下列何者比較不適用於解釋地方政府之間跨域協調不力的原因？
(A)黨派競爭與黨同伐異　　(B)管轄權認定不同
(C)地方公民素質不佳　　　(D)權責劃分不清。

解答與解析〉（答案標示為#者，表官方曾公告更正該題答案。）

1 D。(A)「效率」的考量在於如何使用較少資源來達成較多工作產出。
(B)「公平」意即對於減損少數人的利益，應作一種得失相當的
公平且合理的補償。
(C)「效能」的考量點在於原定政策目標的達成程度。

2 B。 新公共管理運動的主要哲學基礎，係來自新古典經濟學，包括三大理論基礎，分別為公共選擇理論、代理人理論和交易成本理論。

3 C。 羅聖朋（David H. Rosenbloom）等人觀察在英語系國家中，如美國、紐西蘭、澳洲、英國等，所推動之一連串行政革新政策，將新公共管理的主要論點歸納如下：

(一)公共行政的研究焦點應置於特定結果，而非運作過程。

(二)為了達到上述效果，公共行政應妥善運用各類市場競爭機制，以提供民眾更佳的產品或服務，例如，民營化可使政府以較低廉的價格，從企業取得原來需自行生產的服務，同時，在市場機制下，政府各機關一方面應該師法企業，從供給與需求的互動過程中取得相關經費；另一方面，政府也要和企業或其他非政府組織共同參與競爭。

(三)配合市場機制的運作，公共行政也應該強調「顧客導向」的觀念。

(四)政府應扮演「導引者」的角色。

(五)政府應推動法規鬆綁的工作。

(六)公共部門的每一位員工均應被「授權賦能」，以充分發揮創意並投入工作。

(七)公共行政的組織文化，應盡可能朝向彈性、創新、問題解決的、具企業精神的等方向發展。

4 C。 各國政府再造共同趨勢：

(一)政府再造的背景因素相似。

(二)政府再造的目的趨於一致：終極目的均為撙節施政成本、提高政府效能。

(三)組織精簡成為撙節施政成本的必然手段：

(四)新公共管理核心理念仍然備受質疑：主要是改革路線對於現行的憲政體制和民主政治模式的衝擊過大。

(五)充滿實驗精神的新公共管理運動。

(六)**顧客導向的公共服務已經成為政府再造的基本理念。**

(七)建構績效型政府已經成為各國政府再造的共同目標：能夠符合人民期待，也可滿足國會要求行政課責。

(八)政府再造的路徑趨同：

　　　1.政府各級單位實施分權管理，業務事權逐級下授。

　　　2.從應然與實然的角度，重新檢討政府預算支出及業務執行方式。

　　　3.精簡文官體系，實施民營化。

　　　4.研擬更具「成本-效能」的服務方式。EX：簽約外包。

　　　5.強調顧客導向。

　　　6.標竿學習及評量績效。

　　　7.針對法規精簡及成本撙節之目的，設計可行的改革方案。

(九)大幅度之文官體制改革。

(十)廣泛運用市場的自由競爭機制。

(十一)憲政體制和政治因素仍將考驗各國的政府再造運動：賦予管理者更大職權從事政府再造，儘管試圖採取績效結果為課責標的，但實際績效卻不易評量。所以，國會對行政之監督、對政治管理者之課責仍是大問題。

(十二)新治理模式已逐漸浮現。

5 D。學者Dennis F. Thompson在〈行政倫理的可能性〉一文中提到中立倫理（The Ethics of Neutrality）與結構倫理（The Ethics of Structure），此二概念時常被提出，卻是與行政倫理相對立（Thompson，1985）。

中立倫理屬於傳統依法行政、價值中立等行政倫理概念，認為行政人員本身並無獨立自主思考與判斷的可能，僅是執行政策的工具；當政治人物做出決策後，渠等必須忠實執行職務，不應將個人價值帶入執行過程中。公務人員如果不能順服組織政策，就必須辭職或離開，這使公務人員成為一種幾近「放空」的道德個體，任人擺佈。

而結構倫理的概念雖含有道德判斷的歷程，但因為決策過程經歷相當多單位及人員，因此政策的成敗應負起責任的是組織或整個政府，非由組織單位及成員個人負起責任。因此個人在組織中所犯的錯誤，都可以歸因於上級或組織的命令，讓公務人員在民主課責鏈中，可以為所欲為享受完全免責的結果。

6 B。(一)現行任務編組規定中央行政機關組織基準法第28條規定：「機關得視業務需要設任務編組，所需人員，應由相關機關人員派充或兼任。」

(二)任務編組為矩陣式組織之優缺：從組織結構上來看，任務編組是一種矩陣式組織（matrix organization）型態，也就是組織在原本的組織架構外，為某種特別任務，另外成立專案小組負責，此專案小組與原組織配合，在型態上有行列交叉之式，是一種彈性的組織結構。由於任務編組也多屬矩陣式組織，特別是兼任之人員，將須同時處理原有單位及兼任單位之業務，也須同時聽命於兩單位主管。其優點為針對特定的任務進行人員配置，有利於發揮個體優勢，提高專業管理水平，同時由相關機關人員派充或兼任，也不會增加機關之人力負擔。缺點為參加項目的人員都來自不同部門，造成人員管理困難，因職權不易釐清，變動性高，則容易產生臨時觀念，將對工作有一定影響。

(三)中央流行疫情指揮中心：中央流行疫情指揮中心是中華民國政府因應傳染病大流行而設置之中央層級的任務編組單位。其設置辦法為中央流行疫情指揮中心實施辦法，是依據傳染病防治法第十七條第二項所訂定的任務編組組織。

7 C。「僕人領導」一詞，最早是格林里夫（Robert K. Greenleaf）於1970年在其所發表的〈僕人是領袖〉（The Servant as Leader）一文所提出，倡導僕人領袖的觀念，強調領導者的服務意識，認為領導地位是透過服務被領導者而來，而非將自己視為高高在上，處處需要下屬服侍。僕人式領導的基礎概念為：先服務，而非先領導（serve first, not lead first）。僕人領袖不一定具備正式領導職權，但具有激勵合作、信任、傾聽、授權和倫理等特徵。因此一位領導人具備僕人領袖的特質，會有不一樣的領導風格和行為。

8 B。弊端揭發是指公務員把機關的違法失職情事釋放消息讓外界知悉，並以媒體為常見的外露對象，其次為議會、檢調（政風）或上級機關，而做此一行為的人則曾作「弊端揭發人、揭弊者或扒糞者（whistle blower）」。

9 B。(B)嘉義市→市。(A)屏東市、(C)彰化市、(D)臺東市→縣轄市。

10 B。從目的上來說，組織發展是為增進組織效能，提高組織自存的能力和與外界環境保持動態平衡的活動。其目的包括：

1. 形成具有人文性和創造性的組織，期能尊重個人，以提高組織成員對組織信任和支持的程度。

2. 增加組織內橫向、直向以及對角線溝通的開放性，促進個人與組織目標調和一致，提高組織成員的工作熱誠，增進人際關係的和諧。

3. 透過適切的革新策略，將組織革新的理論付諸行動，帶動組織的整體革新，以增進組織健全與效能，提高組織了解並解決本身內外在問題的能力。

4. 增進組織成員對外界和組織問題識別的能力，與解決問題的技術，以提高組織應付內外在變遷與內部腐化諸問題的能力，使組織能隨外界環境的變遷而保持組織功能的正常運作。

11 C。 公務人員考績法第12條第1項第2款第2目：「一次記二大過者，免職。」

12 A。 公務人員之權利：
(一)經濟方面的權利：
1.俸給權　　　　　　2.考績權
3.公保給付權　　　　4.退休金權
5.撫卹金權。
(二)身分方面的權利：
1.身分保障權　　　　2.職務執行保障權
3.請假及休假權　　　4.受獎勵權
5.結社權。
(三)救濟方面的權利：
1.申訴、再申訴權　　2.復審權
3.訴訟權。

13 D。 中央對直轄市及縣（市）政府補助辦法第3條第1項第3款：「中央對於直轄市及縣（市）政府重大事項之專案補助款。」

14 B。 預算法第22條第1項第1款：「第一預備金於公務機關單位預算中設定之，其數額不得超過經常支出總額百分之一。」

15 A。 (A)累進稅制是指高所得層級者負擔的實質稅率較低所得層級者為高；累退稅制是指高所得層級者負擔的實質稅率較低所得

層級者為低；比例稅制是指高所得層級者負擔的實質稅率較低所得層級者相同。一般而言，累進稅制總是被認為是較具衡平正義的稅課制度。

實際上，各國法律所規定的所得稅稅制與財產稅稅制常是累進稅制，而消費稅制較偏向比例稅制。由於所得稅是政府稅課收入之大宗，用累進稅制課稅，既合於能力原則，更可藉此進行財富重分配，減低貧富差距過大，是為社會政策實現的重要工具；對財產課以累進稅制，雖然可能有不利於資本投資等經濟活動，但在社會政策的意義上是減少不勞而獲的行為。

(B)租稅改變人們的消費模式，表示租稅具有公平性。

(C)稅式支出（Tax Expenditure）屬於誘因型政策工具，為政府間接性支出，透過免稅、租稅抵減等獎勵措施達成政策目標。

16 B。 SWOT的意涵：所謂SWOT分析乃是組織對應於環境的改變，所作主觀與客觀條件的自我評估。

(一)S（Strength）表示「優勢」，是組織目前執行良好之處，或是可以運用的資源。

(二)W（Weakness）表示「劣勢」，是組織目前有待改進之處，或是缺乏的資源。

這兩項是屬於組織內部環境的分析，也是一種主觀條件的評估，是組織可以改變的環境條件。

(三)O（Opportunity）表示「機會」，正面的外部資源可促成組織目標的達成。

(四)T（Threat）表示「威脅」，負面的外部環境因素，阻礙組織目標的達成。

17 D。 溝通的分類有很多面向，若依組織的結構分類，可分為：

(一)正式溝通（formal communication）：存在正式組織之中，乃是依據相關法規與組織層級節制結構所建立的一套溝通系統，並規範每位成員所扮演的溝通角色，來進行溝通與信息交流，其溝通的管道如公文、公告、公報、簽呈與會議等。其優點是溝通約束力較大，缺點則是溝通速度較慢。

(二)非正式溝通（informal communication）：存在非正式組織之中，泛指正式溝通以外所進行的任何形式的溝通，屬於組織

成員間私下的交換與傳遞訊息，通常不受組織層級節制的約
束。其溝通的管道最常見有「聊天」（gossip）、「傳聞」
（grapevine）與「謠言」（rumor）。其優點是溝通速度較
快，可彌補正式溝通的不足，缺點則是溝通內容常被扭曲與
誤解。

18 A。 根據美國聯邦緊急事務管理總署（FEMA）對災害管理所下的定
義，災害管理可以分為減災、整備、應變與復原四個階段，而且
四個階段互成一種循環的關係。

19 A。 《聯合國電子化政府調查報告》（United Nations E-Government
Survey）最主要的就是由聯合國所開發的「電子化政府發展指
數」（E-Government Development Index，EGDI）以及「電子化
參與指數」（E-Participation Index，EPI）兩項評比指標。
(一)EGDI主要聚焦三大面向：
　1. 通訊基礎設施的充足程度。
　2. 發展和運用資通訊科技的人力資源水準。
　3. 各國政府所提供的線上服務和內容程度。
(二)EPI主要是透過各國入口網站上所提供的服務和資訊，三個
　面向：
　1. 電子資訊（e-information）：是否提供政府相關的線上內容
　　與資訊。
　2. 電子諮詢（e-consultation）：是否提供線上諮詢民意的管道。
　3. 電子決策（e-decision-making）：是否透過線上平台讓民眾
　　得以直接參與政策決定。

20 C。 依Anne Schneider與Helen Ingram的區分，由政府直接發起的政策
工具可分為五種：
(一)權威型政策工具（Authority Tools）：政府使用其合法權利要
　求所屬機關執行上級機關命令。在防疫政策中，由中央決定
　警戒標準與規範，並要求地方執行，即是權威工具的一種。
(二)誘因型政策工具（Incentive Tools）：政府透過經濟的正向
　誘因（例如補助），或負向誘因（例如罰款）來達成政策目
　的。最近發錢的紓困方案就是藉由正向誘因讓大家盡量待在
　家不外出工作；未戴口罩出門則是透過負向誘因來增加。

(三)能力培養型政策工具（Capacity Tools）：由政府提供資訊與
　　資源，來培養一般大眾或團體自行達成目標的能力。例如政
　　府不斷教育民眾病毒傳播的方式和保持社會距離的重要性，
　　因此像某些商家或社區在政府還沒強制分流前，就自主進行
　　分流或是開發出新的販賣付款模式，都可算是自行成功培力
　　的例子。又例如在整體防疫措施中，中央政府提供經費，醫
　　療資源給地方政府自由使用，或是在不違反中央政策框架下
　　給予地方行政裁量執行能力都是能力培養型工具的一種。

(四)象徵型政策工具（Symbolic and Hortatory Tools）：**政府透過
情感的勸導，宣傳或公關的方式來改變民眾的認知與意願，
自主配合來達到政策目標**。在宣導端午節不要返鄉這件事，
不管是總統的全國談話或是每天指揮中心的記者會，都用了
大量的**道德勸說**。

(五)學習型政策工具（Learning Tools）：當政府知道問題所在但
　　卻不了解如何能夠改變目標群眾（Target population）的行為
　　時，能夠透過給予地方機關裁量權以實驗的方式來找出最適
　　合的解決問題的工具。

21 A。　鐘形圖：

(1)分布即為倒U型圖，贊成與反對者量少，中立者多，政府可以
　　自行決定採取何種政策。

(2)功能：具有放任功能，民意對該政策默不關心而採放任態
　　度，讓政府具有裁量權，這種分布V.O.Key稱之為「縱容的共
　　識」（permissive consensus），因為民意沒有給政府清楚的指
　　示，於是讓政府有更大的自由與空間依據專業角度制定與執
　　行政策。

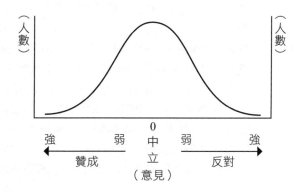

22 C。 直轄市山地原住民區依地方制度法準用同法之鄉、鎮、縣轄市相
關規定，直轄市山地原住民區區長及區民代表為民選。
我國目前直轄市山地原住民區分別有：新北市烏來區、桃園市復
興區、臺中市和平區、高雄市那瑪夏區、高雄市桃源區、高雄市
茂林區。

23 C。 非營利組織自律原因

(一)阻止政府過度監督非營利組織部門：有人主張應鼓勵自律規
範，毫無疑問，自律規範值得鼓勵，但邏輯經驗皆顯示不可
寄望其取代基本法規及政府的監督管理。首先應注意的是，
自律規範是自願性的，想要避開基本標準的非政府組織可能
選擇不參與。當然可建立有效的誘因以鼓勵非營利組織遵循
自律規範，但也須有明確全面的法律，規範非營利組織，訂
定最低的行為標準。

(二)透過自律提升非營利組織的責信：

　1. 誠信和公眾的信任才是非營利組織最大的資源：誠信和公眾
的信任才是非營利組織最大的資源，缺乏誠信或喪失公信力
將造成很大的傷害，雖然涉及弊端的可能是組織中的極少數
人，但卻可能對整個組織造成莫大的傷害，而且持續長遠很
難彌補。一般大眾對非營利組織的信任表現在非營利組織的
責信。

　2. 透明度就是組織的責信：非營利組織能獨立於政府之外，透
明運作且為其自身的行為負責也非常重要。非營利組織需要
擁有社會中其他法人可享有所有權力、特權和赦免，並應該
獨立於政府之外。當非營利政府組織運作透明並有良好之負
責機制，則可確保每個非營利組織和整個非營利組織部門的
誠信度。如此，非營利組織能真正代表弱勢觀點之可能性才
會增大。

　3. 自律是組織的一個反省機制：不論任何組織都應要有反省的
機制，不能姑息和縱容弊端。許多弊端的形成過程，都有
其蛛絲馬跡，但常被相關人員「合理化」，會找出一套說
辭自我麻痺一番，也不理會外界的批評或指責，例如Bishop
Estate的領導董事、美國聯勸董事會兩次信任投票、紅十字
會自覺站得住腳而一意孤行、Children's Wish的負責人認為
一切都是公務所需等等，都說明了未能防患於未然，事發之

後仍不願面對問題，終於帶來了重大的傷害。非營利組織的決策思考不能閉門造車，必須了解外界的期待和回應。

4. 非營利展現其責信最有效的是其執行其自律：美國聯勸在弊端發生之後，即能勇於興革，調整組織，設置倫理委員會並發展出一套倫理守則，就受到各界的肯定，也相當程度的恢復自己的聲譽。

(三)自律規範是專業倫理中很重要的一環，當非營利組織發展到專業化的程度時，建立自律規範是一項形成非營利部門或稱獨立部門的里程碑。然而，**專業內的自律規範並不意謂著可以取代正式的法律**；事實上，遵循適用的法律，是專業基本精神之一。**自律規範是由專業人員相互約定，自願遵循的守則**，因此事實往往是，政府製定的法規，是在訂定非營利組織最低的行為規範標準，而自律規範是非營利部門在發展漸趨成熟後，基於向社會大眾證明其效率的需要，和政府法規日漸繁複或變成不切實際，意識到需有更高的行為標準，而自定之較高標準的自我要求規範。

24 B。 (一)民營化之優點

1. 彈性增加，成本降低。

2. 借重民間專才。

3. 落實服務對象受惠原則。

4. 選擇性增加：藉著公共組織民營化，政府政策可以促進不同輸送系統之發展。

5. 增加參與機會，整合資源網路。

6. 資訊透明化：民營化之競標過程，迫使政府須公開相關資訊，加強民眾對政府監督。

7. 運作健全化：一方面削減官僚體制規模，一方面加強政府官員之工作能力。

8. 示範效果：民營化對繼續工作的政府員工造成威脅，除非改善績效，否則可能失業。

(二)民營化之缺點

1. 適性之困境：就政府部門而言，民營化之適用範圍，以一般事務為主，例如公共運輸、垃圾清運。具有主權意涵之業，或攸關國家安全之職能，均不適用民營化。

2. 缺乏政治責任：民間組織在「最高效率、最低成本」考量下，忽略社會責任與公共利益，例如垃圾清運越界傾倒。

3. 不穩定因素之干擾有些受委機構，可能由於種種因素，因而中斷服務，導致服務對象之不便或權益受損。

4. 管理困境：受委之民機構，往往有經營不妥或缺乏適當方案資訊與經費開支之情形。

5. 營利機構與之弊端：

(1)公共業務移轉民間，會造成所社會分化現象，使用者的付費能力導致社會服務等級化。

(2)民營機構注重利潤之獲得，不易執行之公共服務由政府完成。

25 C。地方公民素質不佳

(一)張四明教授認為，影響跨域合作的障礙因素

1. 法令規範不完備：目前僅在地制法第21、24條簡略提及，行政程序法第19、135條文也有類似的概念，加上既往成功案例不多，因此地方政府跨域合作事務難以推展。

2. 管轄權切割的本位主義而引發衝突：例如台北市、新北市和基隆同屬於一個生活圈，但行政區劃不同、地方首長時有矛盾衝突，導致許多跨縣市問題的協調工作困難重重。

3. 政黨因素或意識型態作梗：地方政府間受限於政黨屬性或意識型態的差異，經常錯失協力解決跨域問題的機會。

4. 跨域治理的網絡中參與者眾多，進行交易或協商成本高昂，導致跨域合作事務無以為繼。

(二)趙永茂教授認為，臺灣當前府際合作的困境與障礙

臺灣府際合作的困境，主要涵括制度結構層面的因素與地方政治生態的因素，分述如下：

1. 制度結構的因素：臺灣府際關係與合作的結構性困境，主要在於無論就制度面或政治面，主要係因臺灣中央與地方關係還是屬於單一國制偏向中央集權的關係結構，且無論中央或地方法規之制度設計係以單一行政區劃為主體，地方財政預算未觸及或提供府際合作適切的財務制度規範，導致地方政府自治權力與能力仍然十分薄弱。府際合作制度結構上的障礙，主要有以下2點：

(1)相關主管法律之限制。臺灣地區性發展之法規，通常以單一之行政區為基礎，缺乏跨區域或以區域發展方向的規劃，且過度重視中央或上級政府的指揮監督。

(2)財政預算之問題。受限於預算法、財政收支劃分法等限制，各地方政府在編製預算過程中，仍侷限於各個行政轄區之內，無法橫向配合；再者，每個地方政府的財政狀況不一，在財政分配上常有爭執，而財政收支劃分法對地方政府間財源或經費運作用，亦未觸及或提供府際合作適切的財務制度規範。

2. 地方政治生態的因素：臺灣府際關係與合作的困難，除制度結構的因素外，主要來自於地方政治與政治生態的惡化，以致造成中央與地方的政治對抗及地方政府間與地方府會間的對立與衝突。尤其在地方狹隘、對立、孤立政治，及地方派系、黑金政治，乃至政黨對立、對抗的政治結構下，除不利於談判、協議政治的發展，更難以推動區域主義及與鄰近縣市鄉鎮的合作發展。同時本位主義的問題，在區域的合作發展中，由於各個地方政府對其轄區之利益往往極力爭取，也常造成區域合作之破局。

3. 推動府際合作的整體動能不足：由於地方政府公務人力不足，約雇人員或契約進用人員過多，整體平均人力素質亦不如中央政府，監督力又因地方派系或黑道漂白等因素而遭致扭曲，導致推動府際關係、跨域治理的行政管理規劃能力不足等問題，均屬有待克服的問題。

112 年 普考

(　　) **1** 公共行政離不開對於效率之追求，下列何者非屬過分追求效率可能產生之弊病？
(A)忽視政府員工之真正需求，僅將其當作達成效率之工具
(B)過度簡化社會多元價值之衝突
(C)導致目標錯置和績效主義掛帥
(D)僅追求形式平等，不求實質平等。

(　　) **2** 政府部門的運作存在「金魚缸效應（goldfish-bowl effect）」，其所指意涵為何？
(A)以民意為依歸　　　　(B)追求公共利益
(C)善用行政裁量　　　　(D)接受公共監督。

(　　) **3** 下列何者不符合新公共管理理論的內涵？
(A)增加市場競爭誘因機制　(B)運用民間企業的力量
(C)鼓勵應用管理格道技術　(D)利用使用者付費的模式。

(　　) **4** 下列何者非屬黑堡宣言的發展背景？
(A)政治人物批評常任文官為政策失靈的元凶
(B)政治體制中瀰漫著反官僚的風氣
(C)美國聯邦政府預算赤字失控
(D)法規漏洞百出卻必須由行政來事後補正，扛下責任。

(　　) **5** 有關亨利（N. L. Henry）所提出的五個行政學典範發展過程，下列敘述何者錯誤？
(A)在政治與行政分立時期，強調行政研究可以價值中立
(B)在行政原理時期，認為行政原理具有放諸四海皆準的普遍性
(C)公共行政學即管理學時期，最重視「比較行政」研究
(D)1970年代開始了公共行政學獨立自主的發展階段。

（　）**6** 下列何者不是新公共行政（New Public Administration）的主要論點？
(A)重視行政倫理　　　　　(B)倡導社會公平
(C)強調公民精神與公民參與 (D)主張政策與行政的二分。

（　）**7** 1993年美國副總統高爾在國家績效評鑑報告中提出，將企業型政府作為政府再造的主軸，下列選項何者不是其主要原因？
(A)為了降低憲政上的爭議
(B)為了提升公共計畫的績效
(C)為了解決政府的預算赤字危機
(D)為了解決民眾對政府失去信心的危機。

（　）**8** 有關全球化對於公共行政之意涵，下列何者錯誤？
(A)單一國家之行政機構無法自外於全球體系
(B)跨國企業對政府的影響力提升
(C)公務人員應開拓個人的及專業的世界觀
(D)行政人員應視人民為消費者。

（　）**9** 行政倫理最主要的核心價值是公共利益，將公共利益主要界定為「弱勢族群的照顧」是公共行政那個理論時期的看法？
(A)古典公共行政　　　　　(B)新公共行政
(C)新公共管理　　　　　　(D)新公共選擇。

（　）**10** 關心人性的卓越性，並強調勇敢、節制、謹慎、公正等四種美德者，屬於下列何種倫理觀？
(A)功利主義式倫理　　　　(B)對形式原則的義務
(C)權利倫理　　　　　　　(D)亞里斯多德倫理。

（　）**11** 關於「行政倫理」之敘述，下列何者錯誤？
(A)我國目前對於公共行政者倫理行為的要求，企圖兼顧防弊與興利
(B)公務員服務法屬於對公務人員之政治行為的規範
(C)我國目前尚無公共服務倫理的專法，各項規範散見於不同法規中

(D)公務人員行政中立法的規範對象是法定機關依法任用、派用的有給專任人員及公立學校依法任用的職員。

( )**12** 具備廣泛社會代表性的官僚可實現下列何種目標？
(A)降低對代議士依賴　　(B)提升行政立法制衡
(C)有助於分配性正義　　(D)回應菁英階層利益。

( )**13** 多年前發生之八掌溪事件主因在於各級機關分工協調不佳和相互卸責，這是行政課責所討論的何種議題？
(A)左右為難（catch-22）
(B)髒手（dirty hands）
(C)多手（many hands）
(D)組織擴增（organizational enlargement）。

( )**14** 下列何者為矩陣組織的運作特徵？
(A)通常為常設性組織編制　(B)僅需服從單一權威命令
(C)較無助於培養通才能力　(D)為解決特定任務而設立。

( )**15** 下列針對組織中權力之敘述，何者正確？
(A)平行部門之間的相對權力大小，隨著組織所面臨的問題而有所調整
(B)平行部門之間，接受資源的單位，其權力通常大於控制資源的單位
(C)組織中的基層人員，其權力基礎在於組織整體資源的分配
(D)在組織中，個人被替代性越高，權力越大。

( )**16** 下列針對組織內部部門之間的衝突，何者錯誤？
(A)部門之間的目標越不相容，越容易產生衝突
(B)部門之間在工作上互相依賴的程度越高，越不容易有衝突
(C)部門之間越需要互相競爭以爭取有限的資源，越容易產生衝突
(D)部門之間若職掌清楚，互動有法規或前例可循，比較不容易產生衝突。

(　)**17** 有關組織中非正式團體之敘述，下列何者錯誤？
(A)非正式團體的存在，有時使組織內的溝通更有效率
(B)非正式團體本身的凝聚力強，可能會形成組織內的派系之爭
(C)非正式團體提供所屬成員的情感依歸
(D)非正式團體是組織中權威的基礎。

(　)**18** 我國行政院組織改造推動委員會所通過的機關業務改造方向，不包括下列何者？
(A)集權化 　　　　　　(B)委外化
(C)地方化 　　　　　　(D)行政法人化。

(　)**19** 下列何者非屬我國中央行政機關的型態？
(A)山地原住民區 　　　(B)獨立機關
(C)委員會 　　　　　　(D)附屬機關。

(　)**20** 下列何者非屬行政法人的特質？
(A)執行公共任務，組織成員須具備公務人員資格
(B)符合行政機關的彈性化趨勢
(C)為公法人
(D)業務執行須強化成本效益及經營績效。董（理）事長或首長，不得進用其配偶及三親等以內血親、姻親，擔任行政法人職務。」

(　)**21** 當機關組織職位出缺時，若採用「外補制」方式任用，最可能得到下列何項優點？
(A)易於推動機關改革與創新
(B)易於保持機關的人事安定
(C)易於維持機關的人際和諧
(D)易於激勵機關內部員工士氣。

(　)**22** 有關我國現行公務人員考績制度之敘述，下列何者正確？
(A)分優、甲、乙、丙、丁五等
(B)年終考績應以平時考核為依據

(C)不具備公務人員任用資格者辦理另予考績

(D)考績丙等者應予免職。

( )**23** 依公務人員任用法之規定，下列敘述何者錯誤？

(A)公務人員依官等及職等任用之

(B)官等分委任、薦任、簡任、特任

(C)以第十四職等為最高職等

(D)薦任為第六至第九職等。

( )**24** 下列機關中，何者不是「考試院」所轄之機關？

(A)考選部

(B)銓敘部

(C)公務人員保障暨培訓委員會

(D)人事行政總處。

( )**25** 下列何者為我國公務人員權利或利益遭致損害時，得提起復審之標的？

(A)請求調整勤務　　　　(B)改善工作環境

(C)一次記一大過　　　　(D)年終考績丙等。

( )**26** 國防部主管之「國軍營舍及設施改建基金」，係屬於下列何種類型的特種基金？

(A)資本計畫基金　　　　(B)營業基金

(C)作業基金　　　　　　(D)特別收入基金。

( )**27** 有關「稅式支出（tax expenditure）」之敘述，下列何者錯誤？

(A)係指稅法或其他法令針對特定個人、團體或事項給予之租稅減免

(B)會造成稅基侵蝕與稅收之損失

(C)符合資格之新興重要策略性產業得減免營利事業所得稅之規定，即屬稅式支出

(D)會造成政府歲出規模的膨脹。

(　)**28** 依據預算法之規定，預算案經立法程序而公布者，稱為：
(A)歲定預算　　　　　　　(B)審定預算
(C)法定預算　　　　　　　(D)分配預算。

(　)**29** 下列何者非屬行政院提出特別預算之法定情事？
(A)不定期或數年一次之重大政事
(B)氣候變遷和極端氣候之挑戰
(C)國家經濟重大變故
(D)國防緊急設施或戰爭。

(　)**30** 我國政府總預算案如不能於法定期限內完成審議時，有關各機關
預算執行的規定，下列何者錯誤？
(A)收入部分暫依上年度標準及實際發生數，覈實收入
(B)新興資本支出得依已獲授權之原訂計畫或上年度執行數，覈
實動支
(C)應履行其他法定義務收支
(D)新增計畫，須俟本年度預算完成審議程序後始得動支。

(　)**31** 有關預算執行彈性之敘述，下列何者錯誤？
(A)各機關之歲出分配預算，其計畫之各用途別科目中有一科目
之經費不足，而他科目有賸餘時，得辦理流用
(B)經費流用時，流入數額不得超過原預算數額20%
(C)各機關若有因應政事臨時需要必須增加經費時，得經行政院
核准動支第二預備金
(D)各機關因緊急災害動支預備金者，應先送立法院備查。

(　)**32** 下列何者非屬策略規劃的工具？
(A)360度評估　　　　　　(B)總體環境分析
(C)強弱機危分析（SWOT）(D)目標管理。

( )**33** 學者阿德福（C. Alderfer）於1969年提出的ERG理論中，其英文字母E代表下列那一種需要？
(A)效能（Effectiveness）　　(B)效率（Efficiency）
(C)經濟（Economy）　　　　(D)生存（Existence）。

( )**34** 以領導者對於領導方式的區分，可以分為民主式領導、獨裁式領導以及放任式領導。關於其領導特色，下列敘述何者錯誤？
(A)在民主式領導中，領導者賦予部屬較大的自由空間
(B)獨裁式領導方式下常會出現怠工現象
(C)放任式領導很少主動給予部屬指導，除非部屬前來請示，否則不表示任何意見
(D)獨裁式領導是效果最差的一種領導方式。

( )**35** 「讓風險利益相關者瞭解所面對的風險，並參與決策，進而瞭解風險管理的作用，在風險管理的過程中取得信任」。這段敘述在說明下列何種概念？
(A)風險評估　　　　　(B)風險轉移
(C)風險規避　　　　　(D)風險溝通。

( )**36** 關於知識管理之敘述，下列何者錯誤？
(A)係針對既有經驗的整理，與創新無關
(B)是指能系統化建立、革新及應用組織中的核心知識
(C)使組織之核心知識發揮極大化效率，為組織帶來利益
(D)係指善用組織中的知識，以改善組織績效為導向。

( )**37** 關於電子化政府的各項服務，下列何者屬於G2G的範疇？
(A)線上申報個人綜合所得稅
(B)健保APP開放下載
(C)公司設立登記之線上申辦
(D)跨機關電子公文交換。

（　）**38** 下列何者最能解釋「穀賤傷農，穀貴傷民」此公共問題發生的主
要原因？
(A)第三部門失靈　　　　　　(B)市場失靈
(C)政策失靈　　　　　　　　(D)自然獨占。

（　）**39** 組織是理念鬆散的結合，而不是脈絡一致的結構，組織成員透過行
動發現偏好，而不是偏好引導行動，屬於那一決策模式的論點？
(A)混合掃描模式
(B)政治決策模式
(C)垃圾桶決策模式
(D)漸進主義模式（Preferences）、不明確的技術（Unclear
Technology）、流動性的參與（Fluid Participating）。

（　）**40** 根據巴達克（E. Bardach）的觀點，若行政機關發現某項政策對他
們並不具吸引力，就會想辦法推拖工作給其他機關，此種「不關
我們的事（not our problem）」的現象屬於下列那一種執行類型？
(A)資源的移轉（the diverse of resources）
(B)政策目標偏移（the deflection of policy goals）
(C)抗拒被控制（resistance to control）
(D)浪費能量（the dissipation of energy）。

（　）**41** 政策規劃人員在規劃政策方案時，考慮該政策問題是否可交由民
間處理，如果民間願意且有能力處理該問題，允宜交由民間處
理，屬於學者卡普蘭（A. Kaplan）所提出政策規劃原則中的何
項原則？
(A)分配普遍原則　　　　　　(B)持續進行原則
(C)人民自主原則　　　　　　(D)公正無偏原則。

（　）**42** 從政策評估方法的演進歷程來看，下列何者是第四代政策評估所
強調的重點？
(A)管制性　　　　　　　　　(B)回應性
(C)描述性　　　　　　　　　(D)群聚性。

（　）**43** 關於各級政府之間的權力劃分與互動而形成的府際關係，下列何者非屬其類型之一？
(A)單一制　　　　　　　　　(B)邦聯制
(C)聯邦制　　　　　　　　　(D)聯立制。

（　）**44** 依據地方制度法之規定，下列何者非屬直轄市的自治事項？
(A)觀光　　　　　　　　　　(B)教育文化
(C)社會服務　　　　　　　　(D)軍事召集。

（　）**45** 下列何者為非營利組織從事社會事業化難以避免的潛在難題？
(A)非營利目標容易受到質疑
(B)組織難以招募專職員工
(C)組織難以進行專業管理
(D)增加社會失業問題。

（　）**46** 關於公私協力的成功要件，下列何者錯誤？
(A)目的清楚　　　　　　　　(B)雙方互信
(C)關係對等　　　　　　　　(D)延長合約年限。

（　）**47** 新冠肺炎防疫期間，我國政府藉由開放資料（open data），民間工程師開發出多種的口罩查詢工具，這種公私協力模式是：
(A)群眾外包（crowdsourcing）
(B)ROT
(C)BOO
(D)BTO。

（　）**48** 我國透過下列何種方式完成中國鋼鐵公司的民營化？
(A)撤資出售　　　　　　　　(B)租稅補貼
(C)行政法人化　　　　　　　(D)發行抵用券。

（　）**49** 政府對於配合辦理太陽能光電節能政策的廠商所實施的相對應鼓勵措施，應屬於：
(A)供給面的管制手段　　　　(B)需求面的管制手段
(C)供給面的補助手段　　　　(D)需求面的補助手段。

(　)**50** 關於政府的公共服務事項，下列何者與跨部會、跨縣市合作較無
　　　直接相關？
　　　(A)災害管理　　　　　　　　(B)河川整治
　　　(C)食品安全管理　　　　　　(D)公立大學經營。

解答與解析　（答案標示為#者，表官方曾公告更正該題答案。）

1 D。(一)形式平等：絕對、機械、齊頭式的形式上平等，禁止任何差
　　　　別待遇存在。
　　　(二)實質平等：即所謂「等者等之，不等者不等之」原則，強調
　　　　法律地位上的實質平等，立法者得基於事物本質之不同而為
　　　　合理的差別待遇；反之，法律之分類標準若違反事物本質，
　　　　則會構成恣意的差別待遇，違反平等權保障（恣意禁止原
　　　　則）。釋字第485號解釋即指出：「憲法第7條平等原則並非
　　　　指絕對、機械之形式上平等，而係保障人民在法律上地位之
　　　　實質平等，立法機關基於憲法之價值體系及立法目的，自得
　　　　斟酌規範事物性質之差異而為合理之區別對待。」
　　　　由上述可知道，形式平等、實質平等均與效率無關。

2 D。金魚缸效應：在公共監督中，政府機關經常遭受四面八方的外部
　　　意見、批評、壓力甚至抗爭，無時不受外部的監督。

3 C。白萊克（Robert R. Blake）及毛頓（Jane S. Mouton）於一九六四
　　　年合著《管理格道》（Jhe Managerial Grid）一書，提出他們所
　　　建立的組織型態，雖然稱為「管理格道」，但事實上就是一個
　　　組織的氣候。他們以關心工作（生產量）為橫軸，關心人員為縱
　　　軸，兩項變數來衡量與測度組織的氣候，這在各學者所運用的變
　　　數中是最少的，但他們將這兩項變數加以配合並區劃為九種程度
　　　上的差別，因此產生了八十一種（即九乘九）不同的組織氣候或
　　　管理型態，他們為了方便起見，以其中最具有代表性的五種型態
　　　來加以說明。
　　　(一)1.1型：此種組織對人員及工作都漠不關心，因此又稱「無為
　　　　型」、「無為式管理」。領導者不求有功，但求無過，對於
　　　　團體目標及人員目標只作最低程度的努力，放任部屬，敷衍
　　　　塞責，此種型態是最差的。

(二)1.9型：此種組織對工作漠不關心，只求對人員作最大關心，因此又稱「懷柔型」、「鄉村俱樂部式管理」。領導者重視人群關係，忽略團體目標，認為提高工作效率會妨礙人員需求，所以只設法滿足部屬需要，而組織的目標卻不能達成。

(三)9.1型：此種組織最重視工作及業績，不關心人員，因此又稱「業績中心型」、「權威式管理」。為了提高工作效率，必須犧牲或壓抑個人的需求，領導者是屬於機械效率主義者，毫不顧及人員的個人尊嚴及價值，此類組織會引起人員的反感，甚至消極的反抗，結果並不見得對工作有利。

(四)5.5型：此種組織對人員及工作的關心程度恰好適中，因此又稱「平衡型」、「組織人式管理」。領導者一方面體恤人員，一方面又考慮工作，希望在一種妥協的狀態下來達成組織的目標，但由於兩方面都未能盡其全力而為，所以目標也不一定能達成。

(五)9.9型：此種組織對人員及工作皆表現出高度關心，認為組織目標與人員需求間並不矛盾，只有在組織工作與人員需求同時獲得最大注意時，組織目標與人員目標才能實現，因此又稱「理想型」、「團隊式管理」。

4 C。 在1960年代末期的一次明諾布魯克會議揭示新公共行政的理念後，歷經70年代的洗禮，到了80年代則出現了兩股行政學研究的不同途徑，即黑堡宣言與新公共管理。由於當時美國瀰漫著反官僚、反權威以及反政府的風尚，加上政治人物經常以批判文官來爭取選票，並以意識型態或政黨的忠誠度作為專業能力的判準，對民主治理的傷害莫此為甚，這使得美國維吉尼亞理工學院暨州立大學公共行政與政策中心的萬斯來教授（Gary L. Wamsly）對以上所述美國的政治社會背景感到憂心忡忡，於是主動聯合其同仁（Goodsell、Rohr、White以及Wolf）等五人共同於1983年春季發表〈公共行政與治理過程：轉變中的政治對話〉（Public Administration and the Governance Process），一般通稱為「黑堡宣言」（維吉尼亞理工學院暨州立大學之主要校址所在）。

5 C。 尼可拉斯·亨利（Nicholas L. Henry）在其1989年所著的《公共行政與公共事務》一書中，使用五個典範發展過程來分析行政理論建構的歷程：

(一)典範一：政治與行政分立時期（1887，1900~1926）。
(二)典範二：行政原理（1927~1937）。
(三)典範三：公共行政即政治學（1950~1970）。
(四)典範四：公共行政即管理學（1956~1970）。
(五)典範五：公共行政即是公共行政（1970~）。

6 D。 新公共行政的廣義觀點，係指美國自1970年代以來，政府組織管理受到所謂「明諾布魯克觀點」（Minnowbrook）、黑堡宣言（Blacksberg Perspective）的影響，而使聯邦政府行政制度更**重視行政倫理、社會公平**、社會責任、公共利益、**民主參與**、顧客導向以及品質管理等方面的改進，亦使現代化行政制度的革新更具前瞻性。

7 A。 美國總統柯林頓於1993年成立「全國績效評鑑委員會」（The National Performance Review，NPR）揭示四大原則作為政府再造的行動方向，包括：
(一)刪減法規、簡化程序。　(二)顧客至上、民眾優先。
(三)授能員工、追求成果。　(四)提高效能、撙節成本。

8 D。 (一)Farazmond（2001）指出，全球化將對公共行政產生以下影響：
1. 國際組織的影響力日增，導致公、私領域的範圍調整，公共領域（public sphere）範圍的縮小。
2. 國家空洞化（the hollow state），導致公共責任的流失，腐敗機會的增多。
3. 由公共利益導向的公共服務轉化為講求資本累積的營利策利略。
4. 社區參與空間的縮減。
5. 菁英主義的復興—權力菁英的全球性整併，形成新的全球性權力核心。
6. 著重專業化，輕忽回應性。
7. 政府政策考量的面向擴大—由本土思維轉變為全球視野。
8. 由傳統行政與比較行政轉變為國際行政。
9. 全球化不會終結公共行政，但卻會改變公共行政的內涵。
(二)綜合學者Farazmond、吳瓊恩等人，認為全球化對公共行政的意義

1. 行政人員應深切體認資本主義並非民主政治的必要條件，民主政治所效命的政治平等，在許多方面是與資本主義本質的不平等相衝突的。經濟全球化後，自由市場必然偏向於富有的人，他們不必然實現一個健全社會的需求。當政治與經濟權力集中於少數的全球企業與政府精英，政策選擇易於受到侵害。

2. 全球化下的民營化風潮，容易引發各國高層菁英的腐化，使公共場域與公民參與的空間萎縮，行政人員應予抵制這種萎縮，並脫離全球企業的宰制。

3. 全球化之前的公共行政，應努力維持企業菁英與廣大民眾間公共利益的平衡，使資本累積與制度的正當性，能維持社會政治的穩定。全球化之後，行政體制愈來愈具有強制性，以便約束對社會秩序有潛在威脅的數百萬公民，公共行政於是從傳統「民政」（civil administration）轉化為促進資本累積的社會控制工作、這種國家性格的改變，也應由具社會良知的所有行政人員所抗拒。

4. 全球化的國家將迫使公共行政更加注意經營績效，並提高公共行政的專業化，以回應全球化帶來的國際標準。全球化與市場失靈的過度，將招致政府更多的，一個專業的健全的公共行政應為未來的行動有所準備。

5. 公共行政人員必須抵制把公民當作消費者的市場導向概念，以及將他們貶低為市場商品的作法。全球化推動更多的民營化，增加更多腐化的機會，把社會資源導向非法的、不道德的、與無生產力的活動，破壞公民對領導與制度正當性的信任民營化建立在市場導向理性的與自利的個人主義的選擇，以追求最大的自利，把個人利擺在社群與社會利上，這種消費主義的全球文化，正挑戰社會健康的基礎。

6. 全球化使跨國企業權力集中，威脅社群與公共精神，剝奪了當地的控制權，並影響當地人民生活的重大決定，使公民與地方行政人員對於全球企業一夜之間結束運作，毫無作為。行政人員應對全球企業附加長期條件，以減少這些不確定因素，並努力培養公共精神以抵制粗糙的自我利益。

7. 行政人員應學習從更為寬廣的比較觀點來體會未開發國家行政文化的基礎，以開拓個人的及專業的世界觀。理論家與實

務人員應努力整合較行政或全球觀點的公共行政，以產生跨全球的通則。

8. 全球化挑戰公共行政社群的人類良心，他們身為全球社群利益的守護者，應為全球不民主、不公道、不平等的事件而作出貢獻。尤其對於政務官與跨國企業可能有直接的個人與財務關係，因此他們對於公共利益的狹隘界定，行政人員應防止他們所可能帶來的腐化與濫用權威。

9 B。 新公共行政之發展歷程

民主行政一反強調行政過程管理控制的行政習慣，並倡導民主的公共行政（即民主行政），誠如在《我們即政府》（Government Is US：Public Administration in an Anti-Government Era）這本書當中，作者提及一個行不可或缺的概念，亦即「主動積極的公民資格」及「主動積極的行政人員」；前者意指公民必須關心並分享政府機構的權力，而非單單只是投票、納稅，或使用政府提供的服務；後者意指主動積極運用職權，加速與公民的合作，並創造有利於公民的行政系絡，其核心意識包括「視公民為公民、分享權力、減少個人及組織的控制、信任合作的效能、追求科學、專業知識及經驗的平衡」等（King & Stivers，1998c：195-200）。

J. Jun（1986：18-21）亦指出民主行政具有下列6點特徵：

(一)公共利益的代言人：行政機關（構）應作為民眾利益的代言人；

(二)代表性：就業管道公開暢通，代表性官僚組織；

(三)開放性：行政透明化、資訊公開法；

(四)超越特殊利益團體的組合（beyond syndication）；

(五)教育與專業主義：高素質公務人員，且具備專業溝通能力；

(六)參與：民主行政組織中所有人均能分配權力。

由上述可知，民主行政所注重的焦點即在於行政人員與公民需要具備民主的素養，從過去政府由上而下的單一面向行政，轉而為行政人員與公民共同參與公共決策，以尋求最大公共與及**照顧弱勢族群的價值**。

10 D。 亞里斯多德倫理學（Aristotelian Ethics）四大美德

謹慎，又稱實踐智慧，是亞里斯多德最重要的美德。在戰爭中，士兵必須以實踐智慧判斷並謹慎戰鬥。勇氣需要判斷力，因此必

須贏得這種美德。節制，或自製，就是節制。士兵們必須在充滿
暴力的戰爭中享受樂趣並表現出適度。勇氣的適度帶來私下的適
度，從而導致公開的適度。勇氣是「在恐懼感和信心方面的適
度和堅持平均水平」。勇氣是「在我們指定的情況下，在引起信
心或恐懼的事情上堅持平均水平，或者因為這樣做是高尚的，或
者因為不這樣做是可恥的。」「選擇自己的道路，堅守自己的
職責。」關於戰爭，亞里斯多德認為軍人在道德上是重要的，是
軍事和政治上的英雄。戰爭只是軍人展示勇氣的舞台，也是他
體現勇氣的唯一途徑。其餘的人類行為只是模仿士兵的行為，他
們並不是真正的勇敢。正義意味著以適當的方式給予敵人應得的
東西。換句話說，人們必須意識到什麼對社區有益，並採取相應
的行動。我們還必須辨別勇氣的缺點：懦弱和魯莽。兵無德行膽
怯，兵無節操。在任何情況下，你都不應該對你的敵人不公平。
另一方面，人們首先模仿其他具有這種美德特徵的人，將這種方
法付諸於日常生活，透過每天練習，養成習慣和習俗。最後透過
結合或整合四者而成為一個有德行的人。戰爭要求軍人鍛煉紀律
嚴明、堅定不移的美德，但戰爭力圖摧毀它所要求的美德，而只
有軍人才能體現這些美德。美德如此脆弱，必須不斷練習。因為
如果你不練習，它就會減弱，最終消失。有德者是美德的敵人：
冷漠，勸說某件事不應該做，自我滿足，勸說可以等待某事而不
必在當下做某事，並做某事。避免絕望或說服您只需要做某事。
反正我也達不到。要想有德行，就必須表現出**謹慎、節制、勇敢
和正義**。而且，要有德行，必須四者兼備，而不是僅有一二者。
資料來源：https：//academic-accelerator.com/encyclopedia/zh/
aristotelian-ethics

11 B。《公務員服務法》之內容，多屬於公務員職務上及離職後義務之
規定。

12 C。代表性科層體制（代表性官僚）
代表性概念乃假定，文官制度的社會背景若能反映政治社群的整
個人口結構，則所制定與執行的政策將較能符合公共利益的觀
點。為了追求文官「代表性」的理想，美國人事行政乃不遺餘力
地推動平等就業機會（the equal employment opportunity，EEO）

政策以及權益平等促進行動（affirmative action，AA）。綜觀其背後理由，大抵有下列數端：

1. 平等就業機會將有助於社會正義與**分配正義**的實施。

2. 文官的社會背景代表性將可以強化政策與政治意涵的正當基礎。

3. 代表性官僚制度較能夠爭取不同社會團體對政府體制的忠誠。

4. 身為政府部門的文官體系應作為民眾和私人企業的表率，重視全民利益的表達，不應偏頗於特定團體或階層。

13 C。 當代社會問題解決需要相關機關專業分工與協調整合，產生責任政府「多手問題」（Many-Hands Problem），因為人多手雜而產生責任混淆的現象。

14 D。 專案組織（project organization）：乃肇始於美國航空及太空工業之產品研發策略所形成的彈性組織結構，是一種將專業分部化與自給自足二項原則交互運用的混合體制，它兼顧依功能分部化及產品分部化的優點而將二者結合起來。

此種組織形式又稱為「矩陣組織」或「欄柵組織」（matrix organization），通常是指若干部門之間的團隊組合，用以達成某種特定性的工作，亦即為解決某項特殊問題所採取的團隊或工作小組之途徑。

這類組織的人員是自功能部門借調而來，以完成某項特殊工作或任務，當任務完成後，工作人員歸還原來部門。

15 A。 (B)平行部門之間，接受資源的單位，其權力通常小於控制資源的單位。

(C)組織中高階主管，其權力基礎在於組織整體資源的分配。

(D)在組織中，個人被替代性越高，權力越小。

16 B。 部門之間在工作上互相依賴的程度越高，越容易有衝突。

17 D。 非正式組織是正式組織關係以外，因人員間種種的社會關係所發展出來的團體，故其目標往往為個人取向。其正向功能（優點）如下：

(一)具高度彈性。

(二)有效的溝通。

(三)維護團體所抱持的文化價值。

(四)社會控制。

(五)提供人員以社會滿足感。

(六)非正式組織可分擔正式組織主管人員領導的責任，減輕其負擔。

(七)非正式組織可彌補正式命令之不足。

(八)非正式組織可安定組織。

(九)非正式組織可作為員工挫折行為或遭遇困難問題時的發洩管道，進而使員工在精神上得到補償。

(十)非正式組織能矯正管理措施。

其負向功能（缺點）如下

(一)抗拒變遷。

(二)任務上的衝突。

(三)傳播謠言。

(四)順適：亦即「強求一致」，由於非正式組織具有「社會控制」的作用，非正式組織中之成員為順應團體的行為標準，不得不把自己的一些特色收斂起來。

(五)循私不公。

→由上述可知，答案應選(D)非正式團體是組織中權威的基礎

18 A。 我國目前在政府組織再造方面，係朝向去任務化、地方化、法人化、委外化方向推動。

19 A。 中央行政機關的型態有以下五種分類：

(一)機關。　　　　　　(二)獨立機關。

(三)機構。　　　　　　(四)附屬機構。

(五)行政法人。

20 A。 行政法人法第1條：「為規範行政法人之設立、組織、運作、監督及解散等共通事項，確保公共事務之遂行，並使其運作更具效率及彈性，以促進公共利益，特制定本法。」

行政法人法第2條：「本法所稱行政法人，指國家及地方自治團體以外，由中央目的事業主管機關，為執行特定公共事務，依法律設立之公法人。」

前項特定公共事務須符合下列規定：

一、具有專業需求或須**強化成本效益及經營效能者**。

二、不適合由政府機關推動，亦不宜交由民間辦理者。

三、所涉公權力行使程度較低者。

行政法人應制定個別組織法律設立之；其目的及業務性質相近，可歸為同一類型者，得制定該類型之通用性法律設立之。」

行政法人法第20條：「行政法人進用之人員，依其人事管理規章辦理，**不具公務人員身分**，其權利義務關係，應於契約中明定。

董（理）事、監事之配偶及其三親等以內血親、姻親，不得擔任行政法人總務、會計及人事職務。

董（理）事長或首長，不得進用其配偶及三親等以內血親、姻親，擔任行政法人職務。」

21 A。外補制：

(一)優點：

　1.足以吸收卓越人才至政府服務。

　2.因事選材，因材施用，足收「適才適所」之效，不致生「人事枘鑿」之弊。

　3.機關內有新份子加入，易有所改革與進步。

(二)缺點：

　1.公務員以升晉陞無望自足減低其工作情緒與效率。

　2.公務員以前途有限，自難安心服務。

　3.新進人員與原來人員毫無關係，易引起不合作的現象。

22 B。(A)分甲、乙、丙、丁四等（公務人員考績法第6條第1項）。

(B)公務人員考績法第5條第1項。

(C)另予考績：係指各官等人員，於同一考績年度內，任職不滿一年，而連續任職已達六個月者辦理之考績。（公務人員考績法第3條第2款）。

(D)考績丙等者應予丁職（公務人員考績法第7條第1項第4款）。

23 B。公務人員任用法第5條第2項：「官等分委任、薦任、簡任。」

24 D。考試院組織法第6條：「考試院設下列各部、會：

一、考選部。

二、銓敘部。

三、公務人員保障暨培訓委員會。」

第七章　最新試題及解析

25 #。　依司法院釋字第785號解釋意旨，保訓會通盤檢討保障法所定復審及申訴、再申訴救濟範圍，並以109年10月5日公保字第1091060302號函所附人事行政行為一覽表函知中央及地方各主管機關人事機構，就公務人員對於機關作成之記一大過、記過、申誡及記一大功、記功、嘉獎等獎懲結果，認屬行政處分，對該等處分不服者，均改依保障法所定復審程序請求救濟。
高行政法院104年8月份第二次庭長法官聯席會議(二)：
公務員考績列丙等之法律效果，除了無考績獎金外，甚至不能領取年終工作獎金，最近1年內也不得辦理陞任，未來3年亦不得參加委任升薦任或薦任升簡任之升官等訓練，對服公職權利有重大影響，此為行政處分，故可依復審、行政訴訟方式尋求救濟。本題考選部公告選(C)(D)均給分。

26 A。　國軍營舍及設施改建基金
一、基金概況：我國政府為推動國家各項重大政經建設，考量國防戰備任務，辦理營區騰讓，加速完成老舊營舍整建，改善官兵生活品質，並結合國軍兵力精簡政策，將小營區歸併成大營區，所餘土地則配合地方發展及國家建設釋出，以有效促進土地利用，特於87年度依預算法規定設置國軍老舊營舍改建基金，編製附屬單位預算。另為有效運用國防資源，自101年度起，將軍事工程及設施納入辦理，本基金名稱同時更名為國軍營舍及設施改建基金。本基金之財源，為國庫撥款與國軍不適用營地處分及營區騰讓之得款，專款專用辦理新營舍土地購置、整地及興建，逐步改善國軍營舍及軍事設施。
本基金係以辦理政府機關公共工程建設計畫為主要業務，屬預算法第4條所定之資本計畫基金。
備註：
預算法第4條第1項：「稱基金者，謂已定用途而已收入或尚未收入之現金或其他財產。基金分左列二類：
一、普通基金：歲入之供一般用途者，為普通基金。
二、特種基金：歲入之供特殊用途者，為特種基金，其種類如左：
　(一)供營業循環運用者，為營業基金。
　(二)依法定或約定之條件，籌措財源供償還債本之用者，為債務基金。

(三)為國內外機關、團體或私人之利益，依所定條件管理或處分者，為信託基金。

(四)凡經付出仍可收回，而非用於營業者，為作業基金。

(五)有特定收入來源而供特殊用途者，為特別收入基金。

(六)**處理政府機關重大公共工程建設計畫者，為資本計畫基金。」**

27 D。「稅式支出」，指稅法或其他法令針對特定個人、團體或事項給予之租稅減免，一經立法公布施行，則造成稅基侵蝕與稅收損失。

稅式支出評估作業辦法第2條第1項第1款：「一、稅式支出：指政府為達成經濟、社會或其他特定政策目標，利用稅額扣抵、稅基減免、成本費用加成減除、免稅項目、稅負遞延、優惠稅率、關稅調降或其他具減稅效果之租稅優惠方式，使特定對象獲得租稅利益之補貼。」

28 C。預算法第2條：「各主管機關依其施政計畫初步估計之收支，稱概算；預算之未經立法程序者，稱預算案；其經立法程序而公布者，稱法定預算；在法定預算範圍內，由各機關依法分配實施之計畫，稱分配預算。」

29 B。預算法第83條：「有左列情事之一時，行政院得於年度總預算外，提出特別預算：
一、國防緊急設施或戰爭。
二、國家經濟重大變故。
三、重大災變。
四、不定期或數年一次之重大政事。」

30 B。預算法第54條：「總預算案之審議，如不能依第五十一條期限完成時，各機關預算之執行，依下列規定為之：
一、收入部分暫依上年度標準及實際發生數，覈實收入。
二、支出部分：
(一)新興資本支出及新增計畫，須俟本年度預算完成審議程序後始得動支。但依第八十八條規定辦理或經立法院同意者，不在此限。

(二)前目以外計畫得依已獲授權之原訂計畫或上年度執行數，覈實動支。

三、履行其他法定義務收支。

四、因應前三款收支調度需要之債務舉借，覈實辦理。」

31 D。預算法第22條：「預算應設預備金，預備金分第一預備金及第二預備金二種：

一、第一預備金於公務機關單位預算中設定之，其數額不得超過經常支出總額百分之一。

二、第二預備金於總預算中設定之，其數額視財政情況決定之。立法院審議刪除或刪減之預算項目及金額，不得動支預備金。但法定經費或經立法院同意者，不在此限。

各機關動支預備金，其每筆數額超過五千萬元者，應先送立法院備查。但因**緊急災害動支者，不在此限。**」

32 A。360度績效評估，又稱「360度績效回饋」或「全方位評估」，最早由被譽為「美國力量象徵」的典範企業英特爾首先提出並加以實施的。它是指由員工自己、上司、直接部屬、同仁同事甚至顧客等全方位的各個角度來瞭解個人的績效：溝通技巧、人際關係、領導能力、行政能力。透過這種理想的績效評估，被評估者不僅可以從自己、上司、部屬、同事甚至顧客處獲得多種角度的回饋，也可從這些不同的回饋清楚地知道自己的不足、長處與發展需求，使以後的職業發展更為順暢。

33 D。阿德福（Clayton P. Alderfer）理論可以說是一種較新的激勵理論，也是一種謀求建立「組織環境中之人類需要」的理論，阿德福將人類需要的層級由低而高分成三類，生存需要（Needs of existence, E）、關係需要（Needs of Relatedness, R）、及成長需要（Need of Growth, G）。

34 D

35 D。風險溝通最著名的定義是Covello、von Winterfeldt和Slovic（1986）的定義：「關於健康或環境風險的資訊，在利害團體間任何有目的的交換（exchange）。更明確地說，風險溝通是在利害團體之間，傳遞（convey）或傳送（transmit）健康或環境風險的程度、風險的重要性或意義，或管理控制風險的決定、行

為、政策的行動。利害團體包括政府機關、公司或工業團體、工會、媒體、科學家、專業組織、公眾利益團體與個別市民。」
National Research Council將風險溝通定義為：「風險溝通是在個人、團體、機構間交換資訊和意見的互動過程（interactive process of exchange of information and opinion）。它不只與風險相關，還包括風險性質的多重訊息和其他訊息，這些訊息表達了對風險訊息、或對風險管理合法的和機構的安排的關注、意見和反應。

36 A。 知識管理乃是指能系統化、清楚地和深思熟慮地形成、建立、革新和應用組織中的核心知識，其目的乃欲使組織能讓其核心知識發生極大化的效率，並使其能為組織帶來一定的利益，對於實務工作、文化建構上有助神益，同時，知識管理也涉及後續的衡量與評估的過程。

37 D。 G2G的全稱是Government to Government，又寫作G to G；又稱A2A：即行政機關到行政機關。因2的英文發音與to相似，故較為流行的簡易寫法是G2G。G2G是一種政府對政府的電子政務應用模式，是電子政務的基礎性應用。

　　G2G：是指政府（Government）與政府（Government）之間的電子政務，即上下級政府、不同地方政府和不同政府部門之間實現的電子政務活動。

　　G2G：模式是電子政務的基本模式，具體的實現方式可分為：政府內部網路辦公系統、電子法規、政策系統、電子公文系統、電子司法檔案系統、電子財政管理系統、電子培訓系統、垂直網路化管理系統、橫向網路協調管理系統、網路業績評價系統、城市網路管理系統等十個方面，亦即傳統的政府與政府間的大部分政務活動都可以通過網路技術的應用高速度、高效率、低成本地實現。

38 #。 (一)市場失靈：傳統經濟學家假定，生產者追求利益極大化，消費者追求效用極大化之前提下，商品可以透過價格機制與供需機能自然調和下，達到「柏瑞圖效率（Pareto efficiency）」，即所謂的「完全競爭市場」。反之，若無法達到柏瑞圖效率的狀態，即所謂的「市場失靈」。多數學者認為，造成市場失靈的主因分別有公共財提供之問題、外部性造成的問題、自然獨占造成的問題、資訊不對稱的問題。

(二)政策失靈：當公共問題發生，政府機關予以接納並轉變成政策問題，制定及執行政策以解決該問題後，經過評估的結果，發現有時問題不但未獲得解決反而變得更為嚴重；或是原來的問題未獲解決外，更產生許多新的問題，需要政府機關另行研擬政策設法解決。

(三)「穀賤傷農，穀貴傷民」：

1. 是在說明稻米價格高低之現象。即稻米價格低時，種植稻米的農民收入過低，即「穀賤傷農」；反之，稻米價格高時，以米為主食的民眾負擔增加，即「米貴傷民」。造成此現象的根源是稻米需求彈性低，所以，米價便宜時，民眾也不會多吃多少米，所以，農夫收入下降；米價高昂時，民眾也沒有辦法少吃少米，所以花在米的費用增加。

2. 我國農業部主管全國的農、林、漁、牧及糧食行政事務，並對於地方政府執行農業相關事務有指示、監督之責。因此，其以提高農民所得及確保糧食安全為重要目標，透過各項施政計畫，讓台灣農業、農村更加強韌永續。因此，每年均會針對各項農產品訂定相關政策。當發生「穀賤傷農」時，會啟動收購機制，確保稻穀價格穩定，若發生「穀貴傷民」時，會釋出之前收購的稻米，平抑稻米之價格。然後「穀賤傷農，穀貴傷民」背後所代表的分別是農業部的政策失靈以及市場運作失靈。

本題考選部公告選(B)(C)均給分。

39 C。垃圾桶決策模型：

提倡者為柯漢（M. Cohen）、馬區（J. March）、歐爾森（J. Olsen）三人，他們一九七二年發表〈組織選擇的垃圾桶模式〉（A Garbage Can Model of Organizational Choice）一文，提出垃圾桶決策途徑。他們認為組織基本上是處於「有組織的混亂狀態」（organized anarchies），他具有三項特質：有問題的偏好（Problematic Preferences）、不明確的技術（Unclear Technology）、流動性的參與（Fluid Participating）。

40 D

41 C。 各類政策參與者，尤其是政策分析人員，在進行方案設計時，應依循某些原則規劃，以設計較可行的方案。卡普蘭（Abraham Kaplan）提出了以下七項政策規劃的原則（1973：53-56）：

(一)公正無偏原則（principle of impartiality）：應盡量以公正無偏的態度，通盤慎重的考慮方案對當事人、利害關係者、一般社會大眾等的影響情況，做最適當的規劃。事實上也就是「社會正義」在政策運作上的體現。

(二)個人受益原則（principle of individuality）：應考慮該方案不論理想多高、目標多好，但是如果其利益或正面影響，最後無法為一般社會大眾所分享時，該方案將得不到人民的認同，而無法順利執行。

(三)弱勢族群利益最大化原則（maximin principle）：應當考慮盡量使社會上居於劣勢情況的弱勢團體或個人，能夠獲得最大的照顧，享受較多的利益。亦即應多抱持「雪中送炭」的胸懷，設計各項公共政策。它也被稱為「劣勢者利益最大化原則」。

(四)分配普遍原則（distributive principle）：應考慮盡量使受益者擴大，亦即盡量使利益普及一般人，而非僅侷限於少數人，成本之分配亦然。

(五)持續進行原則（principle of continuity）：指應考慮方案或計畫的持續性，從過去、現在以及未來三個角度，研究方案或計畫的可行性。

(六)人民自主原則（principle of autonomy）：應仔細考慮該政策問題是否可交由民間團體、企業或一般社會大眾去處理，凡是民間有能力以及有意願辦理的事項，原則上應當盡量交給民間辦理，包括公營事業及公共服務事項。

(七)緊急處理原則（principle of urgency）：指應當斟酌各政策問題的輕重緩急，列出處理的優先順序，對於比較重要的及緊急的問題，應即時加以處理解決。

42 B。 古巴（Guba）與林肯（Lincoln）將政策評估的演進分為四代：

(一)第一代評估：以測量為焦點。
政策評估者僅以技術性測量工具評估政策。

(二)第二代評估：以描述為焦點。
政策評估者應扮演描述者的角色，強調現實生活實地調查。

(三)第三代評估：以判斷為焦點。

政策評估者應對政策目標本身的價值有所判斷與評論。

(四)第四代評估：以協商為焦點。

政策評估者著重政策利害關係人的訴求、關切、爭議等回應性觀點的表達來建構問題，又稱回應–建構性評估。

43 D。 聯立制（Mixed-Member Proportional representation，MMP），是單一選區兩票制選舉制度的一種，以第二張圈選政黨的票，決定每個政黨最終總席次。德國為採用此制度的主要代表。

44 D。 地方制度法第18條：「下列各款為直轄市自治事項：

一、關於組織及行政管理事項如下：

(一)直轄市公職人員選舉、罷免之實施。

(二)直轄市組織之設立及管理。

(三)直轄市戶籍行政。

(四)直轄市土地行政。

(五)直轄市新聞行政。

二、關於財政事項如下：

(一)直轄市財務收支及管理。

(二)直轄市稅捐。

(三)直轄市公共債務。

(四)直轄市財產之經營及處分。

三、關於社會服務事項如下：

(一)直轄市社會福利。

(二)直轄市公益慈善事業及社會救助。

(三)直轄市人民團體之輔導。

(四)直轄市宗教輔導。

(五)直轄市殯葬設施之設置及管理。

(六)直轄市調解業務。

四、關於教育文化及體育事項如下：

(一)直轄市學前教育、各級學校教育及社會教育之興辦及管理。

(二)直轄市藝文活動。

(三)直轄市體育活動。

(四)直轄市文化資產保存。

(五)直轄市禮儀民俗及文獻。

(六)直轄市社會教育、體育與文化機構之設置、營運及管理。

五、關於勞工行政事項如下：

(一)直轄市勞資關係。

(二)直轄市勞工安全衛生。

六、關於都市計畫及營建事項如下：

(一)直轄市都市計畫之擬定、審議及執行。

(二)直轄市建築管理。

(三)直轄市住宅業務。

(四)直轄市下水道建設及管理。

(五)直轄市公園綠地之設立及管理。

(六)直轄市營建廢棄土之處理。

七、關於經濟服務事項如下：

(一)直轄市農、林、漁、牧業之輔導及管理。

(二)直轄市自然保育。

(三)直轄市工商輔導及管理。

(四)直轄市消費者保護。

八、關於水利事項如下：

(一)直轄市河川整治及管理。

(二)直轄市集水區保育及管理。

(三)直轄市防洪排水設施興建管理。

(四)直轄市水資源基本資料調查。

九、關於衛生及環境保護事項如下：

(一)直轄市衛生管理。

(二)直轄市環境保護。

十、關於交通及觀光事項如下：

(一)直轄市道路之規劃、建設及管理。

(二)直轄市交通之規劃、營運及管理。

(三)直轄市觀光事業。

十一、關於公共安全事項如下：

(一)直轄市警政、警衛之實施。

(二)直轄市災害防救之規劃及執行。

(三)直轄市民防之實施。

十二、關於事業之經營及管理事項如下：
　　(一)直轄市合作事業。
　　(二)直轄市公用及公營事業。
　　(三)與其他地方自治團體合辦之事業。
十三、其他依法律賦予之事項。」

45 A。 非營利組織社會企業化的挑戰探討，首先必須聚焦於多元目標間
衝突問題，尤其是社會與經濟目標雙重底線之間拉鋸，而此爭議
也引發後續財務資源、人力資源與經營模式決策之困境與挑戰，
如何平衡社會與經濟目標，清楚界定自身定位，是非營利組織發
展社會企業最重要的關鍵點。

46 D。 公部門與私部門究竟要如何協力才能成功，達到預期的目標。以
下說明如次：
　　(一)清晰的標的：目的清晰有助於任何協力參與者都能清楚分享
　　　　目的之願景，以及瞭解協力所欲達成之目標。因此，清晰的
　　　　目的扮演攸關協力成功與否的重要因素。另外，清晰的目的
　　　　也可使參與者容易共事，進而提昇角色認知與提高績效。
　　(二)對等之關係：如欲達成兩者間的共通目標，應尊重彼此的立
　　　　場而以充滿信賴，而且處於「對等」關係為前提。政府部門
　　　　如以支援姿態來對待私部門，即非為所謂的對等關係。
　　(三)互信與互敬：由於私部門較具彈性，因此如何發揮私部門
　　　　這項長處就顯得極為重要，並且對該組織的自主性應予以尊
　　　　重。同時，信任與敬意也會使溝通、分享敏感性資訊與學習
　　　　更加順暢，改善雙方的關係並提昇協力的成效。
　　(四)目的共有：由於公共問題的解決，是以解決不特定多數的第
　　　　三者之利益為目的。因此，私部門與公部門雙方需共同瞭解
　　　　合夥的目的究竟為何，並予以確認。若協力的雙方缺乏共同
　　　　的目的，在協力過程中將容易出現爭議，影響協力的成效。

47 A。 在2006年《連線》雜誌的一篇文章中，豪伊（Jeff Howe）創造
了「群眾外包」（Crowdsourcing）這個新名詞，所謂群眾外包
係指企業利用網際網路來將工作分配出去、發現創意或解決技術
問題。也就是說，組織內部限制於某些無法突破的因素，而尋求
外部的協同解決方式。

48 A。 Savas提出民營化有撤資、委託及替代三種。

(一)**撤資（divestment）：出售（sale）、無償移轉（free-transfer）、清理結算（liquidation）等策略。**中國鋼鐵公司透過釋股的方式，將政府持股降低至50%以下。

(二)委託（delegation）：政府委託私人部門部分或全部參與財貨與服務的生產活動，但必須繼續承擔監督之責任，委託外包之方式有簽約外包（contractout）、特許權（franchise）、補助（grant）、抵用券（voucher）、強制（mandate）。

(三)替代（displacement）：人民認為政府所提供生產和服務不能滿足社會之需求，而私部門則意識到此種需求，來提供生產和服務，以滿足社會大眾。其可分為功能不足之替代（displacement by default）、退離之替代（displacement by withdrawal）、解制之替代（displacement by deregulation）。

49 C。 誘因（incentives）的政策：

利用課稅和補貼的誘因,導引標的群體的行為。大體而言,包括：

1.供給面的賦稅手段：對於外部不經濟的生產者徵收產出稅（output tax），如根據污染排放量徵收空氣污染排放費；對於進口貨物則徵收關稅。

2.需求面的賦稅手段：對於外部不經濟的財貨課以貨物稅或消費稅，如課徵菸酒稅；對於公共財的使用者徵收使用費，如高速公路的通行費等。

3.供給面的補助手段：對於具有外部經濟的生產者給予相對的配合補助款，如中央政府對於有意興建下水道的地方政府提65%的相對補助款；此外，賦稅減免也是另外一項手段，如對於裝置防治污染或節省能源設備的廠商給予賦稅減免。

4.需求面的補助手段：可以實施以貨代款的補助制度（in-kind subsidies）或發放代金券（vouchers），由政府發給消費者代金卷，持有人可到市場購買規定範圍內的財貨；如美國社會福利制度中所實施的糧券（food stamp）。當然也可以針對符合特定資格的消費者進行賦稅的減免措施,如非營利組織的免稅條款。如：消費券。

50 D。 我國公立大學之主管機關為教育部，公立大學之經營是屬於大學自治範疇。

高普｜地方｜各類特考
頻出題庫系列

名師精編題庫・題題精采・上榜高分必備寶典

共同科目

編號	書名	作者	定價
1A031131	法學緒論頻出題庫 👑 榮登金石堂暢銷榜	穆儀、羅格思、章庠	近期出版
1A571131	國文（作文與測驗）頻出題庫 👑 榮登金石堂暢銷榜	高朋、尚榜	450元
1A581131	法學知識與英文頻出題 👑 榮登博客來暢銷榜	成宜、德芬	530元
1A711131	英文頻出題庫	凱旋	460元
1A801131	中華民國憲法頻出題庫	羅格思	530元

專業科目

編號	書名	作者	定價
1E161081	地方政府與政治(含地方自治概要)頻出題庫	郝強	430元
1E201131	行政學(含概要)頻出題庫	楊銘	460元
1E591121	政治學概要頻出題庫	蔡力	530元
1E601131	主題式行政法(含概要)混合式超強題庫 👑 榮登金石堂暢銷榜	尹析	590元
1E611131	主題式行政學(含概要)混合式超強題庫	賴小節	560元
1E621131	政治學(含概要)混合式歷屆試題精闢新解	蔡力	近期出版
1N021121	心理學概要(包括諮商與輔導)嚴選題庫	李振濤、陳培林	550元

以上定價，以正式出版書籍封底之標價為準

千華數位文化股份有限公司

■新北市中和區中山路三段136巷10弄17號　■千華公職資訊網 http://www.chienhua.com.tw
■TEL: 02-22289070　FAX: 02-22289076　■服務專線：(02)2392-3558・2392-3559

頂尖名師精編紙本教材
超強編審團隊特邀頂尖名師編撰，
最適合學生自修、教師教學選用！

千華影音課程
超高畫質，清晰音效環
繞猶如教師親臨！

TTQS 銅牌獎

多元教育培訓
數位創新

現在考生們可以在「Line」、「Facebook」
粉絲團、「YouTube」三大平台上，搜尋【千
華數位文化】。即可獲得最新考訊、書
籍、電子書及線上線下課程。千華數位
文化精心打造數位學習生活圈，與考生
一同為備考加油！

實戰面授課程
不定期規劃辦理各類超完美
考前衝刺班、密集班與猜題
班，完整的培訓系統，提供
多種好康講座陪您應戰！

遍布全國的經銷網絡
實體書店：全國各大書店通路

電子書城：
Google play、 Hami 書城 …
Pube 電子書城

網路書店：
千華網路書店、 博客來
MOMO 網路書店…

書籍及數位內容委製
服務方案
課程製作顧問服務、局部委外製
作、全課程委外製作，為單位與教
師打造最適切的課程樣貌，共創
1+1＝無限大的合作曝光機會！

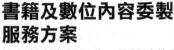

多元服務專屬社群 @ f YouTube
千華官方網站、FB 公職證照粉絲團、Line@ 專屬服務、YouTube、
考情資訊、新書簡介、課程預覽，隨觸可及！

千華影音函授

打破傳統學習模式，結合多元媒體元素，利用影片、聲音、動畫及文字，達到更有效的影音學習模式。

立即體驗

- 自我安排學習時段
- 循序漸進厚植實力
- 節省通勤時間
- 提升準備效率

課程品質
業界No.1

2014、2017 獲頒學習科技金質獎

自主學習彈性佳
- 時間、地點可依個人需求好選擇
- 個人化需求選取進修課程

嶄新的影片設計
- 名師講解重點　　・簡單操作模式
- 趣味生動教學動畫　・圖像式重點學習

補強教學效果好
- 獨立學習主題　　・區塊化補強學習
- 一對一教師親臨教學

優質的售後服務
- FB粉絲團、 Line@生活圈
- 專業客服專線

系統化學習流程

04 STEP 考前衝刺期
實力養成期 01 STEP
03 STEP 能力檢驗期
專業強化期 02 STEP

系統化
學習流程

四大關鍵階段
學習安排，
突破國考重重難關！

超越傳統教材限制，系統化學習進度安排。

推薦課程

- 公職考試
- 特種考試
- 國民營考試
- 教甄考試
- 證照考試
- 金融證照
- 學習方法
- 升學考試

影音函授包含：
- 名師指定用書+板書筆記
- 授課光碟・學習診斷測驗

[高普考]

主題式行政學(含概要)混合式超強題庫

編 著 者：賴 小 節

發 行 人：廖 雪 鳳
登 記 證：行政院新聞局局版台業字第 3388 號
出 版 者：千華數位文化股份有限公司
　　　　　地址／新北市中和區中山路三段 136 巷 10 弄 17 號
　　　　　電話／(02)2228-9070　　傳真／(02)2228-9076
　　　　　郵撥／第 19924628 號　千華數位文化公司帳戶
　　　　　千華公職資訊網：http://www.chienhua.com.tw
　　　　　千華網路書店：http://www.chienhua.com.tw/bookstore
　　　　　網路客服信箱：chienhua@chienhua.com.tw

法律顧問：永然聯合法律事務所
編輯經理：甯開遠
主　　編：甯開遠
執行編輯：黃郁純
校　　對：千華資深編輯群
排版主任：陳春花
排　　版：陳春花

出版日期：2024 年 1 月 15 日　　　第二版／第一刷

本書如有勘誤或其他補充資料，
將刊於千華公職資訊網　http://www.chienhua.com.tw
歡迎上網下載。